中國縱橫

Chinese Roundabout

漢學巨擘史景遷的歷史與文化探索

Essays in History and Culture

史景遷 JONATHAN D. SPENCE 著

黃中憲 譯

目次

目次

老師

我們
只尋覓真實。在真實裡，
精神的鍊金術，涵攝萬事萬物，
四處走動穿梭的精神，
不只涵攝可見的，
具體可感的，還涵攝可移動的，片刻瞬間，
宗教節日的到來和聖徒的習慣，
天國的模式和高高的夜間氣息。

——摘自華萊士・史蒂文斯（Wallace Stevens）
〈紐黑文的一個尋常傍晚〉（An Ordinary Evening in New Haven）

引言

加斯帕爾．達．克魯斯（Gaspar da Cruz）記起一五五六至一五五七年那個冬天在華南的一段插曲：「那是個月光照著大地的夜晚，我和幾個葡萄牙人正坐在我們住所大門旁的河邊長椅上，突然一些年輕男子搭小船從河上過來。他們正乘船遊河打發時間，在船上彈著各種樂器，我們覺得那音樂很好聽，請人把他們叫到近旁，說想邀他們過來同樂。這些禮貌和氣的年輕人乘著小船靠近，開始替樂器調音。看到他們努力準備，以奏出十足和諧的曲子，我們很高興。」達．克魯斯和其葡萄牙籍友人很喜歡這音樂，於是請這些中國樂師隔日再來，並帶來一些歌手。這些中國人一口答應，但隔天未現身。不過，他們好似看出達．克魯斯真心感興趣，「為了不讓我們徹底失望，有天早上天剛亮時，他們帶了同樣的樂器過來，為我們演奏了一首談黎明時分手之戀人的歌」。[1]

根據達．克魯斯的其他記述，我們知道他在等這些樂師再度登門期間，並非完全無音樂可賞。因為他跟著當地廣東人的習慣，買了一公一母兩隻夜鶯，拿抹了蛋黃液的煮熟米粒餵食，把牠們各放在一個籠子裡，兩籠子相隔不遠而且都給罩住局部，以使牠們能「感覺到對方的存在，但看不到對方」。誠如達・克魯斯以愉悅口吻所記載的，在如此安排下，「雄鳥沉浸在音樂裡」，雌鳥跟著應和，兩隻鳥的歌聲使十二月「宛如四月」。[2]

對於從過去截下來的這一幕，我們可以想怎麼解讀就怎麼解讀。加斯帕爾・達・克魯斯是道明會修士，為了使中國人皈依基督教，去了廣州。傳教無成，他悠悠哉哉回到葡萄牙，抵達里斯本時正好趕上一五六九年可怕的瘟疫，有病人和垂死者需要他伸出援手。為病患無私奉獻，葬送了他的性命，但死前，他已看到他「極詳盡講述中國事物和它們特殊之處的專著」付印。一五七〇年二月下旬，即他去世兩星期後，這部「專著」出版，全書二十九章，係在西方所出版的第一本專門談中國的標準長度的書籍。

就像我這樣從外頭認識中國的人來說，達・克魯斯的著作依舊是可茲效法的典範和靈感來源。達・克魯斯有著遠大的宗教目標、神職人員的習性，而且與葡萄牙冒險家交好，對漢語只懂一點皮毛，但始終不失寬厚的性情，或在其所有著作中，始終堅持要兼顧精確和廣博。在他看來，月光下的樂曲和他的夜鶯的鳴唱，係一個遼闊國度之故事不可或缺的一環，而且這個國度有時也是既殘酷且令人困惑難解。達・克魯斯想找到難以表述但會概略點出中國之全貌的元素，但也承認此事難以如願。誠如他在其「專著」的自序裡所言，他懷抱著「藉由此中所述之事物，推測出仍未知之事物」的希望。[3]中國的情況與達・克魯斯經由文字或口耳所得知，他人在其他任何社會的所見所聞，南轅北轍，來自那些社會的「遙遠事物往往讓人覺得了不起，但實際上沒那麼了不起」，中國則是「與此截然相反，因為中國比其予人的觀感更了不起許多」。[4]

如果說在我研究中國的專著中，我常常必須承認自己和加斯帕爾．達．克魯斯一樣，犯了高估自己所心儀之研究對象的毛病，我也必須坦承自己過度熱衷於、乃至太貿然於博採眾家學說（讀過本書所收錄之文章的讀者，肯定會有此感想）。在這個缺點上，我同樣找到一位讓我可以聊以自慰的前輩，即特奧斐勒斯．西格弗里德．拜耳（Theophilus Siegfried Bayer）。拜耳一六九四年生於東普魯士的柯尼斯堡（Königsberg），畫家之子，在中小學和大學受過拉丁語、希臘語、希伯來語方面足夠的傳統教育，然後在其十九歲時，突然轉念。後來拜耳在自述生平的文章裡描述了那一刻的轉變：

> 一七一三年我人在國內時，突然有了一個念頭——突然一心只想著要學漢語。接下來，我動手去做，思考——或更具體的說，夢想著——如何弄懂那門神祕學科。要是能在那個領域弄出小小成果，我就能自視為神的孫子、萬王之王。一如懷孕的兔子，我把我所能找到的東西全收集到我的地洞裡，以編訂出某種詞典和用來了解漢語規則、中國文學的入門書。[5]

在柯尼斯堡、柏林、聖彼得堡孜孜矻矻辛苦十七年後，拜耳的心血結晶，兩卷本《漢語概要》（*Museum sinicum*），一七三〇年問世，是為在歐洲出版的第一本談漢語的書。《漢語概要》彰顯了拜耳之地洞的寬廣和其懷孕期的漫長，風格狂放且古怪。這本書並不成功，事實上，拜耳在去世前不久，讀過法國最著名東方學學者對此書毫不留情的貶抑。但一如一百六十年前達．克魯斯在其書裡之所為，拜耳雖然所知淺陋，卻力求既公允且廣博。他要克服的難關極為棘手，或許根本克服不了。首先，拜耳幾乎完全不識漢語，只有寥寥幾個不精確的片段和寫得歪七扭八的漢字可作為研究材料。身為新建城市聖彼得堡的學界人士，他擁有些許威望和小筆俸給，但手上幾乎沒書，往往花上數年的書信往返，才得以為頗簡單的語言問題找到答案。

此外，當時歐洲的東方學研究傳統，若非想要針對漢語背後能一舉破解所有謎團的觀念，找到切入的「關鍵」，就是想要找到無所不包的指導原則，而拜耳承繼了此一傳統：因此他的著作不只注定研究不出什麼成果，而且從一開始就處處走錯。但誠如拜耳在寫給友人的信中，以其一貫（且有點戲謔）的博學口吻所寫的，他「勇敢接下這個重擔。有何不可？希臘人靠著嘗試去做，攻入特洛伊，什麼事都靠嘗試辦到，一如亞歷山卓那個老女人在特奧克里托斯（Theocritus）的《田園詩》（*Bucolics*）中所說的」。[6]

在《漢語概要》的長篇引言中，拜耳思索了十四世紀中期至十六世紀中期西方中國觀的變化。在馬可．波羅旅居中國之後那段時期，隨著蒙古帝國瓦解和所有已知的貿易路線遭打斷，這個「國家似乎漸漸消失，最後化為夜空裡落下的一顆星星消失無蹤」；但中國一旦「再度被揭露於我們面前，它就立即以新世界的姿態出現，住在那裡的人，根據其先祖所立下的教誨和原則培養禮貌、教養、文雅的作風，從而與歐洲諸國爭奪這種榮耀」。[7]

但學界、傳教界裡許多勇敢的先驅，在其研究中國的專著中，幾乎未花什麼心力去剖析漢語本身。他所著手補救的，正是這個缺失——對拜耳來說令人著迷且費解的缺失。拜耳在其著作中大肆展現其對學界前輩的淵博認識，以看來游刃有餘的手法，探討多位博採眾家學說的理論家；他用他們的話語襯飾他地洞的內壁，好似覺得表達他與他們十足契合之感，係他責無旁貸的責任。拜耳花了一些篇幅探討這些理論家一事，讓我們約略理解到他所想要熔鑄於一爐的那些語言學研究路徑有多紛然雜陳：例如英格蘭人約翰．韋伯（John Webb）把其大半學術生涯用於證明漢語是世上最早的語言，從而是其他所有語言之「母」；荷蘭人以撒．沃修斯（Isaac Vossius）把中國的藝術和科學譽為執世界之牛耳，「表明若可以，他想生在中國，而非我們所在的地方」；法蘭西人菲利浦．馬頌（Philippe Masson）「證明漢語是古老的希伯來方言，弄懂漢語，就能解決舊約聖經的許多難解的語言學問題，從而，當我們認識到聖經中的『嗎哪』（Manna）一詞只是把麵團蒸熟而成的中國尋常食物『饅頭』的變體時，就能輕鬆理解神在沙漠裡賜給以色列子民的食物『嗎哪』的本質」。對瑞典學者歐勞斯．魯德貝克（Olaus Rudbeck）來說（拜耳說，魯德貝克「以近乎駭人的氣勢和囉嗦」表達其觀點），漢語是最近似哥德人語言的語言。但據拜耳的說法，儘管他們的理論「含糊且膚淺」或「墜入迷霧中」，這些人無一該受到冷遇，因為他們用心將自己的看法化為理論之舉，有著「聰穎的腦力和一絲不苟的作風」作後盾。[8]

拜耳兼顧公允和荒誕感的努力，在其論及安德烈亞斯．米勒（Andreas Müller）時，受到最大的考驗。這位來自波美拉尼亞（Pomerania）的天才，聲稱設計出一套簡單的「漢語學習要訣」（clavis sinica），能讓任何人幾天，或頂多一個月，就看懂漢語；但他打死不肯將這套要訣的詳情分享給歐洲人，且開價兩千泰勒（thaler）求售，卻找不到買家，米勒隨之在死前不久，將他的書稿盡付諸一炬，包括那個著名的學習要訣。拜耳在評價米勒的學術成就時坦承，米勒「貪婪」，為了確證其論點而「編造」原始資料，漢字寫得「很糟糕」，其某些錯誤解釋顯得「全然軟弱無力」，利用音階建構出一整套漢字聲調理論，「好似把整個國家的人想像成在派對上唱歌——四度、八度、雙八度！」但儘管有這些缺點和其他缺點，拜耳始終不認為米勒的著作不值一顧，在他看來，他的著作就和他所剖析的其他學者的著作一樣值得看重：因為，米勒在其整個治學生涯裡所展現的，不管受到多麼不公正的評斷，都是「強烈的求知欲和令人讚賞的生產力」。[9]

至於自己的著作，拜耳只寫道：「我把我的書稱作《漢語概要》，因為那是我一開始想到的名稱，因為我找不到更好的名稱。」至於其價值，「不應由我來詳細說明我在這兩冊裡所取得的成就，也不應由我來說明我如何失敗或失敗到何種程度，應由讀者自行判定」。[10]即使在一七三八年讀過法蘭西學者艾蒂安・傅爾蒙（Etienne Fourmont）如何「不屑且嚴厲」貶抑他一生心血之作後，拜耳仍在寫給友人的信中說，他對傅爾蒙之學術成就的敬重不因此「有所減損」：「我敬佩對手、乃至敵人真正的優點和長處。」[11]

如今我們置身於詞典、專門詞典、文獻目錄汗牛充棟的學術世界裡，而且相對來講較有機會認識中國和中國學者，因此，拜耳和達・克魯斯的著作，在今人看來可能只是引人好奇的古書。拜耳本人似乎不知達・克魯斯這號人物，而在拜耳的著作遭傅爾蒙嚴厲批判之後，讀過他著作的人少之又少。這兩位學者不久就被其他人，被學識更淵博、更有見地的人——或較易得到出版社、宣傳機器青睞的人所取代。但我喜歡思考這兩個人，喜歡讀他們的想法，因為我們每個人也都會在不久後遭取代。屆時，長年的研究和寫作會被人說成短暫之功或不夠充分。新文本會出現，或舊文本會受到重新評價；新主題會吸引學者和其讀者；對過去的新解讀會把舊解讀擠到一旁。誠如拜耳所一再提醒我們的，學術研究本身充斥著某種幾乎壓抑不了的狂熱。我們在自己有能力做到時做我們力所能及的事，然後受到指責或領到獎賞——或說不定同時兼而有之。如果我們辛苦研究之後，選擇毫無作為，不把研究成果寫下，不估量其價值，不把自己的想法公諸於世，我們在某個方面來說受到保護，但那是禁不起打擊的保護，不去尋求真知的一種保護。不發聲時，我們還是能擔任那個領域的監督者，或許甚至能靜靜凝視整個場域，但我們始終無法真正參與論戰的最深層部分。

我想起許久以前有次和我父親在雨中同行時的畫面。我父親的㹴犬湯姆斯突然興奮的猛抖身體，朝兔子的地洞裡猛叫，前爪猛往地上扒，扒出的塵土滾滾飛揚在牠張開的兩隻後腿之間。我站在附近，吃驚看著這一幕。土越堆越高，狗吠個不停，雨開始下；始終沒有兔子現身。聽到湯姆斯大聲喧嚷的進逼，兔子早知不妙，大概已從相通的地道撤到更不受打擾的棲身之處。

或許那就是我自己的現代主義版拜耳的地洞，只是我的這個地洞很凌亂。而且，毋庸置疑的，我，一如達·克魯斯，對這一切的看重超乎我所應給予的。但土的確越堆越高，而除了過去二十五年我所寫的書，我也寫了許多談中國的文章；本書所收錄的，係我所認為最能代表我力求精確和——在每個時期竭盡所能——力求公允且透澈之用心的文章。*這些文章似乎順理成章分為五大類：談欲跨入對方文化之中國人、西方人的文章；與儒學和中國政府公權力有關的文章；談中國社會史之諸多方面的文章；與革命中國有關的文章；追憶我恩師的文章。

我把此文集稱作我的 *Chinese Roundabout*，一部分係出於對華萊士·史蒂文斯（Wallace Stevens）的敬意——長年以來他一直是我生活的一部分——但也因為我很喜歡「roundabout」

這個詞。這個詞意在表示曲折繞道而行，但如此前行時有明確目標。這個詞也意在表達欲以某種邏輯使從四面八方往同一點駛來的諸多交通工具井然有序的作為（至少在英格蘭，這個詞意同美語的traffic circle／圓環）。最重要的，由於它也有「旋轉木馬」之意，它使小孩子，也就是未來的學者，想起雙膝緊夾住彩繪木馬，為防跌落雙手緊抓住馬頭，頭猛往後仰，在令人暈眩的旋轉中大笑的情景。

康乃狄克州紐黑文

一九九一年七月十二、十三日

＊我要感謝多年來為這些形形色色的文章付出過心力的多位編輯，尤其要感謝《紐約書評》（*New York Review of Books*）的羅伯特．席爾佛斯（Robert Silvers），因為其中大部分文章經過他編輯之手，而且他編輯時始終敏銳且用心。我也要深深感謝Norton出版社的史蒂芬．佛曼（Steven Forman）。這本文集出自他的構想，他從頭至尾以其一貫的耐心、本事、堅持，促成這本書順利問世。

這些文章重刊於此，內容一如最初它們寫成時或發表時，只有幾處小小的更動：偶爾更動了標點符號和措詞以求前後一致或敘述清晰，為長段引文標出出處，替一些名字加上有助於識出其身分的短語，原為了節省篇幅而刪掉的一些段落重新補上。本書兼用舊式（威妥瑪拼音）、新式（漢語拼音）這兩種拉丁字母拼音法，並沿用最早的拼音版本。我未「更新」我的結論，也無意去修訂參考書目。

跨越文化藩籬

Crossing the Cultures

Chinese Roundabout

Essays in History and Culture

黃嘉略的巴黎歲月

對一七一三年秋和初冬的黃嘉略（Arcadio Huang）來說，日子實在苦。[1]巴黎天氣惡劣，寒冷刺骨，還罩著打轉的濃霧。法國為了西班牙王位繼承問題打的那場看來不知伊于胡底的戰爭，已使每個人失去鬥志，推高食物價格，導致貨幣頻頻貶值。黃嘉略於一七一三年四月娶了年輕巴黎女子瑪麗－克洛德·雷尼耶（Marie-Claude Regnier），但兩人日子始終過得很苦。他們在塞納河南岸的蓋內戈路（Rue Guénégaud）租了房間，河對岸就是聖母院，由於錢不夠，無法定期添購柴或煤，屋裡始終很冷。屋裡家具很少，他們只有幾件衣服，買不起一張像樣的喜床，甚至買不起鹽給他們簡單的食物添加滋味。而且不妙的是黃嘉略會在某些早上吐血醒來。經過這番折騰，他覺得困乏無力，常得躺在床上休息數小時。

黃嘉略來到巴黎一事值得細細道來。他一六七九年生於中國沿海省分福建，父親是天主

本文節略版一九九〇年首次發表於《蘭格塔》（*Granta*）雜誌。

教徒，教名保羅。保羅很想過基督教修士的獨身生活，不想結婚，但捱不過父母催逼，還是娶了老婆，因為他是家中獨子，他們不想斷了香火。但保羅的妻子接連生下四個女兒後，黃家絕望。她第五次懷孕時，保羅和妻子私下發誓，如果這次生的是男孩，要讓那男孩出家修行。結果果然生個男的，後來取教名阿卡迪奧（Arcadio）。黃保羅死時，他兒子才七歲，但黃嘉略的母親堅持要履行她的誓言，儘管她不清楚該如何履行。法蘭西傳教士卜於善（Philibert le Blanc）來到他們的家鄉，給了她解決辦法。四十二歲的卜於善，為羅馬教廷的外方傳教會（Société des Missions Estrangères）工作，黃嘉略母親帶兒子去見他，說明她和她已故丈夫所立下的誓言；卜於善深為感動，同意教育此男孩，培養他進入教會。為防外人誤解卜於善的意圖且為遵守大清律法，黃嘉略正式認卜於善為義父，兩人一起學習、工作三年。

卜於善很有先見之明，除了帶黃嘉略學天主教神學和拉丁語，也要他繼續跟著當地好老師學漢文。出於不明原因，卜於善把這個男孩轉託給羅薩利（Rosalie）的虛銜主教梁弘仁（Artus de Lionne），梁弘仁繼續讓他學同樣的科目。大概在一六九五年左右，他十五至十七歲間，黃嘉略開始數次遊歷華南、華中，與自己家族的親戚同住，探索每個地方的不同習俗。他後來寫道，他從未想到這幾次遠行期間所習得的知識，後來會有助於他「在異邦勉強得以維生」。

在黃嘉略之前，只有寥寥幾個中國人去到西方。遠赴西方，不只表示要踏上可怕旅行，進入未知世界，還會違反中國法律，因為中國法律認為凡是遠赴海外者都是自棄王化之人。黃嘉略前往西方似乎是數個偶然因素共同促成；母親剛去世，大姊已準備好接管家務而且願意接下這擔子，他仍然不想定下來，仍想四處走走看看，他在福建某鎮偶遇梁弘仁（此前兩人已數年未見）。梁弘仁告訴他，他已接到要他回歐的指示，建議他同行，黃嘉略立即同意。兩人於一七〇二年二月十七日搭英國船駛出廈門，八個月後抵達倫敦。西班牙王位繼承戰爭使路易十四的法國和英國為敵，要橫渡英吉利海峽因此幾乎不可能，但經過幾番折騰，兩人訂到巴伐利亞公爵之特使船的船票，該特使享有外交豁免權，可四處行走。一七〇二年後期他們人在巴黎，不久後置身羅馬。

黃嘉略的冒險性格若是淡一些，或信教更為虔誠些，肯定會留在羅馬進修，最終被授以神父職，送回中國傳教。但在羅馬，他似乎已對在教團裡度過一生一事產生疑慮，而當他被遣回巴黎，與外方傳教會的神父同住時，疑慮更深。透過一連串機緣巧合的偶遇，黃嘉略結識了法國國王的圖書館館長比尼翁神父（abbé Bignon）。比尼翁完全不懂漢語，正要開始一項艱鉅的任務，即替國王圖書館裡漸漸積累的多種漢文、滿文書分門別類。比尼翁需要一名中國籍助手，黃嘉略則需要一份工作，兩人一拍即合。一七一一年，黃嘉略已自行租了一間房間，已取得國王圖書館漢語翻譯員的響亮頭銜，加上不算高的俸給。

在巴黎，黃嘉略專心學法語。外方傳教會的神父給了他棲身之所和圖書館資源，他們對他決意放棄神父之職感到遺憾，但未因此懷恨在心。隨著法語說得頗為流利，他利用其在傳教會的人脈覓得翻譯工作，開始追求瑪麗－克洛德．雷尼耶。一七一三年春，薪水不高的黃嘉略已藉由替傳教會成員翻譯往返中國的信和為法國學者翻譯艱難書籍（例如談天文學的書和中國古籍裡的段落）賺取外快。金錢基礎不穩，不適合成家，數名高階神職人員提醒他貿然結婚，不會有好日子過。但瑪麗－克洛德的父母似乎喜歡黃嘉略，覺得該給這小倆口一個機會。他們定期到蓋內戈路探望女兒女婿，有時帶來為數不多的葡萄酒和食物，或在小倆口欠店家老闆錢太久時，借小錢給他們度過難關。

一七一三年十一月下旬，黃嘉略夫婦的財務陰霾突然一掃而空。幾個月來，國王圖書館館長比尼翁一直敦請國王給這位中國籍的書目編製者一筆現金，而且為了拿到這筆錢，已親自前去凡爾賽。為了說服國王，比尼翁使出其最華麗漂亮的言詞，說「我們那位小個頭中國人，已得到你特別照顧，但除了國王的賞金，沒其他維生工具……他一毛錢都沒有；看在上帝的分上，請撥給他一些錢」。然後，十一月中旬，國王的祕書終於承諾撥給他五百里弗赫幣（livre）。此後還要克服幾道官僚難關，但十一月二十七日，有人親自將五百里弗赫幣送交黃嘉略。他和瑪麗－克洛德立即出門，一一拜訪他們在當地的所有債主。已開始在一本平裝小筆記本寫非正式日記的黃嘉略，在日記裡欣然寫道，「欠債都還清了」。他預想到會收到這筆意外之財，事先已替妻子買了兩顆蛋，供她二十六日週日早餐吃。這時他則接著買了鹽，二十八日週二早上八點，有人把一批剛弄到的木柴送到他們家。好似國際政治世界也和他們一樣高興，和約終於獲批准，結束了法國對西班牙的漫長戰爭，黃嘉略夫婦上教堂，與其他巴黎人一起唱感恩讚（Te Deum），做感恩禮拜。

有了清償債務的能力後，黃氏夫婦家出現了一些小型奢侈品：幾條麵包、數塊起司、兩種肉醬、一塊蛋糕、用來搭配燉湯的蘑菇。有個裁縫開始為黃嘉略量身，以製作三件一套的衣服，三件分別是長褲、繡了圖案的背心、黑色輕便大衣。他為瑪麗－克洛德買了剪刀、絲綢、線，以便她自製衣服。他們仔細打量過一張新床，但最後一刻因瑪麗－克洛德反對而作罷。黃嘉略依舊有時身體不適，發燒，但這時他買得起藥和找當地醫生看病。天氣也跟著政治局勢轉好，迎來最柔和的十二月天（誠如黃嘉略所寫的，「tems fort doux」）。

暖和天氣和美味食物使黃嘉略開始想到未來。他想要有個小孩。從他在日記裡的簡短記載，可看出他心情的興奮和期待。這些記載通常以漢語羅馬拼音的形式寫下，大概是為了讓這些內心想法不為外人所窺知，或許甚至為了不讓瑪麗－克洛德本人知道，如果她偷看他日記的話。第一筆這樣的記載，寫於一七一三年十二月十一日，提到她一個星期前，滿月期間，月經來。黃嘉略認為當下是受孕的好時機？如果真這麼認為，十二月二十八日的記載說明他大失所望。瑪麗－克洛德又來了月經；事實上，在耶誕節後於奧古斯丁修會教堂參加一場彌撒後，這次月經就開始。一月二十五日再來月經，二月下旬又來。日記裡到處可見提及他們房事且令人費解的記事，而且特別中意於週日彌撒前或後行房。

日記裡其他記載讓我們得以一窺這對夫妻的生活點滴：瑪麗－克洛德上店鋪、市場、肉販店；她為黃嘉略製作了特別的米布丁，或他最愛吃的帶餡油炸麵團；有菸草可抽，有葡萄酒或茶可喝，黃嘉略還會和朋友到鎮上的「卡巴萊夜總會」（cabaret）看歌舞表演。兩夫妻喜歡和娘家的人打撲克牌，尤其名叫皮克（piquet）的紙牌戲，而兩夫妻不斷買彩券——這個新成立的機構給了人們一夜發大財的希望，係這個時期投機熱潮的重要組成部分。也出現許多關係緊繃的場面。兩人常生病或愛抱怨。瑪麗－克洛德偶爾發很大的火，而且是讓黃嘉略覺得莫名其妙的怒火，她會不吭聲回到床上，很晚才睡，不吃晚餐——晚餐常出自黃嘉略之手——或者走在街上時突然發脾氣。手頭依舊拮据，而且跡象顯示，發生了數樁能讓那些快淪為窮人的人捱不過去的小小災難：買來的一爐麵包掉了一條、遺失二十七個蘇幣（sous）（後來找到）、油灑在瑪麗－克洛德的一件漂亮連身裙上（燈油還是炒菜油不得而知）。兩夫妻勤上教堂做彌撒，但據黃嘉略的記載，兩人去的時間和去的教堂幾乎每次都錯開。如果他上奧古斯丁會的教堂，她就去聖敘爾皮斯（St. Sulpice）教堂。如果他去聖敘爾皮斯教堂，她就去聖熱爾曼（St Germain）教堂。這裡面有著我們所無法理解的模式？瑪麗－克洛德或許覺得讓人看到她和她的異國丈夫一起出現在街上的禮拜日群眾裡很丟臉或尷尬？

不管出於什麼原因，一七一四年二月時，黃嘉略已竭盡所能讓自己像個老練、時髦、講究品味的法國人。國王圖書館一名做事一絲不苟的文書，記下了黃嘉略在蓋內戈路成家後，開始開展事業時，官方送給黃嘉略的衣服、家具、寢具、廚房用具、書寫工具，其中清楚列出他的襯衫、西裝、襪子、鞋子、帽子、傘、劍和劍帶。除了劍，其他東西都不叫人意外。但有份補充清單，被用心標上「黃嘉略先生花自己所賺之錢的備忘錄」的標題，從中可看出他如何把官方發給他的基本生活物資升級。在此，我們找到六條麥斯林紗領巾和六組用於他西裝袖子的褶邊，還有用來將它們固定在袖子上的兩只銀紐扣；兩頂假髮，一頂極昂貴，另一頂價格較平實；一根飾有流蘇的手杖；以及，這裡面最昂貴的物品，一件前排扣及膝大氅，屬於名叫「羅克洛爾」（Roquelaure）的款式，晚近才因羅克洛爾公爵而流行開來。

有了這些行頭，他可以頂著剃光的頭，戴上撒了粉的假髮，脖子和手腕披上飄垂的布，一襲大氅慵懶披覆在雙肩上，手上拿著飾有流蘇的手杖，整個人展現前所未有的體面氣派，而他突然在其日記裡加上以前所沒有的元素，肯定是在這樣的新氣派上身後，他興高采烈作出的相應改變。一七一四年二月八日前，他提到自己時，總是以第三人稱簡單自稱為「Mr. Houange, or Hoange」（黃先生），或者「H.」。但此後，在二月和三月上旬的多則日記裡，我們發現他自稱為「聖黃公爵大人」（Mgr. Le Duc du St. Houange）、「福建黃樞機主教大人」（son Eminence Monseigneur le Cardinal de Fonchan Houange」、「黃元帥大人」（Monseigneur le Maréchal Hoange）、「黃牧首大人」（Mgr. Le Patriarche Hoange）。瑪麗－克洛德，即使穿著不像他那麼豪奢，大概也比以前講究，她的身分地位在日記裡也有類似的提升。有一天，她被稱作「尊貴的黃夫人殿下」（Son Altesse serenissime Hoange），另一天，則被稱作「公爵夫人」（Mme la Duchesse son épouse）。他的岳母雷尼耶則成了「殿下」（Son Altesse Royale）。

這些恣縱浮誇的段落中，有一條記載於一七一四年二月十七日，黃嘉略在其中以半模仿當時暢銷小說的形式寫道：「所以，親愛的讀者，你們可以看到，黃大使閣下仍有許多事要做，已接見了各類人。」黃嘉略正投注全副心力的工作，係編纂法漢詞典。圖書館館長比尼翁已斷定，如果要讓國王的藏書有用於廣大的法國學者，完成這部法漢詞典是首要之務。比尼翁深信，若要替中國學打下堅實的基礎，就必須編訂好語言教學的基礎材料。這個任務特別艱難，因為此前在歐洲沒有有系統的漢語研究，而且中西兩種文化的句法無相似之處，因此，為助黃嘉略完成此任務，比尼翁派去在學界嶄露頭角的青年才俊尼古拉·弗雷萊（Nicolas Fréret），此人剛於不久前獲任命為法蘭西文學院（Académie des Inscriptions et Belles Lettres）院士。弗雷萊比黃嘉略小九歲，也（和黃嘉略一樣）是家中唯一的兒子，有四個姊妹，兩人很快結為至交好友。弗雷萊於兩人第一次見面後寫道，他覺得黃嘉略是個

「吸引人且謙遜的年輕人，似乎……天生腦筋很好」。唯一的問題是黃嘉略：

完全不懂歐洲科學和方法。就連他說的法語都幾乎讓人聽不懂，因為他在他的母語裡找不到與他已略懂的歐洲語言相似之處；因此，有人勸他拿法語文法當範本，但他無法理解法語文法，因為他找不到辦法把這些自成一格的觀念和充斥於這些書裡的抽象文法術語聯繫在一塊。

然後，一七一三、一七一四年，有了真的了不起的合作。弗雷萊在漫長的問答過程中，以很有耐心且平穩的步調，致力於讓黃嘉略了解作為法語最重要成分且能進而用於有效分析漢語的文法結構。在這一做法下，黃嘉略的法語得到改善，開始能自行擬出重要的分析性問題，並能提出推測性的解答，讓弗雷萊為其檢查對錯。黃嘉略也開始向弗雷萊介紹漢字的結構和意涵，弗雷萊因此不再相信漢字和埃及象形文字相似這個正盛行的說法。黃嘉略讓弗雷萊理解到，較大的詞典所收錄的至少七萬個漢字，其實幾乎全由兩百一十四個「部首」構成。若能根據固定的順序列出這些部首，就能較容易一窺原本令人困惑之漢字世界的堂奧。

在兩人相互激勵的加持下，他們完成一份試驗性的字彙表，列出兩千個附上法語翻譯的漢字。這些字因可用於構成簡單句或可描述一般物品和需要而雀屏中選。弗雷萊以欽佩口吻寫到黃嘉略的適應力和頑強精神：「這個年輕中國人，置身於會讓我們歐洲人感到絕望的處境裡，但其溫和、謙遜，還有最重要的，特別泰然自若的冷靜，令我感動。他離家四千或五千里格遠，除了一筆因一份工作而存在的津貼，沒有財富、特殊技能或任何援助。而這份工作，他很清楚光靠他一人之力不可能完成，別人也很難幫得上忙，若有所成，成就也絕不會很大，但他還是一貫的泰然自若和好脾氣。這令我吃驚，而且使我相信諸多記述裡關於中國人性格的說法的確不假。」在往往充斥著含沙射影之種族歧視話語的西方著作裡，這是最推崇且最富感情的例外之一。

中國人住在巴黎，當然對法國人好奇，本身也令法國人好奇。在黃嘉略之前大概只有兩個中國人來過巴黎，一個在一六八〇年代，另一個在一七〇〇年，兩人都待不久。因此，黃嘉略既常受邀參加社交活動，也常在自家接待訪客；來訪者往往是弗雷萊的友人，或住在附近之學者暨天文學家佛朗索瓦－約瑟夫．德利爾（François-Joseph Delisle）的友人。有些人的確只是好奇，但另有些人向黃嘉略認真探問他母國的事，其中，後來名氣最大者係年輕的孟德斯鳩。當時，孟德斯鳩剛攻讀完法律，一七一三年夏或秋，二十四歲時，拜訪了黃嘉略。

孟德斯鳩一如既往腦子裡有無數想法，但其中兩個想法，特別契合於黃嘉略。其中一個是要寫本從亞洲人的角度看法國社會的書，以嘲笑法國人自身的優越感，以從道德角度批判歐洲人的價值觀。孟德斯鳩選擇以《波斯人信札》（*Lettres Persanes*, 1721）的形式建構此書，但我們知道該書中那些發問的天真波斯人，以自身看法使矯飾做作的歐洲人無地自容，而那些波斯人係孟德斯鳩以數人為範本打造出來，黃嘉略正是其中之一。黃嘉略非常信任法國人的基督教價值觀，因而有次出教堂散步時，把他的漂亮帽子留在教堂裡，結果回來時，帽子已不翼而飛。孟德斯鳩得知此事後，特別好奇他怎會如此看待法國人。據孟德斯鳩的說法，黃嘉略也相信歐洲人非常講究道德，因此才廢除死刑，於是，得知有些罪犯在巴黎遭處決時，他大為驚愕。

對孟德斯鳩來說，更重要的是中國的社會結構、法律結構，這兩者會成為他比較政治學的大作《論法的精神》（*De l'Esprit des lois*, 1748）的基本要素之一。一九四〇年代後期英格蘭學者羅伯特·夏克頓（Robert Shackleton）用文獻證明了孟德斯鳩、黃嘉略兩人的關聯。當時，他來到拉布雷德堡（Château de la Brède）內，曾是孟德斯鳩書齋的房間裡，在碗櫥中四處翻找，無意中找到一冊裝有封面的孟德斯鳩讀書筆記，名為「地理」（Geographica）。孟德斯鳩為其中二十頁的筆記附上以下標題：「Quelques remarques sur la Chine, que j'ai tirées des conversations que j'ai eues avec M. Hoange」。孟德斯鳩以複數表達其中的「conversations」（交談）一詞，意味著他去找過黃嘉略數次；他於一七一三年十一月收到父親死訊後離開巴黎，因此想必是在那之前去找黃嘉略。

弗雷萊和黃嘉略在文法研究上有共同的興趣，黃嘉略和孟德斯鳩也似乎有共同感興趣的地方。因為如果從某個層面上來說想要從黃嘉略那兒得到具體知識的人是孟德斯鳩，黃嘉略其實已在一七〇二年時，在離開中國之前，憑藉其在中國的漫長遊歷，為這一可能發生的事做好準備。而孟德斯鳩提問方式的系統化，很可能讓黃嘉略得到提點，有助於他為他會在一七一六年完成的一部談中國的兩卷本巨作所不可或缺的種種原本並不完善的資料，做好分類、組織工作。

據孟德斯鳩的記載，他們兩人一七一三年的交談條理分明，而且涵蓋多種主題。孟德斯鳩先是問起中國的宗教體系。黃嘉略解釋道，有三個彼此部分重疊的體系：儒、釋、道。儒家不相信靈魂不滅，但覺得熱騰騰的獻祭食物所散出的熱氣的確以某種方式和漸漸消失的死者靈魂混而為一，因此祭拜時那些靈魂「帶著一身美味再度醒來」。佛教徒相信有地獄，認為殺生，不管是殺動物還是殺人，都不應該。和尚不娶妻生子；佛教的慈悲女神，觀音，猶如聖母瑪利亞，無垢懷胎生子。孟德斯鳩未就這些佛教觀念發表看法——黃嘉略表示佛教和基督教有一些相似之處？——但心裡想著，儒士類似史賓諾沙學說的信奉者，從對「天」的觀念發展出某種「世界精神」（âme du monde）。黃嘉略討論了中國人以火刑（其實他在世時已不施行）和凌遲（仍很盛行的刑法）處死犯人的恐怖、中國人的穿著、墳墓、家產觀。在某次長談時，黃嘉略提出其對漢語、漢語文法的看法，而孟德斯鳩或許未意識到其中有多少係黃嘉略從弗雷萊那兒學來。為說明其觀點，黃嘉略向孟德斯鳩唱了一首中文歌，用漢語念了一遍主禱文。

在後來的幾次交談中，黃嘉略和孟德斯鳩繼續探索新領域。兩人談了中文小說在中國文學裡的地位、西方傳教士置身中國社會時所面臨的問題、中國科舉取才制的性質和方式、中國政府的本質。孟德斯鳩認為歷史上中國常常四分五裂一事很有意思，認為黃嘉略意在表示在先前的某些時期，中國曾是真正的共和國。中國人自稱善於治理一事，在孟德斯鳩看來，似乎是中國人普遍自傲且愛自吹自擂的典型表現：如果中國是這麼了不起的國家，滿人怎能在一六四〇年代那麼快就入主中國？中國法律體系看重雙方都難辭其咎的部分，令孟德斯鳩大為震驚，有時因此導致無辜者和有罪者一同受罰。黃嘉略也向孟德斯鳩說明了中國人社會生活方面某些和語言有關的獨特之處：拐彎抹角的問候方式、提到自己和自己家人時總是自我貶抑。

黃嘉略清楚表示漢人在滿人統治下覺得屈辱，他也談到女人在中國的地位和女性服從的方式。這幾次交談——或者至少見諸孟德斯鳩記載的那幾次交談——以大談中國歷史和中國大水災、後來幾次日月食的年代斷定作結。孟德斯鳩在《論法的精神》裡針對中國作出文化性、政治性評斷時再怎麼自信滿滿，「地理」裡的筆記表明他的看法正與此相反：他寫道，「我認為中國人絕對是我們所永遠無法懂的」。

如果說孟德斯鳩助黃嘉略打開眼界，使其得以用別種方式來思索他自己的社會，有群法籍商人則給了他大不相同的刺激。這四個商人力促黃嘉略和他們一起投入對華貿易賺錢，他們全是法蘭西印度公司的董事，在一心要在中國數個大城開啟貿易往來之際，打算聘黃嘉略為助手暨翻譯員，為期十八個月。黃嘉略心動，但也緊張不安，要這四人先去問問圖書館館長比尼翁意見，看看他作何反應。比尼翁獲徵詢後，轉而呈文給蓬夏特蘭（Pontchartrain）。蓬夏特蘭是路易十四底下甚有權勢的國務大臣暨海事大臣，對華貿易就歸他管。一七一四年二月，由於時間壓力，對此事的討論進行得迅速且積極，因為該公司的船就要出航。黃嘉略在其二月二十四日的非正式日記上提到，那天「Monsieur le Gouverneur Hoang」（黃省長先生）「大發好心」，陪該公司兩名董事去面見蓬夏特蘭。但這段浮誇不實的話，係此構想最後一次見諸記載。若非該公司的船出航了，就是黃嘉略不忍離開法國和他的妻子。或許他也擔心，他的俸給一旦遭取消，就再也拿不回來，而以當時他經濟拮据的情況，這樣的擔心並非沒道理。

為了助黃嘉略賺錢，他的友人弗雷萊也提出一個計畫。弗雷萊驚嘆於阿拉伯故事集《一千零一夜》的法語版問世後大發利市，於是向黃嘉略建議道：「出版一本中國小說，說不定能讓他名利雙收，從而使他不再因為世道艱辛而灰心喪志。」黃嘉略似乎積極回應此構想，兩人完成了一部明朝文人故事的部分草譯。但弗雷萊斷定此故事「太嚴肅，而且太無趣」，打動不了當時大眾，兩人於是擱置此出書構想，因為故事情節完全靠幾位主人公之間的「文學爭執」推動。兩人轉而把更多心力擺在預計要完成的那本詞典上，這本詞典原本打算照比尼翁最初所建議的，按漢字發音以字母順序編成，這時則改成要按照漢字的兩百一十四個部首編排成書（這時黃嘉略已向弗雷萊清楚說明漢字的所有部首）。在弗雷萊建議下，黃嘉略也開始嘗試寫下一些中文詩文片段、書信範本、祭文範例。

黃嘉略、瑪麗－克洛德家庭生活的兩個劇烈變動，打斷了這場激盪腦力的合作。第一個變動源於他們決定搬離位於蓋內戈路的狹促房間，改覓一間會有更大空間供他們擺放新入手之家具且更能反映黃嘉略較高身分地位的公寓。四月二十一日，他們已在卡內特路（Rue des Canettes）找到新住所。卡內特路從雅致的聖熱爾曼德普雷（St. Germain des Près）舊教堂延伸至聖敘爾皮斯這座身形龐然、附有柱廊的新教堂。為了新家，兩夫婦買了一張新床，這次是張很豪華的床——四英尺寬，有猩紅帷簾、羽毛床墊、繡了黃花的枕頭、長壽花顏色的塔夫綢床罩。岳母雷尼耶帶來羽毛，作為床柱頂端的最後一筆裝飾。黃嘉略常身體不適，再度吐血而且始終覺得累，瑪麗－克洛德則常亂發脾氣，易頭痛和腿痛，但還是在七月六日開始搬家，兩星期後搬完。同月二十六日，黃嘉略叫來鎖匠，替他們家安了兩個新門鎖。八月時，第二件大事已肯定就要發生：瑪麗－克洛德懷孕了。

那年秋天，日子很平靜，但黃嘉略從未想到天氣會這麼糟。他在八月二十四日匆匆記下：「天氣似乎始終很糟」；「今年雨真多」。但碰上少有的晴朗日子，他和瑪麗－克洛德、岳父母在家附近的盧森堡庭園裡散步，或偶爾在傷兵院的空曠區散步。黃嘉略和其他共四十人合資大買彩票，他們的新房東太太——博蒙夫人（Mme Bomond）——教瑪麗－克洛德用大麥加糖調製成飲料喝下，以減輕胃痛。黃嘉略有許多事要做，既要完成翻譯案，又要和弗雷萊一起編詞典。

兩夫婦新生活的日常作息和為即將降臨的新生命生起的興奮中帶著謹慎的心情，在一七一四年十二月二十六日清晨戛然而止。那時，當局根據國王所發下的一封帶封印的密信，把弗雷萊關進巴士底獄，事前毫無預警。弗雷萊遭指控的罪名，係他支持法國境內的揚森教派信徒（Jansenists），協助出版談當前宗教爭議的非法材料，抨擊當下被視為正統的一部《法蘭西史》著作（出自佩爾・丹尼爾〔Père Daniel〕之手）時用心特別惡毒。因這類罪名遭判入監後，與被判刑者平日往來甚密的人全都可能受牽連。黃嘉略和其妻子想必非常擔心未來，擔心如果黃嘉略沾上這類叛國罪的邊，他的飯碗可能不保。上頭改派學者艾蒂安・傅爾蒙和黃嘉略一起工作。傅爾蒙被視為法蘭西學院圈裡快速崛起的「東方專家」，但也是個極自負、有野心、引發爭議的學者，黃嘉略與他共事時，從未能像他和弗雷萊共事時那樣友好和諧。

在這樣緊張的氣氛下，一七一五年春，黃夫人在卡內特路家裡生下一個女兒，或許就在黃嘉略所非常自得的那張鋪著長壽花顏色床單的氣派大床上生下。女嬰健康，誠如後來某鄰居所憶道：「長得很像中國人，正是使中國人有別於歐洲人的那種臉和膚色。」但黃夫人生產時病倒，發燒，很快就全身無力，幾天後就病死。一年後憶起那些可怕的時刻，黃嘉略寫道，那就像「如果我可以這麼說的話，上帝已決定只讓我瞧一眼祂為我挑的妻子。我不得不說，上帝對她的關心，就和我對她的關心一樣深」。

黃嘉略決定不再娶，要把全副心力用在他的學術工作和養育小女兒上。他為女兒取了教名瑪麗-克洛德，以紀念她的母親。但他本人的健康漸漸惡化，心情低落，與傅爾蒙工作進展緩慢。一七一五年六月弗雷萊被放出巴士底獄，但儘管他在獄中時似乎繼續學漢語，他和黃嘉略未再共事。弗雷萊另有許多想追求的學問，以其一貫的幹勁投入其他文化的語言、歷史研究工作，似乎甘於讓黃嘉略自己想辦法去應付傅爾蒙。黃嘉略當時對此知道多少，不得而知，但後來的發展表明，傅爾蒙對弗雷萊、黃嘉略都非常眼紅，決定把他們的研究成果都據為己有，以使自己的學術生涯更上層樓。但按照部首編訂詞典的工作，進展雖緩慢但有所成，至一七一六年秋，已編到「水部」，在黃嘉略所必須編進的兩百一十四個部首裡，水部排第八十五。黃嘉略和傅爾蒙也著手撰寫對話錄，作為已得到注解的那些中文典籍摘錄的補充，用於語言教學。這些對話活潑，甚至使人發噱，談物品買賣、文人間交談，甚至談到兩個學者討論剛來到他們街坊的一名年輕歌女之魅力這個不入流的話題。

老國王路易十四死於一七一五年，黃嘉略寫到路易的豐功偉業，筆下流露法國人的愛國自豪。他寫道，就是這位已故國王欲打開通往中國之路的信念，使黃嘉略走上學術之路。這時，在路易十五尚未成年的攝政時期，黃嘉略突然清楚自己要完成的任務。他要創作一部兩卷本的偉大作品，藉此向法國人說明他祖國的一切。第一卷大抵會以語言為主，會是一部文法書，在其中說明漢語的結構，解釋漢字能如何——以不同方法——達成在西方靠靜詞的詞形變化、動詞的詞形變化、語氣才得以達成的效果。第二卷會向法國讀者介紹欲「確切認識中華王國」所需要知道的一切事物，而由於啟程來歐之前，他在自己國內遊歷甚廣，他自覺很能勝任此工作。

事情進展未如其所願。一七一六年夏去秋來，黃嘉略覺得自己越來越虛弱。他似乎又時時缺錢，付不出租房、雇一名僕人、買食物、雇瑪麗．布勒（Marie Boulle）——小女兒瑪麗-克洛德的奶媽——的錢。他開始酗酒，往往拿從當地猶太裔放款人那兒——小額——借來的錢買酒。為提振元氣，他特別買了新鮮的蛋和牛奶，也用賒欠的方式買下。編寫到他所要出版之詞典的第一一四〇頁時，他發起燒。這部大作編寫到這兒時，首度出現以下情況：他開始認不清他所辛苦學會的諸多語言。法語詞變成義語詞，義語詞變成拉丁語詞，拉丁語詞又變回法語詞。他寫下又一個漢字，寫得頗工整，然後就此停筆。

一七一六年十月一日，黃嘉略死於卡內特路自家，女兒瑪麗-克洛德交給官方和她祖父母撫養。攝政，奧爾良的腓力（Philip of Orleans），同意支付這女孩的教育費和生活費，前提是她得活過一七一九年一月一日。在那之前由她的祖父母用黃嘉略小小遺產的殘餘——約四百里弗赫——養她。黃嘉略得到體面的安葬（耗費四十三里弗赫），那年十月為他的靈魂做了六次彌撒。官方還出錢另外做了六次彌撒，並且承諾不久後再做六次。黃嘉略生前熱切期望，至少有瑪麗－克洛德活下來，以實現他在女兒身上融合中法、使雙方得以互相了解的夢想。但她也撒手人寰，就在她父親去世幾個月後。對中西關係邁向新時代的這個夢想來說，閃爍的燭光就此熄滅。

孟德斯・品托的《遊記》

品托的《遊記》（*Travels*），以葡萄牙語寫成，一五六九年動筆，一五七八年完成，係古怪、迷離、引人入勝且過度精簡而易生歧義的一本書。孟德斯・品托於一五三七至一五五八年間在亞洲多地居住、遊歷，《遊記》係他為整理那些經歷和伴隨那些經歷而來的幻想、反思而寫。一六一四年，即品托去世三十一年後，雜亂無章且篇幅甚大的手稿終於出版，立即大獲好評。一六二〇年問世了經過修訂的西班牙語版（但修訂時過度注重無謂的細節），一六二八年問世完整的法語譯本，一六五三年出現經過節略的英語版。品托為其書所取的書名是 *The Peregrinations*，而那所要表達的意思似乎有別於 Travels 一詞。Travels 讓人覺得若非有明確目的，就是至少意指觀光覽勝，而 Peregrinations 可能始於、終於任何一處，可能不斷更改目的和目標，或可能其實根本沒有目的和目標。

本文最初發表於一九九〇年《紐約書評》。

品托的著作令他的編輯和譯者困惑。這些人始終想方設法要使他著作有條有理，於是西班牙語譯者欲讓此書內容得到文風華麗繁複的詳盡闡述，認為這是此書所應得的待遇，英語譯者則煞費苦心寫了一篇史學文章，以證明品托所述準確無誤。但英語讀者未因此採信。誠如此書英語版問世後不久，桃樂西·奧斯本（Dorothy Osborne）在寫給威廉·天普（William Temple）爵士的信裡所說的，品托的「謊言是世上最討人喜歡的無害謊言，而考慮到他可說謊的範圍之廣，這些謊言不算多」。一六九五年，劇作家威廉·康格里夫（William Congreve）已在其《以愛還愛》（*Love for Love*）中，要劇中的某個角色用以下話語指謫另一人：「斐迪南·孟德斯·品托只是你們之中的一類人，你們是天字第一號的大騙子。」

品托的著作最終找到了最理想的編輯暨譯者，那就是蕾貝卡·卡茨（Rebecca Catz）。她很有道理的指出，針對品托所述是否合乎史實、是否為真所起的漫長爭辯，已掩蓋了一個事實，即「品托的傑作不屬於歷史範疇，而屬於文學範疇，尤其屬於諷刺作品這個體裁的範疇」。[1]因此，「《遊記》中前後不一致和光怪陸離之處是該書的構思裡不可或缺的一環，係刻意安排的令人費解之處」。想要使品托所記載的冒險情事確切對應於特定歷史年分的那些形形色色的學者，因此應就此收手，因為品托筆下的歷史敘述和事件發生先後順序「以別出心裁的姿態挑明不求精確，而且不只如此，還很離譜」。

有了卡茨的至理明言，使大家不必再把品托的著作當歷史書來讀，我們就可放鬆心情，把他的著作當成兼具諷刺作品與流浪漢冒險故事之元素的虛構性作品來讀。卡茨女士表示，品托的最大用意，係對葡萄牙人打造其海外帝國的行動和支撐那些行動的基督教救世精神，發出深刻且長篇的批判。因此，品托的批判矛頭，既指向軍人，也指向涉入此事業的神職人員。品托利用其對亞洲人信仰和作為的描述，凸顯葡萄牙人的荒謬和虛偽，那是十六世紀後期住在母國的葡萄牙人所幾乎無法公開表達的看法。我一再注意到品托是不折不扣的孟德斯鳩、伏爾泰、笛福（Defoe）、哥爾德史密斯（Goldsmith）的先驅。但我們也可以把品托視為奉行當時正興起的西班牙流浪漢冒險小說傳統的敘事者。

卡茨甚有見地，認為品托和其某個較無賴之雇主的關係與（一五五四年小說筆下）托美思河的小拉撒路（Lazarillo de Tormes）和其第五個主子（教皇贖罪券販子）的關係，有相似之處。用她的話說，小拉撒路「這個流浪漢從未像他所踏入的社會那麼腐敗，因此他得學這一行的技巧，在這過程中，許多不光彩的事遭揭露和剖析，呈現於讀者面前」。

卡茨深信，為實現諷刺之意，品托透過一位主角來呈現他的敘事，但這位主角以四種相互呼應且互動的身分講話：這四種身分是好人（vir bonus），即以顯著的真誠贏得我們信任的講道德且品性正直之人；以天真無知之心看待自己所描述的駭人之事，藉此贏得我們同情的天真無邪之人；一見到惡事，總是急忙出手阻止的英雄－愛國者；參與自己所痛斥之每種惡事的流浪漢。

品托著作的結構大而無當，一開始絕對會讓人覺得很難消受。品托寫下此書時，全書未分章（以今日的芝加哥版來說，他的內文填滿五百二十三張大頁）。他死後，十七世紀初的此書編輯把全書分為兩百二十六節，每一節冠以描述性的標題。最早的西語、法語譯本照採此分節版，英語版未採用，但卡茨予以保留。不過，如此分節之後，閱讀起來就有點不連貫，因為其中許多小節比較像是點出要旨的短文，整個事情的鋪陳往往涵蓋數十個小節。根據我讀過這本出奇扣人心弦之書後的感想，它基本上由缺一不可的十大敘事區塊構成，十大區塊之前有簡短的開頭，其後是最後幾章，最後幾章精確自述作者生平細節，表達品托對命運和自己人生的看法。開頭幾行結合了埋怨、信念和看來詳盡的細述，尤其有助於讓我們認識敘事者品托的心聲：

每次回顧我大半輩子所嘗過的艱辛和不幸，都不由得認為我有充分理由抱怨自己命運的多舛。命運的多舛大約從出生時就開始，然後貫穿我最精華的人生歲月。不幸特別找上我，似乎只為不斷騷擾我、虐待我，好似那是值得引以為傲之事。在我於母國長大成人那段時間，日子是在和貧窮、苦難不斷對抗中度過，而且不乏差一點丟掉性命的恐怖時刻。好似那還不夠，命運覺得該把我送去東印度地方（Indies），而在那裡，我的時運未如我所希望的變好，艱苦和危險只與日俱增。

但另一方面，當我想到上帝始終照看著我，帶我安然度過上述種種危險和艱辛，我就覺得與其埋怨自己過去的不幸，我更有理由該為自己目前的福氣感謝主，因為祂認為該保住我的性命，以便我寫下這則尷尬、未經潤飾的故事。我把這則故事當遺產留給我的孩子，因為那只為他們而說。我想要他們全盤了解二十一年來我所親身經歷的困難和危險，在那期間我被抓十三次，被賣為奴十七次，分別發生在印度、衣索匹亞、幸福阿拉比亞（譯按：Arabia Felix，今葉門）、中國、韃靼、馬達加斯加、蘇門答臘和位於亞洲最東端那個群島的其他許多省。中國人、暹羅人、古埃奧人（Gueos）、琉球人的地理書，把那個群島稱作「世界的外沿」，我認為在後文裡，那裡還會有許多事物可說，而且更詳細許多來說。[2]

此前我未讀過品托的著作，只把那視為諸多學術著作裡的一份原始資料。但上述話語把我迷住，我決意追隨品托的腳步，去他會帶我去的任何地方。誠如後來我所發現的，他並未被抓十三次、被賣為奴十七次——或根據他自己著作裡所提出的證據，未有這麼多次——而這種前言不對後嘴的現象，當然是品托的一貫特色。他的確提到自己一共在世界數個地方被抓了八次，被賣為奴七次，賣給卑劣程度不一的主人，對大部分人來說，這樣的遭遇實在是夠淒慘了。但談到其中一次遭遇時，他發揮他一貫的風趣，說那時根本沒人想買他，他就一臉睡意呆立在拍賣台上，受盡冷落，一身髒兮兮，快餓死，「像隻被放到牧場吃草的可憐老馬」。

據品托的說法，世事難料，南轅北轍的事物同時並存所在多有：瘋狂且令人作嘔的殘酷和溫和、關心的表現並存，剛積聚了讓人目瞪口呆的驚人財富，不旋踵就一無所有，深奧的哲學底下隱藏著最粗俗的迷信。十大敘事區塊，個個都透過葡萄牙人與本地籍統治者間的對抗——通常也是（但不盡然全是）天主教和伊斯蘭教之間的對抗——闡發這些主題，只是闡發的程度不一。對於雙方的對錯，品托評判時不偏袒哪一方，施虐狂者和不老實的主人，並非全是葡萄牙人。但隨著一件件壞事曝光，葡萄牙人開始被認為是最壞的人，因為，始終有一臉茫然的品托與之為伍的葡萄牙人，係從頭至尾貫穿全書的角色，而其他社會和統治者則是照著有規則的順序，陸續登場、退場。

有些讀者可能會因為品托著作被劃分為二百二十六節而感到困惑或因此望而怯步，因此，簡單說明這十大敘事區塊，就值得一為；十大區塊按事情發生的先後排列，因此從這個發生順序，我們至少可局部了解品托如何在東方度過多年歲月。

區塊一，由二至十二節構成，以中東和衣索匹亞為故事發生地，把重點擺在尋找祭司王約翰（Prester John）之後代上，和品托在荷姆茲、第烏（Diu）附近的奴隸生涯和海盜生涯上。在區塊二（十三至二十節）裡，品托人在蘇門答臘，參與了巴塔克人（Battak）戰爭；

區塊三（二十一至三十七節）繼續談在蘇門答臘的經歷，以長篇幅描述了慘烈的阿魯－亞齊（Aaru-Achin）戰爭。區塊四（三十八至五十九節）講述另一種對抗，雇品托從事海上劫掠的安東尼奧．德法里亞（Antonio de Faria），追捕與其一樣凶惡、一樣當海盜的死敵，導師哈西姆（khoja Hassim）。篇幅甚長的區塊五（六〇至一一六節），既講述品托在中國的冒險事蹟，也講述安東尼奧．德法里亞執迷般尋找中國人的一處神祕福地一事。

品托以「告別北京」結束此節，此書至此走到中點，品托則在此時來到其距歐洲最遠之處。接著，他踏上緩慢的返鄉路，與韃靼人在戰場上交手，探索日本和琉球群島，觀察了凶殘的緬甸馬達班（Martaban）戰爭和混亂的暹羅政局。最後一大區塊（二〇〇至二二五節），主要講述沙勿略（Francis Xavier）赴日本傳教和這位聖徒的奇蹟、死亡、下葬之事。終於回到家鄉葡萄牙後，言而無信的統治者未給品托自認應得的獎賞，品托即以鋪張揚厲的詞藻、精妙的文筆寫下他的感嘆，為他的書畫下句點：

> 經歷這麼多艱辛，付出這麼多心力，卻未如願得到我想要的回報，但我理解到，這出於神意的運行，甚於任何一個基於上天安排而有責任補償我之人本身的疏忽或過錯，由於我的罪過，神意下令如此。因為，就我在此王國所有國王身上所觀察到的（國王是所有補償的純正源頭，儘管有時補償會經由行事偏袒甚於理智的管道發出），有股聖潔且

含有感激之心的熱情和極慷慨且宏大的念頭，不只想要獎賞那些為他們出過力者，也想要把許多恩惠賜予根本沒為他們出過力者，據此，我們很清楚，如果我和其他像我一樣受到忽視的人，出了力卻未得到補償，錯純粹出在那些管道，而非那個源頭，或者更具體的說，神的正義要求如此安排。在神的正義裡，不可能有差錯，神的正義照其所認為恰當的方式、對我們最有利的方式，安排一切事物。

因此，我要多多感謝天上的王，天上的王國認為該以此方式將其神意施行在我身上，我不埋怨地上的王，因為我罪孽這麼深重，沒資格得到更好的對待。[3]

要在上述所有故事裡把事實和虛構判然兩分，要斷定品托真的做了什麼、哪些是他親眼所見、哪些是他從別人那兒聽來、他在諸多旅行家的記述裡讀到什麼、他編造了什麼，根本不可能。品托筆下的世界，如今被分為數個分科來研究，而卡茨在其注釋裡給了一些好用的準則，這些準則代表了欲將可在這些分科裡找到的所有對品托的不同評價一舉概括的了不起努力。

從我在中國學之峭壁上的狹窄棲息處看去，我大膽推測品托根本未遊歷過中國內地，儘管大概去過澳門、海南島，可能去了廈門或有具創業心的中國人在其中從事小規模半合法貿易的其他一些沿海城鎮。但有多位葡萄牙、西班牙外交官、傳教士不幸遭中國人關押，[4]抄寫下來一些頗清楚可識的中國官場用語，而品托的確讀過這些人所寫之記述的一部分。

本書末尾，品托提到在海上有個中國籍隨從或男僕跟著他，而從十六世紀盛行的做法來看，此事的確可能。在寫到發生於琉球群島的一次船難時，他也提到他和其他葡萄牙人有「一些女人」作伴，其中四人後來死於恐懼和精疲力竭。品托在其書裡他處提到葡萄牙人襲掠中國沿海地區後，恣意抓走當地女村民的駭事，由此觀之，這些命運悲慘的女人或許真有其人，並非杜撰。

但品托的某些冒險事蹟，可根據其他原始資料證明屬實。他的確幾次奉派至東南亞執行外交、貿易任務，而且他認識在日本成立傳教團的西班牙籍耶穌會士沙勿略，去過日本，一五五二年沙勿略死於中國附近海域時，品托以使節身分在一五五五年再次去了日本。但出於自身不願道出的理由，品托從未說出他大有可能做了的事，他若說出這些事，他筆下的故事會遠更能取信於人。例如，他完全未提到至一五四〇年代後期時他已靠遠東貿易積攢了一大筆錢，一五五一年他把其中一大部分給了沙勿略，助他在日本蓋教堂。品托也未提一五五四年他以平信徒修士的身分加入耶穌會，但一五五七年再度離開該修會。就是在這期間品托人在臥亞，而且信教最虔誠，這點有助於說明他描述一五五四年二月在臥亞接到沙勿略遺體以供下葬時，為何寫得那麼情深意切。回憶這一情景時，諷刺的語調全然不見：

這時，天漸亮，六艘船從這個城市駛抵，船上有四十或五十人。這位死者生前，他們全是他最忠誠的追隨者，手上都捧著剛點亮的蠟燭，他們的奴隸手上則拿著用來點火的薄木片。進入教堂後，他們全都趴在他長眠所在的墓或棺前，向他致敬，淚流滿面，日出時他們啟程前往該城市。

途中他們見到狄奧戈・佩雷拉（Diogo Pereira），他在一艘單桅帆船上，船上有許多手持點亮的火把和點火用薄木片的人，這艘小艇經過他們面前時，他們全趴倒在甲板上。緊跟在他們後面，另有十或十二艘排成同樣隊形的船，因此，這艘小艇抵達碼頭時，想必已有二十艘划船伴行。這些划船載了約十五名來自中國、麻六甲的葡萄牙人，全是很有錢且很受尊敬的葡萄牙人。他們也手持已點亮的火把和點火用的薄木片，他們的僕人，大概共有三百多人，則手持大如火把的蠟燭，從而打造出燦爛盛大的基督教場面，令所有目睹者都生起深深虔敬之心。[5]

品托的長篇敘述生動有力，主要因為他喜歡在敘述風格上變花樣，他會替某個角色選定某種說話語氣，然後費心予以美化，使其更有趣。東方君主那種精心鋪陳的詞藻，品托從來不覺厭煩，詼諧之處就在於表達最浮誇虛偽的話語時那種鄭重其事的心態。例如，阿魯國王請求葡萄牙人出手助其打他那場與亞齊國王的漫長戰爭時，不能開門見山就直白切入正題。

反倒，他先是著手奪取道德制高點，再提出他那個極現實的請求：

我帶著發自靈魂深處的痛苦嘆息，請求高高在上、無比威嚴的全能上帝，就我代表我王向兩位大人發出的請願是如何恰當且公正一事作出裁斷。我的國王是萬國和印度、大葡萄牙之人民的強大統治者的忠貞家臣，始終遵守多年以前，由於阿爾布凱爾基（Albuquerque）的作為，我的國王的祖先向這位統治者所立下的效忠誓言。那時，海上的咆哮獅子，阿爾布凱爾基，答應我們，只要阿魯的國王信守其效忠誓言，他的國王和其繼任者會履行接受臣服的強大領主所應盡的義務，負起幫我們抵禦任何敵人的義務。而由於我們從未違背我們的誓言，我要請問兩位大人，當你們十分清楚正是因為我們忠於他，亞齊敵人才著手要消滅我們時，你們有何理由拒絕履行你們的義務和你們國王的許諾？亞齊敵人把我的國王當成如同在葡萄牙出生般，認為他是同樣不折不扣的葡萄牙人和基督徒，並以此作為攻打我們的理由。如今，我的國王把你們當真朋友，找你們幫他抵禦這個肆無忌憚的惡行，你們卻以站不住腳的藉口拒絕，而其實，要順我們的心意，保護我們的王國，抵禦這些敵人，你們只需出動約四十或五十名配備滑膛槍和兵器的葡萄牙士兵來訓練我們並提升我們的戰鬥意志，加上四桶火藥和供長炮使用的兩百發炮彈，就能辦到。6

在後來的某次協商中，亞齊國王以同樣完美的句子，為其寫給阿魯國王的信結尾（根據品托的說法）。這個句子「寫於我在繁榮亞齊境內的宏偉宮殿，寫在你的使節到來的那一天。誠如他所會告知你的，我立即將他打發走，不願見他或再聽到他的任何事」。[7]

品托有個葡萄牙籍友人，有本事把所有唱反調的人灌醉，有次，欣喜若狂的緬甸民眾把他抬到大象上，以令人難忘的歌曲向他致敬：

噢，人們，太陽是帶給我們稻米的神，向從太陽中心發出的光芒唱出滿心歡喜的讚美吧，因為當你在你的國度裡看到這麼神聖的人時，就該是時候這麼讚美。那人酒量為歷來世上任何人所不能及，撂倒我們的二十名主官。願他的名聲永遠遠揚！[8]

品托的敘述語調有時也具有令人欣賞的簡潔，而卡茨將其譯為英語時，把此風格傳達得非常到位。例如，有些葡萄牙人利令智昏，離開中國，欲前往一個神奇王國：

他們一心想著要獲利，於是僅僅兩星期，就讓當時港口裡的九艘中式帆船全都處於隨時可出航的狀態，但就出海來說，這些船全都準備不周而且設備不佳，其中有些船竟只載了身兼領航員之職的船主，而這些船員根本對航海術一竅不通。某個星期日早上，他們就這樣一起出海，不顧風向、季風、海潮全都不利於航行，不顧種種不利的理由，完全未想到海上的危險，盲目行動，一心只想著要離開，因而完全未考慮到上述缺失。而我也在其中一艘船上跟著去。9

就根據吉打（Kedah）當地歷史來說明故事發生背景來說，很難有人會做得比品托還好。當時控制吉打者是個馬來族專制君主：

我們抵達吉打時，該地國王正為其父親辦精心籌備的喪禮。為了娶自己母親，這個國王刺殺了父親，他母親肚裡已有他的孩子。喪禮辦得盛大隆重，其中有音樂演奏、跳舞、喊叫、尖叫，還有為大量湧至的窮人提供的免費餐食。10

品托《遊記》有多個古怪之處，其中之一係他幾乎從未以第一人稱直接對我們講話。卡茨筆下談到的那四種身分，不管哪一個發表看法時，都會長篇轉述他人的說法，而且宣稱絕對一字不差且忠實的轉述；但他自己的言談和想法，則被當成離題的話，或當成對讀者的簡短勸告，或好似他人所轉述的話，扼要表述。在這本長篇幅的書裡，我只找到兩個段落，品托卸掉這層保護，以第一人稱加括弧直接對我們說話。他似乎始終很清楚自己所採取的風格，因此我們必須假定他這麼做係刻意而為。

品托第一次以第一人稱向我們講話，係在他向前述那位專制的吉打統治者抗顏以對時。那時，這個統治者剛以品托稱之為gregoge的馬來人方法殺了品托的同行夥伴，一個穆斯林籍商人。據他所述，這種殺人法「把人活活鋸到死，先踞腳，再來手、頸、胸，循著背部一路往下至脊椎底部」。國王坐在大象上頭，把遭肢解的友人屍體給品托看。品托嚇得說話很快又口齒不清，撲向大象的腳：

> 「大人，我求你，」我哭喊道，止不住淚水，「納我為奴，不要讓我像他們那樣被殺掉，因為我以我基督徒的信仰發誓，我沒有做過理該一死的事。而且別忘了，我是麻六甲首領的侄子，為了贖我，他會樂於付出任何數目的錢。然後，港口裡有艘儒魯潘戈（jurupango），船上貨物全是值錢貨，都是你的，你想什麼時候去拿就什麼時候去拿。」
>
> 「天啊，老兄，」他激動說道，「你在說什麼？你以為我是那麼差勁的人？得了，得了，你冷靜冷靜，沒什麼好怕的。坐下休息一會兒，因為我看出你心情很低落。等你回過神來，我會解釋為何我下令處決那個你帶來的摩爾人。我以我的信仰發誓，如果他是葡萄牙人，或基督徒，我絕不會這樣做，即使犯了殺了我兒子的罪也一樣。」[11]

這一恐怖情景令人想笑，源於作者把專制君主的冷靜講理和品托的絕望恐懼擺在一塊，行文中點出葡萄牙人虛張聲勢背後的懦弱，以及葡萄牙人所正遭遇、劫掠且有時征服的外邦其在道德上的模稜兩可。

品托第二次向我們直接講話，出現在《遊記》末尾。這一次，發生在截然不同的場景裡。品托與神父沙勿略同在一艘船上；兩人剛試圖在日本建立第一個基督教傳教團，正在前往麻六甲途中。他們所搭的船碰上強烈暴風雨，已損失許多人，個個精疲力竭。在這個充滿戲劇張力的當兒，品托給我們講了言簡意賅的這麼一段話：

> 然後當時人在艉艛甲板的他（沙勿略）叫我過去，他看去如每個人所認為頗為難過，問我可不可以為他加熱一些飲用水，因為他的胃很不舒服。這一要求，我幫不上忙，因為船上沒有爐子，前一天暴風雨初降臨時，為減輕重量，甲板（上每樣東西）都給丟掉，爐子已在那時給丟到海裡。然後他向我說他頭很痛，偶爾一陣頭暈。
>
> 「神父這麼不舒服不足為奇，」我對他說，「因為你已三個晚上沒睡，而且誠如杜亞爾提・達伽瑪（Duarte da Gama）的某個奴隸所告訴我的，你很可能也粒米未進。」
>
> 「我跟你說，」他回道，「看到他一副悶悶不樂的樣子，我為他難過，因為損失那艘單桅帆船後，他前一整個晚上不斷為他的侄子阿方索・卡爾沃哭，當時他連同我們其他

同伴都在那艘船上。」

然後，看到神父頻頻打哈欠，我對他說，「神父，去我的房艙躺一會兒吧，或許可以恢復點精神。」[12]

在這裡，品托不再因為那位專制的馬來族君主而驚恐萬分，難得來到近乎沒有罪過在身的那種狀態。我思索這兩個小段落多日，比較它們的措詞，尋找它們所要表達的意思，不解品托為何在這兩個場合，而且只在這兩個場合，向我們直抒心聲。或許不可能有確切的答案，但我可以大膽推敲一番。品托打從心底想要告訴我們兩件事。那種驚恐強烈到能使我們所有人身不由己的尊嚴盡失，成為在地上爬行的可憐動物。但當我們碰上極善良之人，如果我們真誠出手相助，我們能分享到那份善良。就連品托這個集惡棍、游手好閒者、商人、懦夫、海盜、士兵身分於一身的人，都能在他這輩子所遇過最聖潔的人已經一籌莫展時，用幾句話好好安慰對方。在這兩件事裡，品托為我們漂亮總結了在十六世紀葡萄牙全球探索這齣偉大的歷史劇裡緊密交織在一塊的恐怖和聖潔。

利瑪竇和進京

利瑪竇（一五五二－一六一〇）花了四十九年時間才如願抵達北京。他究竟在人生的什麼時候有了去北京的念頭，不得而知，但他出生時所處的反宗教改革世界，當然昂揚著欲在國內抑制新教勢力並將天主教傳播於海外的夢想。利瑪竇家鄉馬切拉塔（Macerata）屬教皇國管轄，而我們可以看出附近三個地方可能催化了他赴海外傳教的抱負。三地分別是洛雷托（Loreto）、安科納（Ancona）、羅馬。洛雷托境內有座香火鼎盛的聖母瑪利亞祠，人們一想到該地，就想起聖母的神蹟。安科納是目光望向東方、望向亞得里亞海對岸的港口，以和中東貿易的重鎮和猶太人的避難所而著稱，其中許多猶太人已改信基督教。羅馬在特倫特公會議（Council of Trent）的改革之後，重新成為基督教權力中心（儘管還不是完全純淨的權

本文首度發表在一九八八年 Charles Ronan 與 Bonnie Oh 主編的《東西交會：耶穌會士在中國，一五八二－一七七三》（*East Meets West: The Jesuits in Chinese, 1582-1773*）一書中。

力中心），自教皇庇護五世在位起，展開雄心勃勃但分階段進行的海外擴張事業。

利瑪竇最初打算以法律為業，但一五七一年入耶穌會，在羅馬、佛羅倫斯、科英布拉（Coimbra）攻讀六年，然後於一五七八年春前往印度。在羅馬求學時，見習修士團的代理團長是范禮安（Alessandro Valignano, 1539-1606）。范禮安來自基耶蒂（Chieti），係腦筋好且令人敬畏的耶穌會神職人員，擔任耶穌會東方視察員（Visitor）時，會對印度、日本、中國境內的傳教事業有深遠影響。范禮安心目中的理想教會係經過淨化、版圖遼闊但充滿愛心的教會，而利瑪竇年輕時可能就承接了這份願景。據研究，利瑪竇只有一次親筆論及早期動機，見他寫於同窗友人朱利奧．富利加蒂（Giulio Fuligatti）的信中。他在此信中憶及在馬切拉塔、羅馬時兩人如何夢想著赴印度傳教，但也認識到留在國內也能有很大的貢獻，因為「人不必靠受了刀劍的戳刺才能成為殉難者，也不需靠長途跋涉才能成為朝聖者」。[1]

利瑪竇於一五七八年九月來到印度西海岸的臥亞，此後直至一五八二年春為止，他若非待在那裡，就是待在稍南邊的科欽（Cochin）。這段時期代表他開始為日後在中國的傳教工作真正見習。進入印度這個奇怪的新世界，他也踏進一個有格外錯綜複雜的教義問題、戰略問題需要解決的世界。這些問題包括教會內部不同教團間的關係緊張、對宗教裁判所之角色的爭論、西班牙和葡萄牙（直至一五八〇年兩國合併之前）的歧異和那之後這兩國與羅馬教廷的歧異、范禮安和耶穌會士佛朗西斯科．卡布拉爾（Francisco Cabral, 1528-1609）之類強勢人士間的衝突。

范禮安會成為利瑪竇赴京之行裡的重要人物。他生於一五三九年，一五六六年入耶穌會。在羅馬學院時，他攻讀神學、哲學、物理學，以及在克拉維烏斯（Clavius，本名Christoph Clau，耶穌會士，一五三八－一六一二）門下學數學，一五七一年時已被任命為見習修士團的代理團長。同年秋，擔任此職期間，他對年輕的利瑪竇施予一年級生的考試。然後，范禮安擔任了馬切拉塔耶穌會神學院院長一年，接著，耶穌會總會長埃維拉德·麥古里安（Everard Mercurian）一五七三年要他擔任視察員，視察印度境內傳教業務。按照當時教會組織的性質，這一人事命令使三十四歲的范禮安所擁有的權力，一下子和總會長一樣大，掌管從好望角往東至日本這一區域內的所有耶穌會傳教團。[2] 范禮安接下的任務，係為亞洲傳教事業重新注入衝勁，為傳教事業增添人力，使傳教士有機會暫時卸下實地傳教工作好好休息，重新振作精神再度投入傳教工作，以及處理要不要在恆河另一邊的印度境內、摩鹿加群島、麻六甲、日本境內另設傳教基地的棘手問題。

范禮安深信印度境內傳教業務會大有斬獲，總會長亦持同樣看法，儘管會因此惹惱葡萄牙人。總會長所指派給范禮安的三十二人和范禮安所挑選、經總會長同意投入東方傳教工作的另外八人，有許多人係原信猶太教的「新基督徒」（confessi），由這些「新基督徒」的入會，既可看出招募腦筋好的新人入會刻不容緩，也可看出麥古里安行事的獨立自主。現任的葡萄牙籍神職界掌權人士示警道，國王塞巴斯蒂安（一五五七－一五七八在位）和其舅公，樞機主教暨王子恩里克老爺（Cardinal Infante Dom Henrique），肯定會反對招這些人入會，印度境內鄙視這些改宗之猶太人的葡萄牙籍神職人員和貴族會激烈抗議。范禮安肯定認為這些資深的葡萄牙籍神父要求在整個耶穌會內貫徹嚴苛規定、紀律、體罰太不近人情，認為他們聲稱這是耶穌會創辦人羅耀拉（Ignatius Loyola, 1491-1556）的真正用意背離事實。范禮安不同意這樣的做法，堅決認為需要走以更加信任、更有愛為基礎的道路。他在一五七四年初的某封信裡寫道，葡萄牙人「臉上帶有他們內在憤懣心情的標記。壞脾氣和憂鬱到處可見」。[3]

一五七四年一月范禮安晉見國王塞巴斯蒂安，氣氛出奇的好，他因此更加樂觀。他請求國王賜予三十名耶穌會士每人一百斯庫多（scudo）的旅費（若有需要賜予更多旅費），把每艘船船尾附近通風且有儲藏室的房艙撥給他們，特別配給他們麵粉，以便他們能自行烘製麵包，不必靠船上的餅乾勉強填飽肚子，額外撥予經費給在里斯本等搭船前去東方的耶穌會士，以支應他們等船期間的開銷。這些請求，塞巴斯蒂安悉數同意，還另外撥下葡萄酒。一五七四年三月，四十一名傳教士終於偕同范禮安出航，個個洋溢著經過兩個月最後訓練所激起的強烈衝勁。同年九月，抵達臥亞。[4]

一開始很順利，但在葡屬印度住了才一年（大多住在臥亞），范禮安就寫了封很用心的信，把該地的未來說成無比黯淡；他說這裡治理太差，差到耶穌會士不想聽文武官員告解，說這裡的士兵薪水太低，堡壘防禦薄弱，船艦破敗不堪，司法體系極不公正。[5]

兩年後的一五七七年，即利瑪竇來到臥亞的一年前，范禮安在前往麻六甲途中，用心寫下對印度現實情況的新評估，用詞之不客氣，和葡萄牙人所寫下的任何評估不相上下。在印度見識到的炎熱、疾病、罪惡、無精打采，使他把印度人和非洲人歸為一類，視之為幾無異於「野獸」。他還說：「這些人（這時我所說的不是中國或日本的那些所謂的白種人）所具有的一個共通特性，係平庸無能。誠如亞里斯多德所會說的，他們生來要為人賣命，而非指揮人。」[6]他對印度文化、哲學的成就或有數千年歷史的印度宗教的形成，一無所知或毫無興趣。

利瑪竇走了一段頗類似的心路歷程。初到臥亞時，他極為雀躍，認為在印度傳教會大有斬獲，而這幾可肯定是因為蒙兀兒王朝的偉大統治者阿克巴（一五四二－一六〇五）的作為，才使他如此樂觀。就在利瑪竇到來之前不久，阿克巴邀了三位耶穌會士去他的王庭，而且派過一支浩蕩的使團走海路去臥亞。利瑪竇也覺得有必要教印度人徹底認識基督教神學，深信絕不能像他的許多同僚那樣認為印度人在智力上低人一等。

但來印後不到一年左右，利瑪竇就因為病重而不得不前往科欽休養，為數個友人去世而心情大為低落，苦惱於印度境內他的許多天主教修士同僚教育水平之差，困惑且煩惱於他對印度文學、文化所能理解的有限，於是開始有了和那位視察員一樣的看法。根據他的信件，一五八一年十二月時他已深信不可能使阿克巴改信基督教，深信阿克巴之所以邀耶穌會士至他的宮廷，只因為他「有股想了解新思想流派的天生好奇心」，也由於他正與自己兄弟打內戰而想和葡萄牙人保持友好。[7]利瑪竇筆下情緒最低落的段落之一，可在日期注明為一五八一年十二月一日的一封信裡找到。這封信係寫給他的耶穌會同僚，史學家吉安·皮耶特羅·馬斐（Gian Pietro Maffei），該段落抒發了他的厭煩和沮喪：

在這裡，閣下所認識的人，個個身體健康且非常忙碌：在此只有我一事無成，而且今年就病了兩次；我被派去正式研究神學，因為除了聽告解，我沒別的事可做……我會欣然忍受伴隨航行而來的種種艱苦，十倍於此的艱苦，只為能和你和我其他老朋友一起待上一天。[8]

利瑪竇知道，這樣的戀舊心態無助於事，對於在臥亞那些想要用他們的愛和鼓勵提振他心情的那些人不公平，但他繼續以有所頓悟的心情向馬斐說，他已「染上把所有時間用於緬懷過往歲月的老人特性」。

利瑪竇失望於印度，開始轉而為日本而雀躍，而我們可以再度看出范禮安更早就表達了和他一樣的觀點，並影響了他的觀點。在日期注明為一五八〇年一月十八日，從科欽寫給他人在科英布拉的前神學老師的信中，利瑪竇興奮寫道，麻六甲耶穌會神學院院長，還有軍事指揮官馬蒂亞斯·達爾布凱爾基（Mathias d'Albuquerque）剛到科欽，帶來范禮安「年度信」（Annual Letter）的複本。范禮安在該信中宣布了日本境內「五國」領主「豐後將軍」皈依的大好消息。同月十三日，利瑪竇已把這份早發的衝勁化為煞有其事的希望：在此王和其兒子皈依後，不只「此人所控制的各個王國，五或六個王國，而且整個日本」，都會跟著皈依。利瑪竇盛讚這些成就，還出於另一個理由，較切身相關的理由：京都一萬兩千人皈依的成果，要歸功於數位傳教士，其中之一是他的馬切拉塔同鄉，耶穌會神父朱利奧·皮亞尼（Giulio Piani, 1538-1605）。皮亞尼家世甚好，比利瑪竇年長十四歲。[9]

但此時期的弔詭、不和諧程度非常劇烈，而且對利瑪竇有所影響的數股力量非常錯綜複雜，因而就在他開始雀躍於范禮安的日本消息時，范禮安本人也正在改變其心態。一五七九年，利瑪竇正從其在印度的有利位置對耶穌會在日本成果豐碩的消息如此熱情回應時，范禮安正向總會長麥古里安寫信道，日本境內五十五名耶穌會士（其中只有二十三人是神父），處理不來如今總數達十萬的一群入教者的精神需要。教會「對其子弟要求太多」；此外，傳到印度的日本傳教有成消息，與事實大異其趣。這時范禮安已認識到，他事前譽之為「白種人」和「單純虔誠之民」的日本人，其實是「世上任何地方所能找到最虛偽、最不真誠的人」。他覺得自己「處於焦慮不定、束手無策的狀態，不知怎麼辦才好」。根據十足合理的理由，他同意必須為日本本土青年開設神學院，為歐洲人開設較佳的語言學校。但「我們什麼時候能把聖職授予本土候選人，要他們助一臂之力？我不曉得，我也看不出這計畫會有何成效」。[10]

日本人的殘酷、高貴、墮落、虛偽太複雜，因而他不想花腦筋去精確剖析當地情況。日本人即使入了教，在信仰上似乎還是「欠缺熱情」。或許，「與其有那種基督徒，還不如完全沒基督徒！」誠如范禮安在擔任反宗教改革運動領袖時所體會到的，淺薄的基督教學識可能反倒危險。許多日本人相信「呼佛號」就會獲救，因此，傳教者就得正視一個可悲的事實：「他們的稱義（justification）觀類似路德宗信徒的因信稱義觀。」於是，由受訓不足的神父所領導且欠缺熱情的會眾，說不定反倒使新教有機會壯大。[11]

就在范禮安開始對日本人的本性和性格不再抱持幻想時，他回想起他於一五七七至一五七八年間在澳門度過的那十個月。這時他似乎覺得「整個東方最能幹、最有教養的人」是中國人，而非日本人。[12]一五七九年十月，他用日文寫下一篇談遠東的文章初稿，在其中一個長段落裡詳細說明了日本和中國的差異。一五八〇年范禮安把這個段落整個刪掉，利瑪竇可能無緣一見，但此段落或許有助於生動說明心態上的連串轉折會如何在利瑪竇身上重演。一五七〇年代中期，對印度失望之餘，雀躍的對象已轉為日本；一五七〇年代底，范禮安對日本的現實情況更加失望之時，未被個人親身經歷搞臭的中國開始成為他雀躍的對象。以下是史學家許特（Schütte）所譯的范禮安文章的某段落：

在中國，沒人佩帶武器；這裡（日本）的人則總是帶著大小兵器四處走動。中國人喜歡看流血場面，打人是日常；日本人從不打小孩或僕人，或從不責罵他們或說出很難聽的話；他們乾脆立即用劍，殺人毫不猶豫。中國的貴族和較有身分地位的人住在有城牆環繞的城鎮裡，在日本，較有身分地位的人住在鄉村。中國人像女人一樣留長髮；這裡的人則不只剪短頭髮，還把頭髮扯掉，以長保頭頂無毛。中國人穿長服四處走動；在這裡，則穿短服，而且短服的款式讓人真的覺得他們是刻意反其道而行。中國人以認真心態創作文學，很看重學問，對武事興趣不大；反之，日本人不看重學問。

行文至此，范禮安簡短談及飲食，指出中國人喜愛肉食和標準飲食，使他們「類似歐洲人」，至於日本人的餐食，則「幾乎無法形容或想像」。然後，他欲點出中日兩民族在性格上的更深層差異：

中國女人害羞、端莊，很少或從來不拋頭露面；日本女人較自由，行為比其他任何地方的女人放蕩。中國人不大看得起他們的教士，即所謂的和尚，對他們毫不尊敬，日本人則對他們的教士寄予最高的敬重。中國人在行動和決定上極為積極進取、充滿活力、留意身邊事物，這裡（日本）的人則是世上行事最遲緩、最優柔寡斷、最囉嗦的人；他們始終無法完成一件正事，外人也別指望和他們打交道時能有成果。中國人不會與外人締結友好關係，也不會與外人交談，日本人則很喜歡外地人。中國人擁有世人所能想像得到的最好政府，始終要求行事有條有理，在這裡，秩序或政府不占上風。簡而言之，他們行事和中國人背道而馳，甚至和其他任何國家背道而馳。13

范禮安來到澳門時，離醜聞頻生的那個時期已過了將近十年。在那期間，卡布拉爾和奧岡蒂諾・涅基–索爾多（Organtino Gnecchi-Soldo, 1532-1609）各自聲稱自己有權領導耶穌會，為此相鬥，而瑪努埃爾・特拉瓦索斯（Manuel Travassos），一五六九、一五七〇年赴長崎之葡萄牙「大船」（Great Ships）的大船長，則因作風殘暴、做生意方式粗魯而激怒澳門居民。在已恢復平靜的澳門城裡，范禮安對中國有了足夠的認識，理解到傳教若要有所成，必須在語言上做足準備。因此，儘管當下他對日本興趣較濃，卻很有先見之明，要一些能幹的耶穌會士立即用心學習漢語。一五七九年，耶穌會士羅明堅（Michele Ruggieri, 1543-1607）應他的要求來到澳門。接著，羅明堅請求范禮安將利瑪竇召來與他搭檔（當初羅明堅就和利瑪竇一起前去印度，被派駐在科欽）。一五八二年春利瑪竇離開臥亞，八月七日抵達澳門。[14]

這時，有個令後人困惑的問題產生，那就是在印度有病在身、精疲力竭且心情低落的利瑪竇，為何心態有如此的轉變，使其得以懷著重新燃起的熱愛、頑強、本事，踏上更上層樓之路，從而在從臥亞搭船到澳門的途中，波濤洶湧的海上，吃了很大苦頭。他的興奮之情可見於此時他從澳門寫給某友人的信中，信中他把離開印度之行，說成不只是旅程，還是「躍進」（salto）。[15]使他改變心意的因素似乎是漢語，但即使如此，這說法都太過簡略；其實應該說是與希臘語相比後，讓他覺得和該語言截然相反的漢語。這一論點似乎可從利瑪竇的親筆信得到證實。一五八〇年十一月三十日他寫信給馬斐，信中提到他奉上司之命教一門密集的希臘語課，覺得他會「從此甩不掉」希臘語文法。他的教學工作因一場重病而中斷，但在科欽休養後，他被叫回臥亞繼續學習，利瑪竇憂心忡忡說道，他不知道此命令會不會使他「結束對此文法的學習，或了結（他的）性命」。[16]

我小時候在學校修過必修的希臘語很長時間，而且沒學好，如果有哪個讀者曾在這門課上吃過和我一樣長且終歸徒勞的苦頭，被比拉丁語或羅曼語更為複雜的希臘語文法折磨過，搞得很不愉快，或許就會理解利瑪竇在某信中所表現的那股激憤。這封信，日期注明為一五八三年二月十三日，收信人是他在羅馬的老修辭學老師馬丁・佛爾納里（Martin Fornari）：

我最近投入學習漢語，我跟你保證，它和希臘語或德語都大不相同。口說時，漢語的歧義性甚大，因而有許多詞能意指上千個事物，有時詞與詞間的差異，只在於你念出時聲調的高低差異。因此，中國人交談時能有把握聽懂對方意思——因為所有漢字各不相同。至於這些漢字，你若未和我一樣見過、用過，絕對會很驚訝竟有這樣的文字。有多少詞和事物，就有多少漢字，因此漢字超過七萬個，每個漢字各不相同且複雜。如果你想看實例，我可以寄去一本他們的書，並附上說明。

一詞一音節，寫下漢字的最快速方式是用顏料寫，因此他們使用毛筆，就和我們的藝術家使用畫筆沒兩樣。漢字的最大優點，係所有使用漢字的國家都能看懂對方的書信和書籍，即使語言不同亦然。我們的字母則不是如此。

然後，利瑪竇以「天」這個詞為例說明，因為它能以各文化體都能懂的一個象形文字表示，儘管這個詞的發音，在日本、暹羅、中國各不相同，或在拉丁語、希臘語、葡語裡各不相同。或許有人會認為，這情況恐怕會讓這個疲累的旅人頭痛，但接著，他發出他一錘定音的關鍵句，簡明扼要的凸顯漢語和希臘語的截然不同之處。

這一切所具有的好處，係他們的詞沒有冠詞，沒有格，沒有數，沒有性，沒有時態，沒有語氣；他們以某些副詞形態解決他們的問題，而要解釋這些副詞形態很容易。[17]

利瑪竇的樂觀，不久前使他生起透過阿克巴使全印度人入教的希望，然後生起透過織田信長使全日本人入教的希望，這時則使他寄望於中國人。他寫信告訴佛爾納里：「我們希望向上帝作出最大的侍奉，因為中國人不大相信他們的偶像，如果我們能直接和他們打交道，說服他們相信我們的神不會是難事。」[18]他把其對澳門中國官員的初步看法概括於一連串形象裡，而且他的讀者只要把它們和自己在羅馬、馬切拉塔或科英布拉的成長過程和經歷直接聯繫在一塊，就能理解它們：官員像神，官府大如教堂，衙門長椅像祭壇，官員的帽子像樞機主教的帽子；官員打人民，就和歐洲老師打學生一樣尋常；官員坐轎，由人抬著走，像教皇；衛兵的徽章類似羅馬的束棒標誌（fasces）。這一切的一大缺點，係法律特別嚴厲，誠如利瑪竇一五八三年所說的，嚴刑峻法使「他們領土上的人民個個順服，沒人敢抬起頭」。[19]

利瑪竇似乎未擔心官府把如此的嚴刑峻法用在他身上；事實上，有機會的話，他很想加入他的耶穌會同僚羅明堅、巴範濟（Francesco Pasio, 1554-1612）的行列。他們兩人於一五八二年十二月就進入中國內地，傳教無成，但利瑪竇於一五八三年進入中國內地，該年秋天和羅明堅一同在肇慶住下。利瑪竇真正在中國傳教，可以說就從這時開始。[20]

我在此文的篇名裡用了「the ascent to Peking」（上北京）一詞，以概括我對構成利瑪竇人生大半的那趟漫長旅程的看法。顯而易見的，ascent 這個詞具有地圖繪製學上由南往北移動的北上意涵，因為利瑪竇輾轉遷徙於一個又一個城市，逐步接近他的目標北京。這時，他已走過從臥亞到麻六甲、澳門的旅程，接下來他會在一五八三至一五八九年待在廣州附近的肇慶；然後，從一五八九年後期至一五九五年，待在江西南昌；從一五九九至一六〇〇年待在長江邊的南京（在這之前曾短暫來到北京邊緣，但未能待下）；最後，一六〇一年時，已在北京正式住下。[21]

ascent 一詞的另一個意涵，指利瑪竇語言能力的日益精進。他在澳門學了一年漢語後，一五八四年開始在翻譯員協助下傳教、聽告解；一五八五年已能不靠翻譯員與中國人交談，而且中文讀寫能力已不錯（誠如他所說的，mediocremente）；一五九三年，初步試圖翻譯儒家典籍四書；最後，一五九四年，首度嘗試於沒有其他中國學者協助下寫作。[22]

這是令一代又一代學者著迷的一段經歷，而利瑪竇在上述每個中國城市裡的活動，除了在他自己的日記裡得到說明——他的日記得到耶穌會士金尼閣（Nicolas Trigault, 1577-1628）整理，後來被耶穌會士路易斯·加拉格爾（Louis Gallagher）譯成英文——也已得到多人研究分析，其中的犖犖大者包括福蘭閣（Otto Franke）、約翰·楊（John Young）、傅吾康（Wolfgang Franke）、喬治·哈里斯（George Harris），以及汾屠立（Pietro Tacchi

Venturi）、德禮賢（Pasquale D'Elia）、喬治・鄧恩（George Dunne）、裴化行（Henri Bernard-Maitre）這四位耶穌會士。[23]他們仔細列出他所結交的中國友人、他在使中國人信教上克服重重難關緩慢但穩定的進展，以及他巧妙使用科學、數學知識拉攏儒家菁英階層成員，使他們願意學習西方信念和這些表面技法背後的信仰一事。他在傳教上展現的圓通和本事，為他贏來實至名歸的高度讚賞。

在此，我就不再贅述這段歷程，反倒想著墨於上北京旅程之最後幾個階段的其他方面，或許是受到較少關注的方面。首先，在終於定居於北京之前，利瑪竇在中國待了十八年，而推測他在這十八年裡體察他人需求、問題、感受的敏感能力有某種提升，或許不算太斗膽。由於敏於察覺周遭情況，他開始更加認真看待中國人的價值觀；仔細研究儒家思想，從而能拿儒家典籍裡的論點反駁佛教徒的神學主張；揚棄他在境外時對印度、日本、中國所懷抱的引導成千上萬人入教的夢想；甘於在腦筋好、心存懷疑且往往帶敵意的學者群裡緩慢且有耐心的推動傳教工作。就是在這時期，他從最初使用羅明堅所編寫的第一份簡單的教理問答，轉而用到日益複雜的該書修訂版，然後，寫出著墨於神學論證、展現自身語言、思辨本事的大作，例如《天主實義》、《畸人十篇》。

利瑪竇未表露他從事上述種種努力時內心真正的感受和想法，但詳讀他一五八〇、九〇年代的信件，可看到在他表面風光、看來信教更為虔誠之際，他個人身心方面的某些苦楚。

在寫給富利加蒂的信中，他把中國稱作「這個枯燥乏味的國度」（questa sterilità）；在寫給其他友人的信中，中國是「這座堡壘」（questa roca）或「一片遙遠的荒漠」（un deserto si lontano），中國人則是「這些最遙遠的人」（questa remotissima gente），與中國人為伍，他覺得自己「遭拋棄」或「遭丟棄」（bottato）。他告訴他的兄弟奧拉齊奧（Orazio），中國人驚訝於他頭髮灰白，「年紀還不大，看起來卻那麼老」。他還說：「他們不知道就是他們使他生出這些白髮（cani capelli）」。[24]

利瑪竇在信裡不時引用的聖經段落的基調和暗指的意涵，也反映了他的內心，甚至悶悶不樂的心情：〈創世紀〉第二十九章第十五至三十節，談雅各為拉班所騙，不得不為拉結又工作七年一事；〈創世紀〉第四十七章第一至三十一節，談在埃及為法老服務之事；〈詩篇〉第一二六篇第五至六節：談「流淚撒種的，必歡呼收割」；〈哥林多後書〉第十一章第二十五至二十七節，談石頭和船難、水和劫匪、出賣；〈馬太福音〉第十章第十六節，談置身狼群裡的綿羊。[25]

利瑪竇上北京之旅的另一面也很有意思。這一面難以確切表述，但提醒我們切勿從狹隘的歷史視角看待這些反宗教改革人士。利瑪竇，一如他當時許多優秀的學者暨傳教士，深受古典時代羅馬學術著作和文藝復興人文主義對那些著作的再詮釋影響。在這方面，來自但丁的形象頗為貼切，或許，若說利瑪竇在印度那些年，具有但丁在《神曲·地獄篇》裡所呈現的那些自我認識、悲傷的元素，利瑪竇在中國那些年則具有但丁在〈煉獄篇〉裡所呈現的日益睿智、驚奇的元素，也不會太牽強。但從另一方向作類比，說時時陪伴但丁的睿智之人維吉爾（Vergil），也陪利瑪竇度過其旅程的頭兩個階段，會更可取（維吉爾也陪但丁走了一段，最後這位拉丁詩人遺憾的放棄登上天國前的最後一段爬升，因為他身為多神教徒，不能再冒險往前走）。

在此，我拿維吉爾來代表古典時代羅馬傳統的慰藉作用和智慧，在利瑪竇緩慢且艱苦向北京前進時，這個傳統始終陪在利瑪竇身旁。在《埃涅伊特》（*Aeneid*）中，維吉爾寫到埃涅阿斯（Aeneas）獲准下地獄去看他的亡父安奇塞斯（Anchises），寫到庫邁的西比爾（Cumaean Sybil）向他示警道：「下地獄的路好走，黑冥王的大門日夜開著，但要原路返回高高的天國，費事而且艱辛。」（第六卷頁一二四－一二一）發現利瑪竇在一五九六年十月十二日寫於南昌的一封信中引用了這些詩句，令人感觸良多。[26]

除了這類引述所具有的鬱悶成分，利瑪竇的古典學問呈現在兩個方面。首先，他試圖用一種會令其在葡萄牙、義大利的國內友人深感契合的語言，概括中國之道德立場、哲學立場所具有的意義。於是，他談到修辭在中國教育結構裡的角色，談到他所謂「符合塞內加之道德風格」的四書，或談到構成一種論證模式的中國人的道德情操，而且該論證模式類似西塞羅《家書》（*Family Epistles*）裡的論證模式。[27]他以這些拉丁例子為本往外擴展，也拿希臘來類比，把中國人的治理元素比擬為柏拉圖「純理論性的理想國」，把中國官員稱作「伊比鳩魯學說的信奉者」。[28]

其次，他刻意使用羅馬、拉丁模式，以讓中國人清楚認識他所要傳達的觀念，而這肯定因為他認為這類模式的初步作用，會比取自舊約或新約聖經的形象來得大。他得不計代價防止中國人把基督教原則和佛教原則混為一談，於是有時他使用直接觸及理學所關注之事物的拉丁例子。在利瑪竇的兩部著作裡可清楚看到此做法：《交友論》、《西國記法》。他於一五九五、一五九六年對自己越來越精進的漢語能力覺得有把握時，用中文寫下這兩本書。在《交友論》中，誠如德禮賢已扼要闡明的，西塞羅、塞內加、奧維德、普魯塔克（Plutarch）、昆體良（Quintilian）的分量，遠勝過奧古斯丁、安布羅斯（Ambrose）或克里索斯托姆（Chrysostom）。[29]利瑪竇極看重《西國記法》一書，認為透過該書的影響，最終會使中國人入教，而在此書中，利瑪竇幾乎引用了西塞羅、昆體良、塞內加的全部著作，尤其普林尼的《自然史》，但說到欲把這些全譯為文言文，當然只有利瑪竇一人有此念頭。[30]

最後，不妨以思考會在反宗教改革意識裡排第三位的那個上登（僅次於基督本人的升天和但丁的登上天國），為此文作結。這個上登，就是佩脫拉克爬上旺圖山（Mount Ventoux）山頂一事，一三三六年流亡法國期間，他以文字記述了這趟登山旅程。由於發生在利瑪竇身上的一件快意之事，我們可以在利瑪竇和佩脫拉克之間找出關聯。這就是利瑪竇一六〇一年一抵達北京，幾乎就立即開始唱起歌一事。但其實不是他親口唱，而是用他的筆唱；因為萬曆皇帝（一五七一－一六二〇在位）收到利瑪竇所獻上的撥弦古鋼琴後龍心大悅，要這位傳教士寫幾首歌，供宮廷歌手在此樂器伴奏下演唱。利瑪竇照辦，一六〇一年應皇上命令寫下八首歌，至今仍存。它們大多類似賀拉斯的《頌歌》（*Odes*），但第三首不同。該歌講到一名牧童不滿意於在他自己山上的生活，幻想在看來遠更漂亮的一座遙遠山峰上的生活更加美好，想得出了神。費盡千辛萬苦去到那裡後，他發現這新山和舊山一樣糟糕。[31]

利瑪竇的歌詞寫道：「牧童、牧童，易居者寧易己乎？汝何往而能離己乎？」據佩脫拉克的自述，他在旺圖山上也有這樣的體悟。初登上山頂，他「幾乎凍僵，被他所從未見識過的強風和特別開闊的景致震懾住」，然後他看出在此山上欣賞其景致的愚蠢，把他的「內在之眼」轉向自身。[32]但佩脫拉克並非在無外力協助下有此體悟。誠如他在同一文裡所說的，他的精神導師是聖奧古斯丁。他在山頂上翻閱聖奧古斯丁的《懺悔錄》（*Confessions*）以找到指引時，該書突然翻到某段落，這位主教在該段落寫到「前去欣賞高山」、從而「拋棄了自己」的人。佩脫拉克腦海裡浮現的，並非單單奧古斯丁一人，還有與奧古斯丁相較的古羅馬史家李維（*Livy*）。就是李維對馬其頓的腓力爬山一事的記述，促使佩脫拉克有了這次登山之舉。

於是，利瑪竇於一六〇一年達成其目標定居於北京時，過去和現在的基督教、中國和古羅馬，曾短暫合譜出一首悅耳的讚美詩。此後直至去世，他有九年時間供其實現其漢語計畫，而且他十足篤定他再無機會見到歐洲。他一度想起佩脫拉克同一文章裡的另一段優美文字：

我該往四周瞧瞧，看看我來此原本想要看的東西。他們說，離開的時間快到了。太陽已經西斜，山影越來越長。我像被叫醒的人，調頭，望向西方。[33]

甘博在中國

我們之中有些人，始終想要了解推動過去中國前進的動力——和中國未來的前景——而凡是親身見識過已逝去之氣氛和事件的人，都大有助於這方面的了解。悉尼．甘博（Sidney D. Gamble）的助益尤其大，因為他從三個不同視角看待中國，並且難能可貴的從中打造出一個脈絡一致的整體面貌。首先是他深信基督教教義攸關中國如何擺脫其困境的心態；其次是他在社會科學、經濟學方面的素養；第三是他熱愛攝影一事。上述素養使他得以積聚出重要資料，進而促成具建設性的改變；熱愛攝影則讓他於努力讓世人看清當時的危機時，多了相機鏡頭作為呈現工具。

本文首度發表於一九八九年賈楠（Nancy Jervis）所編的《甘博在中國，一九一七－一九三二》（*Sidney D. Gamble'China, 1917-1932*）一書中。

讓我們對甘博更加感興趣的，係甘博四次旅居中國——一九〇八年、一九一七至一九一九年、一九二四至一九二七年、一九三一至一九三二年——正逢局勢特別動盪、人心特別振奮的時期。一九〇八年第一次來華時，甘博十八歲，隨父母舉家來華，落腳於清朝的杭州。我們對第一次來華之行所知甚少，但杭州有風景如畫的中國最著名湖泊和包圍該湖的小山、森林、別墅，想必令這些旅人覺得不隨時間而改變的中國如夢似幻。甘博一家人在杭州作客，其東道主熱愛攝影，年輕的悉尼想必因這份機緣認識到中國所能為照片收藏家提供的機會。

有件事係當今史家已清楚，但在當時肯定尚未被看出，那就是清朝因為內部衰弱、失和、外來壓力而注定會快速覆滅一事。慈禧太后和有心改革但政治手腕差勁的光緒皇帝都死於一九〇八年，中國的未來隨之掌握在幼皇帝和其滿人攝政手裡。一九一二年二月，悉尼開始在普林斯頓大學讀最後一年時，清朝皇帝被迫退位，中國的命運轉而由未經考驗的新生共和國制度、孫中山革命組織的那些政治歷練不足的成員、在中國各省擁兵自重的那些野心勃勃的軍事指揮官主宰。

一九〇八年時，杭州所在的浙江省已是激進政治活動的中心，一批新的西方思想，包括社會主義、無政府主義、社會達爾文主義，正在該省鼓動年輕知識分子打擊清廷的根基，打擊方式係雙管齊下，既透過憲法所明訂成立的省諮議局，也透過煽動人心的詰辯性著作和政治暗殺這些法外手段。在浙江，只想和往常一樣過日子的地方村民、鎮民，對此過程所知甚少，浙江人魯迅一九二一年所寫的〈阿Q正傳〉，或許是中國最出色的近代短篇小說，正淋漓盡致表現了這一點。

〈阿Q正傳〉係對中國人民無法理解其政治、文化困境之本質一事所發出的控訴，需要細加思索才能體會其深意，但憤恨之情充塞於字裡行間。此文問世時，悉尼・甘博已走過其在華的第二次旅程（一九一七－一九一九）。這次旅程始於和其友人結伴溯長江而上，具冒險性質的一趟攝影之旅，途中穿過宜昌上游的長江湍灘，抵達四川重慶。旅程的興奮和縴夫拉重船逆急流而上的吃力，後來被另一位來華的美國年輕人韓約翰（John Hersey）精彩寫入其長篇小說《孤石》（*A Single Pebble*）裡。當時，悉尼・甘博除了正開始用言語表達其想法，也開始使用相機，他的朋友後來憶道，他時時吃力帶著他「大且笨重的相機」四處走，甘博本人，一如當時任何認真的攝影師所必須做的，一路上沖洗負片，在日記裡寫道，要顯影、沖洗底片，一次需要用上整整十七趟的水。[1]

為了運送這一小批旅人和其他十七件行李，他們動用了十五名轎夫。當時，沒有哪個西方人會想用自己雙腳走土路——就連財力小可的中國人亦然。悉尼・甘博的那張精彩照片，就是拍於這段靠轎夫走過四川期間。照片中，他高坐在竹轎上，頭上有遮陽篷，臉上戴著墨鏡，寬簷帽很瀟灑的往下拉，手指擺在打字機上方，打字機則小心翼翼擺在他膝蓋旁的小架

悉尼・甘博和其史密斯－科羅納（Smith-Corona）打字機，1917 年在四川。（圖片來源：David M. Rubenstein Rare Book & Manuscript Library, Duke University）

子上。這張照片，就和任何照片集裡倖存的照片一樣，傳神呈現了正從事田野考察之西方學者的模樣。

甘博當時是初出茅蘆的學者，而且已穩穩踏上成為優秀學者之路。一九一二年從普林斯頓大學畢業後，他在加州工作過一段時間，然後進加州大學柏克萊分校的研究所攻讀經濟學。好似預見到日後在中國的工作要求，他不只學勞動經濟學、產業經濟學，還為加州移民與住宅委員會工作。他在少年犯感化院工作了六個月，從而更加深入了解社會剝奪和群體裡的行為、心理過程。

完成四川之旅後，甘博應其

普林斯頓校友（一九〇五年畢業）暨基督教青年會（YMCA）行動主義者步濟時（John Stewart Burgess）之邀去北京。步濟時希望甘博針對北京普通老百姓的生活做社會調查，冀望調查結果既有助於基督教青年會推動其日常工作，也會使和基督教青年會有關聯的普林斯頓校友得以向當地的政治領袖提出可行的社會改革建議。

在這方面，問題之一是中國的政治體制自一九一二年清朝覆滅後已淪入幾乎無政府的狀態。北京名存實亡的制憲會議，在合法選出的成員已大部分遭肅清或辭職後，只剩成不了事的一小群人。總統和總理更換如走馬燈，本身往往對民主制度興趣缺缺，而且很容易被諸多將領操縱、恐嚇或腐化。這些將領在華北和東北據地稱雄，各霸一方。

一九一七年，即甘博再來中國那一年，中國政府已表態要站在英法那一方參與歐洲的世界大戰。已有約二十萬名苦力被派去歐洲協助協約國的運輸、營造工程，使協約國得以騰出精壯的本國士兵，送至戰壕對抗德國人。在這個動亂的歐洲世界裡，基督教青年會的成員很活躍，一如在中國時，幫忙剖析華工的社會問題，為他們開設平民教育課程，以助他們擺脫幾乎所有這類窮人所擺脫不掉的文盲困境，向他們介紹西方民主思想的要素，以助他們活得更有尊嚴。

中國統治者加入協約國陣營，不是出於對他人福祉的無私關注，而是因為想要收回過去二十年侵略性外國帝國主義橫行期間，被德國奪占或「租借」的所有中國領土，希望藉由此

1918 年 11 月學生在北京示威抗議。（圖片來源：David M. Rubenstein Rare Book & Manuscript Library, Duke University）

參戰之舉贏得支持。但在中國政治人物不知情下，英、法、美為了阻止日本與德國結盟，已和日本簽了一連串祕密協定，這些協定實際上已承諾將德國先前所據有的領土特權、經濟特權轉給日本。一九一九年五月此事曝光，成千上萬中國學生和城鎮居民，在北京等地以激烈抗議和示威表達不滿，指責政治領袖失職或賣國，指責列強欺騙、貪婪。在這期間，北京輿情滔滔，群情激憤，甘博得以拍出一些舉世無匹的照片，用鏡頭捕捉到氣憤的年輕人憤怒、絕望的神情。

甘博目睹這些重大事件時，

正在基督教青年會工作——不支薪的工作，因為身為寶鹼（Procter & Gamble，簡稱P&G）某創辦人的兒子，他不需要靠薪水過活——而且同意步濟時的要求，著手編寫北京社會調查報告。在這方面，甘博很幸運，因為他學習社會調查和經濟學時，正值北京諸大學入學人數大增，有許多中國年輕人這時有意學習西方科學方法，把它們用來解決自己社會的需要。在這類學生和其他幫手協助下，加上自己的勤奮，甘博從城中工人那兒慢慢拼湊出證據，並會在他的第一本書裡，將這些證據列表呈現。這本書名叫《北京：社會調查》（*Peking: A Social Survey*），在步濟時協助下寫成，一九二一年問世。

在該書引言中，甘博小心陳述了他對基督教教義和中國所面臨之實際問題之間關聯性的看法。他指出，就在許多狂熱基督徒正宣揚上帝意旨但未能把它與全中國人民之需要相聯繫時，許多未信基督教的中國人正在提倡社會改革。甘博扼要提出此問題後，以其一貫的手法讓一名年輕中國人代為表達此論點的其餘部分：

> 光靠正確的精神和態度，不足以改造我國。年輕且聰穎的中國未來領袖想要找到愛的精神、基督教的社會大原則，乃至本國的遙遠目標，但也要求以明確的方法和過程，運用這些新原則，實現這些新理想。有個最近皈依基督教的年輕男子加入教會，深信教會是一群都想要以耶穌基督立下的原則為基礎打造新社會秩序的男女結合而成。他受洗兩

個月後，來找當初把他介紹給牧師的那人，說「你建議我加入的是什麼樣的組織？我以為你說那是一群把在北京實現神的王國視為主要使命的男男女女。我就是抱著這個目標加入此教會。我加入已兩個月，除了禮拜天聽布道，什麼事都沒做！目前為止他們完全沒交付我差事！」未有由教會開創的全面性基督教社會計畫，與其說是因為中國籍、外國籍教會領袖忽視這個重要領域，不如說是因為對社會情況和服務大我的方式未有精確的科學認識。（頁二七）

甘博所用心蒐集關於北京人口的資料——所得、健康、娛樂、職業，以及警察服務、孤兒院之類重要事務——立即得到此書之西方書評家肯定，其中包括剛從其北京的大宅返國的哲學家約翰·杜威（John Dewey）。杜威稱甘博此書「無疑是外國傳教士從基督教觀點所完成的最佳社會調查報告」，稱讚該書涵蓋的主題之廣，說它是「進一步研究中國所不可或缺」。

此書的一大特色，係納入甘博所拍的五十張北京生活、工作照。這些照片從他於一九二〇、一九二一年在美國國內撰寫此書時，他所研究並分類的將近兩千五百張照片裡挑選出來，因生動呈現社會問題而特別令人讚賞：被捕帶走的示威學生；用燈心草編椅子、眼睛有點內斜視的盲眼家具匠；最近獲救，擺脫奴隸或賣淫生活的女孩，溫順站成一排，除了兩個

乞丐人家，北京頤和園。（圖片來源：David M. Rubenstein Rare Book & Manuscript Library, Duke University）

女孩被甘博的相機吸引而有所提防的瞧向他的方向，其他都低著頭；由六個赤貧小孩和一個單親家長組成的一個乞丐家庭，其中兩個年紀較大的男孩顯然合用一套衣服，其中一個穿長褲，神情自信，另一個緊張兮兮，往旁邊看，未進入狀況，敞開的襯衫遮不住他已在發育的生殖器；關在十五乘二十英尺大之囚室裡的二十名囚犯，在閃光燈一閃瞬間瞇起眼睛，而打燈一事表明獄卒默許這位攝影師拍照。

這些照片的品質、想像力、技術水平和呈現內容的多樣，使原本只屬中國人生活、風景之記錄者之流的甘博，有資格躋身少數真正用手中相機捕捉住雋永瞬間的攝影大師之列。在這一瞬間，一張臉、一個頭手動作，諸多元素並置的畫面，傳達了比其本身還要深刻的意涵，訴說了整個時代和文化。

在中國，早有傑出攝影術大放異采。早在一八六〇年代，費利斯・比托（Felice Beato）和約翰・湯姆森（John Thomson），就用其呈現戰爭悲慘、中國人各種臉型、職業、風景的照片，立下最高標準。一八七〇年代，桑德斯（Saunders）和費斯勒（Fisler）稱霸上海的職業攝影界，一如格里菲思（Griffith）稱霸香港的職業攝影界。十九世紀結束時，慈禧太后已熱愛攝影這門技藝，讓自己在她最寵信的太監、侍從陪伴下給人拍照——往往打扮成寓言中或佛教裡的人物拍。一九二〇年代時，已有一代中國籍攝影師精通此藝，開始自信滿滿的記錄自己國家。

但甘博的作品自有其不凡之處。甘博透過相機捕捉到的影像——例如那張中國貴族老夫人的照片，纏足，著緞鞋，透過長菸嘴抽紙菸，無框眼鏡下滑到鼻梁上——就和他在中國的最偉大接班人昂利・卡蒂耶－布列松（Henri Cartier-Bresson）所捕捉到的任何影像一樣吸引人。

一九二四年再度來到中國時，悉尼・甘博再度投身於剖析、記錄北京生活主要元素的工作，這次依舊在基督教青年會的支持下來華，而且已娶了伊莉莎白・洛（Elizabeth Lowe）。這一次他決定把重點擺在更小一組家庭上，決定更密切追蹤他們的開支。在一組

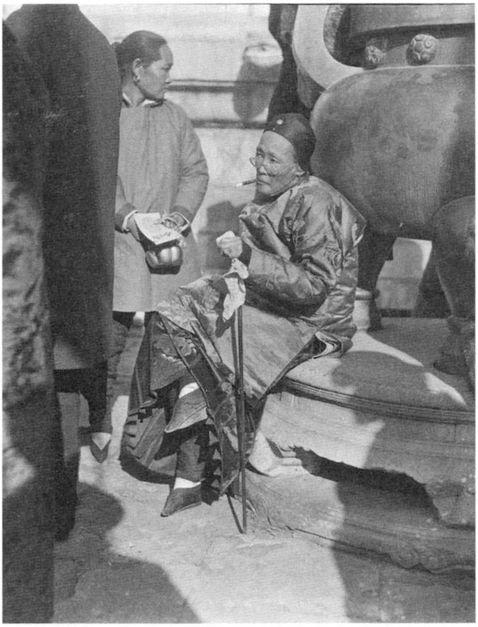

1918年11月，北京，纏足緞鞋的有錢老貴婦觀看停戰日慶祝活動。（圖片來源：David M. Rubenstein Rare Book & Manuscript Library, Duke University）

中國籍助手協助下，他記錄兩百八十三個家庭的日收入和日開銷整整一年。他的分類非常細，共分成三十七大類。他和他的研究人員把每個家庭的所得和其原籍聯繫在一塊，比較每個單位的工資和消費、年紀、性別、職業（男性五十五類、女性十四類）、食物種類、衣服、租金、公用事業。

除了研究北京人家的城市生活風格，甘博這時還追求更具挑戰性的目標，即研究中國農村生活。中國籍研究人員已嘗試作出某些評估，卡凱（John Lossing Buck）和其學生正在南京周邊鄉村發展其雄心勃勃的事業。一九二一年創立的中國共產黨，其黨員也熱衷於評估農村生活、農村苦難的真正本質，以鎖定會最有成效、最需要的區域作社會改革。但甘博本人最初覺得此時還不宜從事這樣的農村調查。一九二五年的中國情勢，比一九一九年時更加險惡——內戰似乎更為劇烈，軍閥和其部隊的經濟需求似乎更貪得無饜。誠如甘博在一九二五年十二月十六日的信裡所指出的：

> 我在此國的研究計畫已被戰爭打斷，由於強奪獸拉車、加稅之類情事，人民非常害怕，根本不會願意給我們農村調查所需的資訊。但我們已能在北京取得紀錄，已弄清楚自一九〇〇年以來銅、銀兌換史。我們有同一時期的工資數據和穀物等商品的價格，正要弄清楚北京工人生活水平的起伏情況。

於是，甘博繼續其城市工作，但也密切注意當地農村的實際情況和軍閥政治的細節，因而，他在一九二五、一九二六至一九二七年後期結束其第三次旅居中國為止所寫的信，為我們之理解當時的中國，提供了重要的另一扇窗。甘博不支持「學生中較激進的分子」（一九二五年十二月十六日信），但還是用心討論了他們的活動和據稱的動機，而且再度常常帶著相機去到現場，捕捉街頭情景和人們的臉、頭手動作。在一九二六年二月十八日一封用心寫成的信中，他說數千名軍閥部隊的傷兵來到北京和其郊區，得不到醫生和藥物治療，因為醫院空間不足，那些傷兵遭棄置在酷寒的外頭，遭凍傷，必須截肢。甘博聽到醫生說，他們明知沒了腿的乞丐在北京會過上什麼樣的生活，還是替傷兵截掉兩隻腿以「保住他的性命」，這樣人道嗎？但誠如他在一九二六年六月某封寫得很生動的信裡所說的，復原了傷勢的士兵，或他們的戰友，在北京周邊貧困鄉村為非作歹，令農民苦不堪言：

救濟委員會最初打算在城牆外的幾個主要村落賣穀物，但發現即使人們能買到穀物，士兵也會在他們把穀物帶回家之前就將穀物搶走，此議因此作罷。由於取得食物不易，許多人已進城裡避難。報紙說城內已有多達四十萬的難民，但這顯然太誇大。在數個慈善組織所開設的難民營裡，有約一萬五千人受照料。當然，另有許多難民在城裡有親友，前去投靠了他們。

收割小麥的季節就快到了，最近幾場雨使許多難民很想回自家田裡，但看來他們採收不了多少小麥。在某些地方，軍隊放馬在麥田裡吃草。從其他村子，我們聽到士兵索要大鐮刀以便自行收割。士兵已在某些麥田做了記號，表明不可騷擾田裡的穀物，因為那歸他們。看來鄉村會在秋天之前面臨饑荒。

偶爾，悉尼·甘博的證詞呼應並補充中國某些最犀利、最有才華之觀察家的證詞。例子之一是一九二六年三月十八日軍閥士兵槍殺四十多名示威學生一事。遇害者包括魯迅的幾名北京女子師範大學年輕女大生。魯迅為這三位慘死的年輕人寫了一篇令人心痛的出色悼文，但甘博本人讓世人看到西方人也能如何傳達其同情之意。他眼光銳利，總能捕捉到生動有力的細節，一九二六年四月二十日某信的倒數第二段就是一例：

三月十八日槍殺學生之事是個駭人的慘案。一群人在紫禁城前方集會之後遊行到執政府，抗議列強就中國封鎖大沽口而向中國發出最後通牒一事。其中許多人是較保守的學生，但遊行隊伍裡也有國民黨和共產黨的人。我走過崇文門大街群眾身邊，他們正在歡呼，但比起去年五月的許多示威活動，較有秩序。學生揚言對執政府動武，對此的當真程度，我們不得而知，但衛兵開始開槍後，他們撐了十五或二十分鐘。士兵拿刺刀對付傷者，搶劫死者身上財物。有個女學生要經後門離開時，連眼鏡都被搶走。共有四十八人遭殺害或傷重不治。

但就在他忙著上述種種實地考察、基督教青年會事務且城裡和鄉村發生上述人間悲劇之際，他仍有機會享有天倫之樂。在一九二六年四月二十日信的結尾，甘博寫道，「她母親說，凱瑟琳・科諾佛・甘博三月二十一日到來一事比上述所有政治觀點重要許多」，行文幾乎不帶感情，但由於此句寫於得悉一九二六年學生遇害、軍閥暴行之後不久，還是起了反襯的效果。

誠如甘博以押頭韻手法所記載的，一九二七年四月和五月上旬係「政治、宣傳、恐慌——謠言、暴亂、革命、難民」的時期（一九二七年五月十三日信）。甘博對此時期一針見血的概括，絕大部分史家都會點頭認同。在此期間，蔣介石和其上海盟友的勢力攻擊共產黨和工會，在街頭殺害數千人；漢口共產黨人欲與蔣介石國民黨裡一個脫黨自立的左傾派系結合；東北軍閥張作霖的士兵強行闖入北京的俄羅斯使館區，抓走藏身於該地的所有激進中國人，在軍法審判後處死了至少二十人。

但在中國鄉間，已有人在嘗試推動平民教育、土地改革，其中最可觀者係晏陽初在河北省北京南邊的定縣所推動者。甘博抽出時間走訪了該區域，在家書裡以熱情口吻談到該區域的情況。他對於將平民教育和救濟飢民掛鉤一事尤其印象深刻，不由得對似乎一直是中國人充滿幹勁之生活的一部分的忙碌、興奮、活力，發表起看法。誠如他在一九二七年十月一日某信裡所說的：

> 定縣之行讓我得以好好一窺鄉村生活，因為我們能進村子和許多人交談。那時正是農忙的季節，我們看到許多農民在灌溉，從井裡汲水，那些井是用饑荒救濟基金所挖。在

某些地方，農民使用牲畜，但大部分水靠男女人力汲取。

在某個村子，我們碰上大廟會。在鄉村地區，有些宗教活動會同時開辦廟會，但廟會大多是為買賣而辦。那是鄉村的假日，民眾從四面八方過來。村裡街道塞得水洩不通，各處田裡都有商人展示自家貨物，幾乎全是鄉村生活所要用到的東西，獸拉車、木材、牛、刷子、汲井水的桶子、穀物、長木椅、布、鐵器。推動「平民教育」者要他們的學生大陣仗出行，學生走到村中戲台，在那裡演了一齣「平民教育」戲。可惜我無法向你好好描述擠進草棚裡的無數臉孔。觀眾緊挨在一塊，從戲台看去，就只能看到他們的臉。演完戲，書記要大家唱「平民教育」歌，那是以既有的一首中文曲子配上歌詞而成，走在回家的鄉間小路上，我們能聽到人們唱著這首歌。中華平民教育促進會第一年鄉村實驗的經驗，使我覺得會有很好的成果，我認為此計畫的發展會大大充實農村生活。

一九二八年甘博已回到美國，處理他針對兩百八十三戶北京人家蒐集到統計資料，處理結果於一九三三年發表於《北平中國人家如何過活》（*How Chinese Families Live in Peiping*）這部出色的專著裡。碰到不識字的人家，甘博雇了抄寫助手幫他們填寫他所發出的簡單問卷，藉此，得到一份針對窮人的日常飲食，清楚呈現社會學分析、數據、評論的絕佳作品——例如，慘然發現較窮的人家花在任何種奢侈品上的開銷，每月未能超過兩角兩分錢，

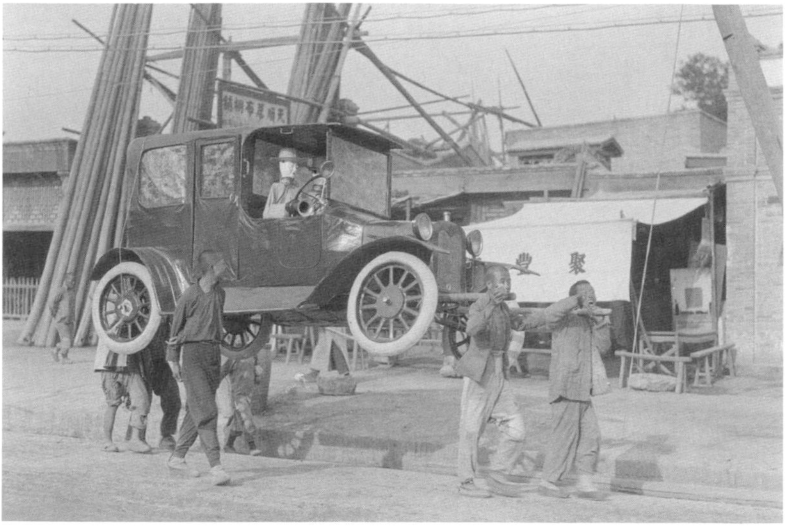

要在北京某有錢中國人的喪禮上燒掉的紙紮福特 A 型車，和原車一樣大，而且配了紙紮的私人司機。（圖片來源：David M. Rubenstein Rare Book & Manuscript Library, Duke University）

甚至連蔬菜亦然，或者每月花在任何種水果的開銷未能超過一角五分錢。光是針對食物表格，甘博就細分了驚人的三百一十項，包括衣服、住居、燈、婚喪禮、水、「雜項」等方面的詳細數據，「雜項」則包括教育、健康、旅行、家用品、娛樂方面少得可憐的支出。在這本書裡，一如在其第一本書裡，甘博放進讓人難以忘懷的高品質且觸動人心的照片：舉起獨輪車的賣水人、路邊的祠廟、燒給死者的紙人和紙紮美式汽車、在去世家人的金字塔狀墳墓前號哭的中國婦女。

一九三一、一九三二年間，此書處於最後製作階段時，甘博第四次來華，而且是最後一次旅華。儘管蔣介石政權似乎成功將中國一統在國民黨領導下，前景還是慘澹。日本人在中國東北的一場政變，使該地的傾中政權垮掉，日本人實際上掌控該地區。日本出兵攻打上海，導致無數中國人喪命，其中有軍人，也有平民。甘博把心力擺在正於定縣施行的農村改革細節上，擺在思索數個立意良好的計畫對社會、文化的影響上。這最後一次來華之行，在接下來的幾年裡催生出另外三本傑出的專著。

由於甘博本身事業、家庭、第二次世界大戰爆發所帶來的困擾，《定縣：一個華北農村社會》（*Ting Hsien: A North China Rural Community*）直到一九五四年才問世。這本專著內容豐富且複雜，談及家庭、政治、預算、課稅、灌溉、農活、地方產業，涵蓋四百多戶農家。本書收錄了呈現當地臉孔、習俗、技術的照片，使這本專著的內容更為充實，儘管照片的說服力和搶眼程度不如先前那些以城市為對象的著作裡的照片。在此書中，甘博納入對當地戲劇的直譯和概括說明，從中可看出他無休無止的求知欲。農村文化因這些戲劇的存在而生氣勃勃。在此書最生動的段落，可看到當地中國人政治自覺的全新呈現。

一九六三年甘博七十三歲時，出版了涵蓋內容更廣許多的華北農村專著，詳細分析了多達十一個村落，書名為《華北農村》（*North China Villages*）。此書，同樣的，統計資料很豐富，敘述明晰且有見地，附上的為數不多的照片極能引起共鳴且種類多樣：村中祠堂外光著身子的男孩和他們的豬、坐在手推車裡由衣衫破爛的苦力推著走過鄉野的出外女人、臉上

赴廟進香的苗鳳珊（音譯），1925 年。（圖片來源：David M. Rubenstein Rare Book & Manuscript Library, Duke University）

密布深深皺紋、神情憔悴，讓人想在其臉上讀出自一九〇八年甘博首次來華以來之中國歷史的進香老婦人，都令人難忘。

甘博死於一九六八年，留下妻子、四個小孩、十個——如今十二個——孫子，還有他四本傑出的著作。第五本書，以第三本裡已呈現的元素為基礎進一步鋪陳而成，出版於他死後的一九七〇年，書名《定縣秧歌選》（*Chinese Village Plays from the Ting Hsien Region*）。如今此書仍是我們了解中國傳統民間文化的重要補充資料。

悉尼·甘博的研究成果不帶成見、思維清晰、方法獨到（但有時還是受到抱持不同觀點的學者批評）、想像力驚人，而且——以照片形式呈現時——充滿活力和熱情、講究實際，以鮮明但從不殘酷的手法，說明作為中國漫長革命之最重要特點的深刻且真實的苦難。

馬爾羅的《誘惑》

在《西方的誘惑》（*The Temptation of the West*, 1926）一書的開頭，安德烈．馬爾羅（André Malraux）給了我們要在這本簡短但又深奧的小說裡不致迷失方向所需的種種線索：這本書是部幻想作品，係在耳邊響著隆隆引擎聲的情況下所幻想出來。為凸顯這個雙重意象，馬爾羅筆下主人公「A.D.」所搭乘前往東方的船，取名「香波爾」（Chambord）；於是，馬達——西方力量的象徵——的「規律性震動」，讓人想起法國王威顯赫的時期。因為香波爾是十六世紀初法國國王法蘭西斯一世的狩獵行宮，建築氣派宏偉，本身不只是傲人的建築，而且是文藝復興後期結合火焰式（flamboyant）、幾何式風格之本事的生動體現。在同一個段落中，幻想的內容涵蓋馬爾羅所處時代西方加諸「東方」的所有刻板印象，從「牛角狀水果」、周遭林立棕櫚樹的圓頂，到靜不下來、令人聞之色變的中亞游牧民族軍隊，不一而足。

本文一九九二年首次發表，係作為芝加哥大學出版社版的安德烈．馬爾羅《西方的誘惑》的引言。

沒有遙遠的工廠來製造、組裝零件，不可能有引擎；同理，沒有外來幫助，這些幻想不可能自動產生。馬爾羅想要其讀者清楚那一點：「人逐一捕捉有生命的東西，把它們鎖進書本裡，從而培養出我現在的思想狀態。」[1]因此，藉由使人想起這些未被道出名姓的前輩，馬爾羅把他的法語敘事者A.D.擺在某個文化大環境裡，而且這個環境比他的名字（譯按：A.D.有「西元後」之意）所間接表示的整個基督教時代還要窄小，但依舊很廣。十九世紀法國充斥著對中東「東方」的種種幻想，並透過回憶錄、小說、詩、畫呈現。馬爾羅於二十出頭歲一九二〇年代初期寫《西方的誘惑》時，已有得自中國的新形象加入東方形象之列（而且有時把這些既有的東方形象擠出公眾的腦海）。一九〇〇年義和團之亂把心存報復的西方部隊引入北京城中心之後，尤其一九一二年滿清末代皇帝退位之後，中國向西方更加開放，從而能讓人以據稱嚴謹的親身仔細考察予以探索。

馬爾羅極關注一九二〇、三〇、四〇年代的社會、政治劇變——不管是在越南、在中國、在西班牙或在二次大戰期間的法國——因此，馬爾羅的分析往往超越其所處時代的侷限，觀察之深刻超越同時代人。但就《西方的誘惑》這本寫於馬爾羅還很年輕且天真之時的書來說，把馬爾羅的中國觀擺在他不久前那些寫作前輩的中國觀之列來考察，肯定比把他視為革命性的高瞻遠矚之士更為有用。

在我看來，《西方的誘惑》一書的風格和情感似乎特別受益於與馬爾羅同時代但年紀較大的三人——皮耶・洛蒂（Pierre Loti）、保羅・克羅岱爾（Paul Claudel）、維克多・謝閣蘭（Victor Segalen）。這三人都是著作甚豐且大受歡迎的作家，都在中國待過頗長時間。三人都——一如後來的馬爾羅——置身於政治和實際生活繁忙紛亂的日常世界裡，也置身於各自所接觸之中國的夢幻世界裡。本名朱利安・維奧（Julien Viaud, 1850-1923）的「皮耶・洛蒂」是派駐中國的法國武裝部隊現役海軍陸戰隊軍官；保羅・克羅岱爾（一八六八－一九五五）是外交官，一八九六至一九〇五年的大半時間身為法國駐福建的領事；謝閣蘭（一八七八－一九一九）是法國海軍軍醫，一九〇六至一九一四年在中國住了很長時間。

皮耶・洛蒂的《北京的最後日子》（*Les Derniers Jours de Pekin*）是二十世紀初期法國所出版的最暢銷書籍之一，一九〇二至一九一四年印了五十刷。此書以洛蒂於一九〇〇、一九〇一年服務於法國反拳匪遠征軍時為法國報紙《費加洛》（*Figaro*）所寫的文章為本，其編排方式，表面上看，不脫傳統的冒險回憶錄形式。但洛蒂表達其想法時，筆尖帶有強烈情感，從而使此書有時搖身一變成為對中國異國風的讚美詩，而且是散發沮喪之情的讚美詩。書中兩個例子就是明證。

對洛蒂來說，北京城牆不可能只是城牆，而是必然會喚起代表整個中國的一種氛圍。於是，第一次看到北京城牆時，洛蒂形容它帶有「哀痛的顏色，哀痛之烈為（他）所未見」。它「綿延看不到盡頭，帶著既毫無掩飾且陰沉的孤寂，猶如受詛咒的中亞乾草原。它讓人覺得像是極不尋常的舞台布景更換，更換時毫無機器聲，毫無管弦樂隊的嘈雜聲，那種靜默比任何音樂更加懾人」。[2]後來，義和團落敗，清廷官員出逃，法國部隊被安排住進一處老中國大宅裡，洛蒂跟著住進去後，有了第二次的體驗，而且是更凶險的體驗。他躺在他陰森房間裡的大床上，完全未碰僕人所端來的派對後精緻宵夜，突然看到他身邊的宮牆裡和天花板上到處是輪廓清楚的鼠臉和發亮的鼠眼。關燈許久之後，他仍能聽到老鼠搶著上前吃他一口未嘗的法式糕點時弄出的瓷盤碰撞聲。[3]

洛蒂在《北京的最後日子》裡想要傳達給其法語讀者的東西，係太了解中國後、太深入原本非外人所能進入，而今面對西方文明的進犯卻無力抵抗的地方後產生的失落感。在保羅．克羅岱爾的著作裡可找到類似的感受，但克羅岱爾表達其對十九、二十世紀之交之中國的看法時，未藉由前後連貫的故事情節，反倒把重點擺在一連串散文詩裡的形象本身，這個西方人在這些散文詩裡信步而行，遊覽景點、感受氣味，驚訝得張大嘴，有時更是驚呆。克羅岱爾的著作有時可充當馬爾羅那些較簡潔之語句的詳細背景。馬爾羅在《西方的誘惑》第一章粗略提到令上岸走逛的乘客「極反感」的氣味，但那些乘客還是「開心且走動不停」，而克羅岱爾則交代了這一經驗老到的夜間潛行者的所有特性：對他來說，中國城鎮的氣味「強烈如爆裂物：會聞到炒菜油、大蒜、動物油、灰、鴉片、尿、糞、下水的氣味」。[4]

一如談到城牆和老鼠的洛蒂，克羅岱爾以瞬間即逝的中國情景打造其言語殿堂。但他比洛蒂走得更遠，緩緩走進了普世的文學對話領域，一如馬爾羅後來在其虛構性人物「Ling」身上所為。以下是克羅岱爾所援引的某孔廟裡的一段宗教性文字：

在此，書寫具有此奧祕：言說。沒有哪一刻，沒有哪個位置，標出其持續的時間。它是一個永恆符號的發端。沒有哪張嘴提出它。它就是存在；膜拜者面對它，思索這個寫下的名字。這個符號，位在有神祕盤龍環繞的兩根圓柱之間，在織錦華蓋的陰暗金色澤裡被莊嚴念出，象徵了本身的靜默。廣闊的紅色大堂似乎散發晦暗不明的色彩，柱子藏在鮮紅漆之下。兩根白花崗岩圓柱，孤單矗立在此廟中央，此聖字之前，似乎是其見證者：此地的靈魂，具宗教性且抽象的靈魂。[5]

洛蒂和克羅岱爾都能以浪漫的筆觸寫下他們所經歷的中國或夢想的中國。但就最具感官性且最暴烈的中國形象的呈現來說，馬爾羅的同時代人裡，肯定沒有人及得上謝閣蘭。他於一九一二年才二十四歲時，出版了他驚人的組詩《碑》（*Stèles*）。在這組神聖且神祕又粗野的詩中，可以找到馬爾羅筆下許多形象的最深刻呼應，不管那是流氓戰士的形象，還是美女形象，皆然。來自「朝西之碑」（Steles Facing West）一節的一首詩，散發原始且感官方面的活力，從中肯定可進而領會到謝閣蘭詩的其他感染力：

劍尖上[6]

我們這些騎在馬背上的人，懂什麼是播種？
但凡是馬蹄所能犁過的田，凡是
馬所能馳騁過的草地，
我們都踏過。

我們未自貶身分去蓋城牆或廟宇，
但凡是可連同廟宇和城牆一起
燒掉的城鎮，
我們都已燒掉。

我們尊崇且看重我們全都很高貴的女人；
但其他女人，那些能被推倒、打開腿、占有的女人，
我們都已占有。

我們的印是矛尖；我們的禮服是
露水點點的盔甲，我們的絲綢是
用馬鬃編成。另一種絲綢，較柔軟
而且值錢，
我們已賣掉。

如果說在《西方的誘惑》中，馬爾羅的 A.D. 以堅定的暗示姿態，把自己擺在西方對中國著迷的大環境裡，那麼，Ling，他的中國籍夥伴，則對西方的現在和西方據以打造自身的過去，都堅定拒斥。在中文裡，「Ling」這個發音有多個意思，其中一個是「零」，但我們不清楚馬爾羅是否知道這點，或如果知道的話，會不會在意。無論如何，Ling 把 A.D. 欲打造「溫和虛無主義」的不甚重要的作為斥為一時興起，從而表明他似乎未拒斥虛無主義本身。因為 Ling 處於絕望邊緣，而他對西方折衷之道或西方據稱志得意滿之強勢的抨擊，同樣毫不留情。他承認對於歐洲只懷著「帶敵意的好奇心」，被歐洲那種使文明和法律的分界變得不明、「經過用心調整的野蠻」搞得心情低落。碰到西方的熱情時，他的主要感受是「反感」。對 Ling 來說，偉大的藝術不是他在羅浮宮所看到掛在牆上那些「不幸的收集品」。他告訴 A.D.，這類博物館「未帶給我欣喜」；過去的藝術大師根本被「關在」那裡，正令人厭煩的證明西方人「喜愛來自批判的快感甚於來自理解的更雋永喜悅」。中國受到西方衝擊時（南方城市就受到此衝擊），Ling 認為那是令人難過且流於表面的衝擊：「戲院、電力、鏡子、色情圖書，都像新培育出的家畜吸引我們。對城裡人來說，歐洲將永遠只是個機械化的童話世界。」[7]

表面上，Ling 的想法在《西方的誘惑》裡一枝獨秀。他寫的信（十二封）比 A.D. 多了一倍（A.D 六封），而且每一封都比 A.D. 的信拘謹，以不帶感情的「Cher monsieur」（親愛的先生）回應 A.D. 的「Mon cher ami」（我親愛的朋友）的親切問候。但我們始終不知道 A.D. 在主導交談的節奏，在即使 Ling 不清楚自己想要什麼時也逼 Ling 回應？而且 A.D. 在此小說裡既在一開始為交談定了基調，也在最後下了定論。Ling 在收到來自馬賽的一封信後，一如預期在巴黎住下，A.D. 則若非在船上，就是居無定所（如在第八、十二封信裡所見），然後終於照預定計畫展開旅程，往北走過中國數個大城——從廣州至上海至天津——這一旅程間接表示其抱持某個目的，只是未完全清楚表明該目的為何。

在兩人就美學、歷史、文化、兩性議題作漫長辯論時，A.D. 和 Ling 走出當時形象的保護所，再度援引更早的文學傳統。這一傳統於十八世紀來到最盛，其核心理念係拿表面上看來來自東方的形象，據以批評西方的缺點。這些西方作者讓最複雜（乃至政治上最危險）的問題，由一位來自東方、看來天真但精明的對話人說出，藉此得以較不受拘束的說出不能說的話。孟德斯鳩的《波斯人信札》，發表於一七二〇年代，係此類文學體裁的最著名法國例子，但孟德斯鳩在此作裡利用了同樣闡發這個想法的許多更早期著作。但十八世紀最有力的虛構性對話錄——就文體，就逼真，就論點的精妙來說——無疑是愛爾蘭人奧利佛・戈德史密斯（Oliver Goldsmith）一七六二首度出版的《世界公民》（*The Citizen of the World*）。

戈德史密斯把他筆下的「中國籍」敘事者連齊・阿爾坦吉（Lien Chi Altangi），塑造為專注且偶爾表現驚嚇之情的懷疑論者，以帶著困惑的專注檢視英格蘭的宗教和政治，就和他觀察倫敦公園裡的妓女和紈褲子弟時所表現出的專注沒有兩樣。在戈德史密斯的架構裡，連齊沒有熟識的英格蘭人作為觀念交流的對象。他訴說想法的對象，係在中國的一個老朋友，從而藉由地理上相隔的遙遠和傳送的費時，凸顯了文化上的距離。馬爾羅對於 A.D. 和 Ling 書信往返的費時，也大體上不清楚點出，因此，一旦在書中具體指出時——例如在第十二封信裡 A.D. 突然提到他已在中國待了將近兩年時——讀者大吃一驚，於是重新去仔細閱讀該信，以找到 A.D. 利用這段時間更深入認識中國的證據。這一點出時間距離的句子，可能也讓讀者突然意識到 Ling 在巴黎想必也待了同樣久。因此，這兩位友人在對際遇和個人經歷的「荒謬」之處看法局部一致一事，似乎比兩人同樣不熟悉所處新環境而產生的相同想法，更加讓人難過。

在馬爾羅所處的時代，有作品重新表達了孟德斯鳩、戈德史密斯的「東方」想法，其中引發最激烈爭辯者係一九〇一、一九〇三年先後在倫敦、紐約出版的《一位中國官員的來信，東方人對西方文明的看法》（*Letters from a Chinese Official, Being an Eastern View of Western Civilization*）。後來英國學者戈茲沃希．洛茲．狄金森（Goldsworthy Lowes Dickinson）承認此書出自他之手，但在當時，許多讀者把這八封信當成真是中國官員所寫。威廉．詹寧斯．布萊恩（William Jennings Bryan）深信這些信係某中國學者所寫，於是撰文反駁該學者的尖銳批評，捍衛基督教的家庭觀。狄金森筆下的「中國籍」觀察家，以和將近二十年前 Ling 無異的話語，探討中國文化的重要性和其與西方文化的差異。誠如這位「中國官員」在其某封信裡所解釋的，西方的悲劇在於西方文明已在對自身當前經濟、科技實力虛妄的興奮裡，找不到其更深層的目標：

> 一如寓言裡的王子，你們似乎已使競爭的精靈擺脫囚禁，卻發現控制不了那個精靈。過去幾百年，你們的立法，係為了管控你們經濟體制的失序而不斷付出但終歸徒勞的作為。你們的窮人、你們的醉鬼、你們的無能之人、你們的病人、你們的老人，如夢魘纏著你們不放。你們已解開所有的大我、小我關係，致力於代之以不講人情的官方活動，但未能如願。你們的文明的顯著特點係不負責任。你們已釋放出你們所控制不了的力量；你們自困於自己的槓桿和輪齒裡。[8]

馬爾羅筆下的 Ling，在旅居羅馬頗長時間後，寫信給 A.D.，訴說他對這個大有可為但又隱藏了太多東西之城市的「反感」。在這個古羅馬帝國都城的所見所聞，令他沮喪又困惑：

從哈德良的宮殿，到在台伯河沿岸擺攤、掩蓋住如此多殘缺之美的二手品販子，到經過裝飾的鏡子上映照出「意志」的石質象徵的糕餅店——全合力打造這個城市。而你們的法律，代表混亂的形象，就得自這城市。時間，緊抓著這些石頭不放，藉由把它們受損的榮光提升至地中海迷人景致的極致來自娛。這是對一個不按牌理出牌的西方時期太過簡單易懂的戲耍，偶爾，碰到這情況時，我對羅馬的記憶和對亞歷山卓的記憶就混在一塊：奢侈和粗俗，晨光下的偶像和無比遼闊廣場上逞凶鬥狠的白人群眾。[9]

Ling 對此混亂——既「歐洲」且「東方」的混亂——的看法，讀來像是狄金森也已探索的那些觀念的延伸，但狄金森選擇透過他筆下中國官員對耶穌和對後來被人以耶穌之名支持的那些價值觀的看法來呈現這些觀念：

它們出自千百年前東方一個不識字、未遠行、無經驗的溫和狂熱人士之口，其不凡之處，主要並非因為它們以溫情且感動人心的口吻訴諸兄弟般的愛，而係因為它們對人類卓

> 越之處的其他所有組成部分強烈厭惡或漠不關心。奧古斯都和提比略的子民，從生至死都不曉得帝制羅馬的歷史和命運；與維吉爾、李維同時代的人看不懂他們用來書寫的語言。此人出生於都城以外地方，以維修機器為生，具有詩人和神祕主義者的氣質，在其短暫人生裡，沒多少機會，也沒多大興趣，去熟悉旨在促成國家繁榮之學科的基本原理。[10]

在其第七封信的結尾，狄金森筆下的中國官員寫道，他不認為他自己或他的國人同胞有特殊本事：「這裡沒有完人的美德，沒有犧牲小我完成大我之事，沒有人狂熱駁斥人性的基本事實。在這裡，人照合乎理智的理想來過活；在這裡，人相信那個有效且精深的理想，因而那理想已取代對暴力的使用。」[11]這些是馬爾羅筆下的 Ling 探索西方的弱點且欲重拾對中國自身文明較深層面的部分信心時，所欲堅守之中心思想的一部分。馬爾羅小說裡較別出心裁的手法之一，係在使 Ling 的希望破滅一事上，讓曾是政治人物的中國人王洛（Wang-Loh 音譯）比 A.D. 所起的作用還大。A.D. 在上海遇見王洛，並在第十六封信裡為其友人 Ling 記錄兩人的一場漫長交談。在此次交談中，疲累且心思細密的王洛，批評一九一九年五月四日追求現代化的那些人，把中國境內的激進派學生斥為一群「陶醉在大學之胡言亂語裡的白痴」，說他們承繼了「生病小孩所發動的一場革命」。王洛最初似乎呼應 Ling 對西方的看法，曾告訴 A.D.，中國的「最優秀之人」如今「一起被歐洲拉攏過去，但又厭惡於歐洲」。王洛說，中國被捲入「痛苦的劇場」裡，那個痛苦主要源於曾庇護、充實中國的儒家結構，而非源於西方的威脅或內戰。「中國人的感受力」是一件「藝術品」。如今，它正在無人痛惜的情況下漸漸消失：

> 我們之中那些配得上中國之過去的人正一個個消失。再無人理解……我們的悲慘之處，不在於領導我們的那些凶殘的丑角，也不在於我們每晚看到的無數死者。如果這個有著黃土平原的帝國，像隻受傷的野獸痛苦扭動身體，這些歷史遊戲有何重要？[12]

馬爾羅的《西方的誘惑》，在第十七封信時來到最高潮。在此信中，人在巴黎的 Ling 說明了 A.D. 所轉述的王洛話語對他的影響有多深。走在巴黎街頭，置身於夕陽所點亮的「此城市的平靜噪音」中，Ling 因為得知「中國即將死去」而不知所措。Ling 重述了他先前對羅浮宮尖銳且帶敵意的看法，在其中看到華北已成為一座「充滿血腥的大博物館」，「重拾青銅時代的作為」，華南和華中則置身於表面上新穎但沒有目標的「革命」中。如今被誤尊為中國之新領袖的那些年輕人，忙著打破他們僅存的文明，「一如沒有經驗的年輕水手打破帶雕刻的帆船船頭」。[13]

把任何著作稱作「有先見之明」，絕對不妥，而且往往愚蠢，但 Ling 的這最後一封信的最後兩頁，如今讀來就像是對中國漫長革命之希望和恐懼、對為了未來幸福而丟掉性命的數百萬人（不管是在反右運動、在大躍進、在文化大革命裡喪命，或一九八九年六月死在人民解放軍槍桿下、坦克下的人）所寫下的結語和祝福。Ling 於結尾時問 A.D. 和我們：「我能告訴你什麼？」A.D. 代我們回道，只能說我們生活在「無可救藥的矛盾」中，那是我們的作為和內在生命之間的矛盾，而針對這個矛盾，除了說它「為我們之迎接荒謬的金屬世界做好準備」，我們幾無他話可說。如今，我們的心脫離了我們內在生命的意義，只能「空轉」，猶如「被血漬弄髒的美麗機器」。[14]

我們不妨問馬爾羅，曾載著我們和我們的所有幻想漂洋過海去中國的東西，就是這個遭弄髒的機器，那艘名叫香波爾的大船？一如馬爾羅在此小說從頭至尾的一貫作風，他回得拐彎抹角：「白日結束時，人認為自己在黑暗中看到獎賞，向來如此。」但伸手去拿獎賞時，卻發現手裡「只有即將逝去之日光的最後返照」。航行在自己旅程途中時要如何利用這個深刻見解，得由我們自己決定。在其小說的最後幾個段落裡，馬爾羅給了我們三個來自大海的形象，而且這些形象似乎使我們在香波爾號一度自豪的進展裡所找到的歧義性更為強烈。首先，此刻我們眼前的地平線「顯露無遺」。其次，就連我們所離開的海岸都和我們一樣憂鬱：「遠處的港口裡，汽笛長嚎如沒了繩子束縛的狗。」而在最後幾行裡：「黃色的風吼叫，一如置身異鄉的所有夜晚，廣闊的風在我身邊呼應無生氣之海的驕傲呼喊時。」[15]

往東看：西方人眼中的中國

如果我們如今不清楚自己對中國的觀感，不應為此太過煩惱。自有西方人開始住在中國且撰文詳談中國起，西方一直不清楚中國。我們對中國的不清不楚，始於四百多年前：一五八四年，對中國的第一份詳細記述，透過耶穌會士利瑪竇的家書問世，一年後龔薩雷斯·德·門多薩（Gonzalez de Mendoza）的開創性歷史著作問世。利瑪竇與跟他同時代的其他人都汲取了先前曾經去過中國者的先入之見，但世人還是把一個新寫作體裁的開創殊榮授予他們，這個新體裁就是根據絕無僅有的親身經歷寫下的評論。

對十六世紀的西方人來說，中國廣土眾民、吃苦耐勞而且井然有序，此國領土的遼闊和其產物的多樣始終令他們驚嘆。早期有些西班牙人——懷抱當年征服美洲之西班牙人精神的

本文首度發表於羅溥洛（Paul Ropp）所編，一九九〇年出版的《中國的傳統：對中國文明的當代看法》（*Heritage of China: Contemporary Perspectives on Chinese Civilization*）。

後代——吹噓說只要幾百名精銳士兵，就能征服這個國家，但同樣如此看待中國的西方人少之又少。眼光較敏銳的西方人來華後，看到中國的城市有城牆環繞，城牆上巡邏嚴密，中國軍隊兵員甚多，戰船雲集且武器精良。他們也看到縣令以粗暴手段解決民亂，嚴格監督老百姓動靜，能隨意對轄下的中國子民施以無比殘酷的毆打，控制經濟生活。

一般認為最早期的耶穌會士立場偏袒中國，但據我的研究，早期的西方人著作，每部都對中國有褒有貶。因此，早期來華的西方人既以浪漫的筆觸描述中國的倫理制度和中國人心目中的理想官員——受過儒家典籍薰陶，經科舉挑選出來，被擁有絕對權力的皇帝派去以仁民愛物之胸懷治理祥和的鄉村——但也指出佛教徒吃齋的超乎常情、道士作法的誇張離譜、始終存在的殺嬰證據、賣小孩的行為、賣淫和男同性戀的盛行。許多人論及中國人在神學辯論上的立論精妙，但也論及中國人對基督教教義的既有立場始終不改。他們讚賞中國境內印刷的發達和文人文化，說那似乎為基督教傳教信息的傳播提供了大好機會，但有件令人開心不起來的事實，使人不得不對這樣的肯定打點折扣，那就是反基督教性質的小冊子迅速傳遍城鄉一事。[1]

一六四四年明朝覆滅和此後滿清四處攻城略地，未使傳教士的樂觀看法大幅改觀。就聊得上話來說，與康熙皇帝（一六六一－一七二二）之類人，當然要比和深處宮中不問朝政的明朝萬曆皇帝來得容易。萬曆皇帝在其漫長在位期間（一五七二－一六二〇）從未見過傳教士或商人，或與他們交談。康熙皇帝始終很想了解西方，甚至很喜愛幾位傳教士，後來開始擔心他們涉入皇子的密謀，且開始認識到羅馬教皇宣稱自己在信仰和教義詮釋方面絕不會犯錯，才改變其心態。在十七世紀更後期的著作中，白晉（Joachim Bouvet）之類傳教士把康熙說成和路易十四一樣的仁慈「太陽王」——此舉有其利害的盤算，因為法國對中國傳教團的資助已是該傳教團生存所不可或缺。白晉曾寫了封信給國王路易十四，後來並將該信當成他《中國皇帝傳》（*Histoire de l'empereur de la Chine*）的自序刊行。誠如他在此信中所說的：

> 陛下數年前派去（中國）的數位耶穌會士，驚訝的發現在地球的一端有個此前只在法國見過的東西：那就是一個像你一樣，既具有崇高且務實的天賦，又具有配得上其帝國的一顆心，既是自己的主宰，又是其子民的主宰，而且受到其人民景仰和其鄰邦同樣程度之尊敬的國君……簡而言之，這個國君具備了英雄所具有的大部分不凡特質，若非他在位時正逢陛下在位時，他有可能在很長時間裡是當今之世最有成就的在位國王。[2]

但儘管有上述誇大鋪張的言詞，白晉筆下，一如他之前的李明（Le Comte）和他之後的杜赫德（Du Halde）所寫的東西，含有許多關於中國政治、文化的實用資訊。但成見也開始出現，尤其是盡量少談中國缺點，以免讓人覺得要中國人入教是不可能如願的這種心態。這些法籍作家也花不少篇幅談儒家思想預示了普世道德觀的建立有其可能之說，以及漢字有望成為超越方言、地理藩籬的普世語言之說。這兩個層面，連同《易經》六十四卦的安排方式背後的二進制數學結構、中國會成為新國際化全球科學界一部分這個希望，都得到時時注意外界動態的哲學家萊布尼茲予以進一步闡發。

曾有一段時間，萊布尼茲，一如十八世紀的其他學者，也著迷於所謂的索隱派（figurist）看法；索隱派未驚愕於那個盛世和儒家典籍的包羅廣泛，反倒欲利用那些典籍的內容，證明已開始受到嚴厲質問的聖經所述事件的先後時間順序準確無誤。我們應把他們的作品放在人類學史家所謂的為「人類同源論」作最後辯解的那個時空環境裡去檢視，該理論認為全人類源於諾亞，最根本的源頭則是亞當。這個人類同源論的看法與當時正日益受到關注的「人類多源論」南轅北轍。人類多源論認為人類是多源並起，從而使人得以貶低人類大家庭的某些成員、把某些人類群體視為智力尚未成熟之人。人類多源論為替種族主義找到一個據稱「科學」的正當理由創造了有利條件。一七三〇年代中期時，學者已開始做利瑪竇所會覺得不可思議的事：分析中國人頭部的「圓錐形」特性，藉此得以把中國人和巴塔哥尼亞人、霍屯督人（Hottentots）、美洲印第安人同列為智人半獸亞種（Homo monstrosus）。這類人和這些學者所自稱屬於的「智人」，根本不同。[3]

西方人的中國觀的演變極為複雜，原因之一係就在耶穌會士於歐洲受到政治懷疑，受到來自平信徒身分的知識分子和揚森教派兩方的攻擊且正漸漸失去他們在中國所曾享有的影響力時——亦即十八世紀第二個二十五年間，雍正皇帝在位末期和乾隆皇帝在位初期之時——他們分析中國的那些書正接近其影響力的巔峰。耶穌會史家的影響力上升，原因之一是他們在中國開始閉關鎖國、竭盡所能限制外人在中國貿易、旅行時，向西方人提供了來自親身經驗的記述。但這一影響力也有一部分要歸功於啟蒙時代數位法國思想家。這些思想家始於皮耶·貝爾（Pierre Bayle），接著伏爾泰登場，伏爾泰利用耶穌會士著作裡未受青睞的資料——尤其證明有個明顯不屬基督教但講究倫理道德的中國社會存在的資料——批評天主教會在當時歐洲社會裡所扮演的角色。伏爾泰在其著作裡因中國人的「自然神論」而稱許中國人。其中兩部著作，《風俗論》（*Essai sur les moeurs et l'esprit des nations*）和《中國孤兒》（*Orphelin de la China*），前者談世界歷史，後者是劇本，一七五〇年時都已寫成，從中可看出伏爾泰的中國研究方式：在前書裡，他以中國的文明史為開頭，在後書裡，他說明成吉思汗的鐵石心腸如何被溫和中國人的純正道德軟化。

伏爾泰的讀者看到不以聖經所述事件為起點，而以中國時期為起點的世界史時，心裡想必大為震撼，而當今的我們，真要花點想像力，才能領會他們那份震撼。《風俗論》甘冒大不韙的大膽開頭——「當時的中華帝國幅員比查理曼的帝國還廣」——與白晉的論點截然相反。伏爾泰接著稱許中國的法律：「在其他國家，法律用來治罪；在中國，法律的用途不止於此，還用來獎賞美德。」至於孔子，「他的道德觀和愛比克泰德（Epictetus）的道德觀一樣純正、一樣嚴厲，而且一樣仁慈」，中國人不是無神論者，反倒有自己經過深思熟慮的天國觀：「對中國儀式的大大誤解，源於我們以自己的習俗判斷他們的習俗：我們把源自我們好爭論之本性的偏見，帶到世界的盡頭。」[4]

伏爾泰強調中國人所具有的務實且注重道德的力量，強調中國人提升善在全世界之盛行程度的潛力，而在十八世紀後期，這一強調仍是嚴正辯論的主題。法國的重農主義者在其最具影響力的著作裡思考了這個問題。馬戛爾尼勳爵一七九三、一七九四年間為英王喬治三世和東印度公司前往中國時，在其日記裡認真看待此問題，班傑明·富蘭克林買了談中國的書，就中國社會組織與人辯論；甚至考慮派人去中國，以使美國的「年輕人」得以學習中國悠久的法律。托馬斯·傑佛遜思索過中國人的「自然貴族」（譯按：natural aristocracy，德才兼備之人）。費城富商史蒂芬·吉拉德（Stephen Girard），則好似要為這個欽仰傳統做個總結，一七九五年組建了對華貿易船隊，並將四艘船得意命名為伏爾泰號、盧梭號、孟德斯鳩號、愛爾維修號（Helvetius）。[5]

但吉拉德若細讀過孟德斯鳩、盧梭的著作，會發現他們對中國人，對中國文化和政府，看法有極大的保留。從十八世紀初起，就有中國人並不如想像中那麼好的失望心理，與仰慕中國人的心態一起滋長，而且這兩人似乎都有這樣的失望。例如，在笛福的某些小說裡和令人敬畏的英格蘭海軍准將喬治·安森（George Anson）的回憶錄裡，都帶有對中國人的敵意。安森於一七四〇年代去了廣州，發現那是個可怕地方，住著一群不老實、怯懦且被可鄙的官員控制的人。安森奪下一艘西班牙大帆船後返回英格蘭，受到英雄式的歡迎，並出書記述他航行在外的所見所聞，大為暢銷。在此書中，安森全盤展現他的所有偏見：他寫道，「其實，或許可以肯定的發出以下斷言：在狡詐、虛假、貪戀各種財富上，許多中國人是舉世無匹；但這些本事的齊聚於一身，以及在特定非常情況運用它們的方式，往往非外人所能參透」。這類段落——而且像這樣的段落不少——的用意，係要消除其他歐洲作家「非常可笑的先入之見」。安森尤其用心於糾正西方人對中國人道德觀的錯誤看法。

但有些傳教士告訴我們，中國人在科學上的本事的確大大不如歐洲人，但他們所教授並實踐的道德觀和正義觀極值得效法。看了這些優秀神父的其中某些人的描述，人很容易就會相信整個中華帝國是個管理得很好、相親相愛的家庭，在那裡，唯一的競爭就是誰最博愛、最仁慈：但根據我們此前所述的廣州一地知縣、批發商、貿易商的行為，就足以駁斥耶穌會士所虛構的這些說法。就他們論及道德觀的部分來說，如果可以根據傳教士著作裡呈現的實例研判，我們會發現那些實例全被用於稱許對某些無關緊要之觀點的可笑執著，而非用於以合理且公正的原則，討論判斷人類行事時應奉行的標準，管理

> 人與人之間的一般行為。事實上，中國人聲稱其道德比其鄰人更高尚一說，並非建立在他們的正直或善行上，而是完全建立在他們在行為舉止方面刻意表現出的平穩上，以及他們對壓下所有激情和暴力之徵兆的不斷用心上。[6]

這些看法，若非在法國——先前樂觀看待中國的心態在法國正漸漸式微——得到更深刻的回應，說不定會被斥為只是一個頑固壞脾氣海軍軍官的抱怨。孟德斯鳩所提出的最有力批判——有一部分源於他對地理、氣候、環境保護措施仍未消失的關注——係中國所謂的法律有其偏頗之處。中國的法律防堵自由甚於助長自由，使中國人受恐懼而非受智慧支配。盧梭在其他事物上和伏爾泰爭辯不休，在對中國的看法上也與他不合。盧梭認為教育能腐化人心，而非使人行為舉止高尚，認為教育若要有成果，就必須關注性格的原始高貴之處，認為在中國這一能力已萎縮，而且認為細究中國文化後，正證明他這些看法正確無誤。尼古拉·布朗熱（Nicolas Boulanger）在其一七六三年的《東方專制政治》（*Oriental Despotism*）裡呼應這些觀點。從這些看法進一步衍生，就不難出現孔多塞（Condorcet）的中國人不在人類進步之列一說，或黑格爾十九世紀初期所提出的以下論點：中國置身於世界史的發展之外，永遠停滯於人類心靈發展的一個較早期階段，還未走到目前西方諸文化體在主觀性、自由方面皆成長的階段。黑格爾這番話值得仔細思量，因為它說明了中國的做法被困在僵固、抽象的體制裡到何種程度，對中國落後程度的剖析已達到多「科學」的程度。

在中國，「普遍意志」（Universal Will）直接掌控個人的所作所為，後者恭順服從，在反思和個人自主上表現出相應程度的自棄。如果不服從，如果因此實際上把自己和其存在的「實體」分開，只要這一分開並非透過退到自己的人格內去達成，其所受到的懲罰就未影響其主觀的、內在的存在，而只影響其外在的存在。因此，主觀性的要素既不符合這一政治整體性的要求，而且後者徹底欠缺建立在主體之道德意向（moral disposition）裡的基礎。因為「實體」只是個個體——皇帝——而且此個體的法律構成整個意向。在此，國家的唯一存在至高無上，不包含其他要素——係仍然堅硬、不可彎曲、獨一無二的「實體」。7

關於商人對西方人中國觀的形成影響有多大，學界有不少辯論。隨著中國的朝貢體制於一八二〇年代後期和一八三〇年代時逐漸中止，商人——歐洲和美國的商人——開始在中國度過其漫長人生。據記載，歐美商人對中國的看法似乎有褒有貶：有些人著迷、愉快，或談到他們與中國人之友誼的重要，但有些人（一如比他們更早來華的安森），覺得中國人腐敗、殘忍、不老實。但一八四二年，中國人在鴉片戰爭時敗給英國人，中國開放外人旅行、貿易，讓西方國家駐軍，讓大量新教、天主教傳教士在華傳教，中國的衰弱呈現於世人眼前，隨之招來鄙視，而非欽敬。如果說西方人還心懷同情，同情的是個別中國窮人，而非整個中國、其政府、其倫理道德制度或其藝術。

不管十八世紀時美國人和歐洲人對中國式裝飾有何發自內心的讚賞，歐美人興沖沖購買中國室內陳設、瓷器、壁紙、絲綢的「中式裝飾風格」時代，已在早期工業革命充滿昂揚、進取精神的世界裡和鐵路時代中漸漸走入歷史。洛可可世界在維多利亞女王時代的自負光采裡黯然失色。從多處可見到西方人對中國的興趣漸失——從歌德對華微帶貶意的看法到他的忠實夥伴艾克曼所謂的柳條家具的輕正象徵中國文化的特色一說，或查爾斯·狄更斯筆下的皮克威克先生對中國不可能具有有意義之道德觀一事的看法，再到拉爾夫·瓦爾多·艾默生對中國之宿命論、孤僻內向的剖析，皆屬之。艾默生認為中國的上述特性，與他眼中西方所具有的自由、衝勁，形成鮮明對比。他寫道，中國若要走入近代世界，就必須靠西方予以「重生」；中國一直是「世界之童年時期的遊戲場」，但眼下必須逼它長大。馬克思在其談及中國問題的早期著作中表達了同樣看法。他寫道，中國需要頗長時日才會看到「自由、平等、博愛」這幾個字銘刻在長城上；西方帝國主義和殖民主義其實會有助於中國的歷史演進，因為它們打掉了鎖國的壁壘，從而使中國不再是頑抗資本主義在全世界擴散的堡壘。因為，資本主義擴散的同時，也帶去新社會主義自覺的種子。[8]

十九世紀更晚時，中國是離大部分歐洲人甚遠且非他們所關心的政治問題，只有傳教士還會痛心於中國的貧窮或鴉片成癮的猖獗。但美國人沒那麼好命，無法把中國視而不見：一八四九年後，他們得面對越來越多中國人移入美國西部這個驚人的新難題。隨著一年移入的中國人達到數萬之譜並大舉投入西部鐵路建設、礦場、種菜業和漁業，這批廉價的勞動力因危害到美國境內歐裔移民的利益而被視為新威脅，隨之成為重大的政治議題。充斥厭惡、恐懼心態且談到「境內黃種人大增」、血統遭污染、疾病的種族主義論調，成為政治操作的一環。針對住房供給、工作場作、就學的歧視性立法變得司空見慣。在加州和懷俄明州，有中國人遭暴民殺害。中國人因為怪異作風、據認一心想回老家而無意安家落戶、打造更美好美國的心態、地方立法協助打造並維持的「唐人街」環境駭人，而招來強烈反感。美國先是在一八八一、一八九二年針對中國人移民美國一事立法設限，然後，經歷過一九〇〇年義和團之亂的打擊後，終於通過一九〇八年排華法案予以限制。矛頭指向中國人——而非當時其他外國國民——的限制性移民法，構成十九世紀後期美國史可悲的一頁。[9]

發現虛構性著作呼應，乃至助長真實世界裡的事件，我們不應感到驚訝。一八九〇年代時，新一類反華著作已進入美國的大眾市場。這時，小說利用人們對中國人可能對加州海岸發動兩棲攻擊的憂心鋪陳故事，或更可怕的，以美國境內中國人和美國印第安人、黑人為了消滅此大陸上的白人而結盟一事作為鋪陳的基礎。唐人街成為講述淫慾、欺騙、陰謀之故事的絕佳背景。其中有部一九○○年出版的小說，讓我看了忍俊不禁。該小說裡凶殘的黑幫某「堂」堂主係耶魯畢業的中國人，東岸長春藤盟校改造人之本性的本事，在他身上顯然不管用，未能矯正其種族「缺點」；但美國白人未被蒙在鼓裡，因為有個耶魯同班同學，在這個惡棍就要實現其惡毒計畫的緊要關頭，把他除掉。有了這種誇張搞笑的手法，接下來出現傅滿洲這號人物也就不難想見。傅滿洲想要主宰世界，但總是受挫於老是與他作對的白人之手。[10]

義和團之亂後，中國陸續走過門戶開放、清朝覆滅、民國誕生、軍閥割據、國共內戰等時期，而西方人大概不會想要從這時期的中國拾取多少知識。當然，由於一次大戰、布爾什維克革命、經濟大蕭條、納粹興起之類事件，西方人也無法慶幸自己一切順利。但，有趣的是，二十世紀初，西方人對漢學興趣大發。先是有理雅各（James Legge）、威妥瑪（Thomas Wade）、丁韙良（W.A.P Martin）、衛三畏（S. Wells Williams）在十九世紀時開風氣之先的努力，接著是沙畹（Edouard Chavannes）和福蘭閣在古典時代史學，亞瑟·韋利（Arthur Waley）在詩學，喜龍仁（Osvald Siren）在藝術史，馬士（H.B. Morse）在外交史，賴德烈（Kenneth Scott Latourette）在傳教史方面的不凡成就。如今活躍於此研究領域的人，大多受益於這批前輩學者的澤被，而他們在二十世紀初把那麼多研究心力放在中國，叫人不由得把那視為對中國過去豐富的知識致敬的表徵（當然還是有愛德蒙·巴恪思

〔Edmund Backhouse〕之類故意搞鬼、具警世意味的欺世盜名之徒，但他無疑是異類）。[11]

我在上個段落抽樣列出的那些大學者，有一個瑞典人、一個法國人、一個德國人、一個英國人、一個美國人，由此可看出，二十世紀時，西方的中國史研究已是全球開花。這一國際化現象或許是電報和使用外籍通訊員的日報變多所致，或世界性出版業出現變化所致，或從西方某國至西方另一國的自願性（或政治因素所導致的）流亡盛行所致。事實上，二十世紀時，表達中國觀的方式已多到讓我若想要弄清楚這些方式，不得不放棄按事件發生順序研究的做法，轉而把它們分成數大類予以評價。

伊羅生（Harold Isaac）的著作《心影錄》（*Scratches on Our Minds*）甚有影響力，以該書精確但或許會侷限人之認知的敘述為基礎，可以打造出這樣一個翔實的概述。[12]伊羅生把美國人的中國觀分為以下幾個時期：一九〇五至一九三七年的「善心」期，一九三七至一九四四年的「欽佩」期，一九四四至一九四九年的「醒悟」期，整個一九五〇年代的「敵對」期。這一分期用來描述美國對國民黨統治時期、抗日戰爭、國共內戰、共黨獲勝的反應很貼切。在這時期裡，美國人的態度被全面性且心存刻意的政治勢力打造，為史上頭一遭——從亨利·魯斯（Henry Luce）透過其《時代》–《生活》帝國影響美國人對華看法的作為，到麥卡錫主義者、百萬人委員會（Committee of One Million）和他們欲把美國人嚇得不再同情中國大陸的作為，皆屬之。在此，我或許可以加上一句，如果要我來更新伊羅生的分期體系，我會加上一九七〇至一九七四年的「好奇心再起」期、一九七四至一九七九年的「純真著迷」期、一九七九至一九八〇年代結束的「再起懷疑」期。未來肯定還會有其他時期接續登場。

若要重述或進一步闡釋伊羅生對二十世紀中國的看法，會需要詳加檢視整個現代史和對中國的政治報導，在此，我不這麼做，反倒要把重點短暫擺在以虛構形式提供跨文化看法且在這方面最有影響力者（除了書，必然還包括電影、電視），選擇以何種方式呈現它們的主角和中國人的關係。

最易懂的呈現方式，係把焦點擺在中國境內的中國人身上。這一做法當然是大部分政治分析、歷史分析的要素，而且已產生令人感興趣的虛構結果。最有影響力的例子是賽珍珠（Pearl Buck）眼中中國農民在自己乾枯破敗的大地上受到的苦難（最著名者是《大地》中的情節），[13]但她出奇老式的用語似乎把中國當代的經歷扎根在亙古不變的區域，亦即已是許許多多西方中國觀——包括孟德斯鳩、黑格爾的中國觀——最重要組成部分的區域。但其他作家從他們筆下置身中國土地上的中國人物得到不同的心得。在斷案的狄公身上，高羅佩（Robert van Gulik）打造出一個象徵精明與廉潔、不為當時世道的嚴酷無情所動的人物。在以開龍（Kai Lung）為主角的短篇小說中，厄尼斯特·布拉瑪（Ernest Bramah）利用浮誇漢字的各種微妙之處，創造出仿現「儒士」正直情操的令人捧腹之作。[14]晚近，新一類反文革小說出現，從陳若曦《尹縣長》中需要細細品味的短篇小說，到表現大膽精神的《北京最冷的冬天》，皆屬之。[15]

我們不應把這種探討中國的作品，和把洋人主人公擺在中國土地上且要以更直接切身的情節打動西方讀者的那些大不相同的作品混為一談（當然，後一類作品有其弔詭之處，因為西方讀者眼中的「切身」必然與中國人的「真實」心理隔了一層）。就某個層面來說，這類書所享有的報導機會，和許多本身才華洋溢的西方來華人士所掌握到的機會一樣，後者包括埃德加・斯諾在《西行漫記》（*Red Star over China*）裡、格蘭姆・貝克（Graham Peck）在《戰時中國：一個美國人眼中的中國》（*Two Kinds of Time*）裡，以及更晚近李克曼（Simon Leys）在《中國的陰影》（*Chinese Shadows*）裡、舒衡哲（Vera Schwarcz）在《漫漫回家路》（*Long Road Home*）裡所掌握到的機會。[16]與新聞報導大異其趣的，小說和電影能凸顯它們的中心人物，呈現更清楚的戲劇效果：看過的讀者，腦海裡會特別浮現韓約翰《孤石》裡那位估量長江有多少機會改造以供發電的熱心美國年輕工程師、[17]電影《閻將軍的苦茶》（*The Bitter Tea of General Yen*）裡欲針對中國的戰爭做好盤算但遭劫持的女主人公，或《大班》（*Taipan*）或《王朝》（*Dynasty*）這兩部電影裡詹姆斯・克雷韋爾（James Clavell）和羅伯特・艾勒根特（Robert S. Elegant）在將香港、中國兩世界連結上所取得的成就。[18]採取此模式的最神奇作品，係藝術史家謝閣蘭的小說《勒內・萊斯》（*René Leys*）。謝閣蘭打造出一個出色的歐洲籍語言學家和墮落者，藉由該角色說明清廷國力的式微和內部的腐敗。[19]以中國境內西方人為主角的書，大多以該人落入孤立、挫折心態為結局，而且使我們更加覺得無法彌合「我們」和「他們」之間的鴻溝。韓約翰引人入勝的小說《召喚》（*The Call*, 1985），則讓人看出這一主題的持續不墜。[20]

那麼，當我們把一個孤零零的中國人放進西方環境裡，會帶來什麼改變？就此情況來說，不願被同化的我們，想要探明是否有可能把中國人同化。老出差錯但通常能遂其所願的陳查理（Charlie Chan），係與傅滿洲截然相反且令人放心的角色，因為我們終於確信他遵從他身邊的白人。那些功夫高手，浪跡江湖的孤單主人公，則穩穩契合美國西部白人槍手那種充滿個人主義氣息的神祕氛圍，而非契合於令人不安的唐人街大眾的形象。他們所盡情展露的強烈獨來獨往氣息，在西方人看來也是令人放心的遵從表現，因為它牢牢扎根於支撐西方社會的道德主義準則裡。類似的獨來獨往人物可能被擺在歐洲或擺在馬來西亞、新加坡、香港的那些難以界定的區域裡，保羅·史考特（Paul Scott）、詹姆斯·法雷爾（James Farrell）、韓素音在這方面都有很出色的表現。[21]但說到運用個別中國人物，使西方讀者在震驚之餘有所啟發，最有潛力者是一名住在美國、在筆下談中國人價值觀且作品很有感染力的作家：看看湯婷婷（Maxine Hong Kingston）的成就和《女勇士》（*The Woman Warrior*）裡那個憤怒、緊張得說不出話但能充分表達其想法的敘事者。[22]在此作中，西方白人文明搖身一變成了充斥惡魔、鬼魂的世界，而且那些惡魔、鬼魂對該敘事者的父母糾纏不休。

我前面談的著作，以不同方式探討中國且旨在影響我們對中國人和中國文化的看法。但以中國為場景的書，未必在談中國：中國也可能如伏爾泰所知的，是個工具，是個陪襯。於是，那些以中國為場景的最著名書籍，有些其實在談作者本人的政治立場，因此應把它們當成這樣的書，並抱著這種認知去讀。我想到安德烈・馬爾羅的兩部著作，《征服者》（*The Conquerors*）和《人的命運》（*Man's Fate*），細讀此二書會看出，中國人在故事裡鮮少以主角的身分出現；中國人只在他人談他們的段落裡出現。[23]在貝托爾特・布萊希特（Bertolt Brecht）的《四川好女人》（*Good Woman of Setzuan*）裡更顯然是如此，中國在此書中是無足輕重的背景。[24]那些相信布萊希特把他的故事擺在軍閥混戰時期遼闊、肥沃的中國西部內陸省分去鋪陳一事有某種更深層且切合現實之目的的人，一旦知道布萊希特寫此書時認為四川是個鎮時，可能就不會再這麼認為。卡夫卡筆下的中國，描寫得非常精彩，卻也是純然虛幻的。那是讓人憑空探索孤單和時間的世界（這些探索在其短篇小說〈中國長城〉裡或許最為生動）。[25]

另一個把中國當成工具的不凡作品，係巴拉德（J.G. Ballard）的小說《太陽帝國》（*Empire of the Sun*, 1984）。這部小說以二次大戰期間日本人在上海附近龍華鎮所設立的平民集中營為故事場景，主要在對苦難和意志做深刻且透澈的沉思。遭關押的西方人和附近機場日本飛行員共同的悲慘遭遇，透過挨餓的小孩吉姆的眼睛呈現於讀者眼前，但中國人在小說中大部分時候是未得到特別著墨的角色，或是暴民，或是垂死無言的人物。日本人把俘虜和掠奪來的物品遷至一處老舊的足球場，吉姆在那裡快要死去，「一動不動躺著，虹口油庫起火，火光照在看台上，照亮被搶來之冰箱的門、白色凱迪拉克汽車的水箱護罩、蔣委員長包廂中的石膏女神燈」。這是個夢魘般的世界，但也是被長江主宰的國家，「那條大河差點無法把中國的死人全吸進其嘴裡」。[26]

虛構的形象有時會漂離中國更遠，在作者運用那些研究中國的角色來呈現對其他事物的觀感時，達到幾乎和中國完全不相干的程度。赫曼・赫塞（Hermann Hesse）的《玻璃珠遊戲》（*Glass Bead Game*）雖是上乘之作，但西方讀者從約瑟夫・克內希特（Joseph Knecht）和其對「道」的追求裡所能得到的對中國這個文明古國的認識卻少之又少，從瘋狂且絕望的漢學家彼得・金恩（Peter Kien）身上所能得到的又會更少。他是埃利亞斯・卡內蒂（Elias Canetti）的小說《迷惘》（*Auto da fe*）裡的人物，在該小說最高潮時，把自己房子、其收藏的中文書、他自己都付之一炬。[27]中國在這些作品裡具有明顯的特殊之處，但在此部作品裡，人類生活的普遍性已得到完整呈現。

但這類可作不只一種解讀或陰鬱的形象，絕非暗示西方人不會再透過中國尋找自己，不會再去一點一滴慢慢了解不凡的中國人民和其文化。這些分殊各異的觀點，不管本身有何侷限，若要把其中大部分觀點視為只是反映西方文化裡的成見，或視為對東方文明所抱持的一種高高在上、占便宜的心態，那實屬不當。愛德華・薩依德（Edward Said）在其具影響力且充滿感情的著作《東方主義》（*Orientalism*）裡，強調西方學者的「認知操弄行徑」（cognitive imperialism），但他的說法疏漏之處甚多。[28]西方在描繪中國上走了四百年，一路上有許多轉折，絕非這類籠統的說法所能概括。而這本就事屬必然。沒有人易為外人所了解。我們對中國的看法越是模糊且多元，我們就越是靠近那個最難捉摸的東西：真相。

儒家脈動

The Confucian Impulse

Chinese Roundabout

Essays in History and Culture

康熙的七個時期

在晚近文章〈清中期對此君主國的某些看法〉（Some Mid-Ch'ing Views of the Monarchy）中，康無為（Harold Kahn）表示，他要超越「單面向且簡單的老掉牙說法」和「雙面向且複雜的刻板觀念」，加上第三個面向，以便把乾隆皇帝呈現為「一個由數種形象構成的綜合型人物」。[1]任何門外漢，一聽到三個面向，都會立即想要加上第四個：除了這三個屬史學性質的空間性面向，我們或許可加上一個歷史性質更明確的時間性面向。

既已懂得留意刻板觀念和遭扭曲的形象，接下來我們就能調頭回去歷史裡，把心力用在有助於我們認識中國皇帝的年譜上。年譜裡所呈現的中國皇帝，會一如他們的子民，係逃不出時間牢籠的凡人，係有血有肉的人，其身體和智力有其侷限，必須在有限的地理區域裡盡可能發揮自身能力，使用他們手中的工具和想像力之類的其他工具。就審視皇帝來說，簡單

本文首度發表於一九六七年《亞洲研究期刊》（*Journal of Asian Studies*）。

的方法之一係借助莎士比亞在《皆大歡喜》（*As You Like It*）裡所用心且巧妙濃縮出的人生七個時期，[2]因為那些時期是所有人都會經歷的，而非史學家的狹隘分期。生於一六五四年的康熙，走過這七個階段，一個不缺，然後在六十八歲時去世，在位六十一年。請把他當成一個兼有皇帝身分的人。[3]

首先是「嬰兒，在奶媽的懷中嗚咽、嘔吐」。這個嬰兒，皇子玄燁，身為順治皇帝三子，從體制上來講當然是道地滿人，但其承襲的血統並不明確，因為他母親出身佟家，佟家在遼東住了多年，曾在明朝為官，後來投靠努爾哈赤，成為旗人。[4]根據對此佟家家系的仔細研究，這位年幼滿人皇子很可能有不少漢人血統。我們說他嗚咽，或許有其道理，至少就他年幼時來說是如此，因為他兩歲時，他父皇就迷上一個妃子，這位皇子在宮外受撫養；說他嘔吐，超乎幼兒常有的腸胃不適，或許同樣不無道理，因為他得了天花，在其臉上留下永久的疤痕。他幸運康復一事，成為他繼承皇位的助力，因為他自此被視為對此可怕疾病有免疫力。他的諸多奶娘裡，至少有一位因曾哺乳過他而得到實質好處：這個人就是年輕女子孫氏。完成哺育任務後，孫氏嫁給正白旗奴僕曹璽。康熙後來極感念她，在她丈夫死後贈予他工部尚書之名譽銜，賜她「第一夫人」的尊號，任用她的長子曹寅在地方為皇上查探官箴民情。[5]

第二時期是「嘴上嘀咕抱怨著的學童，背著書包／帶著明亮的晨間臉龐，拖著蝸牛般的腳步／不情不願的上學」。根據官方中文資料，他肯定沒什麼好抱怨的：四歲起，康熙就樂在學習，從不覺疲累；五歲時，他立志要效法其父皇；七歲時，他只想著讓他的全部子民過太平富足日子。後來康熙以篤定口吻向學者高士奇說，他四歲時就識字。[6]但在這時期，他並不是事事如意。首先，康熙說了一口流利滿語和頗不錯的漢語，但在中文書寫上一再犯錯，尤以在漢字部首上為然，至死沒變。[7]他受的漢文教育不可能完整。其次，他只是大人世界裡的小孩。

一六六一年順治突然駕崩，康熙繼位，但這個七歲男孩當然未掌有實權，而是由四位滿人攝政代其治國，其中最有權勢者是鰲拜。順治「遺詔」就出自這四位攝政之手，在遺詔中順治自責過去所犯下的罪過；令人吃驚的，這位開國皇帝的這些罪過，出奇類似「末代昏君」的罪過——迷戀某個妃子、私生活豪奢、未能晉用賢人（在此指滿人）、授予太監太多權力之類。[8]對於父皇死後受到如此羞辱，康熙恐怕很難不心懷怨恨；他甚至未得到母后長期輔助，因為她死於一六六三年他才九歲時。身為皇太后，她若健在，影響力不小。

至少他有幸擁有「愛人／爐灶般嘆息，寫下哀怨的情歌／獻給他情人的眉彎」——在中文裡，眉的確是具有深意的意象，儘管康熙品嘗這果實比莎士比亞詩中所暗示的稍早。他十一歲娶教誠仁皇后後，想必過了一段時間才圓房，但他的第一個兒子，與榮妃馬佳氏所生，生於康熙十五歲之前。[9]自那之後，有充分證據顯示這位年輕皇帝不凡的生育力。他也未把臨幸的對象侷限在官方所挑選、出身良好的女子：烏雅氏女僕，護軍參領魏武之女，很可能在非正式的情況下，為康熙懷下胤禛，即日後的雍正皇帝。他出生時出現的那些令人著迷的吉兆，在後來某代的中國史家眼中，無疑比當時的宮廷觀察家看來，更加顯著清楚。[10]

莎士比亞對人生的概括，用在康熙的下一個時期，並不貼切；畢竟身為中國皇帝，不同於常人，而且康熙年紀輕輕就被要求做決策。其實直到一六九〇年代御駕親征噶爾丹，我們才能把康熙看成「用心守護名譽，動不動就突然和人爭吵／追求泡沫般的名聲／即使身在炮口亦然」的軍人，而且即使到了那時，都不得不承認大炮是在康熙那一邊，他從未「留著如豹的鬍子」。在成年初期，他必須揚棄軍人所須具備的某些素質。但他自孩提時就善於騎術和箭術，未失滿人的騎射傳統，[11]一六六九年他打掉鰲拜之快狠，說明他的過人勇氣和判斷力。康熙開始親政係一六六九年，其下一個重大決定出現於一六七三年。該年，在只得到明珠、莫洛、米思翰三位大臣支持下，他決定消滅吳三桂等中國南部藩臣的勢力，從而引發八年內戰，最終官軍獲勝。

這幾年是危機四伏但最終鞏固權力的時期。一六八三年三十歲時，康熙已能如孔子所說的「三十而立」。吳三桂等藩臣已死，他們的部眾遭擊潰，鄭成功後代所據有的台灣已被納入清版圖；好似為證明他已「而立」，就在一六八三年，康熙第一次西巡，隔年第一次南巡至南京。[12]但這時仍是滿人當家時期。康熙每到一城市，都駐蹕在該城裡的滿城（八旗官兵和其眷屬居住的區域）；他的主要大臣是滿人。高士奇之類漢人學者，慢慢才得到他的信任。這時期也不是在內部治理上追求創新的時期；康熙仍把心力主要擺在北疆和西疆。在位前半期，直至四十出頭為止，康熙似乎稱得上是「武帝」，戮力於平定內亂和擴大疆域。

但「武」和「文」是一體兩面；軍人搖身一變為治國文人；一結束用兵，康熙即把心力擺在內政上。這樣的轉變自是順理成章，並非條件式反應，係真實政治情況，而非虛假的形象。這時來到莎士比亞筆下的第五個時期，判官時期，「渾圓的肚皮裡塞著肥雞／眼神嚴厲，鬍子修得整整齊齊／不時發出至理名言，而且通曉時事」。這時既有來自生活歷練的成熟老練，也有來自經驗的精明強硬。這兩個方面可在一六九五至一七一五年在位期間的康熙身上清楚看到。

首先，就成熟老練來說。這是康熙與耶穌會士關係最好的時期；耶穌會士幫清廷談成《尼布楚條約》且用奎寧治好他的熱病後，康熙發布了寬容諭旨。就連中文資料都記載，康熙出巡時曾停下來和傳教士交談，邀他們至他的行宮。這是最悠閒南巡的時期——一六九九至一七〇七年南巡四次——南巡時他出席盛宴、看戲，或在鹽商為他準備的特殊園林、府邸裡盤桓。[13]在這時期，朝廷常大赦，減稅，而且為了後代子孫福祉，將全國性的丁賦凍結在一七一一年水平，永不加賦；官方編纂文學巨製，開始重繪帝國全圖的工程；在熱河建成夏宮。在這時期，啟用沒沒無聞的能幹清廉之士為官，並提拔他們出任最高官職（但仕途不盡然一帆風順）。[14]不過，不算嚴重的貪腐也可能受到容忍：有個官員暗中舉報某總督和其他人一年從鹽稅收入裡中飽私囊三萬四千五百兩銀子，康熙聽後要該官員不要追究，因為涉及的數目不大，廢掉這筆收入，肯定會令該總督不高興。[15]在這時期，皇帝居中小心調解滿人和漢人紛爭，讓不同群體相牽制，親自出手阻止他所認定滿人騷擾漢人官員之事。[16]

但這時期也有冷酷無情之事，我們沒必要對康熙寬厚、包容的一面著墨太多。舉個例來說，有許多證據顯示，從一六九〇年代起，康熙有計畫的將權力獨攬在自己手裡。直屬於皇室的內務府奴僕（包衣），即滿清入主中原之前淪為滿人奴隸之漢人的後代，被派去擔任重要財政職，擔任任期之長前所未見的兩淮巡鹽御史，擔任粵海關監督，擔任內陸關稅監督，擔任銅採買官，擔任穀物上繳監督，而且他們的活動受到皇帝細心核查。原被任命為南京、蘇州織造的包衣，一六九〇年代後期起奉命留意所在區域的官員行為和財務情況，寫成報告上呈，以便皇帝覆核其正式編制官員的活動。因此形成的奏摺制度，成為康熙私人的情報蒐集管道，奏摺連內閣都不得過目；奏摺在密封的狀態下送到皇帝手中，由他親自硃批，再由特殊的私人信使送回原具奏人。[17]

康熙也頗願意在公私場合發飆：例如，大官張鵬翮因治水不力，遭康熙痛斥，要其在當地所有官員面前下跪，教皇使節鐸羅（Maillard de Tournon）透過一些帶諷刺性質的句子得知，這位皇帝無論如何不會同意讓教廷管轄中國境內的耶穌會士。[18]康熙多次稱許明太祖這位厲行中央集權的專制君主。

但最終，衰微上身。在這過程裡，沒有什麼充滿戲劇性的情事可拿出來談，沒有乾隆朝大臣和坤之類作惡多端的寵臣出現。和坤於二十六歲時就爬升到權勢與財富的頂峰。只有漸漸放慢的腳步，過去的清晰頭腦和判斷力消失，權力掌控越來越鬆。可想而知，衰微有身體上的因素。康熙老年肖像悲慘證明了莎士比亞的以下話語千真萬確：「第六時期，搖身變成／穿著拖鞋又瘦又傻的老頭／眼鏡架在鼻梁上／肌肉鬆垂晃動／他年輕時穿的長襪，保存良好，但對他已皺縮的小腿來說／已經太寬鬆；他陽剛渾厚的嗓音／再度變回幼稚的高尖童音／尖細，聽來像口哨聲。」康熙的體力似乎不如他孫子乾隆；他孩提時和壯年時都生過重病，或許艱苦的人生使他比一般人還早老化。一七一五年，他下諭旨道，他的右手不堪用，因此他所有的機密敕令都用左手寫。他有過輕度中風？一七一七年時，他健康不佳之事已頗為人知，因此有位退休的知府去熱河獻上他的密方——但康熙不願一試。一七一八年十二月，他告訴李煦，自夏天起他一直覺得不舒服，一七二一年他寫信告訴年羹堯，他已稍稍好轉，但還是很虛弱。[19]這幾年期間，密摺完全未得到硃批；康熙既不讓他人過目密摺，當他病到無法讀寫時，政事怎麼推動？朝政似乎變得較鬆弛：據康熙所述，各省都出現赤字，但他顯然無力或無意積極解決此問題。他也遏止不了朝臣為了立皇太子的問題不斷口角；他一再警告朝臣不得在傳位問題上各擁其主形成派系，但還是有派系圍繞著最有可能接位的皇子形成。這些爭吵無疑是康熙體力漸衰那些年令他大為不快的根源之一，因為他很喜歡他的次子胤礽（他選定的皇位繼承人），卻不得不把他排除在接班之列。

但康熙的第七個時期短得可憐。攝政能替幼皇治國，但當年老的皇帝走到「最後一幕／結束這段奇怪且多事的歷史／重回童稚期，腦子混沌／牙齒掉光，視茫茫，味覺喪失，什麼都沒了」，誰能代表他發言？胤禛的表現會讓我們相信，在一七二二年最後這幾個月，他正漸漸且稱職的步上他父皇所為他指定的位置；經過修改的史書記載了許多他的長篇政策建言，而且不見有人與之抗衡的跡象。[20]胤禛的說法如今仍受到懷疑，他似乎很有可能不是父皇所中意的人選；但他不大可能以任何惡毒的方式加快父皇離世。胤禛個性謹慎且有耐心，在父皇生病那好多年裡，一直在隆科多協助下為接位打基礎；那年冬天康熙突然在北京去世時，胤禛斷然出手拿下自認應得的大位。

我們能如何評價康熙？他是個偉大的皇帝？究竟何謂偉大的皇帝？他是統治偉大國家之人，或是使國家偉大之人？同樣的，要如何評價國家的偉大與否，斷言某人能使國家偉大，有意義嗎？在我看來，國家偉大意味著該國具有活力、實力、靈活性；具有這些特質的統治者能得到驚人的響應，取得斐然的成果，但他的國家必須為他做好準備。情勢有利於康熙。他所統治的中國正蒸蒸日上。伴隨李自成、張獻忠的流寇軍而來的恐怖行徑，以及滿人的攻城略地本身——誰會忘了讀王秀楚的《揚州十日記》？[21]——已使人口大減，使數大片區域農田荒蕪。削減開支和戰後人民重新定居，加上重建了有效率的行政體系，社會迎來久已不見的富裕和安定。遭刻意摧殘的沿海省分，民生更加凋敝，南方爆發八年的叛亂，但中國撐得過去。政府收稅容易，就連大舉攻打噶爾丹之役的開銷，都能輕鬆應付過來。當然，並非一切盡善盡美，粉飾太平沒有意義。有好多年，許多省出現饑荒，例如一七〇八年的江蘇，大河氾濫成災，某些省的鄉試出現嚴重貪腐情事；但這些事發生於緊急救濟倉裝滿穀物、官員認真治河、社會看重誠實應試因而使怨言得以得到傾聽、犯罪者得以受到懲罰的大環境裡。

文化上，這也是令人振奮的時期。從某個意義上說，許多最優秀作品，可以說是叛逆精神的體現——只消想起八大山人和石濤之類畫家，或王夫之、黃宗羲之類作家即可，他們得以盡情創作，未受騷擾。而與他們分庭抗禮者，有詩人納蘭性德和畫家王元奇，還有官營織造局、官窯的產品。在由亂轉治時期，總會出現奇思妙想和一流藝術品，這時亦不例外。

我覺得這時的中國是個偉大的國家。康熙是有可能光因為統治這樣的國家長達六十一年就被稱作偉大皇帝，但這個假設無關緊要，因為他以自己的偉大造就國家的偉大。才幹較差的人對付鰲拜、吳三桂、噶爾丹時不會這麼果斷，他估算自己的實力後冒極大風險放手一搏，每次都拿下勝利。但除了具有作出危險決定的勇氣和貫徹那些決定的能力，康熙還具有令人欣賞的個性。我很清楚耶穌會士的歷史紀錄有多刻意要使我們作出這樣的論斷，但根據中文紀錄，我也會作出同樣論斷。

康熙此人直率不做作，有幽默感，喜愛新奇事物。他能表現出真誠的友善和不拘小節的行為，肯定意識到自己身為皇帝所該扮演的角色——誰意識不到——但又往往以真情流露的凡人形象出現。他承繼了父皇順治的一部分暴躁脾氣，但根據記載，他未像順治那樣幼稚的發脾氣；他有時心狠手辣，語帶嘲諷，但沒有他兒子雍正那種帶嘲笑或羞辱意味的惡毒。我覺得他為他所統治的中國立下一個基調。

這時的中國統一、富裕、強大、在邊境採攻勢作為，但在對內、對外政策都能表現出變通性一事，有一部分要歸因於康熙本人的性格和能力。康熙治下的中國令人景仰，從根本上糾正了我們因偏重十九世紀和民國時期中國的研究而產生的對中國的認知。它是研究近代中國時所應採行的最新起點。

明朝生活的活力

直到不久前，從一三六八至一六四四年統治中國且幅員遼闊的明朝，仍大抵未受到西方史學界的探究。明朝若非被視為濫觴於以唐宋的藝術創造力為最大特色的偉大傳統消亡之時，就是被視為就「近代」中國史來說還太早的一個時期。近代中國史可以說在十八世紀時，乃至十七世紀時開始加速發展，但肯定未早於那時。此外，「明朝的衰落期」，看來橫跨將近一世紀（一五五〇年代至一六四〇年代）的一團混亂且漫長的時期，被視為就中國的帝制、官僚體制來說沒什麼可取之處。

黃仁宇引人入勝的罕見之作《萬曆十五年》（*1587, a Year of No Significance*），[1]無法提升明朝衰落期在歷史長河裡的分量，但肯定使我們更加認識王朝衰落模式的究竟；此外，他筆下五位主角經用心挑選，以說明中國人面對即將到來的浩劫所做出之反應的分殊。

本文首度發表於一九八一年《紐約書評》。

黃仁宇在此書第一頁描述了一場訛傳的午朝發生的背景，說當時在京官員收到皇上要午朝的消息，立即趕赴皇宮，卻發覺只是訛傳，困惑不解的太監和宮中侍衛則努力追查此謠言係何人所造。從這開頭，黃仁宇就展現了他對明朝政治的儀禮、實際層面的複雜細節有何等高明的掌握，展現了把它們說得清楚易懂的功力。

他筆下的故事，布局巧妙而且刻意呈現弔詭之處。即使一五八七年長遠來看是「無足輕重的一年」，它還是多事的一年，而且每件事都預示了未來的發展。就是在這一年，朝廷首次——從極北處——聽到有個叫努爾哈赤的女真族人嶄露頭角的消息。當時明廷認為努爾哈赤不成氣候，不足為慮，但日後他會在他一六二六年去世前攻占南滿洲的許多地方，他的後代則會在一六四四年入主中原，建立清朝。

也是在這一年，有兩個最有意思的明朝官員去世：海瑞和戚繼光。海瑞不留情批評財政弊端和地主強索錢糧之事，使他日後成為清官的代名詞，戚繼光是仁慈且善戰的將領，在中國東南部建立一支很有戰力的軍隊，消滅了該地區為禍甚久的海賊。也是在這一年，申時行成為明朝的內閣首輔。黃仁宇把他說成軟弱、學問淵博、聰穎、透過妥協解決分歧的人，無法勝任總領朝政之職，說明有憑有據，令人信服。

大學士申時行和難得見上一面的萬曆皇帝的關係，係黃仁宇著墨的重點之一。因為黃仁宇這位極熟諳明朝政治、經濟的歷史學家，極想探明未能有所作為一事所具有的歷史意義。

他不像許多歷史學家著墨於具戲劇性的時刻、重要的文件、重大的政策轉變，而是探究使萬曆皇帝和其大臣無法好好治國的虛偽、厭煩、因循或恐懼心態。黃仁宇在當時的行政、法律結構裡，但更重要的，在職業官僚天生愛——和掌握大權的前任大臣和不受管控、行事流於一時興起的皇帝唱反調——阻止任何新式權力表現方式遂行的心態裡找到部分原因：

> 十六世紀官員大談君主對天所負的責任，從而實際上阻止他積極過問呈給他處理的事。他被鼓勵不表露好惡和維持個性沖和。他沒什麼機會以能產生效益的方式回應國事。簡而言之，有人正在使這個君主國失去人性，而面對此作為，坐在大位上的人毫無招架之力。很顯然的，這大環境最初使自小就被教導要接受命令而非下達命令的萬曆皇帝，不願在立儲問題明確表態，後來，痛苦的經歷使他得以看出朝廷的這個內在機制時，則使他覺得和它徹底格格不入。[2]

為藉由反襯點明這個主題，黃仁宇詳述他的第五個也是最後一個個案研究成果，研究對象是李贄。在黃仁宇筆下，李贄類似馬丁·路德，差別在於他活得不快樂，較不得志，奮力要成為儒家文人的良心，卻在社會上找不到知音，畢竟在當時的社會裡，政治、家庭方面的主流價值觀重重壓在每個人身上，逼每個人都要「維持大我性格」。李贄聰穎但易怒，一生悲慘，仕途不順，寫作屢遭挫折，在黃仁宇筆下際遇令人傷感。黃仁宇說李贄一五八七年後的人生「白活」，「本應活不過」一六〇二年，卻捱了過去。

就是在這裡，那些對明朝社會的豐富多彩和微妙細節感興趣的人，或許會不認同黃仁宇把重點擺在失敗、徒勞之處，然後開始不無道理的問道，李贄的一生是否根本未促使人思考其實不適用於黃仁宇解釋模式的一些問題。李贄一生（生於一五二七年）迴異於常人，因為他的祖上是貿易商，信伊斯蘭教，他本人則成為個人主義氣息濃厚的儒家思想家，並深受佛教思想影響；他的一生遭遇呈現了另一種明朝，即當時的明朝在經濟上和社會上都充滿活力，但有激烈爭議在那樣的世界裡上演。

德國籍歷史學家福蘭閣一九三〇年代對李贄產生興趣，因為李贄與耶穌會士利瑪竇有書信往來；中國境內的馬克思主義歷史學家一九六〇年代利用李贄來強化自己的觀點，把李贄尖銳批評傳統儒家思想家之舉，看成為解讀「官僚－地主價值觀」的空洞，開闢了一條可能可行的道路。一九七〇年代，美國境內歷史學家開始著迷於李贄的哲學著作和似乎在針對主體性立論的著作；一九八〇年，陳學霖針對中華人民共和國境內李贄學的現況，提出一份有用的譯本和評論。如今，則有畢來德（Jean-François Billeter）在其新書中提出迄今為止對李贄最深刻精闢的研究心得。[3]

畢來德的「Li Zhi」和黃仁宇的「Li Chih」同一人，拼法卻不同，反映了某個現象。Zhi

一詞係照中國人所正努力推廣成為標準用法的漢語拼音法拼成，除了黃仁宇《萬曆十五年》這個例外採用威妥瑪拼音，該書中討論到的其他書都採用漢語拼音。漢語拼音的一大好處，係法語學者揚棄其先前的拼音法，使用漢語拼音後，他們的著作遠更容易為英語讀者所看懂。令人遺憾的，目前正處於過渡期，學者（出於需要）、一般讀者（如果自主選擇的話）會不得不同時在腦海裡記住數種拼音法：例如，富路德（L. Carrington Goodrich）、房兆楹所編的《明代名人傳》（*Dictionary of Ming Biography*）採威妥瑪拼音，因此，在該書裡可立即查到 Li Chih，但對不熟悉中文拼音情況的人來說，Li Zhi 還是會令人一頭霧水。

畢來德的專題論著，預定出版之上下兩冊裡的第一冊，探討至一五九〇年為止的李贄生平，而在該年，李贄出版了書名具諷刺意味的《焚書》。畢來德認為若要了解中國人的社會，就該認識李贄的一生遭遇，認為他的遭遇也有助於我們認識自己——李贄的著作「能以某種方式讓我們感同身受，在我們心中引發共鳴」。在李贄的詰辯性著作和他所面對的種種觀念、宗教（儒、釋、道、伊斯蘭、天主教）裡，畢來德看到自宋朝以來一直在中國發展的探明社會改變、學風改變的一種方式。因此，他著手剖析李贄時，不把他當成一個人，而是當成「官吏階級」一員。剖析這個階級時，可以把他們獨立看待，不與此前受到其他歷史學家研究的「仕紳」或「地主」階級有瓜葛。李贄的生平凸顯了儒家社會內部的緊張關係，尤以在李贄成長所在的中國東南沿海地區為然，因為在那裡，儒家思想，作為強制性意識形態，在摧毀使該地區富裕的商業一事上，助了一臂之力，從而使通過科考取得功名（科考題目以儒家課程為基礎擬定），成為覓得有薪工作所不可或缺。

畢來德對李贄一五六〇年代所得到之「覺悟」的本質、此一「覺悟」帶給李贄的思辨清晰之感、這一「象徵性資本」和李贄身為低階官吏的處境之間的關係，極感興趣，全心鑽研。李贄與何心隱、羅汝芳之類重要導師的關係（以及李贄深信一五七九年遭處決的何心隱在其人生最困厄的時刻遭其哲學友人背叛一事），受到畢來德細心剖析，被他視為李贄在評定自我的力量和對人性找到自己定義之過程中所經歷的階段。在詳述李贄對海瑞的欽仰、李贄與有恩於他的耿家的爭吵、他決定將妻女送走以便他在麻城寺院過上更嚴格隱修生活（時為一五八七年）一事時，畢來德為黃仁宇的記述增添了血肉，並且為這個最終誓言絕不仰人鼻息且要在被虛偽腐化的世界裡找到自己純淨之歸宿的不安定靈魂，描繪出內心漂泊的軌跡。

畢來德的書以多種原始資料和剛發現的資料為本寫成，把李贄著作的許多長段落譯成英文。他說，解讀作家身分的李贄時，必須把他當成讀者，當成對他人的言語和他本身對那些言語之反應念念不忘，而且始終和那些言語在搏鬥的人。在寫給某友人的信中，李贄說：

凡人作文皆從外邊攻進裡面去，我為文章只就裡面攻打出來，就他城池，食他糧草，統帥他兵馬，直衝橫撞，攪得他粉碎，故不費一毫氣力而自然有餘也。[4]

李贄被所在地的仕紳指控著作內容不當，然後在一六〇二年自殺於獄中。畢來德認為他會有此遭遇，主要因為他傲然堅持自己的剖析能力、決意揭露官吏之「最大錯覺」的虛妄。他引用了李贄的另一個段落，李贄在其中生動道出被迫當個作者而非讀者的痛苦。

且夫世之真能文者，比其初皆非有意於為文也。其胸中有如許無狀可怪之事，其喉間有如許吐而不敢吐之物，其口頭又時時有許多欲語而莫可所以告語之處，蓄極積久，勢不能遏。5

但一旦潰堤，作者「任由那股強烈的快感滋長，抒發其激烈的情感，放聲大叫，淚流滿面，泣不自勝，任由情緒支配自己」（原文：「遂亦自負，發狂大叫，流涕慟哭，不能自止」）。這是赤裸表露情感且寫得痛快淋漓的一段，畢來德對此段的翻譯或許稍稍過度——把原文「不能自止」譯為「任由情緒支配自己」（se livre tout entier à l'émotion），但畢來德傳神呈現了一個充滿狂熱求知欲的人。

李贄的文章，最初係要喚起可在中國某些更早的小說裡找到的那股純真之情，而畢來德提醒我們李贄對從《水滸傳》到《西廂記》的多種小說感興趣。據歷代中國書評家的看法，這股恣縱情感的浪漫情懷，在湯顯祖的劇作《牡丹亭》裡達到最淋漓盡致的抒發。湯顯祖與李贄同時代，但年紀較輕（一五五〇年生），出身富裕人家，似乎本有志於仕途，後來才選擇全心寫戲本。一如李贄，湯顯祖受了羅汝芳影響，在生活裡和創作裡追求「情至」的意涵。湯顯祖和李贄曾一同度過一段時光，得知李贄死訊後，湯顯祖明知悼念他不合時宜，甚至可能惹禍上身，還是撰文悼念。[6]

一五八七年時湯顯祖已在寫戲本，但他的代表作《牡丹亭》一五九八年才寫成。這個劇本如今已有出自白之（Cyril Birch）之手的全譯本，[7]從而為了解激情與得體各擅勝場且各有其用的晚明世界開了另一扇窗。《牡丹亭》是講述無知、愛、絕望、死亡、死而復生、婚姻、圓滿的長篇故事。白之捕捉到此書浪漫、情色、歡樂的特質，讀來樂在其中。原文旁徵博引，今日讀者不易看懂，但白之未被此問題難倒。他運用當今此作之優秀版本的注解詞表，在有必要解釋時予以解釋，但在其他情況下則任由故事情節進展，並且巧妙運用英語措詞來呈現中國人的種種態度和風格，藉此引導故事節奏（事實上，除開霍克思〔David Hawkes〕的十八世紀曹雪芹小說《紅樓夢》的英譯本，這是我所見過最字斟句酌的中文著作譯本）。

白之具有領會湯顯祖劇作所需的那種奔放歡騰情感，而且在湯顯祖筆下的配角身上——一個調皮但精明的貼身丫鬟，一個春心大動但忠心的道姑，一個自命不凡的私塾先生，一個貪杯好色、嘮嘮叨叨不知說啥的北方戰士——找到莎士比亞喜劇和莎士比亞措詞的十足翻版。因此，故事中那對戀人在精神世界和現實世界分合的無比動人故事，有自己有力的情色意象，其故事的背景讓人不斷想起非官吏或朝廷所能左右的明代生活的活力。

這嘈雜且活力十足、充斥屁聲和笑聲的另一個世界，當然是明朝文化的一部分，不管是在一五八七年時，還是在明代其他哪一年皆然。通俗文化，在歷史文獻裡不易見到，不受文言體文章和詩青睞，卻出現於小說中各處，而在中國白話小說裡，晚明是個輝煌時期。同樣的，要進入這個世界，既需要譯者，也需要導遊，而在這方面，韓南（Patrick Hanan）給了那些想知道該去哪裡一覽的人不可或缺的援助。

比起韓南更早期談中國短篇小說的專著，他的《中國話本》（*The Chinese Vernacular Story*）主要著墨於十六世紀後期和十七世紀初期，遠更容易為一般讀者所看懂。[8]黃仁宇在《萬曆十五年》裡還是有觸及這個主題——事實上，他對當時的通俗文學和小冊子的木版印刷，提出了一些頗有見地的看法——而畢來德提及李贄對小說感興趣一事，先前已提過。但靠著韓南在此書所呈現的那種翔實，從博覽短篇小說集和它們的序所凝練出的翔實，才使畢來德談李贄一書的書名副標暨該書主題「*sociologie du mandarinat chinois de la fin des Ming*」（明末中國官吏的社會學）得以實現。

韓南說明了話本如何擺脫身居主流的儒家菁英的先入之見而問世，講述了創作「白話」文學這一想法如何產生，需要哪些因素的配合，才得以從古典文學轉向白話文學。他和李贄一樣看出白話文學如何有助於批評文化的主流價值觀，看出在白話文學的諸多不同層面——

其敘事手法、其重點和不同模式、其風格和聲音——裡，能如何達成比文字先前所達成者更勝一籌的新作用。

白話小說的情節，從更早的短篇小說著墨於小偷和戰士，轉而著墨於晚明的商人和店家老闆，此一轉變間接表明明朝社會裡經濟的重大發展。敘事者的角色開始受到看重一事和對哪種短篇小說稱得上是道地短篇小說的判定標準「放寬」，間接表明看法上有類似的改變。晚明人物馮夢龍，以鮮明的諸多形象——學者、改編者、作家、編纂者、出版者、官員、發大財者、欽仰李贄者、道德家、粗俗下流言語的記錄者——出現於韓南著作的中間幾章，為我們之檢視明代社會，提供了一個新式焦點。馮夢龍敢於對湯顯祖的《牡丹亭》「修改曲律」，推出該劇作的改本（《風流夢》），充分說明了馮夢龍的賺錢野心和他所想要觸及之公眾的人數之多和他們的品味。[9]

韓南以黃仁宇在提及女真族戰士努爾哈赤時僅間接帶出的那些問題為其書作結——一六四四年明朝覆滅、女真人（這時稱作清朝）入主中原。在這個新王朝世界裡，白話小說式微，轉為較赤裸的情色描繪——與先前的文學傳統分道揚鑣的一種色情小說——轉為逃避現實，或轉為小心翼翼的道德相對主義。[10]不愛與外界往來且活得百無聊賴的萬曆皇帝早已退場，改由新一代的帝國行動主義者擅場，作家和讀者都退到較安全的場域。但我們絕不可因為清廷的新道德觀，看不見已覆滅之王朝的生氣勃勃和才華洋溢；上述四本書說明了已逝去之明朝文化的充沛活力。

畫家石濤的交遊

石濤讓史學家一頭霧水。史學家孜孜矻矻探究他，因為他是赫赫有名的畫家、理論家、詩人，結果只弄清楚他生歿的大概日期、他幾個朋友的名字、他去過或住過的一些地方。但即使已查明的事實甚少，我們知道他生逢中國歷史最戲劇性的時期之一，為了說明石濤所經歷過的社會、政治情況，在此值得更仔細檢視那個時期。因此，先思考三個範圍逐一縮小的領域：首先，石濤所處的中國；其次，石濤所處的省；第三，石濤的交遊圈。目前為止，歷史學家就只能探明到這程度。

本文首度發表於一九六七年，作為密西根大學藝術館目錄《石濤畫》（*The Painting of Tao-chi*）的引言。

石濤所處的中國

石濤生於一六四一年，卒於接近一七二〇年時，因此生於明朝（一三六八－一六四四）末年，成長於清朝（一六四四－一九一一）順治年間（一六四四－一六六一），在康熙年間（一六六一－一七二二）度過其整個成人歲月。

他生於逐漸分崩離析的世界，內憂外患——內有官場貪污橫行、外有蠻夷犯邊——同時襲來，明王朝儼然要大難臨頭。晚明皇帝治國無方；有時透過怠政，有時出於蓄意，讓大權日益旁落於太監和支持太監的官員之手。後人把明朝滅亡歸咎於太監；其實他們既是肇因，也是徵兆。從宋朝起，經元朝至明朝，帝制中國日益中央集權，從而使皇帝肩上的擔子甚為沉重。只有具有過人才幹和勤奮之人，才勝任得了這萬萬人之上的職務，因為身為皇帝，要監督整個官僚體系，要制訂軍事謀略，而且身為天子，要擔任天與地的中介者。不足為奇的，皇帝始終很想享有不受規則約束的特權，把職責丟給信任的下屬去扛，還自己一身輕。如果這些下屬胡作非為，正直、具批判性的官員就難有作為，因為是非曲直最終是皇帝說了算，而見皇帝之路給堵住。因此，晚明的批評家，例如東林書院、復社的成員，一般來講不得志，甚至注定失敗。

十七世紀初內部黨爭和腐敗，使中國無法全力對付外患。最嚴重的外患是東北的滿人。

在努爾哈赤（一五五九－一六二六）和其兒子皇太極（一五九二－一六四三）這兩位傑出領導人帶領下，滿人勢力日益強大。石濤一六四一年出生時，滿人已使朝鮮歸順，並派兵入中國襲掠；石濤一歲時，明朝兩大指揮官戰敗，投靠滿人。另有許多人若非已戰敗，就是被召回，遭以源於派系鬥爭的莫須有罪名懲罰。

但明朝並非亡於滿人之手，而是亡於一六四四年四月攻陷北京的山西土匪李自成之手。明朝皇帝自殺，滿人得以趁機以為明皇帝報仇、從土匪手裡救出中國的名義出兵入關。權勢最大的明朝將領吳三桂投靠滿人，一六四四年六月滿人入北京城。

在這的許久之前，滿人就已找來漢人隨軍征戰，按照滿人的軍隊編制把歸附的漢人士兵組成漢人「旗」軍。入主中原係滿人和漢人合力完成；面對滿人入境，漢人通常順服，只在偏遠孤立的城市或仍聲明效忠南明政權的區域出現抵抗之事。順服帶來提拔和獎賞；抵抗則招來可怕懲罰。忠於明朝的儒將史可法決定死守揚州；他不肯投降，遭圍困七日後，揚州陷落，居民遭屠殺。一六四五年更晚時，南京陷落後，兩名學者欲在嘉定組織抵抗勢力。結果失敗，同樣迎來屠殺。大部分漢人都記取到這個簡單的教訓，儘管有李成棟之類人高舉復明旗號，反清復明運動始終成不了氣候。李成棟先是叛明降清，後又叛清，歸附南明政權，後來戰死。一六五〇年代，廣東、廣西，反清勢力的最後兩大根據地，遭清軍拿下，一六六二年，最後一位南明政權統治者（經貴州、雲南一路慢慢往西敗退），在緬甸邊界附近遭處決。

從一六四四至一六七一年石濤三十歲生日時，清廷大權至少四次易手。而今人對這些事的清楚程度，大概高於當時石濤和其友人。第一階段，從一六四四至一六五〇年，當權者是攝政多爾袞。多爾袞是順治皇帝的叔叔，名為攝政，實為皇帝。就是他的政策使滿人成功征服中國，使中國經濟漸漸恢復。他沿用了大部分明朝體制，遵循舊制以定期的科考選取文官，為讓文人放心滿人會尊重其傳統，這是不可或缺的作為。有時，由於他的積極促成，清廷宣布了為尚未入主的地方舉辦科考的日期和地點；此舉無疑是宣傳的高招，抵消了滿人劫掠、屠殺的謠言。清廷在各大城市派駐滿人或漢人旗兵，六部同設滿人尚書、漢人尚書之職。

第二階段，從一六五一至一六六一，為順治親政時期。多爾袞和其親信樹敵甚多，多爾袞死後遭貶謫。順治公開以漢人皇帝而非滿人皇帝的身分統治中國，學漢語甚勤，展現對中國典籍的素養；本身屬易激動的性格而且體弱，往往易受外來影響。這些外來影響，從耶穌會士湯若望（Adam Schall von Bell），到禪師性聰、通琇，到太監吳良輔，到妃子董國，形形色色。

如今很難了解順治本人治國的成敗；滿人入主後中國較為安定，中國可能順著多爾袞政策的勢頭繼續發展。順治死後，他的作為的確受到嚴厲批評。接下來迎來第三階段，從一六六一至一六六九年，係鰲拜為康熙皇帝攝政的時期。鰲拜攝政似乎是滿人反動保守的時期。順治因為迷戀妃子、授予太監太多權力、對基督徒太寬大，遭抨擊，於是，吳良輔遭處決，湯若望入獄。滿人想要恢復其崇高的尚武精神。

但鰲拜本人殘酷且貪腐，一六六九年，年輕的康熙皇帝命人將其逮捕入獄，開啟了第四階段，即康熙親政時期。但絕不可以為康熙即位意味天下立刻太平且穩定；直到一六九七年，這兩個目標才實現。首先，從一六七三至一六八一年，康熙遭遇吳三桂等南方藩臣叛亂，此叛亂證明滿人在該地區的控制仍很不穩固。其次，從一六八八至一六九七年，他親征西北疆厄魯特蒙古王噶爾丹。天下太平前，石濤已將近五十歲。

雖然戰事不斷，清廷的威儀堂皇來到極盛。石濤的友人大概會看到滿人皇帝出行時遵循明朝舊例：康熙乘坐帶有嵌飾的彩繪車前去天壇大祭時，綴有昂貴裝飾的大象、身著特殊袍服的廷臣、侍從與侍衛隊一路伴隨。但滿人替這些儀式增添了尚武氣息。陪同這位皇帝出行者，係由滿人貴族子弟組成的一支宮中精銳衛隊、經過用心操練的「包衣」隊，而非明朝時凌亂行走於皇帝身邊的數千太監。這支精銳衛隊精於騎射，那是游牧民族的特長，需要體力和技能才能上手，而體力和技能是滿人得以所向披靡的基礎之一。一年一度赴長城以北大獵時，要成千上萬滿人士兵以戰鬥隊形前進，圍住虎和鹿，供皇帝從馬上射殺。漢人百姓只經由他人之口知道這類滿人皇帝活動，但在華中和華南，許多漢人能見到駐紮於本地的滿人旗兵，入主中國的異族占領軍，騎馬出外練箭。

滿人努力保住自己的武技和習俗，但也受到中國文化傳統影響，並嘆服於該傳統。康熙在滿人世界裡長大，但從許多方面來看是漢人統治者，敏於回應漢人需求。在其漫長在位期間，他常常有意識的調和好武滿人派系和漢人派系之間的歧異，而且在這點上做得很成功。他無疑是個卓越的統治者，肯定名列中國歷史上最英明皇帝之林。他所用以消滅內亂、保衛邊疆和擴大版圖、促成內部繁榮的諸多政策，出於堅定的信念，但執行時能靈活變通。這一靈活性是他性格裡很有意思的一面：他不只願意嘗試新事物、新做法，而且好奇心始終不消。耶穌會士說，有人呈上一台撥弦古鋼琴，康熙撥弄琴弦，神情愉悅；他學了一些西方數學以驗證曆法理論，打擺子時同意服用奎寧（耶穌會士對此藥的理解比他好不了多少，但奏效）；繪畫同樣令他著迷。

> 康熙皇帝常去王原祁擔任供奉（低階官員）所在的南書房，要他畫山水畫。在那裡，王原祁臨桌作畫時，這位皇帝會俯身專注觀看，不覺時間的流逝。他曾賜詩王原祁，詩云「畫圖留與人看」；王原祁將此六字刻在小石頭上當作印章，以誌皇帝對其的寵愛。
>
> （Osvald Siren, Chinese Painting, p. 201）

因此，康熙在看過石濤某些畫或從朝中學者聽聞這些畫後邀他赴京作畫，也就不足為奇。這一邀促成王原祁、石濤合力完成《蘭竹圖》（一六九一），納入宮中收藏。

十七世紀結束時，想必是石濤和康熙最快意的時刻之一；兩人都已甚有所成，一人是在深化自己的藝術感受力和完善表現手法上，另一人則在消滅內外敵人和使其帝國和平安定上。但至十八世紀第二個十年時，兩人都得解決年紀漸長所帶來的難題。對石濤來說，年紀漸長可能導致反思能力變鈍，而這若非他主動造成，就是我們所不知的某種疾病所致。另一方面，對康熙來說，情況較複雜：年老體衰的皇帝還是得掌理朝政；沒有適切的制度可供皇帝將中央權力授予下屬。因此，康熙在位晚期，以諸皇子各擁派系互鬥和省、京城官員腐敗、官箴廢弛為特點。

康熙四子雍正在位時期（一七二二至一七三五），大概不得不是，而且的確是，強硬鞏固帝國統治和鐵腕控制行政體系的時期。這時石濤已死，他的朋友也是，清藝術的輝煌時代亦然。或許，畫家和皇帝在充滿不確定性的環境裡反倒得其所哉，他們所遭遇的挑戰反倒使他們茁壯。我們無從知曉。在此，不貿然探究任何因果關係，或許只能說十八世紀政治穩定的同時，藝術創作停滯，而令人振奮的康熙在位那些年，則是藝術活力和創意勃發的時期。

石濤所在的省

西方人遲遲才開始進一步細究中國的分省歷史或地區史。中國人則老早就這麼做，由省志、府志的多不勝數可見一斑，如今西方圖書館仍保存了數千本這類地方志。中國幅員遼闊，省自然成為注意焦點。皇帝、大臣、將軍、外國外交官行事時自然先想到國家；但對中國境內廣大老百姓來說，生活經驗侷限於本地，石濤大概亦不例外。

石濤生於廣西，把人生不少歲月花在四處遊歷上，但在江蘇揚州有個清楚無誤的活動基地，在南京或安徽度過不少時間。因此，或許可把他當成江南人，江南省是清朝行政區，涵蓋今江蘇、安徽兩省。江南是清初文化的核心地帶，朝廷稅收的主要來源，具有最濃烈的個人英雄主義、反清傳統。因此，康熙六次南巡該地區，時間分別是一六八四、一六八九、一六九九、一七〇三、一七〇五、一七〇七年，就在平定三藩之亂後和他邁入老年之前這段期間。六次南巡期間，康熙巡查地方情況，召見省官，往往在蘇州、南京、揚州之類經濟、文化中心待上一星期或更久。這些城市於皇上駕臨時如過節般張燈結綵。家家戶戶門口燒香，亮麗的絲質掛布飄動於街道上方；夜裡亮起成千上萬彩色燈籠。皇帝駐蹕的行宮，數個月前就做好準備，布置了昂貴陳設和飾物；幾乎每天為皇上和其隨從唱戲，獻上豪華盛宴。接待、晉見康熙者，不只官員和學者；鹽商也為他營造了園林，園中有假山供皇上登高飽覽園林風光，有機械裝置逗皇上開心。據記載，康熙南巡時與揚州鹽商共度了數日。他所欣賞過的園林諸景，有一些或許是石濤所設計。據知，石濤在揚州有山水園林。

如果說商人局部支應了皇上娛樂的開銷，主要開支還是由老百姓透過繳稅和他們付給各級官吏的費用支應。官吏無所不在，有時，石濤無疑一如官府外的每個人厭惡官吏。但由於石濤讀過書、名氣大又有才華，有幸免於窮人和弱勢者所受到的欺凌。他大概知道江南官府的諸多職務，有時認識現任者。

江南省由一名總督、兩名巡撫共管。這些人位在省級行政體系最頂端，負責維持省境穩定和收取一年額定的稅收轉送京城。在此工作上，他們有另外兩名重要官員輔佐，即主管財政的布政使、主管司法的提刑按察使。石濤在世期間，這些官員裡，通過科考，然後在官場裡層層上爬的布衣漢人少之又少，大多是旗人，即滿人入主中國後派駐各地的軍事組織的成員；其中有些是滿人旗兵，出身努爾哈赤在北方所整合的滿人氏族；其他人是漢人旗兵，係遭滿人擄獲的漢人之後代，或在滿人入主中國前或入主期間變節投靠滿人之漢人的後代。因此，旗這個組織支配省級行政體系；這些人自然是清初滿人皇帝最信任的人，因為他們憑藉特殊關係與清政權繫在一塊。

就省級行政體系的較下層官職來說，滿人甘於讓大部分官職由普通漢人充任；事實上，這不得不然，因為能幹的旗人不足以填滿帝國所有官職，而且滿人決定採行大體上沿用明帝國之結構和招募方針的政策。在此層級的重要官職是知府、知縣。知府和知縣控制主要城市和周邊鄉村，有掌管特定政務領域的一些官員輔佐，例如掌管鹽糧的官員或掌管省、州教育體系的地方教育專員（學政、學正）。旗人和文職官員這兩大群體，或許可說是旗人菁英、漢人官吏菁英。

但這兩個菁英群體必須與第三個菁英群體，地方菁英，維持盡可能密切的共事關係。地方菁英往往被稱作仕紳，包含有錢且受過教育的地方社會人士。地方菁英得到強固的宗族結構支持，深信自己作為國家人材來源地位重要，透過持有的土地支配所屬地方的財務活動，透過他們的慈善、教育工作成為地方治理要角，形同治理菁英和廣大老百姓之間的調解人。他們的冷漠係明朝覆滅的主要因素之一；他們的忠誠攸關清朝治理的成敗。

第四個菁英群體的成員，在江南特別強勢。這就是帝國菁英，全是靠著與皇帝的特殊關係或靠著皇帝委任的職責得到權力之人。在揚州、南京之類城市掌管關稅、鹽稅和織造衙門的滿人或漢人「包衣」，就屬這類人。他們的職務是肥缺，本身往往是有文化素養之人、藝術贊助者。

探究石濤在世時的江南史，必得考慮到這些群體和這些群體間的關係。在此，不妨檢視一下其中數人。總督噶禮為正紅旗出身的滿人，一七〇九至一七一二年擔任兩江總督，本身能力強，已在官場打滾多年，康熙征噶爾丹時，噶禮以補給官身分隨行，後任山西巡撫；

但擔任兩江總督時，他被控愛耍官威、強索無度，最後，在漫長且激烈的審問後遭革職。他最終自殺。總督張鵬翮，進士出身，曾任職翰林院，後來成為著名的治河專家，升任吏部尚書，以太子太傅之職結束其漫長且傑出的一生。

巡撫這類人也有類似的際遇差異。不得志的旗人，其際遇與著名詩人暨古物鑑賞家宋犖的際遇相比，殊若天壤。宋犖擔任江蘇巡撫長達十四年，政績幾乎無懈可擊。他的蘇州宅邸是整個地區之學者的避風港。但學問和廉潔不代表仕途必然亨通，由另一位學問淵博的江蘇巡撫張伯行的官場生涯就可見一斑。他最終因為人人都看出其辦事不行，遭康熙召回。帝國菁英的成員，從掌管鹽專賣事業一年，然後因為掠奪行徑遭革職的滿人旗人，到曹寅之類「包衣」，際遇也形形色色。曹寅在康熙朝時擔任江寧（南京）織造郎中，以收藏藝術品和獎掖學者之舉在當地聲名不衰，也向康熙祕密舉奏他官場同僚的言行。

這類官員的宦海浮沉和他們與當地菁英的交誼，想必不斷影響石濤所在的省。同樣重要的是江南的自然情況，因為天氣影響作物收成，從而影響糧價，從而影響稅收，最終連帶影響官員。一七〇八年，江南饑荒想必影響每個層級之人的生活，從挨餓的農民到地方菁英裡的贊助者，皆不能倖免，不管地方菁英是收不到田賦的地主，還是無法達成規定的額度且債務纏身的鹽商，皆然。揚州是鹽的配送中心和走大運河把糧食往北送之漕船的轉運樞紐，想必特別易受到這些危機衝擊。石濤已在揚州住下，不管他在公開場合對這類事物抱持何種態度，它們是他生活的一部分。

在揚州，儘管石濤公開表明其對科考的態度，想必也是知道每隔三年會有大批考生湧入此城參加鄉試之事；鄉試為科考的第二級考試，考中者稱為舉人，有資格赴京參加會試。通過會試，取得進士位，即打開仕途，很可能從知縣幹起，最終當上大學士。他注意到他們的興奮和痛苦？他肯定知道一七一一年暴動考生遊走街頭、辱罵貪污考官之事。考生群情激憤，康熙於是下令調查，最終處決數名考生和數名考官、中間人，毀了兩個巡撫和一名總督的仕途。

上述的每個或所有事件和人都可能對石濤的人生有所影響。我們認為他是特立獨行之人和遁世之人，他也的確是這樣的人，但他也離不開他所處的時代。在其大半生裡，江南是騷動不安的區域，儘管這樁考場弊案或當地饑荒，相較於一六五九年鄭成功對南京最後一次大攻擊，或一六七〇年代南方三藩的威脅，微不足道。這些事件一起決定了江南省的歷史，影響了石濤的生活。我們或許可以推斷他的人生因這動盪不安而更為豐富多彩，或許可以作出比上一節更進一步的推斷，認為石濤藝術創作的不凡，有一部分要歸功於此省所帶給他之經歷的多樣。但我們還是得說，動盪發生於穩定的大環境裡一事，對他來說很重要；畢竟，石濤能在鄉間自由自在漂泊，能從其山川汲取力量。

石濤的交遊圈

探討過石濤所在的中國和石濤所在的省這個大環境後，接著詳細探討石濤本人，自是順理成章。令人遺憾的，關於石濤生平的資訊不多，而且這些資訊都是他人所提出。在此，我不願重述他們辛苦的探究成果，反倒要檢視石濤周遭的人，或至少生平資訊能為我們所掌握的那些人。我會嘗試評估針對石濤的以下基本論斷：身為地位較低的前明朝宗室成員，他或許可歸為反對新政權之舊政權的成員一類，他的朋友是忠於明朝、拒絕接受新秩序的前朝遺民。

此論斷當然有不少證據支持。石濤對佛教長年且頗模稜兩可的涉獵，使他與那些選擇遁世潛修以避免和新滿人政權有任何瓜葛的人，有明確的往來。他的一生和其書畫風格的「特立獨行」，或許可視為一種叛逆的表現，而這種叛逆，由於與其交遊之人的立場，又或許可視為一種政治叛逆。他有許多友人似乎忠於明朝。他與「嶺南三大家」——屈大均、陳恭尹和梁佩蘭——有聯繫，或者曾見過面。陳恭尹的父親和三個兄弟都死於一六四〇年代的抗清戰事，但陳恭尹跟著敗退的南明政權繼續抗清，南明諸王死後，他退隱，不問世事，後來被控涉入三藩之亂。屈大均也投身保衛南明政權，參與一個支持鄭成功的派系，三藩之亂時在吳三桂幕下任職。三人中只有梁佩蘭應試，走上仕途。但其實不管是陳恭尹，還是屈大均，後來都死了抗清之心，一六八〇年代與本來很可能把他們處決的清政權和解，自由遊走於官場。石濤認識他們，為他們作畫，未做過什麼驚天動地的事，乃至魯莽之事。

八大山人和髡殘是與石濤同時代的兩位最偉大藝術家，而且常被拿來和他歸為一類，但他們似乎遠更潛心於退隱和修佛，特立獨行的稱號放在他們身上更加實至名歸。兩人都比石濤年紀大，經歷明亡之變時都已成年。他們決定遁世時，想必把此事當真，他們作出此決定時已是成人，清楚時局之變所代表的意義。對他們來說，這決定非兒戲，但石濤跟進時，我們卻必須把石濤之舉視為作作姿態。滿人入主中原時石濤三歲，然後他踏上一條已有他人為他清出的一條路。他寫信給八大山人，說：

> 公皆與我同日病，
> 剛出世時天地震。

信中石濤委婉提到一六四四年的改朝換代，但未流露反清之意。他過上他那樣的人生，係因為他想那樣過，而非出於與不仕二朝的傳統觀念有關的內在衝動。

與石濤交從最密的那位友人過上退隱生活，其實甚至不是出於自願，而是迫不得已。那人就是畫家梅清，家在安徽，石濤常去他家盤桓。梅清一六五四年三十一歲時考中舉人，然後，據記載，「屢試不第」。他肯定不屬於把拒絕應試當成反清之志之主要表現的那類人。兩人結交於一六七〇年或更早時，因此石濤想必在他奮力追求仕途時就認識他，並在他落第時安慰過他。梅清的兄弟梅庚，一六七〇年代與「包衣」曹寅和北京著名滿族年輕詩人納蘭性德交遊，後來出任知縣。若說梅清和年輕時的石濤共同認識曹寅、納蘭性德之交遊圈裡的某些人，並不算太離譜，尤其因為這個交遊圈包含朱彝尊、施閏章等著名學者；一六九〇年代時，誠如後面會提到的，他們已肯定認識其中某些人。

這些清初詩人、畫家、學者一般來講住在幾個大城市裡，要離家去應試或接任官職時，走地圖上清楚標明的路線。他們之中很可能有多得出奇的人，若非彼此認識，就是有共同的友人。就石濤來說，似乎沒有足夠的證據來詳細說明他的交遊圈，但藉由詳細說明另一人的交遊圈，從中證明石濤，還有此時期數個大畫家都屬於該圈子，卻可旁敲側擊出他時與往來的人士。

我所挑選的交遊圈，係曹寅的交遊圈，原因很簡單，那是我唯一研究過的圈子（見拙著《曹寅和康熙》）。但拿曹寅作個案研究以說明我的觀點，卻非常理想，因為他不是赫赫有名的大人物，只是個很有生活品味且頗富裕的人，而且透過他，很有可能可以看出許多上層階級中國人的一貫特點。曹寅有兩條人脈與石濤直接相交，一條是官員和藝評家周亮工，另一條是滿人藝術鑑賞家博爾都。曹寅也認識梅庚，梅庚大概與石濤的友人梅清有密切聯繫。

曹寅與巡撫宋犖很熟，宋犖認識並贊助弘仁、查士標等安徽較出色的畫家。曹寅與蘇州韓菼是至交，而韓菼認識王翬。曹寅請禹之鼎、惲壽平在他為紀念其父親而蒐集來的畫卷上作畫，他大概見過他們，但也有可能透過中間人請他們作畫。曹寅友人施閏章是方以智的友人。曹寅自幼就認識周亮工，而周亮工也與髡殘、龔賢交好。上述畫家全都極優秀；其中許多人住在江南；石濤大概認識其中大部分人。即使不認識，他也知道他們，認識他們的友人。

石濤所屬的這個大交遊圈，可以用圖表說明如下：

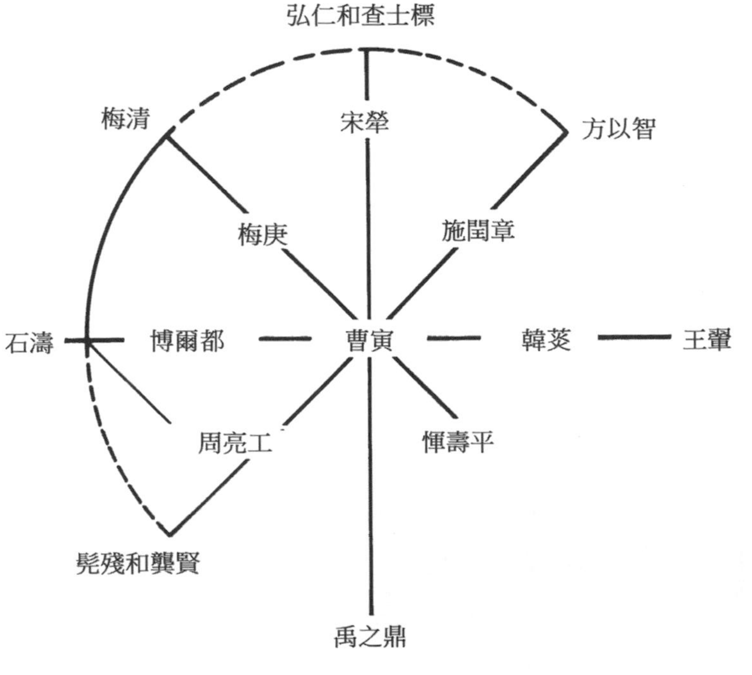

除了石濤與梅清、八大山人的友誼，還有一個關係會很值得任何想為石濤立傳者探究，那就是與博爾都的關係。博爾都是滿人，愛新覺羅氏一員，祖父塔拜是努爾哈赤六子。博爾都擁有三等輔國將軍這個較下等的爵位，為宗室封爵第十級，本身精於畫藝，在北京過著閒散生活，因為宗室成員不得在正規行政體系裡保有職銜。

這兩人如何結識，那場結識具有何意義？石濤大概覺得博爾都畫藝普通。一九六六年大阪中國美術五千年展展出這位滿人的一件作品，那是幅畫在兩個平面上的簡單山水畫，前景為小丘、冬樹和一座孤零零的亭子，背景為山，山上密布松樹（大阪目錄，頁五六，第八區，畫作編號九十七）。此畫（展出的畫只是畫冊一部分）似乎只是石濤所不屑一畫的那種畫作的跟風之作。忠於明朝之士，若要譏諷滿人的文化素養，滿人的這類玩票之作正可派上用場。

但石濤對明朝的忠心未強烈到使其抗拒博爾都的主動示好，特立獨行的程度也未強烈到使其痛惡他的風格。兩人或許透過梅清這層關係在曹寅或納蘭性德的北京交遊圈裡相識，相識之後，博爾都表示願贊助石濤。石濤接受，一如其他大部分藝術家所會有的回應。石濤寫道：「數年來得東皋博氏收藏人物甚富，皆係周昉、趙吳興、仇實父所寫。」大概在一六四四年明滅清興之時，博爾都的父親拔都海獲賜明朝某王的府邸和其家產，拔都海家一夕之間成為中國藝術品大鑑賞家所仰慕的聖地。一棟開闊的大宅，屋主是富人，宅中又有如此收藏品，除了最堅決反清者，任何人都會想登門一覽。

博爾都有錢又是宗室成員，但面對詭譎多變的政治，卻和他當時其他人一樣無力招架。一六六九年他和他的三個堂兄弟遭貶，拔除爵位，他的伯父班布爾善同年遭判處死刑。他們想必個個都和攝政鰲拜的失敗派系有瓜葛。博爾都和一個堂兄弟恢復原爵位，但與此同時，另兩個堂兄弟遭貶。原因想必是他們於吳三桂叛亂期間忠誠有問題或有貳心。更年輕一輩（博爾都的兒子和侄子）裡，共有十九人的生平在族譜裡得到詳細記載，其中只有四人無風無浪度過一生；其他人全遭貶或遭革職。高貴的爵位顯然不代表高枕無憂。

根據現存的詩和題跋（刊印於傅抱石編《石濤上人年譜》頁八六、九三—九四），我們知道博爾都請石濤仿畫他手中幾幅仇英的畫作，石濤照辦，花了三年。此外，這些仿畫極為逼真，博爾都曾拿它們給他在朝中具影響力的友人觀賞。石濤為自己畫人物功力不夠致歉，寫道他畫起岩石、開花植物、昆蟲、魚會更快意許多，但曹寅在仇英畫之仿作上所寫的題跋，證明其人物畫功力高超。石濤接下此差事，可能出於對博爾都此人的喜愛，但遠更有可能的，係他為此收到某種報酬，或許是款待，或許是現金。同樣的，我們或許可推斷，石濤還收到來自友人或博爾都和曹寅的其他委畫案，因為這些人有錢，石濤花上少許工夫，就能從他們那兒得到極豐厚的報酬。

石濤把仇英畫作還給博爾都時，寫了首詩，詩的開頭寫道：

漢殿輕涼秋七夕，漏點無聲銀河白。

當時，清朝官員會檢查學者詩文，以防其中暗含反清復明思想，因此，這首詩以「漢」字作開頭，而且可能提到哭泣之事，或許有挑戰當道的用意，係要表達一名純正漢人向其滿人主子發出的挑戰。但遠更可能的情況，係在平實描述仇英畫作的主題。在此提出這樁小插曲，並非意在貶損石濤無可反駁的原創性和過人天賦，而只是要提醒，我們不該因為針對忠明心態和特立獨行之風的論斷，完全看不清楚石濤作為社會裡的一人所會有的處世作為。有句老話，石濤若聽到，很可能會和我們一樣感觸良多：「出錢的是老大。」

清官張伯行的垮掉

一七一四年夏，江蘇巡撫張伯行把自己關在蘇州城裡不願出城。他不願出城主持在常州的會審；把宵禁延長到白天，商業活動因此被嚴重打斷；以陰謀作亂為由逮捕了一群陝西帽商；要當地官員叫來特殊捕役保護他。據張伯行的說法，採取這些作為係因為他有遭暗殺之虞，行凶者若非海賊，就是前兩江總督滿人噶禮的支持者。

康熙皇帝得知此事後甚為不解，發出措詞嚴厲的密諭，要兩名官員查明張伯行古怪行為的真正原因。漕運總督郎廷極寫道：「撫臣之操守，皇上久已稔知，毋庸奴才陳奏。惟是才短性偏，多疑苛細，以致事件遲滯。凡人言人之善者，疑之；言人之過者，信之。遂有小徒造作無根之言，影向之事，迎合其意，以希信任。」蘇州織造李煦也有類似主張：「臣煦細察撫臣為人，大抵多疑多懼。多疑則遇事吹求，不能就事完結，自有無辜拖累而羅織多人

本文首度發表於一九六八年清朝研究會（Society for Ch'ing Studies）的學報。

矣。多懼則中心惶恐，小人無稽之談盡為腹心之託，而晝夜不安，舉動未免顛倒。」[1]

據記載，張伯行以理學家和清官之名著稱於世。他的操守無懈可擊，但細加檢視歷史紀錄，鎖定一七一四年給他招來禍害那個夏天，可看出這樣的名聲係在什麼代價下取得，也讓我們更加了解康熙的為人。

張伯行生於一六五二年，為家中獨子，父親為河南有錢地主。他受了嚴格且傳統的儒家教育，二十五歲成為秀才，然後在落榜一次後於一六八一年考中舉人，又在落榜一次後於一六八五年考中進士。殿試時得三甲八十名。接下來十五年裡，他在朝廷某部或某局擔任中書之職三次，每次任期皆不長。但他明顯較愛待在老家河南，做學問、沉思默想，而他大半輩子就在儀封老家度過。他在此著述，與朋友交談，偶爾才幫忙灌溉或賑饑工作，履行其作為地方菁英一員的義務。在這類工作上，他很成功，慷慨散發家財（他父親死於一六九五年）。他藏書甚豐，有地超過一千五百英畝，兩兒三女，不時有人前來和他一起做學問。他肯定過得幸福愜意。

一七〇〇年，張伯行四十八歲時，河道總督注意到他以為人正直、自學精通灌溉之道聞名於當地，薦舉他為官。張伯行以經驗不足、有病在身為由極力婉拒，但未能推掉。治理某段黃河兩年後，他獲提拔為山東濟寧道。他不是特別能幹——至少搞砸兩樁差事——但廉潔、慷慨毋庸置疑，自掏腰包救濟所在地方窮人。因此，一七〇六年，晉升為江蘇按察使。

這非他所中意的職務。上任不到一個月，他就與巡撫衝突數次，於是提出辭呈，未准，因為康熙皇帝就要南行，有事要他辦。他還是搞不好與同僚省官的關係，在這個新職務上沒什麼機會發揮，就在這時他再度高升，出任福建巡撫。這次是在康熙皇帝個人力主下出任此職。

康熙皇帝南巡時，喜歡親自問事，調查當地情況，扮演仁君角色。為了大我的福祉，皇帝會親自獎善除惡。一七〇七年春康熙南巡期間，張伯行的名字數次被拿來說明何為清官。但康熙抵達南京，要總督和巡撫薦舉可晉升的出色官員時，張伯行的名字不在其中。這時，康熙有了扮演儒家理想君主的機會。召見張伯行時，康熙當眾說道：「朕至江南，方聞張伯行居官甚清，最不易得。」據記載，康熙接著問：「有官如伯行者乎？」在場者告知未有如張伯行之人，康熙接道：「汝等何莫保舉，朕保之。將來居官好，天下以朕為明君，若貪贓枉法，天下笑朕不識人。」同一天，康熙命吏部任命張伯行為福建巡撫，補上因前任巡撫去世而暫時空下的這個缺。

張伯行赴任新職前，向皇上報到以聽取指示，皇上告訴他：「各地風俗各異，自古王法不能繩。若以內地民情治之，斷不能行。歷來如此，不過將就大概治之。」張伯行回道，他能力差，但至少會清廉為官。康熙以嚴肅但又帶著幽默的口吻說，官員個個都這麼說，時間會證明張伯行是否說到做到。追求清廉時，絕不可輕率參奏同僚；道德勸說和以身作則無效後，才予以參奏。

擔任福建巡撫時，張伯行行事恪守儒家原則；奏請減免部分稅賦、穩定糧價、增加福建舉人員額，獲准。他強化保甲制，寫下三個版本的皇上聖旨：一版引經據典潤飾，供文人看，一版以通行的俗語說明，供中等智力者看，一版配上琅琅上口而易記的詩歌，供一般鄉民看。他校勘出版了正統哲學家的著作。但在其他方面，他有點僵固不知變通，甚至偏執，行事不符皇上指示：拆掉當地人「生死禍福」所賴的神祠；下令把女兒賣為尼姑的人家將女兒贖回，並為她們擇偶；禁止不合禮法的喪葬習俗，無視那些習俗在福建行之已久；擬定將福建境內天主教徒全數逐出的計畫。

康熙大可將這些作為視為抗命之舉，但未這麼做，反倒拿它們作為張伯行正直不阿的證據。江蘇巡撫因貪污遭革職時，康熙建議由張伯行接任，因為他無懈可擊的正直，使他成為出任這個事務繁雜且攸關朝廷財政收入之巡撫職的最佳人選。

張伯行一七一〇年初接任江蘇巡撫，一接任就政不通人不和。就減免稅賦、糧食配送、聯合上奏的內容，與總督噶禮起爭執。江蘇省財政頗亂，張伯行重審噶禮認為已滿意結案的複雜貪污案。秋天，張伯行再也無法忍受，以年老且有病為由請辭。皇上不准。噶禮指責張伯行懦弱，未盡職追捕上海周邊區域的海賊，張伯行隨之逮捕一名被認定為海賊的噶禮下屬；該人還未受審就死在獄中。一七一一秋，兩人再度在揚州科場案上起衝突。康熙派欽差大臣前去解決噶禮、張伯行互參案。歷任欽差大臣皆判定噶禮無罪，裁定張伯行無能、誣告上司，但康熙駁回他們的裁定，理由係康熙有調解滿漢紛爭的職責，而且張伯行清廉正直。最後，噶禮遭革職，張伯行續任巡撫。

一七一三年後期，張伯行請求將其所信任的三人之一任命為江蘇布政使。康熙未允其所請，而是屬意牟欽元。牟欽元非張伯行的友人，但為官以來中規中矩，康熙認為沒必要取消此任命案。一七一四年秋，張伯行表示其省內海賊甚眾，令其不安驚恐，請求皇上下諭長江三角洲每艘船都必須備著複雜的登錄文件，以證明船員為從事正當職業的良民。初夏時，因怕遭暗殺，他已把自己關在蘇州城裡。七月，他參奏新到任的布政使牟欽元在其衙門窩藏海賊。皇上下令仔細調查。接噶禮之位的兩江總督和康熙派來的欽差大臣，先後裁定牟欽元完全未犯張伯行所指控的罪行，稱找不到蘇州周邊有海賊或張伯行有喪命之虞的證據。每次皇上都提醒法官張伯行以清廉正直出名，下令重新調查。最後，欽差大臣堅稱張伯行誣告高官，理該砍頭，皇上才下令將張伯行革職，召他回京。他同意吏部之請，讓牟欽元體面復職，而且在特別接見張伯行後，康熙發出形同向其大臣正式道歉的上諭：在一七一五年十二月十八日的上諭中，他說張伯行「甚屬糊塗，實不堪任巡撫」。皇上敲定張伯行革職成案，但要求網開一面；張伯行出任北京一財政小官。

張伯行晚年在平靜無波中度過，辦成幾件還算不容易的任務，繼續寫理學著作，最終獲雍正任命為禮部尚書，一七二五年去世，享年七十三。

張伯行的一生令人好奇，若寫成傳記，讀來會很有趣。但即使長江海賊橫行的詳情、以噶禮等主人公為核心的派系、張伯行的友人和人脈、他的哲學著作和其他著作的內容，都得到細心的剖析，史料還是讓人不滿意，主要謎團還是未解。我認為，要弄清楚張伯行的生平，尤其一七一四年的危機，必須把精神病研究納入其中。

我認為張伯行得了名叫妄想狂的精神病，他一七一四年在蘇州的所作所為，係要打造一個妄想狂「偽群體」（pseudo-community）。妄想狂患者的受歧視、受迫害錯覺，「源於該人欲為某些情況和情事說明緣由，而那些情況和情事通常係他自己的孤僻行為、態度、幻想所造成」。錯覺的形成通常始於一樁使人懷疑自己能力的不幸事件；該人事先為某些類事做好準備，一發現不利或危機跡象就反應過度。然後該人從其所處環境挑選出符合其對周遭世界之解讀的事情。如果同意他的基本前提無誤，他的錯覺就是無可動搖、條理分明、極為合理。妄想狂人格可見於那些不切實際過度自負的人身上，自我中心、自大且在嚴苛、極愛用自己標準嚴厲評判他人對錯的環境裡長大的人身上。妄想狂患者給自己訂了很高的目標，通常很聰明，表現出集有條有理、儉省、頑固於一身的性格。

隨著妄想狂日益嚴重，患者會在腦海裡把身邊的人組織成「一個具有態度和意圖的偽群體」，儘管這些人其實並未聯合起來要不利於他，也未從事他所責怪於他們且令他害怕的活動。然後，套用耶魯大學精神病學教授諾曼・喀麥隆（Norman Cameron）的話：「偽群體日益壯大，最後似乎嚴重威脅到該人的正直或性命，致使該人，往往在笨手笨腳欲查明事情原由未成後，突然做出防禦性或報復性的舉動。他暗地裡一直在心裡默想的要對那群詆毀者或迫害者祭出的一整套有組織的回應，就此整個公諸於眾。而那群真的存在的人，無法認同他的態度和反應，回敬以強勢的約束或報復，至於是約束，還是報復，則視他們把他的突然之舉視為有病或存心傷人而定。」

張伯行生平的以下事實，讓人覺得可做上述解讀：他是獨子、恪守非常嚴格的道德原則、受過嚴厲教育、關注細節；碰上複雜棘手的問題時顯得慌亂；雖然長年苦讀，每次參加重要考試都落榜一次；始終不願當官；首次當上獨當一面的官員時已五十多歲；接下新職務後不願聘專業助手幫他；一七一二年耗盡家裡的錢；身為正直不阿之人始終得到康熙皇帝特別用心的支持。

他生平的其他一些細節，或許可視為他精神崩潰的跡象，儘管西方學者傾向於認為它們稀鬆平常：他年幼就善於讀書識字，早早就容不下一絲差錯，不與其他小孩玩，十三歲喪母時表現出特別暴烈的哀痛；他父親特別嚴厲；他始終不願為了覓得一官半職繳交例銀（可以說是賄賂），謹遵各種儀禮，很想效法先賢。

探討他的精神崩潰時，清朝社會的一些規範，係我們所應想到的，其中包括身為獨子所擔負的特殊責任和義務；父母對孩子未來所寄予的極高期望；巡撫層級行政事務的複雜；維持圓通、良好人際關係的需要；為了減輕身居要職所帶來的困擾而繳交例銀。

張伯行身居要職時，不懂為官之道，而且已經五十多歲。因此，就他來說，壓力更大，而且讓他首次受到羞辱的噶禮和海賊，一直盤繞、占據他的腦子。為合理化、系統化自己的錯覺，他把蘇州人民想成由海賊、刺客組成的偽群體，把布政使牟欽元選定為這幫人的頭子，取代已不在該地的噶禮。隨著恐懼日增，他開始報復，而由於他身居要職，他的指控必然驚動皇上，使皇上不得不鄭重其事調查。一七一二年他與噶禮第一次對抗時，他還未與現實脫節；一七一四年時，他已在打一個根本不存在的目標。

若走尋常的仕途模式，張伯行不致受到這些羞辱。在此尋常模式下，他若非早早就因辦事不力而遭革職，就是懂得和體制好好相處。事實上，以儒家君主自許的康熙皇帝，把張伯行丟進極錯綜複雜的處境裡，而且這些處境非他流於理想化且太漫長的受教經歷所應付得來。說來諷刺又好笑的，康熙皇帝突然把張伯行抽離充滿壓力的處境，讓他全力處理他所處理得來的例行工作，從而突然找到今日治療專家所一致認為在治療妄想狂上往往有效的一個辦法。

充滿活力的儒家

綜觀人類史上任何政治文化，要找到在持續性、存世時間、活力方面足以和儒家思想相匹敵者，並不容易。這套道德倫理體系於西元前五、四世紀時初步成形，汲取了至少在那五百年前就存在的歷史、儀禮傳統。西元後頭兩百年，這套體系得到條理化和強化，十二世紀時得到大哲學家予以再次系統性的闡述和進一步強化，十八世紀後期時仍然強健、精妙——令人吃驚的發展軌跡。儒家理論家針對人與人、人與統治者、父與子、夫與妻之間的關係，提出看來簡單的規矩；但同時也探究我們與自然力之關係的最深奧部分，對於倫理學和政治行動主義的最重要問題，有許多看法。

但儘管體大思精，儒家思想在專門化的漢學圈之外，並未得到大量研究。對儒家思想興趣缺缺，原因之一係其晚近和一個逐漸解體的國家關係密切。十九世紀西方學者，一如十九

本文首度發表於一九七九年《紐約書評》。

世紀後期、二十世紀初期中國民族主義思想家，不易區分儒士和儒家思想，而且難以看出在滿清皇帝所據為己有的「官方儒家思想」的陳腐表象背後尋找奧義的需要。

一九二〇年代魯迅等具影響力的中國作家，把儒家思想和腐敗、虛偽搭上關係；二次大戰後的西方學者，出於對中國過去文化的同情——比打破傳統信仰的中國人所能承認的還要深的同情——修正了這個看法，但即使如此，有影響力的學者—老師往往把任何探究二十世紀儒家思想的作為視為若非可笑，就是騙人把戲。例如已故的加州大學柏克萊分校的漢學家列文森（Joseph Levenson）喜歡深究晚近儒家思想裡可笑的意涵。他把二十世紀更早時的儒家文人說成「侏儒」，以帶著冷嘲的笑意描寫一九一二年繼孫中山之後統治中國的袁世凱搭裝甲車至天壇祭天之事。但這種可笑的意涵接著又被嫁接到列文森本身帶有意識形態性質的複雜理論概要裡，並在其中先是將十九世紀儒家世界說成因為在意別人對其的看法而忸怩不安，再來則因為未能呼應受西方主宰且追求現代化的中國社會的需要和該社會所執著追求的事物而受到冷落。

已故耶魯大學漢學家芮瑪麗（Mary Wright），分析了蔣介石的理論家如何致力於接收帝制復辟政治家的十九世紀價值觀，並在作此分析時，看到近代儒家思想裡的更多騙人玩意；她說近代儒家思想是一度甚好之傳統的可笑翻版，而且是受到削弱、追逐私利的翻版，提醒西方讀者勿被這個翻版所騙。她認為近代儒家欺詐不實的看法，與她深信我們必須把重點清楚擺在共和制民國的混亂、不和諧之處，以理解中國只會被革命手段塑造一事密不可分。

因此，當儒家的價值觀和理論受到有系統的探究時——在漢學家芮沃壽（Arthur F. Wright）一九五〇、六〇年代所編的精彩叢書裡得到最令人嘆服的探究[1]——它們被視為已消失之文明的價值觀和理論，而在列文森為該叢書所寫的文章裡，這一觀點只得到凸顯而非淡化。談二十世紀中國的諸多歷史著作——即使真的著墨於意識形態問題——大多把焦點擺在中國共產主義的問題上，不管是在中共的共產國際淵源上，還是在中共的「本土利益至上」特徵上，皆然。人們了解到共產主義，扎根於舊儒家–官僚社會秩序解體和西方帝國主義衝擊所催生出的社會環境裡，與儒家思想處於對立面。

狄培理（W. Theodore de Bary）所編的兩本書問世，可以說代表了研究方向就此有了具影響力的改變。[2]在《明代思想裡的自我和社會》（*Self and Society in Ming Thought*）、《理學的開展》（*The Unfolding of Neo-Confucianism*）中，狄培理和陣容堅強的一批撰文學者深入探索儒家精神，一如為芮沃壽所編之書撰文的那些作者所為。此外，狄培理找來哲學家唐君毅為這兩本書撰文，從而也讓不屬於這兩本書之書名所表明的那些領域的學界讀者認識一個更公允的重要觀點：唐君毅的文章談的是和明朝哲學家王陽明（一四七二－一五二九）有關的主題，但它們的作者是在世的哲學家暨老師，而且此人——從其位在香港的據點——順理成章將理學思想視為既深深觸動人心，而且切合他當時的需要。

於是，如今許多讀者開始認為自己對儒家的看法太過受限；有些人甚至進一步認為自己受害於對「現代化」理論的強調，該理論不願在變動的時代裡給予傳統派意識形態充分的關注。同樣的，隨著對中國共產主義日益認識，公眾對毛澤東主政下之中國的態度，從敵視轉為敬畏，再轉為接受，到如今轉為懷疑。如今，把中國共產主義視為和中國過去文化有關之說，變得沒那麼突兀，把中國保守主義評定為二十世紀中國人生活裡比我們先前所接受的還要有活力且駁雜的一股力量，則變得較容易。

張灝為費俠莉（Charlotte Furth）談二十世紀思想的振奮人心之作《改變的侷限》（*The Limits of Change*）寫了一篇文章，在該文中重新評價了唐君毅本人——如今唐君毅的角色是當之無愧的哲學家，更甚於探討其他哲學家的史家。在張灝的這一重新評價裡，可看到這整個過程裡的又一個突變。在這篇引人入勝的文章裡，張灝以一九五八年唐君毅和另外三名港台儒家哲學家所發表的哲學宣言，作為行文的起點。這個年分本身耐人尋味，讓人想起那些治中國史的學者已幾乎百分之百把一九五八年視為中華人民共和國大躍進的代名詞，而非儒家思想裡的一個重大年分一事。

張灝主張這個「新」儒家不只是對現代化的回應，還是一個還在進行且有力之傳統的一部分，而且這個傳統正對現代社會裡深重的意義危機作出回應。張灝在數個方面強力駁斥列文森的看法，尤以和十九、二十世紀中國人心靈受羞辱有關的方面。在此，張灝沿襲他在論十九世紀後期改良主義者梁啟超的著作裡所已提出的一個批判性論點。梁啟超和其自身儒家淵源的關係極為含糊不清，而且也是列文森先前的研究對象。張灝指出理學家表述方式和用詞的複雜，例如「性」（人心的道德創造力）、「仁」（同理心不受阻礙的流動），而且詳加闡述這些詞的宗教層面。他把唐君毅一九五〇年代的著作和十六世紀王陽明的心學聯繫在一塊，探討它們對人人皆可成聖賢這個看法的共同看重一事。對唐君毅來說，這時已被現代化的那個論點，能說明民主和近代科學對在當今之世創造「仁」一事有多重要。但張灝也指出作為唐君毅看法核心部分的脆弱意識：

唐君毅在其某部著作中設想了在無精神－道德理想指引下人類生活的荒謬，欲藉此闡明儒家思想在這方面的價值。他從何去何從的角度檢視人存在之謎，把人生比喻為夜間矗立在大海中央的孤零零小燈塔。一如此燈塔被無盡的黑暗包圍，人的前世和來生也是籠罩在深不可測的神祕中。

如果人生的始終被視為未經事先安排且荒謬，人一生的每個階段就是充斥著困擾和苦難。原因在於人生受縛於種種渴求。各種渴求，例如對滿足肉體需要的渴求，對愛的渴求，對榮譽的渴求，乃至對實現崇高理想和價值觀的渴求，本來就不可避免招來失望和挫折。由於現世裡充斥苦難和困擾，難怪佛教、道教、基督教之類大宗教幾乎都以對人生的悲觀前提為立論起點。

但在唐君毅的看法裡，儒家提供了非常寶貴的精神支持來源，使人得以泰然且勇敢面對人生的種種處境。唐君毅在這方面的觀點，在徐復觀所提出且得到牟宗三極力支持的看法裡得到呼應，此看法就是儒家思家濫觴於深刻的悲苦、困難意識，而且此意識據認在古周朝時盛行於人們對現世的看法裡。[3]

在同一書中談唐君毅之哲學導師熊十力的文章中，杜維明也批評了列文森的儒家價值觀崩潰說，重新確立該傳統的複雜和活力，即使裝到二十世紀的新瓶裡，仍不失複雜和活力：

> 著手研究體現在熊十力哲學著作裡的熊十力思想，就是在見證深深扎根於中國傳統但又與近代世界的某些重要議題特別相關的一個深刻願景的開展……他的想法涉及甚廣，但主要著墨於一點：置身在當代中國諸多使人失去個性的力量之間，以儒家思想家的身分真誠的活著。[4]

如果把《改變的侷限》裡的這些段落和談當今「儒家」哲學的其他段落擺在一起，會找到一些一再出現的主題：儒家願景的深刻，以及認為此願景回應個人危機的觀念；真誠做人的需要，以及掣肘人之倫理作為的負面力量的強大；認識孤單和悲傷係人生經驗的特點，對抗它們需要知性勇氣一事。

這些主題也全都出現在墨子刻（Thomas Metzger）深奧、精闢、啟迪人心的《擺脫困境》（*Escape from Predicament*）一書裡。[5]此書開頭幾節主要在談唐君毅，而在我看來，墨子刻使用唐君毅的觀點，一如唐君毅本人，有兩大目的。首先，為墨子刻所試圖闡述之觀點的切合實際的部分做好鋪墊：墨子刻寫道，唐君毅「已讓我們認識到在二十世紀人能如何談說教的大道理」，在該專著的第二章，他努力強調唐君毅之思想體系的基本成分，包括唐君毅對西方理性觀、衝突觀的疏遠，以及他想要找到辦法避免犯下「使本就動態之物靜滯不動」之錯時，拒斥洛克、休謨的觀點。唐君毅的中心信念係「自我（self）參與同理心的本體之流」——也就是說，他認為我先前已提過的「仁」之同理心，係人類知覺的根本。

唐君毅也不只把儒家傳統的孝道視為遵從的過程，還視之為「完成自身」的手段。他認為人在某個意義上能「比得上天」，因為人帶有「似神」的特質，「要實現使世界走上正軌所需的那個道德主張，人是唯一既有的工具」。現世存在道德敗壞和腐敗，因此「專斷獨行」是儒士所不可或缺；但那個專斷獨行與西方的個人主義關係不大——儒家所追求的毋寧是「與所有人共有的仁心……在情感上合而為一」。墨子刻顯然極感興趣於，甚至接受，這些表述，儘管有時，以帶著溫情的批判語調，提到唐君毅的「過分樂觀」、「無比的悲憫」、具有「某種形而上基督教青年會的歡快」。

但墨子刻強調唐君毅思想時所抱持的第二大目的，係找他當主要盟友，一起從事一個特別艱鉅的任務，即重建作為先前理學自我觀、世界觀之最重要部分的悲憫胸懷和精神緊繃；換句話說，他把唐君毅視為他自身著作的前輩和激發他寫該著作的因素。墨子刻書名裡的「困境」，係被困在儒家「互相依存精神」裡之人的困境，互相依存則是唐君毅所談到的「似神的力量」和「對道德敗毀的焦慮」的互相依存——或許可以說自主和焦慮的互相依存。墨子刻把其著作的許多篇幅用於找出並剖析那個焦慮和淪喪感，那是再怎麼樣都難以捉摸的概念，但他以知識分子的精確和頑強努力釐清。

寫到儒家「天命」觀時，墨子刻生動概述了他所試圖做的事。在此，他論及天命，把此概念與朱熹的思想聯繫在一塊。朱熹是宋朝哲學家（一一三〇－一二〇〇），其對儒家典籍的評注，使他成為或許是過去一千年最有影響力的中國思想家：

> 但儘管天命觀因此確立了干涉人之意志的重要性，卻也強調該意志所會不由得置身的困境。天命觀限制了人決定善惡鬥爭之成敗的能力，因此朱熹的「人」能「控制天地」一說，再怎麼樣都過度簡化，係忽視「天」之力量的一頭熱之語。天不只是道德力量的來源、要人使用該力量的命令、使用該力量予以控制的對象，還能阻撓自我行使其所能

鼓起的任何道德力量。自我被迫與靈活性不可預測且無比巨大之物做這個沒有終止之日的相遇，而且陷在其中無法擺脫，忽而是受害者，忽而是半神。自我具有極大的能力，但那些能力只在滑溜難走的宇宙競技場裡能得到發揮。6

墨子刻主張，這個被他在他處概括為「與始終能取得且必須追求的真理處於弔詭的疏離狀態」的困境，不只是一些哲學家或具反省能力之政治人物所不由得置身的處境，而且，他主張，置身困境的感覺瀰漫於十一世紀後的中國，而描述該感覺的陳詞濫調，則構成在傳統理學討論裡鮮明可見的基本「語法」（墨子刻在此承認受了肯尼斯．伯克〔Kenneth Burke〕影響）。因此，「理學家眼中該激烈爭辯之事，不是他們所不由得置身的可怕困境，而是他們所提出用於擺脫該困境的覺悟之道」。

這是會引發爭辯的看法，而墨子刻冗長的第三章，就是以旁徵博引且獨具匠心的方式，找來說明儒家的陳詞濫調普見於整個中國史的證據，以證明該困境之存在的研究成果。在這個歷史論證裡，有些重要假設係學者所會論戰不休的。尤其重要者係墨子刻的以下假設：自十一世紀宋朝王安石的重大政治改革失敗後，這個中國政治家暨學者的世界就喪失了某種希望：

理學的困境感這時清楚呈現。不管現代學者所剖析的宋朝偉大「革命」是什麼樣的革命，「外在」的政治、經濟事務領域已隨著對王安石改革的失望而大抵不再被寄予厚望。理學家把他們的社會看成大抵由自私的逐利之心和設計錯誤的體制塑造的社會，自身能以穩健的實事求是精神努力奮鬥，卻不能指望實現他們的社會一體、政治秩序、經濟福祉的目標。

但他們還是決意實現此目標，轉而著力於把道德努力視為先決條件的「內在」生活，但在這點上，在陸王、程朱兩學派眼中，*他們還是遭遇一個往道德淪喪走的大趨勢。這個趨勢以他們所無所逃且又能在自己個人心裡輕易感覺到的宇宙環境為基礎。這個世界，不管在過去，還是在現在，都大抵是個道德荒野。[7]

墨子刻的另一個假設與擔心道德淪喪的憂患意識在傳統中國世界裡作為驅動力的重要性有關。墨子刻把這個憂患心理與水既能使萬物再生又能把生命溺死的意象有趣的聯繫在一塊。另一個假設是到處都可「覺察到猖獗之惡」一說，而且墨子刻發覺這一覺察普遍存在於明清著作裡。墨子刻認為這個覺得惡普遍存在的意識，在儒家思想傳統裡有三大源頭：首先，個人自覺已在完全自主下做錯選擇一事；其次，認識到所有人意志的軟弱；第三，覺察到一股「天生墮落的力量」，該力量「內在於存在（existence）的流動裡且不斷作勢要『征服』自我」。

但另一個假設會與墨子刻所認為朱熹和其後來許多追隨者所抱持的探討動之世界的激進方式有關。就墨子刻的論點來說，這一激進作風和「穩健的實事求是精神」的力量兩者間的平衡和交替非常重要，因為它們提供了把理學和他眼中與儒家思想裡的激進衝動有關聯的毛澤東思想聯繫在一塊的方式，從而使他得以結束此論證，進入該書的末尾，進而得以在末尾討論擺脫該困境之事。

墨子刻論證的翔實和周密，在此階段似乎變弱。問題癥結在於他同時處理的主題太多。他想要駁斥列文森對儒家傳統裡中斷現象的看法（此中斷是「近代」中國的一大特點），還想要駁斥馬克斯·韋伯看法，後者未能看出源於宗教懷疑和宇宙焦慮的最重要緊繃狀態，而該緊繃狀態是儒家思想的最重要組成部分。他大抵上不接受索樂文（Richard Solomon）的以下看法：中國家庭和政治生活裡那些老的心理「依賴」模式，已被轉移到目前的中國政治文化裡。他不大關注當今西方學界對毛澤東思想或更廣義的中國共產主義的分析。如果容我做個粗略的總結，墨子刻正努力證明，儒家傳統裡的「激進」派，在被苦楚折磨如此久之後，發現西方的到來重新喚醒「對全般改革的傳統熱情」。於是，對實現道德目標的熱衷得以再

＊ 十二至十六世紀兩大相抗衡的儒家思想詮釋學派的簡稱。

度盡情發揮。

這說明了為何會猛然迸發那份充塞於二十世紀中國之政治追求裡且在唐君毅身上和中華人民共和國境內都可見到的激進樂觀，因為這兩者都「日益覺得問題即將解決」。中國人長年以來習慣於自己國內駭人的苦難和危機，因而能利用一個「把道德行動明確界定為……能解決幾乎無法忍受之災難」的傳統來實現自己的目的。墨子刻在結論裡指出，如果希望破滅，就會重新生起更早時的「道德局部淪喪」感，於是，舊儒家困境會重新出現在這個新社會主義國家的高級幹部身上。隨著毛澤東思想意象讓位於鄧小平思想的較審慎宣告，中國的發展可能會讓我們看得連呼驚奇。

於是，對墨子刻來說，儒家思想煥發著歷經多個時期和多種社會而不衰的昂揚生命力；一旦看到儒家思想的激進潛力，我們就知道儒家思想並未規規矩矩待在保守主義的領域裡，而在當今大思想家手裡，它肯定既不是鬧劇，也不是騙人把戲。

就是對儒家思想所重新找到的切合時代之用這一點抱著這份情懷，使墨子刻的著作具有這樣自出機杼的新意。事實上，本書所具有的活力和衝勁，比我所能想起的晚近任何談中國共產主義故事的著作所具有的還要多；讀這本書，讓人覺得中國史學研究就要轉向，即使目標還不清楚，大方向係在陳詞濫調已開始大行其道的領域裡尋找充實和複雜。這是內容之精實和獨創性足以使學者——即使不情不願——走向新方向的那種書。

中國科學的對話

綜觀歷史，只有少數事件對後世的影響，能和一五八三年中國南方某些官員決定邀一些在澳門等著入華的耶穌會傳教士進入中國一事一樣大。這是世界科學在東亞境內走向統一和中國、歐洲兩大文化更加相互了解的漫長過程裡邁出的第一個決定性的一步。

對於研究近代中國且想要思索李約瑟檢視十七世紀之前中國科學界之全貌的皇皇巨著，對自身研究領域之衝擊和用處的史家來說，這段取自《中國科學與文明》（*Science and Civilisation in China*）第四冊（第二部分頁四三六）的文字，最為有用。這段引文根據普世趨勢說明此一時刻的決定性影響。李約瑟在《中國科學與文明》系列最新出版的一冊（第五冊），《化學和化學技術》（*Chemistry and Chemical Technology*），第一部分，頁 xxxviii，

本文首度發表於一九八四年的 *Isis* 刊物。

再度強調「所有科學的（這個）根本連貫性和普世性」的重要，一如在第二冊裡，他說中國「於十七世紀與全世界的近代科學統一體合為一體」（頁五七七）。李約瑟也在第三冊，《數學和天地的科學》（*Mathematics and the Sciences of the Heavens and the Earth*），強調這個用來探究文化如何互動的方式，他在其中寫道：「如今，至為重要的，世人應該承認十七世紀歐洲未產生基本上屬於『歐洲的』或『西方的』科學，而是產生普世有效的世界科學，也就是說，有別於上古、中世科學的『近代』科學。」（頁四四八）在將諸多觀念逐步統合的過程中，李約瑟援引了著名思想家王夫之（一六一九－一六九二）的「動態平衡原則」和另一位著名思想家戴震（一七二四－一七七七）的「唯物主義一元論」（第二冊，頁五一一、五一三），同時把為何「十七世紀初數學、天文學大行其道，十八世紀後期化學受到冷落」，歸因於人物和耶穌會內部政治因素（第五冊，第三部分，頁二二一）。[1]

一個科學分支「大行其道」這個概念不易理解，而李約瑟所建議作為「第一個決定性一步」之開端的一五八三年，值得探究。他把那個「決定性一步」說成「中國南方某些官員」決定邀耶穌會士入中國一事，體現了他欲從中國的角度徹底思考事物的一貫作風。當然，先前幾代的西方學者會不加思索的優先考慮，受過這類那類技術訓練的耶穌會士正在中國邊疆的澳門等著受邀入華一事，會從宗教史、政治史的角度探究這個令人驚愕的事實。但不管研究者偏愛從哪個角度切入，耶穌會士利瑪竇，連同他的稜鏡和鐘，來到肇慶的一五八三年那一刻，有許多饒富深意之處。這兩件頗平凡的物件，可以說是中西早期科學交流故事裡的極重要元素；但越是深思它們，我越是覺得它們說明了這一交流嘗試有多失敗，以及為何可以頗理直氣壯的主張中國在二十世紀之前一直未大舉進入普世有效之近代科學的世界。

李約瑟在其第四冊鐘錶機械那一節裡，精彩描述了一五八三年送鐘故事背後的漫長中國背景。李約瑟說明宋元時（十至十四世紀）中國豐富多彩的測時法發展史，如何戳破利瑪竇所謂的報時鐘係「中國歷史上從未見過、從未聽過，甚至從未想像過」的東西一說，有憑有據，令人信服，但鑑於中國了不起的計時傑作已在明初（即一三六八年）被刻意毀掉，而且製鐘技法已佚失，利瑪竇無知於中國一度傲人的「輝煌計時術榮光」，也就情有可原（第四冊，第二部分，頁二一〇、二九八）。從比較歷史的觀點來看，歐洲人的鐘在此時受青睞一事為何重要，原因在此，而歐洲鐘受青睞，似乎因為體積小。十六世紀後期時，歐洲鐘匠製造出較佳的發條，使某些鐘得以縮小至兩或三吋寬，而儘管如李約瑟所探明的，中國人在迷你化上已達到頗高水平（例如在機械玩具上所見），但始終未在製鐘領域裡朝這方向發展。令人遺憾的，這座鐘的尺寸目前無法確定，因為利瑪竇只說它是「un horiuolo di rote asai bello」（一件有嵌齒輪的精巧時計），後來編輯並翻譯他著作的人，則把這短語譯為「一件頗精巧的錶」。[2]

第一次把鐘錶機械當禮物送上後，一五八三年後期發生了更重要的事。該年年底，利瑪竇和羅明堅落腳於肇慶城城邊，受到知府王泮保護，王泮很想給自己弄來一座鐘。耶穌會士亟需資金來建成他們的第一座教堂，羅明堅於是回澳門籌錢，並為王泮買了一座鐘，王泮已向他承諾會用漂亮的價錢將它買下。澳門這個小殖民地靠派船赴日貿易來維持其興旺，但羅明堅回到澳門時發現赴日貿易船尚未回來，澳門因此一片慘澹，他籌不到錢為知府買鐘，於是想到乾脆把澳門最有本事的製鐘匠派去肇慶，和利瑪竇共事。此人同意接下這個差事，而據利瑪竇的記述，這是個「來自加納利群島且在印度住過的黑人」（un Canarino dall'India, di colore assai negro）。知府希望這個印度人趕快上工，找來兩名肇慶金工工匠幫他。於是，在中國歷史上，有了這麼一段不算長的時間，中國工匠和受過歐洲人訓練的外國工匠，在一名西方人和一個中國學者督導下，在沒有外來干預或朝廷干預下，一起基於共同協議執行一樁技術項目。這讓人想到全球科學合作的發展模式，但令人遺憾的，憤怒的反基督教中國人讓這個印度人在一樁沸沸揚揚的騷擾孩童案裡當了替罪羊，於是，鐘還沒製成，知府就把此人趕回澳門。利瑪竇說他親自完成此鐘，送給知府，但不久後知府就退還給他，因為他衙門裡沒人懂如何將它校準（non lo sapendo ben governare），而且他們似乎不想找利瑪竇一起做這件事。[3]由此可見，儘管後來在中國宮廷裡成立了製鐘坊，以傳教士為該作坊職員將近兩百年，前述的財政、法律、種族、宗教方面的一連串緊張關係，會使從那時至此時的無數中西合作作為無法開花結果。

一五八三年此事既有助於說明在計時術這個主題上李約瑟的看法能予人多大的啟發，也有助於說明在本可能成真但終究未能實現的幾種合作上，還有多少值得細究之處。此事可拿來和稜鏡的故事相參照。耶穌會士把他們的鐘說成是中國人所未見過的「全」新事物時，為西方人眼中中國科技落後的形象打造了其中一面，但這是出於對中國人先前成就的徹底無知。而他們在筆下大談稜鏡在中國人身上引發的效應時，對後世的影響則更廣且更有害：他們按照「土著和玻璃珠」故事的思路，表達中國人好騙、落後的程度。透過講述西方人在他處探險、殖民的著作，歐洲讀者已非常熟稔這類故事。利瑪竇的信和日記裡，常提到送上簡單的玻璃稜鏡，就能為耶穌會住所贏來中國官府對其特殊照顧之事。中國人有其自己可觀的玻璃技術，早在漢朝時就在計算稜柱體的體積上有出色的成績，卻從未把這兩種技術合在一塊，明顯驚嘆於一五八三年利瑪竇所帶去的威尼斯三稜鏡（vitrio triangular di Veneza）。他說，他們把它稱作「無價之寶石」（la pietra pretiosa senza prezzo）。[4]李約瑟記述了約翰・普里斯特利（Joseph Priestley）如何從金尼閣版的利瑪竇日記得知，這類稜鏡或許能以每件五百金幣的價錢賣給中國人，但甚至在十六世紀結束前，這類故事就已在前往遠東的歐洲商人間傳開。這一帶有誇大傾向的來龍去脈，可以長篇幅探究；在此，不妨只提一事，即利瑪竇最初說他「以二十達克特的價錢（賣掉）一件玻璃稜鏡和其他一些物品」，後來，一六一一年為他編校作品者修改了這段記述，拿掉原文中的「其他一些物品」，把「達克特」改成

「金幣」。[5]換句話說，這則稜鏡故事只是歐洲人所建構中國人既富裕又無能之龐大中國觀裡的一個小小組成部分，而它出現在李約瑟筆下一五八三年這個決定性年分一事，則是史家所應面對的一個令人困擾的組成部分。

就那個未「大行其道」的學科來說，道家的化學醫學傳統令研究近代中國者生起的那些疑問，則在種類和範圍上大不同於前者。道家自然哲學和科學實驗的包羅廣泛和錯綜複雜是李約瑟著作裡的最重要主題，席文（Nathan Sivin）則在其為第五冊所寫，談〈煉丹術的理論背景〉裡，把該傳統擺在完整的中國哲學—文化背景裡談。談化學傳統的倒退時，李約瑟看出在晚宋時（亦即十三世紀初期）已有致命的衰敗跡象，代表該傳統會全面退入純「心理—生理學鍊金術」的領域裡，而在該領域裡，概念仍然精妙，卻與「傳統化學的破產」現象相稱。在這種看法下，最後一批在宮廷裡擁有甚大影響力的道士，即給明世宗（嘉靖帝，一五二一—一五六七年在位）治病且很可能導致他死亡的那些道士，只是「江湖郎中」（參見第五冊，第三部分，頁二〇八、二一七—二一八、二一二）。衰敗的證據可在多處看到。於是，在〈長生〉詩中，十六世紀大哲學家王陽明，把這個較後期的道教傳統，擺在他本身對每個人所擁有之內在力量的看法架構裡去談（在第二冊頁五一〇，李約瑟把王陽明說成儒家傳統裡所有反鑽研導向之心態的縮影，因為他「無法」「掌握科學方法的最根本概念」）。王陽明寫道，因為缺乏藥丸和錢，最初感到悽苦的失落感（「苦乏大藥資」），但清楚自己固有的道德知識，他看出不需爐，亦不需鼎（「非爐亦非鼎」）。百年後的一六三〇年代，編出《天工開物》（中國最偉大描述性著作之一）的宋應星，在談朱砂銀的附注中說那只是「虛偽方士」的把戲，只有「愚者貪惑」才跟從。[6]

這些例子，在某個層面上肯定使李約瑟所描述的一個即將逝去的傳統更為具體鮮明，但證據顯示，這個實驗傳統可能比我們所以為的還要重要，即使它周遭伴隨著許多荒謬的事物亦然。在此，利瑪竇又可以充當我們的導遊（他於十七世紀初在北京親眼目睹過當時百態，肯定不是那種會沒必要誇大道士之說詞的人）。對於他眼中道教追求用水銀製成貴金屬和追求用「丹藥和修煉」達成長生不老的愚蠢，利瑪竇的確沒什麼好話，但他還是以有點驚嘆的口吻指出他們實驗室的數目和投在設備上的資金數目。他論道，參與鍊金的富人、官員、太監未減少，反倒逐漸增加，他們的師傅也跟著變多。[7]這一傳統未完全淪為「心理－生理學鍊金術」一事，在利瑪竇對其與學者瞿汝夔（屈太素）頭幾次會晤的記述裡，有更詳細的說明。如今很多人都知道瞿汝夔前來找利瑪竇，係因為他迷戀鍊金術，相信利瑪竇是鍊金術士；未得到探討的一點，係從他們的頭幾次會晤，瞿汝夔就表現出對工程圖和實驗設備建造十足熟稔的種種跡象。誠如利瑪竇在其日記原稿裡所說的，瞿汝夔「不只把在我們的筆記本裡所能找到的所有東西的圖，連同它們的長寬高，抄進他的筆記本，從而使他的作品絲毫不遜於我們的，而且他製作了許多計算儀器，例如天球儀、星盤、quadranti（這可能指的是鐘面？）、鐘、磁羅盤（bussole）、其他許多上好的東西——有些木製，有些黃銅（ottone）製，還有許多是銀製」。[8]誠如李約瑟所提醒我們的，更早的中國工人，按照本土的製鐘傳統，已完成最艱難等級的木製品，而瞿汝夔顯然不屬於在煉丹上已開始侷限於「內丹術」的那類人（參見第四冊，第三部分，頁四九九；第五冊，第三部分，頁二〇八）。或許，對清朝道教教派更徹底研究後，會揭露比我們所以為的還要多的技法和活力，助我們在晚明化學醫學思維和傅蘭雅（John Fryer）的熟練、熱心助手華蘅芳、徐壽出現於十九世紀後期江南製造局一事之間，找到更重要的關聯。李約瑟已在對巴多明（Dominique Parrenin）之類十八世紀耶穌會士的「物理－化學……把戲」的討論裡替學者清除了障礙，切合事實的譴責了那些把戲，說它們和晚明理論家方以智（一六一一－一六七一）或十八世紀中國籍耶穌會士暨科學家高慎思（約一七三四－一七九〇）的縝密思考（參見第三冊，第三部分，頁二一八、二二八）相比，高下立判。但或許，這段早期的道士－耶穌會士接觸，凸顯了除非中國人的價值體系得到大幅修正，雙方不可能合作，普世科學的形成因此受到更進一步的打擊。

對後來的史家來說，李約瑟許多著作的重要性，在於他迫使我們提出這類疑問。他作風直接且挑戰我們的認知。例如，鑑於前面對瞿汝夔的介紹，加上他出身蘇州區域最有影響力且最受敬重的文人家庭之一，研究清代社會者該如何思考李約瑟的以下看法——這部皇皇巨著裡始終一貫的調子——儒家學者對科學的作用「幾乎全是負面的」，而法家思想家的著作

「完全未給科學（留下）發展空間」，「只給傳統技術」留下發展空間（第二冊，頁一、二十九）？如果太看重儒家、道家對自然之思考模式方面的絕對分歧，由於在後來的中國，道家的確不處於其最有活力的思辨狀態，研究此時中國的史家，就肯定會有可能看不到其實存在的那些重大科學思想。誠如李約瑟在論及十三世紀某中國學者時所說的，「在他身上可看到熟悉高雅著作的學者出身官員和準藝匠型手工操作者之間的階級差異」（第五冊，第三部分，頁二〇八）。但這種思維如果走得太過頭，到頭來又走回許多來過中國之西方人所抱持的那個對後來之中華帝國的看法，即菁英軟弱無力且不切實際，為了他們自身的福祉，得被外力推入近代世界。

李約瑟當然用心想過這問題，而他對此最有用的探討之一，出現在晚近出版的《化學和化學科技》（*Chemistry and Chemical Technology*）一書。他在該書裡思考了席文所寫的一段文字，席文在該段落裡力促勿再花心思去思索「為何中國始終未自發性的經歷我們那種科學革命」這個核心疑問，因為，「在從內部充分理解中國傳統之前」，那會既是「全然白費工夫，又使人偏離正事」：

這一陳述或許讓人覺得是在對近代自然科學為何未能在中國文化裡興起一事，提出一個十足內在論性質或意識形態性質的解釋。我不認為我們終究能把主要原因歸於被視為孤立之史賓格勒理論囚牢的中國思想界所固有的抑制性因素。必然有人始終認為其中某些源於知識界的限制性因素會能夠被看出，但就我來說，我依舊認為，如果社會、經濟條件有利於近代科學在中國發展，許多這類因素恐怕就會被克服。（第五冊，第四部分，頁 xxxvii）。

這條論證思路充斥潛在陷阱和值得重視的可能性。一方面，我不相信李約瑟在其已出版的著作裡真的證明了他不利於儒家傳統、支持道教傳統的論點站得住腳，因為界定太不明確。就以北宋為例，李約瑟對該時期的界定，間接表明論證的籠統。他把北宋界定為儒家官僚改革者攻擊封建地主和小實業家的時期，與此同時，出於共同的反封建情感而與那些改革者掛鉤的道教人士，則扮演「各種原始科學知識、科技知識與做法的管理人和推動者」的角色（第四冊，頁四九六、五〇一）。研究宋朝社會史、政治史、宗教的學者得對此時期下更多工夫，才能得出明確的結論。而正因為利瑪竇在中國傳統官僚菁英身上找到許多令人鼓舞的事例，我不敢在科學的任何可能突破方面貿然貶低儒家的角色。瞿汝夔可能經由其對鍊金術的投入，開始愛做實驗，但與利瑪竇合作的最有名人士，徐光啟和李之藻，對西方多種科學表現出濃厚興趣，助他完成漢譯歐幾里德《幾何原本》前幾冊之類工作，而他們是最高階進士及第，出身中國富裕地區的名門望族，在明朝正規行政體系裡擔任高官多年。此外，考中舉人且擔任江西教諭（縣學的教師）的宋應星，寫下常出現於李約瑟筆下的《天工開物》。他在該書自序裡，以能向任何社會的仕紳宣說，而非只能向中國人宣說的言語，言簡意賅表達了其對一般人知識觀的以下看法：有人「乃棗梨之花未賞，而臆度楚萍；釜鬵之範鮮經，而侈談莒鼎」。宋應星還以挖苦口吻說此書會得到的對待，「丐大業文人，棄擲案頭，此書於功名進取毫不相關也」。[9]宋應星指出，若手頭更寬裕，他會買下更多手工製品以核實其某些說法，找來一群友人審閱此書再付梓。但一般來講，他寫書時，身為志得意滿的社會階層一員，而且人脈甚好，而儘管李時珍督導兒子中舉、孫子中進士，藉此光宗耀祖，消弭社會階層差距，一五九三年出版藥學大作《本草綱目》的李時珍，卻或許還及不上那個社會階層。

另一方面，談到清代（一六四四－一九一二）時，我相信有一些「社會、經濟條件」，使中國無法在一五八三年後那段時期所已打下的基礎上更上層樓。但就李約瑟之論點的主要意旨來說，或許讓人覺得弔詭的，我還是要斗膽提出以下淺見：這一未能更上層樓，係非常重大的失敗，因而在那個漫長期間，我們不能把中國看成已進入普世有效的科學世界裡。這類因素向來難以做令人信服或精確的歸類，但我們還是可以初步將社會、經濟因素歸為以下三大類：與滿人有關的因素、與儒家行政體系的地緣政治環境有關的因素、影響到廣大傳教士的因素。

滿人征服中國的過程甚長，始於一六一五年，一六八三年才完成。在這期間，新的種族緊張、政治控制元素，進入中國的國家治理結構裡。由於明代理學內部的華夷秩序觀正好發生某些改變，那些在明朝當官的學者，基於倫理道德規範（以及，往往還基於良心），不得不拒絕為繼起的清朝效力。這類「忠」明之士，當然包括許多在耶穌會士給中國帶來早期衝擊的那個時期就已在學問上卓然有成的人，他們的學者生涯因此在關鍵時刻遭打斷。就那些李約瑟常提及對科學有興趣的人來說，大家可能會提到方以智、王夫之、顧炎武。由於本身在明朝覆滅一事上所扮演的角色，滿人決意把自己打造成講究道德的儒家信徒，而且那股決心之強到了讓人覺得離奇的程度。於是，他們把對朱熹之綜合性儒家思想的嚴格主義詮釋，向子民強行推廣（這位出現在李約瑟著作裡的哲學家——第四冊第二部分頁五〇三——曾把一件遭棄的渾天儀帶進其家裡，欲重建其靠水力驅動的功能未果）。這一正統觀肯定限制了科考裡所容許之典籍種類和解讀的範圍。與此同時，由於人口快速成長，科考競爭程度有增無減。當權者的神經質，影響甚廣，尤以在審查可能反滿的著作上為然。僅舉一例說明：李約瑟在其著作裡一再提到宋應星的傑作《天工開物》，曾譽之為「中國最偉大的科技經典著作」。他指出一件令人吃驚的事，即此書於一六三七年首度問世時大受歡迎，但一六四四年後幾乎消失無蹤，其全本只在日本能覓得；他推斷，這可能是因為造幣、製鹽、武器製造全是政府專營事業（第四冊，第二部分，頁一七一－一七二）。由於探討這三個主題的其他著作流通頗廣，我覺得這一解釋頗難令人信服；更重要的因素，在我看來，係宋應星在其自序裡把南滿洲和吉林視為偏遠落後地區，帶輕視意味的匆匆提及一事。在明代時，這樣的說法無可指摘，但一六四四年滿人入關入主中原後，這類說法就形同犯了叛國罪，而且在獵巫氣氛濃厚的清初，極不可能有人敢於重印這樣的著作；一七七〇年代乾隆皇帝命人仔細審查所有著作，找出其中可能具有反清意涵的字句後，重印此書更加不可能。

清初皇帝的確獎掖西方科學頗力。順治皇帝與湯若望交好，康熙皇帝則與南懷仁（Ferdinand Verbiest）、白晉交好。但大體上，清朝皇帝把耶穌會科學家和技師當成宮中寵臣來養，由內務府管理他們和提供他們住所，並要包衣和太監監視他們的一舉一動。有些重要著作得到出版，在地圖繪製、數學、天文學、武器、測繪、藥物等領域得到改進，但由於最有才華的耶穌會科學家通常受命忙於與宮廷有關的項目，由於他們的作坊位在北京內城裡，由於他們努力的成果深藏在宮中，受到他們的成果影響的中國文人並不多。在《物理學和物理科技》（*Physics and Physical Technology*）一書〈古科技時代機器：耶穌會士的新奇和多餘〉（Palaeotechnic Machinery: Jesuit Novelty and Redundance）一節中，李約瑟評價了耶穌會士留下的文本和工程圖，擬出一份初步的決算表（第四冊，第二部分，頁二一一—二二八）。我們發現，就耶穌會士這一方來說，表現並不突出，而且許多歐洲器械的「工程圖」畫得不夠周全，使當時的中國人難以判讀。耶穌會士往往被迫製作供宮廷消遣之用的機械性小玩意或精心繪製供密藏於宮中的畫作：就連較浩大的項目，例如乾隆命耶穌會士設計的北京城外宏偉夏宮，十八世紀中期建成後，只供皇帝使用，因而無從實現一五八三年利瑪竇在肇慶監造自己房子時所首度勾勒出的那個早期夢想，即把西方建築的精確比例和雅致窗子傳到中國千家萬戶的夢想。清朝皇宮成為不折不扣的西方諸多有價值但用處不大的小擺飾的大雜燴，皇帝的寵臣則收藏了數百件鐘錶，但未認識到應把它們背後的科技推而廣之。

我所謂的當時儒家行政體系的「地緣政治環境」，似乎同樣無助於機械科學或實驗科學之成果的推廣。隨著今日史家開始對儒家學堂下更多工夫，他們到處找到對自然現象寄以旺盛好奇心、生動想像力、由衷之興趣的證據，於是李約瑟的「中國思想界固有的抑制性因素」並非近代科學未能在中國發展出來的主要因素一說，用在清代非常適切，似乎就和他認為用在更早的王朝身上一樣適切。但清朝的北京，其自由程度似乎不如明朝時同樣作為都城的北京，當最後幾位道教師父身陷亂局，而且北京城整個北區的居民遭遷走，以供一六四四年後定居北京的滿人八旗駐軍居住，做實驗的機會可能變少。此外，清朝皇帝獎掖科學係為了自己，而受到嚴密看管的滿人宗室成員（被留在內城裡，而非像明朝宗室成員那樣分散至全國各地，坐擁龐大的貴族莊園），從未產生像明朝藩王朱橚、朱權之類的原科學家（protoscientist）——李約瑟對這兩人有詳細探討（第五冊，第三部分，頁二〇九－二一一）。此事或許讓人覺得無足輕重，我卻想到，官職任期較短和不斷調任至遠離本籍的區域一事，想必使清朝官員特別難以為李約瑟所說的他們的「實驗室」（elaboratories）發展出任何設施——畢竟他們往往是最有錢的人。大部分科學領域進展如此停滯，對數學的興趣反倒甚為濃厚一事，則或許值得注意。清代，數學似乎特別發達，從梅文鼎和其孫子梅瑴成，至阮元、羅士琳，能人輩出。而令人好奇的是，朝廷一再下令禁止採礦和華東、華中許多地方森林遭砍伐一事——十八世紀中期森林砍伐已嚴重至危機程度——兩者對許多層次的科學實驗有何影響？李約瑟已在其對中國早期科學時期工藝儀器製造和火爐沿革的探討中為後人開了路；清代的冶金術、燃料供應、學者可能欠缺工具去追求正當興趣一事，顯然還有待研究。

思考北京可能無助於科學發展的大環境和財富集中在由揚州、南京、杭州串起的江南大三角地區的諸多城市一事時，必須從新的視角檢視一八五一至一八六四年太平天國之亂對清朝時已在進行的科學工作的影響：太平天國之亂期間，傑出數學家羅士琳、戴煦、徐有壬遇害或自殺，李善蘭（與偉烈亞力〔Alexander Wylie〕一起將利瑪竇、徐光啟所未譯完的歐幾里德《幾何原本》翻成中文的傑出人士），在戰事中失去其實驗室一事，無論如何都令人驚訝。此亂事平息後，才智之士南遷廣州的趨勢似乎加快，並由阮元首開此舉。十九世紀末時，在香港影響下，康有為、梁啟超之類人士終於在廣州重新評估他們的整個知識傳統。

最後來談談影響在華傳教士的因素。在這方面，情況同樣有了大不同於明朝的重大改變，儘管即使在明代，教會和政治還是常起衝突，利瑪竇於一五八九年豐臣秀吉入侵朝鮮期間被迫離開北京時，或高一志（Alfonso Vagnoni）於一六一七年沈榷主導南京教案期間被迫離開中國時，都對此有親身的體認。但清代時，因為前述的皇帝態度和其他原因，許多西方科學和西方傳教事業具有密切關係一事，變成特別不利於西方科學在華發展的因素。一六四四年滿人入主中原後，數個耶穌會士選擇為南明政權奮戰；另有傳教士於天文觀測技法問題引發派系鬥爭後，在一六〇〇年代鰲拜攝政期遭關入牢裡；還有傳教士受制於一七〇八年教皇使節鐸羅（Maillard de Tournon）發布的禁止敬拜祖先的敕令而難以推展教務，另有傳教士貿然和雍正皇帝的兄弟通信，助長這位作風強硬之皇帝始終抱持的懷疑心態。這些政治糾葛，尤其最後一項，導致基督教被視為「邪」教，即異端邪說（最初是非正式稱呼，後來被大清律令明訂為邪教）。「邪」一詞，除了用於性行為偏差者，還用在極端主義性質或地下性質的佛、道教派成員身上。十八世紀中國學者語帶矛盾的使用較古老的鍊金術論點，寫道，天主教神父以赦免垂死者的罪為幌子挖掉受害者的眼睛，然後將眼睛「和鉛、汞混合，以製成白銀」，藉此表達他們對基督教的鄙視。[10]科學既可能讓自己受到如此嚴重的政治禍害波及，要中國學者窮其一生研究科學，就變得不容易，儘管任職於皇廷的少許耶穌會士，在一七七三年教廷解散耶穌會之前，仍享有些許尊敬。那之後，受中國境內外國帝國主義惡行牽連，加上十九世紀鴉片在華銷售量大增，給中國境內傳教士帶來道德苦楚和道德傷害，天主教傳教士，連同新教徒，形象大損。可以篤定的說，作為可認出之概念的「世界科學」，只在一八五〇年代期間才開始具有實質內涵。在那期間，絕望的滿人領導階層，面對叛亂和四面八方的攻擊，鼓勵中西合作，欲藉此重新整合國家。

上述的推測全受李約瑟的著作啟發而來。他的著作為十年前左右我們之中絕大部分人所未曾想到的清朝研究打開了廣闊視野。如何進行此研究則是另一回事，因為把必要的科學知識和以文言文寫成的中國科學知識熔於一爐的著作，會始終很罕見，而且要費很大工夫才能完成。但我深信，只有我們能揚棄對儒家所扮演之經濟角色和其所具有之技術性知識的輕視——技術性知識是儒家自我界定的重要一環——開始更廣泛閱讀與文學、哲學著作並存的龐大材料，才能對所謂儒家社會的最後作為有真正的理解。李約瑟讓我們知道這些未受到探究的資料有多豐富。他在書中翻譯、解釋該傳統的典籍所使用的形形色色技術名詞、半技術名詞，而我讀他的書時，目光一再被與他的翻譯和解釋一起出現的中國人物吸引過去。讀著讀著，我開始夢想，或許，當李約瑟完成其偉大著作，會有勇於開闢新天地的出版人，找人從這批書冊整理出一份附有解釋和相互參照功能的索引兼術語匯編，以讓所有想要從事類似研究者得以有系統的學習李約瑟所已學到的東西。屆時，人們會能夠對中國是否真已進入世界科學的那個對話，以及如果已進入，係在何時進入，作出更符合事實的評斷。那會是李約瑟給理性探究精神獻上的最後大禮。

身為中國人

研究中國者可能發出的最簡單又最難回答的疑問，係「身為中國人意指為何」？哪幾種與歷史經驗和共有的族群出身相關的價值觀或文化因素，把中國人拴在一塊？隨著香港和台灣、東南亞和澳洲、西歐和美國境內形形色色的華人社群，欲弄清楚一九八九年六月中共政府對數百名本國年輕人的所作所為，這個疑問的確切合當下所需。

在《錢穆與七房橋世界》（*Qian Mu and the World of Seven Mansions*）中，[1] 鄧爾麟（Jerry Dennerline）針對如何解答這個疑問，作出我所見過最精妙、最敏銳、最縝密分析的嘗試之一。他筆下故事的主角是中國史家暨哲學家錢穆。他一八九五年出生於中國大陸，一九四九年中共建政後離開大陸，先是落腳於香港，然後台灣。錢穆在江蘇省七房橋村長大，從實質上、精神上和經濟上講，錢氏家族、該家族受到緬懷的過往榮光、該家族當前對商業

本文首度發表於一九八九年《倫敦書評》（*London Review of Books*）。

的多方興趣、該家族所持有的土地和義莊的面積，支配著這個村子。就思想來說，錢穆那一代人，係鄧爾麟所謂「期望」清朝覆滅、舊獨裁體制結束的一代。但一九一一年革命和隔年清帝退位，未給中國人帶來解放的新時代，而是帶來軍閥割據、內戰、日本入侵的恐怖。

鄧爾麟未詳細探究這個歷史大背景；那對他所要探明的來說，並不重要。他想要弄清楚錢穆最終如何相信他過去所相信的為真，如何「在最悲慘的時代」堅守住他最看重的價值觀，並努力為後代中國人保住、重新詮釋那些價值觀。因此，本書既是該以密切注意論點中每個細微處的心態來閱讀的知識史著作，也是生動翔實的七房橋村史著作。鄧爾麟的前作，探究江蘇省內中國學者對一六四〇年代清朝入主中原一事的回應，為他重新評價兩百五十年後類似的改朝換代和江蘇農村裡的深層改變，做好了準備。[2]

鄧爾麟於一九八三、一九八六年兩次赴台灣訪談錢穆，而且重新造訪了錢穆所回不成的大陸家鄉。本書所帶給人的諸多喜悅之一，係書中所傳達這位老邁眼盲中國學者和與他交談的美籍晚輩之間產生的那份溫情。這位美國人一直在探索概括性陳述背後的意義，但也能把來自故土的消息告知這位流亡異鄉者。有個令人感動的例子，出現在鄧爾麟向錢穆講起他在無錫甘露鎮的一次偶遇時，當時他正在摸索以何方式說明零碎的舊價值體系似乎在大陸倖存下來。在甘露，鄧爾麟遇見一位生下來就跛腳的女工，她靠著為身障者設計的新就業計畫，終於找到尊嚴和不算高的固定收入。鄧爾麟問她如何利用她剛獲得的獨立地位和金錢時，她看著他，露出由衷的驚訝。她說她的家人還在世，她當然把錢分給他們。鄧爾麟精彩寫道：「眼盲的錢穆在心裡浮現她的模樣，輕敲桌子表達他的敬意。」

此書布局巧妙精要，以兩種組織模式鋪排而成。一個模式係把正文的大部分安插在兩段重要的剖析之間，第一段剖析是概括說明錢穆對中國文化、歷史的看法，以接受鄧爾麟訪談的形式呈現；第二段剖析，則是鄧爾麟本人以別的措詞陳述那些看法，其陳述方式在身為歷史學家的鄧爾麟看來合情合理。另一個主要模式，係以接連三章談七房橋的世界。其中一個觀點是錢穆的觀點，來自他的回憶錄和雜憶；一個觀點是鄧爾麟以社會歷史學家身分，檢視農村所提出的觀點。還有一個觀點，依舊是錢穆的觀點，係這位老學者對雙親充滿親情的簡短致敬，寫於雙親去世許久以後，取名〈八十憶雙親〉。就是偶然間看到此文，使鄧爾麟想了解錢穆此人。鄧爾麟把該文全文首度翻成英文（占約三十五頁篇幅），從而對歷史、文學、傳記有了真正的貢獻；他以〈八十憶雙親〉為此書收尾，而非開頭，藉此使讀者在對錢穆有最廣且深的了解後評價該文。

我所謂的「第一個模式」，呈現錢穆和鄧爾麟對中國文化、社會的看法，並不容易在此扼要陳述，因為那已非常精簡。但錢穆所想要對鄧爾麟說明的，係他對中國人的「禮」意識如何維持中國文化一體性的看法。對錢穆來說，中國人長大的地方和其所深愛的地方依舊侷限於一地，因此它無法界定國家文化。但這位在地方踐行那個「禮」並且用它來賦予他在自己共同體裡的生活和他所屬的血統團體以意義和秩序的學者，其內在具有把家族、禮、共同體這三個世界統合成一個兼具文化力量、國家力量之概念——亦即「所有人之血統團體」（民族）的概念——的本事。錢穆說，鄧爾麟再怎麼用心研究地方共同體，都絕對無法在該地找到文化的更廣泛意義。

在此書末尾再次陳述類似看法時，鄧爾麟根據他本身對中國人社會之複雜關係和結構的知性著迷，另闢蹊徑。他同意「禮」是錢穆之家庭世界的最重要組成部分，但「禮」對整個文化來說也深具意義，即使該文化體現在局部一地時亦然。學者既貫徹也操縱「禮」的概念，來建構他們的地方共同體和莊園，以使他們得以扮演他們所屬地方和國家之間的緩衝角色。學者從文化意義的角度把所有地方習俗解讀為具有尊嚴和意義，前提是它們符合「禮」。因此，能被視為中國習俗的社會習俗、家族習俗，其因地而有的小小差異和所有的豐富內涵，係中華國家和中華文化的核心組成部分。想要在當今這個十年裡復興具有內在正當性或知識一致性之中華文化意識的任何華人國家，都必須理解中華文化與地方共同體和其習俗的這些關係，就在那些關係隨著農業革命和鄉村工業化而有所改變之際。

如果那聽來很抽象——我想的確很抽象——鄧爾麟第二模式十足具體且引人入勝的細節，則使人容易理解這兩位學者的意思。錢穆對身在自己共同體和國家文化裡之自己的初步描述，呈現的是在政治大環境裡的知性奮鬥，而且那個環境的解體，因父親早逝而加劇。但錢穆從父親那兒得到的「禮」意識，對他所屬農村世界的內在秩序、節奏的意識，還有該世界橫跨錢氏家族數百年的歷史紐帶、錢氏家族的圖書館和他們的學問，都賦予錢穆內在的知性力量。他本人能叛逆而且的確叛逆，當權威魯鈍時，他挑戰權威。但基本上，在兼具學生和老師身分時（他十七歲時在家鄉學校教書，以貼補家計），他始終想要取得共識，而非動粗來使人就範。學問未成為限制他探索的羅網，反倒激勵他去弄清楚事物的來龍去脈——舉錢穆的兩個親身例子來說，弄清楚豬肉的確切味道或松風的確切聲音。

透過學習、透過思考、透過尋找自身所繼承之文化傳統的內在意涵，錢穆於四十二歲時自覺已能針對自己國家和其起源，交出他的第一部綜合性的大作。錢穆的《國史大綱》，寫於一九三七、一九三八年，鄧爾麟口中的「民族自豪的豐碑」，橫跨中國興衰起落、外族入侵再被同化、知識演進的三千年史。在錢穆看來，這一歷史的模式係十足中國的模式，有別於西方的模式：

> 一如詩之有別於戲劇。前者按照格律發展，採行一個又一個的韻，始終遵循同樣一套規則；後者則在舞台上發揮，走過一幕又一幕，每一幕始終有不同的情節。前者在其井然有序時，擴大而充滿一空間，在失序時解體。後者則走過一個又一個衝突，邁向某個不可避免的悲慘結局。[3]

認定「戲劇形式具有普世性」的西化知識分子，絕不可能理解中國的詩和韻。

身為史家的錢穆所具有的熱情和信心，有一些肯定來自他撰寫該書時所處的環境和相處的人。那是座遺世獨立的美麗道觀，蓋在中國西南部昆明附近山鄉裡的湍急溪流邊，他的三餐由當地一位慈愛忠心的鄉村老婦用當地農產品現煮提供。錢穆埋頭寫書時，有個同住在道觀裡的鄰居。此人的古怪或機敏，在當時與錢穆時相往來的諸人中，少有人能及。他是個愛詩、抽鴉片的道士，靠做大豆期貨的投機買賣賺錢，支應其簡單嗜好的開銷。

鄧爾麟在此講述錢穆的養育和寫作，並用其章名「學而時習之」概括此時期，下一章則是鄧爾麟本人對錢穆所受之教養的探究。他根據當地人對錢穆家鄉地區的稱呼，將此章取名為「水鄉」。此章其實是自成一體的文章，而且是極精妙、發人深省的社會史探討文。鄧爾麟的目標，係說明「禮」在錢氏家族和晚清時住在「嘯傲涇」沿岸之他人的生活裡如何發揮作用，以及如何使這許多人的生活井然有序。我們理解到「禮」如何將諸多社會習俗網整合在一塊，如何賦予一個「小天地」內在一致性和保護。在這個小天地裡，四萬兩千人靠著不到一萬英畝的肥沃稻田勉力維生，經過千百年的演變，產生複雜的土地持有制。此體制按照底土所有權和表土所有權，把土地分為兩類，於是，「擁有」耕種權者，未必（或不常）擁有底土的所有權或土地本身的最終聲索權。根據這類權利建立的細微社會分級，以及宗教儀式領域裡或婚慶演奏音樂時的多種源於習慣的義務，賦予每個家庭成員地位和身分。義莊是為了把宗族土地集中使用而發展出來的一種慈善性質田產——只需繳交一項額度固定的官稅——藉此讓較窮者也能受到教育、得到糧食配給。就是這個制度，使錢穆得以在父親死後成為學者。鄧爾麟寫道，由於把上述種種資料湊在一塊，我們因此能建構出這整個大環境，而那是錢穆所做不到的，即使他有心這麼做亦然（例如錢穆從未看到鄧爾麟所能找到供其研究的一部分當地族譜）。根據對「水鄉」的這個深入考查，鄧爾麟理解到「歷史與價值觀密不可分」。就是這一點使錢穆「深深尊敬中國的普通老百姓和中國的鄉間學者，前者懷有其對所屬地方的鄉情，意識到隨之而來的義務，後者具有公正意識，決意實現公正。」

藉此，鄧爾麟為其翻譯錢穆的〈八十憶雙親〉一文打好了條件。此文於一九七五年在台灣以八天時間寫成，那時，錢穆的父母若還在世，都已一百一十歲。有些西方讀者，習於今日傳記的重口味，一開始或許會覺得此書乏味或含糊，但那會大錯特錯。錢穆以另一種體裁書寫，其語調的抑揚變化，深刻說明了這個家族世界——鄧爾麟在其內斂但充滿深情的翻譯裡高明再現了這樣的語調特點。錢穆深信某些價值觀建構了他，而他在此文裡建構了那個價值觀世界。尤其重要的，那是個熱愛秩序的世界，即使濁世時亦然；那是個透過穩重、得體和內在正直感來日日彰顯社會價值觀的世界。換句話說，那是個「禮教」鮮明的世界。那就是錢穆所要傳達的意旨，或許，在清楚傳達這一意旨上，從沒有比此更加讀來有樂趣的文章。錢穆父親疾病纏身且明顯受了鴉片荼毒，那不重要。錢穆母親不識字，那不重要。對錢穆來說重要的是他們的作為與所屬共同體和家族相合的方式，行為和感知完全相合的方式，而那也是中國人異於其他民族之處。錢氏宗族的其他男性族人正失去那意識，看不到學問和義務，轉而把生命浪擲在養蟋蟀、放風箏上。但對錢穆和其父親來說，男人活得有意義的象徵，係《五經》完整版。那是錢穆祖父所親手抄寫而成，上頭帶有這位老人的淡淡淚痕，錢穆小時，還保存在家族書齋裡。

〈八十憶雙親〉分成十二小章，前八章主要談錢穆父親，後四章談丈夫早逝後，他母親如何度過其餘生。此文的重點，錢穆寫此文的緣由和鄧爾麟以它作為其著作之最重要組成部分的原因，肯定是：若要理解並描述他的雙親，只有把他們擺在他們的家族和共同體的大環境裡來談才能辦到。把他們抽離大環境來剖析，會毫無意義。正是在人際往來中表達了內化的價值觀一事，讓他們受到肯定，留下名聲，因此，父親去世數年後，錢穆到店裡買日常必需品時，店老闆仍不願收他的錢。但在錢穆看來，此事毫無枯燥乏味或限制意涵，只證明世界井然有序。在那裡，溫情始終深厚。

小男孩服侍垂危的父親，係也出現在其他中文回憶錄裡的主題——約四十年前哲學家康有為對其父親病重、死亡的描述，尤其令人動容。但康有為的回憶錄，傲慢色彩太濃，讓人難以卒讀。錢穆的回憶錄，談的是雙親，而非自己。對敬愛之母親的感人哀悼，也頗常見於中文回憶錄，但就我所知，錢穆哀悼的哀婉動人和簡潔，非他作所能及。她死於七十七歲時，那時她四十八歲的兒子遠在他鄉成都，無法陪侍在側，無法服為人子應服的喪儀。錢穆寫道：「常念古人以慈恩喻春暉，每於先母身邊，獲得深切之體會。即家中養一貓，養一雞，先母對之，亦皆有一番恩意。」[4]但命運捉弄，使他和母親相親之日不多。錢穆哀嘆道：「綜計自民國肇建以來，獲與先母長年相聚，亦僅此三年而已。」在鄧爾麟輕輕催促下，錢穆回憶過往，把他的價值觀與我們分享。我們或許無法全部接受或認可它們，但難以否認的，他人生的最核心部分，有著真的值得宣說之處。

社會百態

Sinews of Society

食物

清代學者管同於嘉慶年間（一七九六—一八二〇）寫了一篇令人讀了心情慘然的怪文（譯按：〈餓鄉記〉），在其中寫到名叫「餓鄉」的地方。那裡，「其土蕩然，自稻粱麥菽牛羊雞彘魚鼈瓜果，一切生人之物，無一有焉」。要去到那裡極其不易，「必先屏去食飲」，但勇者若能挺住，「不十日已可至」。「至則豁然開朗，如別有天地。省經營，絕思慮。」（Hsia, *Gate*, 18-19）。[1]那是有人餓死的地方，而對管同來說，如果自殺是保住個人廉潔所不得不然，去那裡就有其道德價值。但對在那時之前和之後的許多清代中國人來說，「餓鄉」是無從選擇的可怕現實；本文雖是談食物和吃，若未認識到嚴酷的饑荒背景或饑荒威脅，就無法恰如其分探討這個主題。就是饑荒的隱患，使農業如此緊要，使吃給人帶來如此大的喜悅。透過地方志裡常出現的短語，「今年人相食」，可看出饑荒之苦，

本文首度發表於一九七七年 K.C. Chang 所編的《中國文化裡的食物》（*Food in Chinese Culture*）。

即使那只是隱喻之詞亦然。透過西方觀察家所費心記載的飢民日常飲食，也可看出饑荒為害之烈：用搗碎的葉子、鋸屑、薊、棉籽、花生殼、搗碎的浮石製成的麵粉（Peking United International Famine Relief Committee, *Famine*, 13）。[2]

主食

儘管如此，我們還是可以改去看看清代時窮人一般來講可吃到的主食。前人已在卷帙浩繁的地方志裡，用心整理出一份這些食物的清單。地方志這個資料來源，涵蓋的範圍和編寫的品質不一，有待營養學家、經濟學家、社會史家予以有系統的剖析，但即使只是匆匆看一眼某個富饒地區的省志，例如編於一七三七年清朝繁榮太平的主要時期期間的《江南通志》（涵蓋今安徽、江蘇兩省的地方志），都能看出其中資料的豐富（參見第八十六卷）。照原來的順序列出，依序是小麥、米、豆子、小米、麻和它們的帶黏性的、高地的或晚熟的品種，以及每個品種裡的不同品系。同樣在以整個江南為題的引言性質那一節裡，根據當時將食物進一步細分出的傳統分類，列了數個條目：蔬、果、竹、草、有花植物、藥草，以及分為禽、獸兩類的動物性產品，接著是魚、甲殼綱動物、昆蟲。這一節之後，列出每個府縣的特產，共三十三頁篇幅。

府志所能提供的資料同樣豐富。因此，在一六九六年編的《雲南府志》中，有類似《江南通志》裡的數個大類，但這些大類又根據雲南府轄的十一個州縣再細分，使人便於找到特定區域的某個物產。我們知道昆明縣似乎最富饒，出產茶葉、紡織品、礦物，但每個更小的區域又有自己的特產：富民縣產草紙，羅次縣產麻，呈貢縣產麵條，昆陽州產蜜和印度南瓜，祿豐縣產醋。雲南府這些州縣都短缺一樣物產——這些州縣無一個列出盛產的有尾巴動物，不管是綿羊、牛、狗或豬皆然（《雲南府志》，第二卷，頁一－七）。

為了就府的層級做比較，不妨拿一七五四年的《福州府志》來參照。在此志中，內容豐富翔實，但未依地區分類，其中我們發現十類變成二十類，占去四十九頁（《福州府志》第二十五、二十六卷）。多出來的十類來自比在《雲南府志》所見到的更細分的分類，而這一細分大有助於我們了解當地的吃食習慣：草本或蔓生植物所結的果實（「蓏」），例如香瓜、黃瓜、葫蘆、芋，自成一節，竹和匍匐植物亦然。魚不和其他有鱗動物放在一塊，自成一節，灌木（「雜植」）和草從更大範圍的植物和樹裡分出，自成一節。例如在灌木這一節，可找到茶和菸草。有注解說，菸草於明朝萬曆年間傳到中國，名叫淡巴菰，如今種植於福建各地（出處同上，第二十五卷，頁二四）。這種把外來植物的名稱突然插入中文名稱列表裡的做法，在蔬菜這一節也可見到，在該節，番薯得到長達一頁的注解（出處同上，第二十五卷，頁四）。此注解說道，番薯於一五九四年這個饑荒年，由巡撫金學曾自外引進，而在福建廣為人知。金學曾此舉，意在「教民種之，以當穀食，荒不為災」，但其實際用處卻遠不只是在當地發生饑荒時止飢救災。因此，誠如此注解所指出的，番薯不只是可拿來煮或磨成粉或拿來發酵而可讓老人、小孩止飢，可餵食雞、狗的多用途植物，而且在一般植物所扎不了根的沙質地、山地、含鹽地上也能生長。

就連內容最少的縣志，都能提供飲食方面的資料，不管是直接提供，還是透過與其他地方志比較的方式提供。在一六七三年山東南部窮縣郯城的縣志中，只有兩頁談當地農產品（一六七三年《郯城縣志》，第三卷，頁三三－三四），未談到變種，完全未提到食物加工。但在此份資料裡，有兩點特別具有深意：首先，未列出役畜或家畜，至於四足動物，只提到兔、兩種鹿、狐狸、狼；其次，最長的一節，係談藥草，共列出三十六種。一七六四年的該縣縣志給食物的篇幅，一如一六七三年版（一七六四年《郯城縣志》，第五卷，頁三三－三六）；但拿掉鹿、狼、狐狸，代之以綿羊、牛、騾、豬、馬。列出的藥草減為十九種，即使沒有確鑿的證據證明這是因為清初的流行病和戰事使人急切尋找這時已不再那麼迫切需要的藥草，可食之動物種類的改變，的確讓人覺得生活方式有劇烈變動。[3]

來自西方的新作物，晚明時開始在中國種植，但它們所帶來的革命性劇變，係在清朝時顯現。這些新植物的最重要作用，不在於讓不管是窮人還是富人有了多樣的食物來源（儘管它們的確起了這樣的作用），而在於使本已來到其傳統資源所供養得起之上限的人口得以再度成長。清代人口暴增——從十八世紀初約一億五千萬人增為十九世紀中期時約四億五千萬人——幅度驚人，因而想必影響當地生活的方方面面，儘管至目前為止，學者還是未能重建此一經歷的所有組成部分。在研究中國人口的過程中，何炳棣針對這些新作物的影響提出一些重要的研究結果（*Studies*, 183-195）。[4]他已證明玉米、甘薯、白馬鈴薯、花生在清代時都已成為中國境內的基本作物，證明它們的散播過程與中國國內的拓殖如何密不可分。

十八世紀初，甘薯已成為東南沿海省分窮人的主食之一；上諭勸人民多種甘薯，甘薯往西、往北擴展。據何炳棣估計，至十八世紀末「在多岩的山東沿海地區，甘薯往往占去窮人一年食物的將近一半」（出處同上，頁一八七）。玉米於清初改變了雲南、貴州、四川的農業生活，係使來自人口過剩的長江三角洲的移民，得以在內陸長江沿岸省分的山地和陝西、湖北的漢江流域境內高地耕種的主要因素之一。至清中期，同樣在這些區域，白馬鈴薯使別的農民得以在貧瘠到種不成玉米的地方養家活口（出處同上，頁一八八）。花生所帶來的改變較不顯著，但何炳棣還是覺得影響甚廣：

過去三百年，花生漸漸使得長江下游沿岸、黃河下游沿岸、東南沿海地區——尤其福建、廣東——以及許多內陸大小河川沿岸的沙質土壤利用，有了革命性劇變。即使在某些密植作物的產米區，花生通常還是成為輪種作物之一，因為農民雖不懂花生根部具有固氮作用之結節的功用，卻透過經驗得知花生有助於保存地力（出處同上，頁一八五）。

確切數字不可能得出，但何炳棣估計稻米在全國糧食產出所占的比重，可能在晚明至一九三〇年代這期間降了約五成，從約七成降至三成六。大麥、小米、高粱所占比重也大減（出處同上，頁一八九、一九二）。

不管是根據地方志，還是根據專門化的人口研究，要重建窮人的吃食習慣，都不容易，而且詳細的資料難得。所幸，有一些觀察家提供了寶貴資料，例如當過浙江秀水、餘姚知縣的李化楠。他對當地日常飲食感興趣，因公出差時常詢問當地人，把詢問結果記下。[5]他未照地方志所習慣採行的順序將食物分類，但的確從基本穀物和豆類開始注解起，接著依序檢視豬肉製品、禽肉、野味、魚、蛋、奶和乳酪、甜點和餛飩之類包餡食物、甘薯、菇和南瓜、薑、醃梅杏、多種蔬菜（例如大蒜和蘿蔔、花生、綠葉菜、海棗）。如此琳琅滿目的分類，未有中心主題，但李化楠對食物的保存的確甚感興趣，甚於對口味或品種問題的興趣，我們或許可斗膽推測，他之所以有這樣的興趣，受了當地現實情況影響。食物供應受季節嚴格限制且短缺時，予以正確的處理以便貯存，就屬必須。例如，談豆類或穀類性質調味汁那一節，詳述了使用芥末或胡椒來防止昆蟲靠近的方法、材料本身必須乾淨、所用的水必須乾淨、在晴天或溼氣重的日子貯藏罐開蓋或封蓋必須遵照一定的規律（李化楠，《醒園錄》，頁七六－七八）。[6]對於鹽醃蛋的製作，同樣細心：應把蛋放進壇子裡，大頭向上，小頭向下，每顆蛋覆以由蘆草灰、木炭灰或稻草灰和黃土，加酒和鹽製成的糊料，灰占六至七成，黃土占三至四成。合料時切不可用水，一用水，「即蛋白堅實難吃矣」。介紹完這些製作方法，接著列出以下食物的簡單作法：水煮蛋和蛋捲、乳蛋、加了磨碎之杏仁和糖的蛋、「大蛋」（將雞或鴨或鵝的蛋打破，塞進洗淨的豬膀胱裡，外用油紙包裹，沉井底一夜而成）（出處同上，頁三一－三二b）。

從上述的「大蛋」作法，可以清楚看出李化楠多用心列出把豬善盡其用的所有方法，而這同樣似乎反映了當地人所念茲在茲的事，因為在人一天或許只賺一百文銅錢且一磅豬肉會花掉其中一半錢的時代，豬肉是昂貴食物（Macartney, *Embassy*, 162, 244, 254）。[7]農民懂得把抹了鹽的豬肉緊塞進桶子裡（在一個月的時間裡每五天攪動一次），然後拿出來風乾，懂得如何醃製豬肉條；將豬肉放進滾水裡，就可除掉豬肉脂肪，然後用醬油醃；用豬板油加雞蛋黃調勻，可製成豬油丸；可將豬蹄加菇一起燉；豬腸可用於多個食譜；把老豬肉「以水煮熟，取出，用冷水浸冷，再煮即爛」而可食。李化楠觀察到將剩下的豬肉久存的其他方法（同法可用於雞鴨鵝肉）：將肉切成條狀，把肉條剖開，加鹽，把搗碎的大蒜塞進肉裡，然後將肉泡在酒醋裡。接著，把肉條鋪在用竹編成的架子上用煙燻（或鋪在用鐵絲編成的架子上，如果農民有鐵絲的話），然後密封在乾淨的罐子裡（李化楠，《醒園錄》，頁七－二一）。李化楠也描述甘薯、花生之類較晚出現的作物，但未特別著墨於它們：他提到把甘薯去皮蒸熟，用米篩磨細去掉纖維，然後做成條子或印成糕餅晒乾（出處同上，頁四〇）；把花生煮熟，然後「下鹽再煮一二滾，連汁裝入缸盆內」，或者「撈乾棄水，醃入鹽菜鹵內」（出處同上，頁四四）。

即使對當地食物有如此詳細的描述，要把食物的可取得和該食物的食用兩者聯繫在一塊，還是很難。有兩個變數仍在，即個別食物品項的價錢和購買者手頭上的金錢數量；因地區不同當然會有很多差異，價格當然也變化很大，因此，要作出大體適用的概括，非常難。所幸，就清初來說，我們至少有一份翔實的資料提供了多種食物的價格——亦即《光祿寺則例》的「支用」一節。這些價格於十八世紀初固定下來，代表了從先前價格的往下修正。先前的價格大概因為花費無度或明末清初時食物的缺稀而被抬高。這些價格適用於北京，大概也代表上等貨的價格；但它們至少給了我們一個比較基礎，讓我們得以據以比較各類主食成本，而這個比較基礎係對清代食物做任何有憑有據的調查時所不可或缺（《光祿寺則例》，第五十九卷，頁一一一二）。[8]（參見表一）

十八世紀後期來華的一位外國人的注解，證實這一連串數據不假。馬戛爾尼勛爵一七九三年奉派使華，在其為使華日記所寫的注解中，以文錢（銅錢）為單位，列出多種食物的價格：一磅羊肉或豬肉五十文錢；一隻鵝五百文錢；一隻家禽一百文錢；一磅鹽三十五文錢；

一磅米二十四文錢（Macartney, *Embassy*, 244）。根據他的觀察所得，他估計中國農民一天五十文錢就能過活；陪同馬戛爾尼的那些船夫，一天工資八十文錢；中國步兵月薪一千六百文錢，加上十份米（每份約合一百三十文錢），據此，步兵每日薪水將近百文錢（出處同上，頁二二四、二五四）。福鈞（Robert Fortune）查核一八五〇年代中國境內採茶工的工資，發現一天約領一百五十文錢，其中約三分之一是現金，三分之二以糧抵；他覺得：「中國境內最窮那一類人（儘管所吃的食物簡單），似乎比他國內同一類人遠更懂得料理食物之道。」他拿他們的日常食物和他家鄉蘇格蘭的日常食物相比，認為前者更勝一籌，在蘇格蘭，「採收工的早餐是粥和奶，午餐是麵包和啤酒，晚餐又是粥和奶」（Fortune, *Resident*, 42-43）。[9]

即使窮人的日常食物不缺，食物種類的多樣化問題，後人仍未解開。麥嘉溫（J. MacGowan）於晚清時期發現，華北苦力一天吃三頓甘薯，一年到頭天天如此，只有少量的鹽漬蕪菁、豆腐、醃豆給三餐內容增添點變化（MacGowan, *Sidelights*, 9）。[10]遠更精闢的剖析，出自孟天培（T. P. Meng）和悉尼．甘博之手，取材自晚清食物販子的帳簿。根據他們的剖析，相對來講日常食物變化也甚小，但他們能對北京工人的數種日常主食，給出精確的價格波動表（參見表二、三、四。表中的價格係以一美元兌〇．七二兩銀子的比率換算成美元）。其他的計算結果，顯示從晚清至軍閥割據初期價格有所成長（見表五）。

表一　十八世紀初北京食物價格

	價格（文錢）*	單位
穀物		
米	1,300	每石（133 磅）
小米	1,050	每石
小麥	1,200	每石
白豆	1,100	每石
紅豆	800	每石
畜禽魚類		
豬	2,500	每頭
綿羊	1,430	每隻
鵝	520	每隻
鴨	360	每隻
雞	120	每隻
小水鴨	60	每隻
鶉	25	每隻
雞蛋	3.5	每顆
豬肉	50	每斤（1.33 磅）
羊肉	60	每斤
乾魚	300	每斤
鹿肉條	120	每斤
豬蹄	28	每斤

	價格（文錢）*	單位
豬肝	27	每斤
豬膀胱	19	每個
豬腸	6	每條
果		
橘	50	每顆
蘋果	30	每顆
桃	20	每顆
梨	15	每顆
柿	8	每顆
檳榔	5	每顆
核桃	1	每顆
杏	3	每顆
李	3	每顆
荔枝	100	每斤
葡萄乾	80	每斤
鮮葡萄	60	每斤
櫻桃	60	每斤
鮮蓮藕	20	每斤
瓜子	40	每斤

	價格（文錢）*	單位
乳製品		
牛奶	50	每斤
奶油	180	每斤
植物性產品		
白蜜	150	每斤
白糖	100	每斤
可食用海藻	100	每斤
紅蜜	80	每斤
醃漬薑	70	每斤
鮮薑	46	每斤
醃漬蔬菜	30	每斤
醃黃瓜	25	每斤
豆粉	25	每斤
小米酒	21	每斤
汽水	20	每斤
醬油	12	每斤
醋	8	每斤
豆腐	6	每斤

* 一千文錢合一兩銀子。

表二　麵粉和穀物，年平均價格——美元／百斤

年分	小麥麵（粉）	批發小麥	小米麵（粉）	老米	豆粉	零售小米	批發小米	玉米麵（粉）
1900	6.41	—	3.90	6.32	5.55	4.45	—	3.06
1901	5.76	3.71	3.29	4.27	5.26	3.62	2.70	2.14
1902	5.52	3.75	3.84	5.37	5.17	4.00	3.40	2.92
1903	5.77	3.87	4.36	6.01	5.38	4.56	3.74	3.48
1904	5.29	3.33	3.90	5.52	5.08	4.35	3.39	3.11
1905	4.88	3.39	3.80	5.35	4.84	4.25	—	2.87
1906	5.71	3.90	4.08	5.80	5.05	4.50	3.47	3.24
1907	6.32	4.50	4.25	6.25	4.95	4.90	—	3.13
1908	5.75	3.91	4.36	6.11	5.07	5.01	3.57	3.65
1909	5.85	3.98	4.32	6.08	5.29	4.98	3.35	3.25
1910	5.94	4.21	4.26	6.53	5.58	5.01	3.73	3.48
1911	6.77	4.88	4.90	7.33	5.97	5.56	4.34	3.74
1912	6.10	4.37	5.10	7.40	6.60	5.91	4.66	3.97

資料來源：Meng and Gamble 1926, *Prices*, 28.[11]

表三　豬羊肉年平均價格——美元／百斤

年分	豬肉均價	最高價格	羊肉最低價格	均價
1900	9.45	16.20	11.10	14.00
1901	8.75	18.40	12.30	15.30
1902	10.10	13.80	8.70	10.00
1903	10.40	15.60	8.90	11.30
1904	10.80	—	—	—
1905	10.70	16.00	12.80	14.60
1906	10.70	15.90	11.60	13.80
1907	11.40	18.10	9.80	14.80
1908	11.40	14.10	11.10	12.50
1909	10.80	13.10	8.50	10.50
1910	11.40	13.30	9.00	11.00
1911	11.40	19.40	10.80	14.63
1912	11.20	19.50	9.80	13.10

資料來源：Meng and Gamble 1926, *Prices*, 38-39.

表四　油、鹽、醬菜年平均價格——美元／百斤

年分	香油	花生油	鹽	醃蘿蔔
1902	16.00	13.20	2.98	1.11
1903	16.70	13.30	2.98	1.25
1904	16.40	13.60	2.98	1.11
1905	17.40	13.85	2.98	1.25
1906	16.95	13.20	3.62	1.11
1907	18.09	13.85	3.62	1.25
1908	17.50	13.60	3.62	1.25
1909	17.22	13.30	4.45	1.39
1910	18.09	13.60	4.45	1.25
1911	17.85	13.85	4.45	1.39
1912	18.09	15.25	4.17	2.08

資料來源：Meng and Gamble, *Prices*, 57.

表五　價格、工資增長率（%）

	1900-1924	1913-1924
小麥麵粉	42	49
豆粉和小米麵粉	87	11
玉米麵粉	102	59
米	14	53
黑豆	150[b]	47
綠豆	122[a]	44
豆粉	40[a]	17
豬肉	101	62
羊肉	14	3
香油	44[c]	18
鹽	56[c]	7
醃蘿蔔	109[c]	4
酒	31[c]	31
醬油	40[c]	44
豆醬	37[c]	24
醋	150[c]	118
棉布	160	51
煤球	16	37
指數	80	44
銅元兌換	264	106

	1900-1924	1913-1924
銅元工資		
大工	258[a]	80
小工	232[a]	100
銀元工資		
大工	61	48
小工	27	34
實際工資		
大工	-2	12
小工	-17	8

資料來源：Meng and Gamble, *Prices*, 71.

[a] 1900 年至 1924 年中期

[b] 1901-1924 年

[c] 1902-1924 年

- = 減

這些調查人員還得出其他的調查結果，其中之一係月與月間的價格波動在政局動盪時期可能極大。以白麵粉為例，一九〇〇年一月時每百斤為五・八四美元；五月時五・一五美元；九月，八・三三美元；十二月，六・九四美元，一九〇一年七月回落至五・五三美元（Meng and Gamble, *Prices*, 11-12）。根據這類數據，仍無法得出清代時個別工人之日常食物的確切價格——我們所能得到最接近於確切的價格，係透過陶孟和（L. K. Tao）對北京窮人家的調查取得，其中大部分工人係有妻子幹針線活和做人造花來貼補微薄家計的人力車夫。一九二〇年代這些家庭所消耗食物一覽表，很可能還是反映了清代的情況。陶孟和發現，每戶人家所購買的食物，就穀物來說，包括小米、小米麵粉、手磨小麥麵粉、粗玉米麵粉等。其他主要食物是甘藍、芝麻油、鹽、豆醬、醋。所有人家都買的肉類，只有羊肉。九成以上人家買進的大宗食物是米、蕎麥麵粉、鹽水疙瘩、甘薯、黃豆芽、大蒜、韭菜、芝麻醬、小蝦。八九・六％的人家買了花生（Tao, Livelihood，表十四，頁七八－七九）。[12] 以百分比表達各類食物所占支出比重的話，工人的食物開支八成花在穀類食物上，九・一％花在蔬菜上，六・七％花在辛辣調味品上，三・二％花在肉上，只有一％花在包括水果在內的各種小吃上（出處同上，表十六，頁九六）。但同一期間上海工廠工人的日常食物較為多樣。他們把五三・二％的收入花在穀類食物上，一八・五％花在豆類和蔬菜上，七％花在肉類上，四・四％花在魚和海產上，一・九％花在水果上（Yang and Tao, *Study*，表二十六，頁五一）。[13]但即使這些食物只是讓人保住性命，還是把其他生活開銷排擠到幾近於無。作為調查對象的兩百三十戶上海人家，把〇．三％收入花在盥洗用品上，〇．三％花在娛樂上，〇．二％花在教育上（出處同上，表三十八，頁六八）。在清代，鄉村生活水準可能往往較高，地方宗教節慶可能在特定季節同時提供娛樂和較平日多樣的食物，[14]但約翰．巴羅於嘉慶年間訪華時所提出的以下看法，大概還是難以反駁：就所能享用到的食物種類來說，在中國，富人和窮人的差距之大，為世上其他國家所不能及（被引用於 Williams, *Kingdom,* 1:772）。[15]

美食家

清代的叛亂，有許多肇因於隨著靠邊際土地維持生計的人口激增和因西方帝國主義嚴重侵擾而加劇的農村困苦和飢餓。與此同時，紳士階層大多心懷文化自豪感，自豪於承繼了漫長且多樣之過去所積累的豐富文化。在這方面，廚藝受到認真看待，被視為精神生活的一環。一如行為有「道」，文學創作有「道」，飲食亦有其「道」。許多清代作家以食物為寫作題材，往往只是照搬前人的食譜，或簡短評注這些食譜；但有些作家，例如李漁、張英、余懷、吳敬梓、沈復、袁枚——全都是清代文化史上的重要人物——有自己獨到的看法，而且將其形諸筆墨。

在寫於清乾隆年間的《儒林外史》裡，吳敬梓帶我們進入這個講究美食的世界。在此小說中，作者不只從口腹之欲和對待食物的態度界定筆下人物；還以他們所吃的東西界定他們是什麼樣的人。例如，下面這個小段落完美呈現了周進、王惠（王舉人）兩人的人物特點：

> 彼此說着閒話，掌上燈燭，管家捧上酒飯，雞、魚、鴨、肉，堆滿春台。王舉人也不讓周進，自己坐著吃了，收下碗去。隨後，和尚送出周進的飯來，一碟老菜葉，一壺熱水。周進也吃了。叫了安置，各自歇宿。次早，天色已晴，王舉人起來洗了臉，穿好衣服，拱一拱手，上船去了。撒了一地的雞骨頭、鴨翅膀、魚刺、瓜子殼，周進昏頭昏腦，掃了一早晨。（*Wu, Scholars*, 59）[16]

討論鹽商時（鹽商往往是文人的嘲弄對象），他們一本正經談到如何弄來「雪蛤蟆」，以為這頓絕佳的一餐畫下完美句點，上述正直與貪婪間如此簡單的對比，可被進一步帶進十足令人發噱的模仿裡（出處同上，頁三二五）。自負的魯家所辦的那場婚宴，也饒富深意。在這個令人叫絕的情節裡，先是有隻耗子從屋梁掉下，落進燕窩湯裡，然後，廚子出腳踢狗時，一隻鞋子飛了出去，不偏不倚落在一盤豬肉餡燒賣和鵝油白糖餃子上（出處同上，頁一六八—一六九）。這一餐就這麼給徹底毀掉，作者在其中清楚表達了一個社會觀點。

知識分子的文化和美食生活密不可分，而將食物形諸筆墨，係那個文化的一部分。清代諸多對食物和飲食原則感興趣的學者中，袁枚大概最積極表達他的美食觀而且最具說服力。在其為食譜書《隨園食單》所寫的自序裡，袁枚向當時人提出長達十二頁的規勸和警告，將其說成如要做好美食不可忽視的烹飪基本「須知」——話中意思既針對烹煮者，也針對挑剔吃的讀者而發。第一個原則係弄清楚食物的「先天」特性（袁枚，《隨園食單》，頁一）。[17]於是，「豬宜皮薄，不可腥臊；雞宜騸嫩，不可老稚；鯽魚以扁身白肚為佳」。「大抵一席佳餚，司廚之功居其六，買辦之功居其四。」佐料同樣重要：醬油、油、酒、醋各有其特性和缺點。袁枚在此未退入原則性論述，而是提出具體建議（大概是針對他十八世紀中期時居住所在的南京區域的產物而提）。於是油應挑最上等的蘇州「秋油」；醋則切忌使用「顏色雖佳，味不甚酸，失醋之本旨」者。鎮江醋就有此缺陷；來自江蘇板浦的醋無疑最佳，浙江浦口的醋居次（出處同上，頁一六）。食物的洗淨也很重要：燕窩應去毛，海參應去泥，魚翅要去沙，肉要去筋瓣，鹿筋要去臊，處理魚要細心，切勿「魚胆破而全盤皆苦」（出處同上，頁一b—二）。

接著袁枚談到一餐裡基本的協調問題。調味必須「相物而施」，緊緊貼合食物的本質：酒和水，有時要並用，有時則只專用其中一物，鹽和醬亦然；一盤菜裡食物的搭配，也要從味道淡濃、顏色清濁、品項豐寡的角度求得平衡。例如，「置蟹粉於燕窩之中，放百合於雞豬之肉」，太離譜。味道甚濃的食物，「鰻也、鼈也、蟹也、鰣魚也、牛羊也，皆宜獨食，不可加搭配」（出處同上，頁二－三）。

《隨園食單》開頭這幾個段落，說明了這位美食家對如何做好一餐食物的看法，而在接下來數頁篇幅的「戒單」這一節，袁枚則講述他親身經歷的兩個有趣事例，說明他眼中糟糕透頂的一頓飯菜：

> 極名廚之心力，一日之中，所作好菜不過四五味耳，尚難拿準，況拉雜横陳乎？就使幫助多人，亦各有意見，全無紀律，愈多愈壞。余嘗過一商家，上菜三撤席，點心十六道，共算食品將至四十餘種。主人自覺欣欣得意，而我散席還家，仍煮粥充飢。可想見其席之豐而不潔矣。
>
> 余嘗謂雞、豬、魚、鴨，豪傑之士也，各有本味，自成一家。海參、燕窩，庸陋之人也，全無性情，寄人籬下。嘗見某太守宴客，大碗如缸，白煮燕窩四兩，絲毫無味，人爭誇之。余笑曰：「我輩來吃燕窩，非來販燕窩也。」可販不可吃，雖多奚為？若徒誇體面，不如碗中竟放明珠百粒，則價值萬金矣。其如吃不得何？（出處同上，頁八b－九；英譯本，Waley, *Yuan Mei*, 195-196）。[18]

袁枚的一組「須知」事項，明確針對掌廚者而發，例如應維持的火溫、器皿的種類、烹煮時的乾淨要求。他把火分成兩大類，供煎炒的「武火」和供煨煮的「文火」。蛤、蛋、雞、魚——烹煮時各有其適切的火溫；廚子必須掌控火候，勿屢開鍋蓋查看食物烹煮進度。若如此，「則多沫而少香」；魚會變成死肉而無味。「明明鮮魚，而使之不鮮，可恨已極。」（袁枚，《隨園食單》，頁三）此外，味道濃的食物，應各用一鍋烹煮。有些人把雞鴨豬鵝肉放在同一鍋裡煮，結果是分不出各肉特點的一團食物，「味如嚼蠟。吾恐雞豬鵝鴨有靈，必到枉死城中告狀矣」。同樣原則可用於其他器具上；「切葱之刀，不可以切筍；搗椒之臼，不可以搗粉。聞菜有抹布氣者，由其布之不潔也；聞菜有砧板氣者，由其板之不淨也。工欲善其事，必先利其器，良廚先多磨刀、多換布、多刮板、多洗手，然後治菜。至於口吸之煙灰、頭上之汗汁、竈上之蠅蟻、鍋上之煙煤」，皆不可入菜中（出處同上，頁六）。

在《隨園食單》某處，袁枚批評更早之清代作家李漁的食譜書「矯揉造作」（出處同上，頁九）。這不純粹是美食家間的口角，因為李漁（號笠翁，一六一一－一六八〇）頗有名氣，文壇影響力也不小。在李漁的食譜書裡，袁枚所反對的，似乎是李漁在結合了奇思異想的鄉村風味上走火入魔，導致他胡亂擺弄正經的食物，從而違反袁枚的基本準則。李漁在其食譜書中批評「肉食者鄙」而且浪費，儘管他並非素食者；他建議食肉應根據動物的本性而定（而非如袁枚所會做的那樣，根據牠們肉的實際味道和質感）。李漁不想談吃牛肉或狗肉，因為牠們「有功於世」；他認為雞也有功於人，因為早晨雞啼喚醒人；至於鵝，則可快意食之，因為對人沒用處，魚和蝦可輕鬆食之，因為「水族易繁」（李漁，《閒情偶寄》，頁二六四－二六九）。[19]李漁也不吃蔥、蒜、韭，因它們氣味甚重，「能穢人齒頰及腸胃」；只吃韭菜芽；他建議這三者一律不碰，但吃較罕見、氣味較香而淡的香椿頭（出處同上，頁二五八－二五九；Lin and Lin, *Gastronomy*, 43）。[20]他不吃蘿蔔，因為它們使人打嗝，一打嗝，口氣就不佳，但他吃芥辣汁，因為會使人睡意全消，「食之者如遇正人」（李漁，《閒情偶寄》，頁二五九）。為做出最好吃的米飯，李漁會派其女僕從薔薇、香橼、桂花的花朵上收集露水，在飯初熟時淋在飯上；但李漁認為，玫瑰香味太濃，玫瑰花露不宜使用（出處同上，頁二六一；Lin and Lin, *Gastronomy*, 43）。至於麵，李漁也追求味道的極純，但在他的麵條食譜裡，他著重於味道的清淡，在這點上，他似乎一改過度精緻的作風，而較近似於袁枚：他的麵條料理講究清湯，湯只帶些許醬油味或醋味，然後將湯倒在已拌入椒末、芝麻屑的麵條上，並以「焯筍或煮蕈煮蝦之鮮汁」為麵增味（李漁，《閒情偶寄》，頁二六三）。

有個現代食評家認為，「李漁可能有點做作」（Lin and Lin, *Gastronomy*, 43）。肯定有人覺得他任由個人的道德成見和過度精緻的作風干擾對濃郁滋味的追求。他也表示喜歡某種飲食秩序——「五香膳已，八味餉客」（李漁，《閒情偶寄》，頁二六三）——而這正是袁枚所深深不以為然的那種作風。袁枚認為，宴席遵守嚴格的模式，一如正規的唐詩格式，只在極少見的情況下可取；否則，滿漢席的十六碟、八簋、四點心之類的菜色，都會變得太綁手綁腳（袁枚，《隨園食單》，頁一一b—一二）。

袁枚，一如與他同時代的有錢人，也非常講究設宴請客之道。請客至少要在三天前就發出，以便好好規劃菜餚。如果出門在外，必須備好某些菜餚的食譜，以便突然需要請客時可派上用場——例如炒雞片，炒肉絲，炒蝦米豆腐，及糟魚、茶腿之類。盛菜器皿應避用太昂貴的明瓷器，不如用清朝官窑所製的多種器皿擺出一桌菜。較便宜的菜餚應用小器皿裝，煎炒之食物應盤裝，煨煮之食物宜用砂罐，勿用鐵鍋（出處同上，頁四六）。袁枚認為應盡可能多使用昂貴食材，少用便宜食材，但菜餚分量也切忌過多；煎炒肉時，一次用肉勿超過半斤，雞魚肉則勿超過六兩。其他菜餚，為了料理出滋味，則當然分量要多：白煮肉至少要二十斤，煮粥則要用上一斗米（出處同上，頁五b）。菜要一道一道做，一道一道上，切勿一次全擺上桌，魚或牲畜的諸多部位，能入菜者，都應盡可能入菜（出處同上，頁九b—一〇）——在這方面，袁枚具有李化楠的某些儉省之風。與袁枚同時代的沈復，描述了如此多加利用食材能營造出的雅致情趣。他談到妻子陳芸的儉省之道：

貧士起居服食，以及器皿房舍，宜省儉而雅潔。省儉之法，曰「就事論事」。余愛小飲，不喜多菜。芸為置一梅花盒，用二寸白磁深碟六隻，中置一隻，外置五隻，用灰漆就，其形如梅花。底蓋均起凹楞，蓋之上有柄如花蒂，置之案頭，如一朵墨梅覆桌；啟蓋視之，如菜裝於花瓣中，一盒六色。二三知己，可以隨意取食。食完再添。另做矮邊圓盤一隻，以便放杯、箸、酒壺之類，隨處可擺，移掇亦便，即食物省儉之一端也。（Shen, *Chapters*, 70）。[21]

沈復強調，「余素愛客，小酌必行令。芸善不費之烹庖，瓜蔬魚蝦，一經芸手，便有意外味」（出處同上，頁六十五）。這種既儉省又雅致的風格，係在清中期中國甚受讚賞之簡樸典雅作風的一部分；因此，我們看到極講究感官享受的沈復，把吃新鮮的嶺南荔枝說成他的「生平快事」，而為了一遊嶺南，讓他一享此快事，妻子陳芸備辦了嶺南所無的蘇酒醉蟹（出處同上，頁三八、五二）。曹雪芹《紅樓夢》之類小說，則處處提到能予人難得之快意的珍饈佳餚：糟鵝掌、酸筍雞皮湯、瓊酥金膾、糖蒸酥酪和靈柏香薰的暹羅乳豬（Ts'ao, *Story*, 192, 195, 370, 376, 519）。[22]

德川幕府時期官員中川忠英，用心研究了一群與袁枚同時代的同省之人的飲食習慣，即短暫居住於長崎的江浙商人。他指出，這些商人的日常食物，飯和茶、醋、醬油、醬菜、南瓜、黑豆，必不可少；一餐平均只有三或四道菜；早餐吃粥和菜乾，配醬黃瓜和醬蘿蔔；午餐或晚餐才吃些肉或魚（中川忠英，《清俗紀聞》，頁九、三二）。[23]但請客時，他們遵循十六道菜的定例，菜色包括熊掌、鹿尾、魚翅、燕窩、海參；以及炒羊羔肉、「紅燒」豬蹄（李漁覺得已非常流行的一道菜）、兩種雞、鴨、鵝、蒸魚、蟹羹、乾煎貽貝、魚肚（出處同上，頁一九－二四；李漁，《閒情偶寄》，頁二六五）。二等宴席則是十道菜，少掉熊掌、鹿尾、野雞、鵝、蟹、貽貝。三等宴席八道菜，又少掉魚翅、羔羊（中川忠英，《清俗紀聞》，頁二六）。

中川忠英指出，長崎的中國商人酒量也很大（出處同上，頁九），此事提醒我們欲評斷清代美食家的一般飲食習慣時該注意的另一個問題。對喝酒之事直白無隱的沈復坦承，一七八〇年家裡為他姊姊出嫁設宴那天，「余在洞房與伴娘對酌，拇戰輒北，大醉而臥，醒則芸正曉粧未竟也」（Shen, *Chapters*, 7）。袁枚篤信喝酒過量會使人嘗不出食物的好壞，但他也深愛美酒，坦承溧陽烏飯酒令其無法抗拒，曾飲十六杯，喝至天旋地轉；又有一次，某種味道甘美醇厚的蘇州酒，使他忍不住喝了十四杯（袁枚，《隨園食單》，頁七八）。[24]在某個充滿歡喜之情的段落裡，他把燒酒比喻為「人中之光棍，縣中之酷吏也。打擂台，非光棍不可；除盜賊，非酷吏不可」，還說「驅風寒、消積滯，非燒酒不可」。他認為山西汾酒大概最佳，山東高粱酒居次。這類酒可存放十年，直到酒色淡綠，酒味變甘——一如「光棍做久，便無火氣，殊可交也」。吃豬頭或羔羊尾時，搭配這類酒，味道絕佳。蘇州酒往往較差，他還認為紹興酒被吹捧過頭。揚州木瓜酒不值一嘗，「上口便俗」（出處同上，頁七八）。

要區分縱情大喝的諸多社交功能、個人功能並不容易，但縱情大喝的現象並非只見於清中葉。康熙年間（一六六二—一七二二），時任禮部尚書的韓菼似乎喝酒過量致死。同樣康熙年間，有個酒社，其成員包括湯斌、沈荃、張英之類傑出學者，每個成員各有自己的酒杯，內壁杯底鐫刻杯主的姓氏字號（梁章鉅，《浪跡叢談》，第四卷，頁一一二）。[25]同樣康熙年間，但更早時，余懷描述了南京宴飲情景：所有賓客喝到大吐，臥地而眠（Yü, *Feast*, 95）。[26]那發生在妓院裡，而在妓院，客人自然盡情大喝，妓女則以能指導、監督、參與拚酒遊戲而受到看重（出處同上，頁七四）。但這種拚酒遊戲在上流社會也很常見。沈復之妻就與沈復可能納為妾的女子暢飲（Shen, *Chapters*, 55-56）。蒲松齡的一則短篇小說，講述了一場特別的酒令遊戲，輸贏就看有沒有運氣從《周禮》裡檢出帶「食」字旁或「酉」字旁的詞句（Pu, *Contes*, 70）。[27]充足的證據顯示，對文人來說，酒和食物密不可分，係文人美好生活的一部分。

酒能使人嘗不到食物的美味，酒本身也成為感官歡愉時刻的一部分；在講究美食的清代氣氛下，由於有權勢有品味的男人享有財色不虞匱乏，與食物、色慾有關的詞彙與感官享受用語重疊且融入該用語裡，也就不足為奇。沈復以「瓜期未破」形容十六歲處女憨園——憨園曾甚受他和他妻子喜愛，但為期不長（Shen, *Chapters*, 54）。在男性所作的詩裡，這類明喻很常見（儘管含苞待放、花朵和綠葉或許被視為更貼切），在女性所作的詩裡也屢見不鮮，至少從八世紀起就如此，由名妓趙鸞鸞那些引人遐想的詩句，就可見一斑：「削青蔥」、「櫻桃顆」、「白瓜子」、「紫葡萄」（Rexroth and Chung, *Boat*, 26-30）；[28]從清代詩句裡，則可輕鬆列出一堆這類比喻。但要研究清代食物，來自《紅樓夢》的一些簡短例子，倒是甚為合適，而且在這一點上很切題，因為此小說的讀者大概就是我們前面談過的那些美食家：文人、受過教育的商人家庭、他們的女人。這些讀者若讀到曹雪芹別出心裁把弄傳統意象的字句，肯定會樂在其中：「捲簾蝦鬚」（Ts'ao, *Story*, 359）；「腮凝新荔，鼻膩鵝脂」的小女孩（出處同上，頁八九）——即使曹雪芹在此近乎自我嘲弄；他們也大概會欣賞此小說中那些被藉由紅色與水果的意象與愛吃人嘴上胭脂的賈寶玉聯繫在一塊的年輕女孩，裹著「杏子紅綾被」、披著「桃紅綢被」、穿著「草莓紅的綾子襖兒」的年輕女孩（出處同上，頁三九二、四一五、四六九）。

但透過這部清代小說的複雜情節結構，食物詞彙能更加充實語言。因為在此，形式給了對隱喻的新式從容探索和對呼應的使用發揮的空間，在此，呼應的不是類似體裁的過去作品，而是同一作品裡的前面章節。曹雪芹發展次要情節的方法之一，係把它和食物或飲料聯繫在一塊。於是，賈寶玉首度領會到他家無法控制一切事物，意識到他所愛的丫鬟暨愛人襲人可能被贖走那個感人一幕，就發生在李嬤嬤惡意吃掉寶玉留給襲人的酥酪之後不久。其實，曹雪芹已以寶玉在襲人家裡對襲人說的性暗示話語，為這段情節事先做了鋪墊。當時，寶玉笑道，「你就家去才好呢，我還替你留著好東西呢」（寶玉在此意指酥酪，但在聽者看來也暗指和她雲雨之事）；襲人悄笑道：「悄悄的，叫他們聽著什麼意思。」她說這話時，伸手從寶玉脖子上摘下通靈玉（出處同上，頁三八一－三八二）。將此小說譯成英文的戴維‧霍克斯（David Hawkes）指出此玉在寶玉人生中扮演的性角色，而酥酪本身則原是皇妃賈元春賞賜的禮物（出處同上，頁三八，注八；三七六）。

曹雪芹以類似的呼應手法，增添秦鐘之死的令人心痛。在洋溢著愛意與青春歡愉的一幕中，秦鐘與漂亮的小尼姑智能兒打情罵俏，智能兒笑道：「我難道手裡有蜜！」（出處同上，頁二九六）。後來秦鐘快死時，寶玉帶著家丁前去探望，「蜂擁」至內室，見秦鐘「面如白蠟」（出處同上，頁三二一）。蜂與蜜這兩個意象只是曹雪芹圍繞著這兩個年輕男孩所編織的複雜口、肛意象的一部分：他們結識於吃東西時（出處同上，頁一七九）；秦鐘獲准和寶玉一同上私塾，係在賈家老僕焦大發酒瘋亂嚷賈家的醜聞，被土和馬糞滿滿地填了一嘴這特殊的一幕之後（出處同上，頁一八三－一八四）；私塾同學用「貼個好燒餅」這個影射同性戀的短語，嘲笑秦鐘和寶玉（出處同上，頁二〇八）；[29]秦鐘和智能兒、和寶玉初識雲雨情都在饅頭庵（「因他廟裡做的饅頭好，就起了這個渾號」）（出處同上，頁二九四、二九九－三〇〇）；秦鐘與智能兒幾次這番譴綣後，疲累不堪，而曹雪芹以「懶進飲食」一語表達他的疲累（出處同上，頁三〇二）；秦鐘短暫迴光返照後哽咽而死（出處同上，頁三二三）。

《紅樓夢》裡出現的田園詩不多，而其中一首詩背後，存在著同樣複雜的一連串歧義性。表面上看來，這首詩再中規中矩不過：

杏簾在望

杏簾招客飲，在望有山莊。
菱荇鵝兒水，桑榆燕子梁。
一畦春韭綠，十里稻花香。
盛世無飢餒，何須耕織忙。
（出處同上，頁三七〇）

但曹雪芹未讓其清代讀者一逕徜徉在那個田園風光裡。因為在選定此詩作為元妃省親時一處建築的裝飾性詩句時，寶玉引用了「柴門臨水稻花香」這個詩句，好似要呼應他父親心裡的想法。那時，他父親剛見到分畦列畝的蔬菜，心有所感，而說道「勾起我歸農之意」（出處同上，頁三三四－三三五）。此處的諷刺意味甚濃，因為寶玉在呼應先前他這輩子唯一一次真正走訪農村時浮現的想法。那時，他和鄉下丫頭交談，看到農村的生活情況：寶玉說那時他才體會到「誰知盤中飧，粒粒皆辛苦」的意涵（出處同上，頁二九二）。但寶玉依舊走不出他自幼生養的環境，離不開他所已嘗到的珍饈美味。因為，在他另外唯一一次走訪窮人家時，襲人母兄把家中最好的食物拿出來孝敬女兒的這個年輕主子，但襲人傷心看出，寶玉仔細打量過用心擺設的一盤盤糕點、果乾、堅果後，還是「總無可吃之物」（出處同上，頁三八一）。

宮廷

在宮廷這個層級，食物有多種作用，其中之一是充當象徵和祭品——以食物祭神，小至該用何種器皿、祭品該如何擺放都不能逾矩（《欽定大清會典圖》，頁一一三九－一一四三七）。在這方面，清朝依循前例，就中國禮儀習俗來看，似乎沒有重大創新之處。但滿人的確為祭儀增添了他們祖先的薩滿教習俗；在滿人自己的廟裡，他們多擺了豬、穀物這兩項祭品以安撫他們的神靈——但早在乾隆年間，這些神之名字的意義或重要性就已遭遺忘（《欽定八旗通志》，頁八九－九三）。

糧食生產的維持，當然是朝廷所最念茲在茲的事項，因為整個帝國和行政體系的運作，靠向農民課徵的田賦來維繫；在這點上，清朝同樣未大幅修改前朝在堤壩修築和維護、非常時期糧價穩定、稅賦評定和徵收，或從南方將「貢糧」往北送以養活京城兵丁方面的政策。最重大的變更，出現在田賦占清朝總稅收的比重上；因為，雖然清代時田賦收入的確穩定成長，但其占總稅收的比重，從乾隆年間的七三・五％降為清末的三五・一％——新稅收來源的大宗係海關稅收和釐金（通關費）（Wang, *Taxation*, 79-80）。[30]

歷朝歷代，養活整個宮廷之人一直是個大難題，在清朝亦不例外。在這方面，清朝由倚賴皇家莊園產物和收繳各地「上貢」的土特產，慢慢轉變為中央一把抓的採購制，並由內務府會計司操持此業務。乾隆年間後期，此司一年採購七十五萬擔穀物、四十萬顆蛋、一千斤酒（Chang, "Role," 254），[31]但這麼龐大的數量只占整個朝廷所需糧的一小部分。內務府的御茶膳房，據《大清會典》所述，係由多個掌管肉、茶和奶、糕點、酒、漬物、新鮮蔬菜的機關所組成。員額眾多的廚子和其助手，負責備辦皇宮中各級人等的每日飲食，從皇帝以下，經嬪妃，至阿哥、格格，供應數量往下遞減（《欽定大清會典事例》，頁一一九二）。

證據顯示，許多清朝皇帝，儘管以奢華著稱，吃得卻頗簡單：康熙喜歡吃簡單煮熟的鮮肉、魚、鮮果（Spence, *Emperor*, chaps. 1, 4）；[32]光緒早餐只點奶、稀飯、烙餅（Der Ling, *Son*, 73）。[33]一七五四年乾隆某餐的菜單看來美味，但遠談不上奢華（Su, *Dishes*, 16）。[34]

主菜

肥雞鍋燒鴨子雲片豆腐一品，張二（音譯）烹製

燕窩火燻鴨絲一品，張二烹製

清湯西爾占一品，榮奎（音譯）烹製

攢絲鍋燒雞一品，榮奎烹製

肥雞火燻燉白菜一品，張二烹製

鹽水鴨豬肉一品，榮奎烹製；

宮廷炒雞一品

糕點

筍餡蒸燒賣

米糕

蜂蜜米糕

醬菜

擺在飾有蜀葵花圖案的瓷器裡呈上

鹵水醃白菜

豆瓣黃瓜

醬茄子

米

白米飯

但皇帝的個人喜好與廚房的規模或做菜成本關係不大。所有大宴的菜色有明確規定，根據大宴在儀禮上的重要性高低，將各大宴席分級。

《光祿寺則例》出版於晚清，從這份紀錄，我們能看到某些差異。光祿寺承辦的宴席分滿席和漢席兩種，滿席有六等，漢席則有五等，由受賜哪種宴席，可推斷受賜者的職業等級、官階。例如，高階蒙古王公（貝勒）獲賜一等滿席，喀爾喀蒙古王公則受三等滿席款待，達賴喇嘛的使者獲五等滿席款待（《光祿寺則例》，卷二十四，頁一b、三；卷二十五，頁一）。外國貢使團，不管是來自琉球或安南，皆獲賜六等滿席（但朝鮮貢使例外，獲賜五等滿席），而順治、康熙年間最早來華的那些西方使節，就得到外國貢使團的待遇。漢席也有類似的分級：一等漢席用於《實錄》編成時賜宴款待編修者之用，二等漢席用於款待殿試主考官，三等漢席款待侍衛的軍官和太醫，五等則用於款待文武進士。

不同等級的宴席，食物的分量和種類隨之不同，或許每桌的人數也隨之不同，因為分量不同，人數當然要跟著不同。於是，就一等滿席來說，每席所用食材，包括一百二十斤白麵粉、八斤乾豆粉、一百五十顆蛋、十八斤白糖、四斤白蜜、六斤芝麻、多種果乾，以及視季節而定的新鮮水果（出處同上，卷四十三，頁三－七）。[35]就六等滿席來說，分量則減為二十斤白麵粉、二・八斤白糖；完全不供應蛋，藉由提供比上等滿席還要多樣許多的果乾，使菜色顯得多樣（《光祿寺則例》，卷四十六，頁一－五）。光祿寺所列出的滿席宴為素菜宴。但有待更進一步的研究，才能確切斷定在哪種宴席上供應滿族葷菜，以及對哪些使節供應滿族葷菜；因為一六八〇年康熙皇帝宣布，此後新年宴席採漢席，捨滿席，因為為了備辦滿席，殺生太多（《大清聖祖仁皇帝實錄》，頁一五一三）；一七二一年約翰・貝爾（John Bell）隨俄羅斯使團來到北京時，獲招待豐盛的上等燉牛羊肉（Bell, *Journey*, 119, 136）。[36]

各式肉、魚菜餚齊備的菜單，只出現在漢席裡。一等漢席菜包括豬肉和豬腸、鴨、鵝、雞、魚，以及種類多上許多的調味品（《光祿寺則例》，卷四十七，頁三b－六）；五等漢席有豬肉（但無豬腸）和魚，但拿掉家禽，換成羊肉。此史料末尾的一則注解說，五等漢席原有雞，一七八七年才拿掉（出處同上，卷四十七，頁一五－一七）。就了解清史來說，該史料的某些附表或許頗為重要。這些附表較確切交代了一等漢席每碗的內容。每席三十碗主菜、四碟調味品和醬菜。舉幾個例子來說，一隻鵝會做成三碗，一隻全雞會做成一碗，一．八斤的豬肉做成一道菜，二兩的海菜和六兩的豬肉合成一碗，五顆雞蛋用於一道用蛋做的菜，十二個包子盛在一碗裡，每個包子用二兩白麵和半兩（五錢）豬肉做成（出處同上，卷四十八，頁一－三）。

每次宴席所耗用的物力數據，當然同樣精確：就上等滿席來說，要用八十斤柴和五十斤煤炭；每十桌要用到一套爐灶；每十桌菜的烹製要用到四大碗、一個蒸籠、一個炒菜鍋、數根金屬長勺、一個金屬烤盤、一塊用來防止蒼蠅停落菜上的紅布、一塊用來鋪在餐桌上的紅油布。當然還需要扁擔和食物盒、砧板和長凳、籃子、不同網眼大小的篩子、掃把、用來撇去浮物的漏勺、桶子、勺子（出處同上，卷四十三，頁二－三）。象牙筷係漢席專用，滿席不用（出處同上，卷四十七，頁三）。

如此鉅細靡遺且一絲不苟的規定，使我們想到彰顯清廷對食物之看重的最後一個領域，即把與食物有關的資料編纂成冊一事。一如清廷收集、編纂自己的歷史和皇帝詩文，清廷也官修農業著作全集，而食物是這類全集不可或缺的一環。乾隆年間，針對收入《四庫全書》的卷帙浩繁著作加以評注，以此方式出版了得到官方認可的基本文獻目錄，即《欽定四庫全

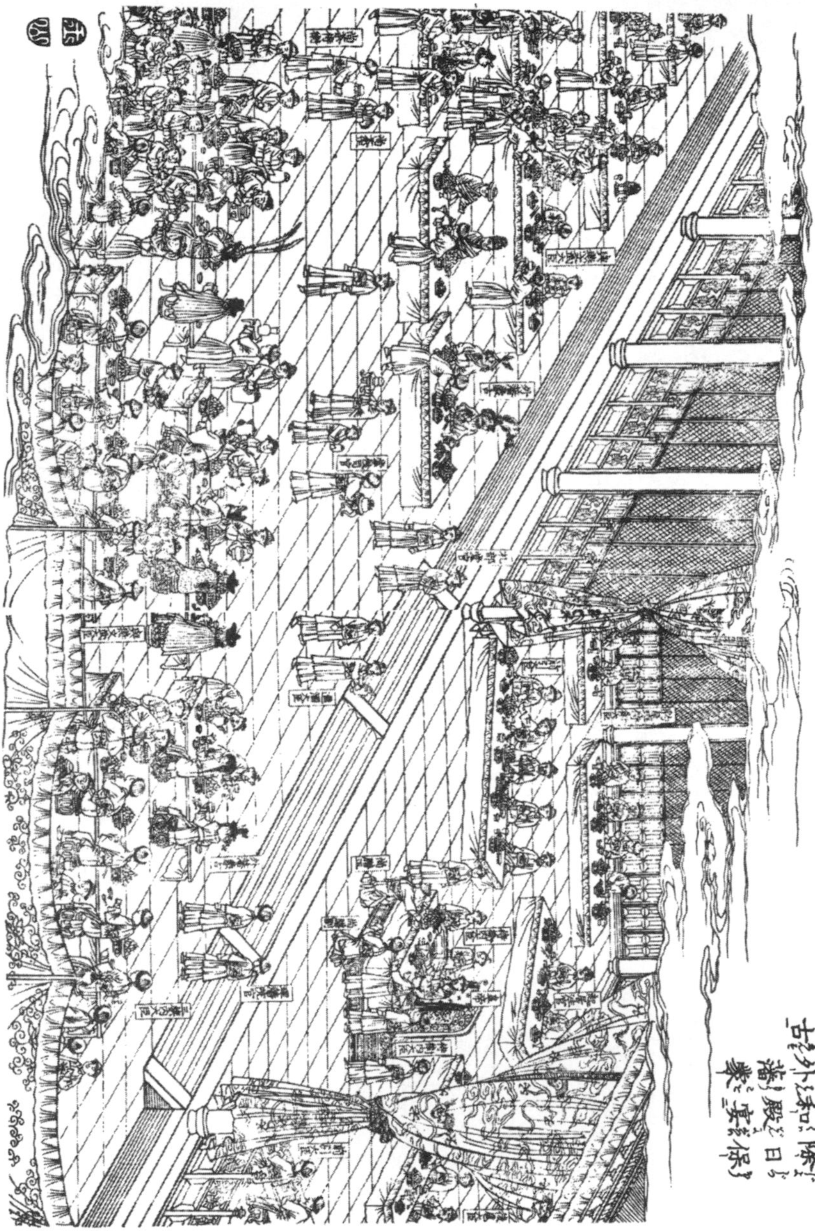

為款待外國貢使團在清宮裡舉辦的盛宴（來自《唐土名勝圖會》，1806）。

書總目提要》。《總目提要》農家類書目，不出所料，以講述牲畜飼養的六世紀經典著作《齊民要術》開頭（《四庫全書總目提要》，頁二〇七四）。關於食物和食物稅的官方資料，則編成《皇朝三通》。《皇朝三通》的編修，旨在沿續宋朝同類的大型百科全書著作，刊印於乾隆年間。《古今圖書集成》這套巨製，則幾乎整個涵蓋中國食物史和食物的食用、生產史。這套書始編於康熙年間，但因其主要編修者遭貶，雍正年間才以康熙年間排的版付印。這套書據估計共約一億字，其中約五十卷收錄食物、酒方面的著作，囊括了禮儀書裡提及飲食的最早文句至十七世紀初的著作。有數節專門談醋、酒、蜜和糖、食用油、肉、米、有毒食物、節慶食物，以及歷代歌頌飲食之樂的詩（《古今圖書集成》，卷二五七－三〇七）。宋代《耕織圖》，在康熙、乾隆年間都出了官訂新版，新版中頌揚耕織之術。清代時，與食物有關的一些明代大作，例如藥典《本草綱目》，在私人支持下得到進一步闡發；其他重要著作，例如含有與食物有關之技術的珍貴資料的《天工開物》，清代時從未重印，但其中有些部分得到刊印，收於《古今圖書集成》。民間讀者，似乎和朝廷編修官一樣，欣慰於所有和食物、食物生產有關的重要知識和技術都已被人道出，無有遺漏。清朝官方贊助並印行的一部談農業技術的精心之作，《授時通考》，由鄂爾泰、張廷玉掛名編訂（一七四二年），被晚近一位研究農業史的中國學者稱作只是對《齊民要術》的補充或評注，是對《齊民要術》的正統發展（石聲漢，《齊民要術今釋》，頁一〇二－一〇三）。[37]

十九世紀時，這一情況未變。平定太平天國之亂後，皇帝的確在某些方面回應來自西方的衝擊——例如成立江南製造總局和同文館之類教授外國科目的學校——但擴大國內農業一事似乎未得到皇帝看重。皇帝把注意力擺在槍炮、機械，以及工程、物理、化學、數學方面的技術上。一八六〇年代至一八九〇年代傅蘭雅為江南製造總局效力期間為機構翻譯了許多書，其中似乎只有兩本書和農業有關：農業參考書目和農業化學書（Bennett, *Fryer*, 96）。[38]直到十九世紀末，才有一些「自強」運動改革者指出農業對強化國力的重要。在一九〇一年聯合上呈的奏摺中，劉坤一和張之洞指出西方農業著作的翻譯情況，但說優秀的現代日文著作甚豐，應為中國人所用（Teng and Fairbank, *Response*, 202）。[39]孫中山在其「興中會」宣言裡力促關注科學農業，改良農牧業，農耕機械化以節省人力（出處同上，頁二二四）。張之洞的實事求是，大概非其他清朝官員所能及，聘請了兩名美國專家調查湖北的農業情況，嘗試播種新種子。一九〇二年，他在武昌附近闢設了廣達兩千畝的試驗田（Ayers, *Chang*, 132），[40]致力於讓同時代的國人知道西方每畝的糧食產量大大高於中國（出處同上，頁一六七）。

但這類探索在當時依舊曲高和寡，中國人對西方食物的看法依舊含糊或浮誇。[41]一八六八年傅蘭雅從英格蘭訂購了數批自己要用的書，其中之一是《家常食譜》（*Family Cookery*）（Bennett, *Fryer*, 76）。他是否打算把英國菜的某些作法介紹給中國人，不得而知。我們也不知道如果有機會，他是否會推薦當時盛行於上海洋人的日常飲食：

晚餐先喝濃湯和一杯雪利酒；接著一或兩道副餐配香檳；然後牛肉、羊肉或禽肉與培根，搭配更多香檳，或者啤酒；再來，咖哩飯配火腿；然後野味；接著布丁、糕點、果凍、卡士達或奶凍，搭配更多香檳；再來起司和沙拉，麵包配奶油，一杯波爾圖葡萄酒；然後往往是橘子、無花果、葡萄乾、核桃……搭配兩、三杯紅酒或他種葡萄酒（Fairbank, *Trade*, 160-161）。[42]

儘管中國「對外開放」，在烹飪上，中西契合之處甚少；威廉・杭特（William Hunter）描述中國人對西式料理的反應，語中雖帶著戲謔之意，卻可能不致太離譜：

接著品評一下餐桌上那些人的品味。他們大口喝盛在碗裡的流質物，用他們的怪腔怪調把那叫作 soo-pe（譯按：即英語的 soup〔湯〕），接著大啖魚肉，魚盛放在盤上的模樣，活脫脫就像隻活魚。接著，在桌子各角各擺上一盤半生的肉；這些肉浮在肉滷裡，有人用刀劍般的工具從它們切下一塊塊，擺在賓客前……他們大口吞下厚厚的肉塊，把剩肉丟給一大群惡狠狠的狗。他們讓這些狗在他們兩腳間穿梭或躺在桌子底下，狗兒不斷低吼或打架。接著上了一道讓我們喉嚨一陣火辣的菜配飯吃，用我身邊某人的番話說，那叫咖哩，而那飯是我唯一覺得合胃口的東西。然後，有道又綠又白的東西，其氣味讓我受不了。有人告訴我這是把酸的水牛奶放在太陽下曝晒製成的複合物。酸奶就這麼一直曝晒，直到長滿蟲為止，但酸奶越綠越帶勁，吃來更美味。這叫 Che-Sze（譯按：即起司），搭配一種混濁的紅色液體飲料吃，這飲料生出的泡沫漫過杯頂，弄髒人的衣服，人稱 Pe-Urh（譯按：即啤酒）——竟有那種東西！但就這些而已（Hunter, *Bits*, 38-39）。[43]

儘管有這些褒貶不一的西方人看法，對王朝已走到盡頭時的年輕皇帝溥儀來說，宮廷御膳自十七世紀以來並沒有明顯的改變。就在他於民國初年幽居時，古老、浪費的儀禮依舊未變。一個個太監，奉他命令，魚貫而入，把奢侈菜餚端到他面前，每個銀盤擺在瓷盤上，瓷盤裡有熱水為菜保溫；但面對這些菜餚，溥儀從未動筷，因為他受不了這些往往前幾天就做好的豐盛菜餚。「御膳」一口未嘗送回御膳房，然後大概在那裡被宮中的人吃掉。這些用膳程序使溥儀每月消耗的食物，據說高達八百一十斤肉、兩百四十隻雞鴨。事實上，他吃后妃在自己廚房裡為他特別製作的小分量、美味食物。但不管他吃了什麼，不管吃了多少或吃得好不好，太監總是稟報說皇上吃得如鄉下人簡單。在過去，這說法或許讓人覺得在效法農民的美德，但這時卻變成殘酷的可笑：「奴才稟老主子：萬歲爺吃了一碗老米膳、一個饅頭和一碗粥。進得香！」（Aisin-Gioro, *Emperor*, 43-44）。[44]

服務和配送

與食物消費有關的服務、配送這個題目大且繁雜，需要對社會史、經濟史有深厚了解才能深談，而本人並不具備這樣的了解。但清代時食物服務的某些部分還是值得一談。

清代是社團組織大行其道的時期。在最低層級，窮人家可能組成小群體，把稀少的資源集中使用，湊出難得的一頓晚餐——就連乞丐都組成這類組織，以減輕生活的困苦（Simon, "Note," 12-13, 21）。[45]在較富有的層級，則有由遠在他鄉的同省商人、官員組成的有力協會，即會館。在自己的會館裡，他們能用公有的經費買進家鄉的食物，讓自己吃到家鄉菜，也能在他鄉保住自己的飲食方式（Morse, *Gilds*，以及何炳棣，《中國會館史論》）。[46]

商人行會常專營某個食物生產領域或銷售領域，能控制價格。例如，在寧波，閩商專門經銷鹽、魚、橘子，也維持一個特殊部門來處理糖產品，而該部門能提供行會商人七十天免費的存放設施（MacGowan, "Guilds," 138, 142, 146）。[47]寧波的魯商則一度能守住他們對豆子、豆餅的獨家運輸權，即使面對洋商亦然（出處同上，頁一四九、一五〇）；他們給經營穀物銷售、油和豆餅銷售的自己行會成員各四十天、五十天的賒帳期——寧波的廈門行會則給麵食原料商會員十天賒帳期（出處同上，頁一四七、一五〇）。溫州磨粉業者，有個由十六名磨粉廠老闆組成的領導團體，能訂定整整一個月後的價格（出處同上，頁一七五），寧波漁販行會，有儲備金七十多萬元，能控制漁業的幾乎每個方面：船、砝碼、品質、零售店（出處同上，頁一七一；Jametel, *Chine*, pt. 4）。[48]漁業又得到製冰業者組成的團體協助，夏季時由他們保存漁民的漁獲（顧錄，《清嘉錄》，卷六，頁四，談冰；Jametel, *Chine*, 195，談寧波）。[49]

現存來自諸多清代商業團體的碑文，則讓我們得以進一步了解這些互保性質的協會——以及它們所維持不墜或想方設法防範的濫權行為。來自蘇州城的一些資料，說明豬肉產品的經銷商如何建造自己的會堂，如何談定公道的價格，如何阻止殺豬業者以豬肉而非以現金支付部分錢款，以及他們最終太濫用自己權力，遭江蘇財政官員公開訓斥之事（江蘇省博物館，《江蘇省明清以來碑刻資料選集》，頁二〇五－二〇五）。[50]另有一些事涉及組織起來對付不老實掮客的乾海產經銷商；遭惡棍強搶食品而找官府保護的糕餅店和茶館；爭取到使用精確砝碼的棗商（出處同上，頁一八六－一八九）。至少有另兩個行會，大豆、豆腐商行會和釀酒業者行會，要求消除或抑制地下業者競爭，而且似乎如願以償（出處同上，頁一九四－一九六）。

食物的配送和運輸當然工程浩大，要用到龐大人力。透過現存的商人手冊，我們得以在地圖上標示出許多貿易路線和途中的重要樞紐（Wilkinson, Manuals）。[51]此外，大清皇家海關總稅務司職員一絲不苟的記載，也使我們得以標示出至少三個不同的食物移動方式，至少就清代後期來說是如此。第一個會是輸入某省的比較性層級的貨物，例如安徽從蕪湖取得大量紅糖，以及買進數量可觀的蘑菇、胡椒、海菜（China Imperial Maritime Customs, *Returns*, 135）。[52]第二個會是諸多不同省所買進、轉運到內陸的數種不同層級的貨物：河南南陽為紅糖提供了最大市場；湖北襄陽為肉豆蔻和糖果提供了最大市場；四川重慶為海菜、胡椒、烏賊提供了最大市場；湖南長沙為乾蛤提供了最大市場（出處同上，頁九一－九九）。第三個會是中國出口的食物——主要出口品，除了茶葉，還有糖、細麵條、豆和豆餅、水果、藥、醃製蔬菜、大黃（出處同上，頁一〇）。這一新打入國際食物市場的現象，有一點必須注意，即中國農民自此受制於世界貿易價格的波動。例如，誠如根據一八八四年汕頭某報告所能看出的，歐洲甜菜產量的增長，幾乎立即衝擊中國本地甜菜價格（出處同上，頁三一三）。

就可透過現存資料觀察的清代許多零售、配送領域，我們或許會注意到至少三大領域：餐館、流動商販、廚子。在清代中國，餐館、客棧的貴賤、雅俗等級，當然從低至高都有。由於李斗那部引人入勝的著作《揚州畫舫錄》，十八世紀揚州的餐館、客棧至今仍甚為有名且吸引遊客造訪。書中提到為了一嘗店裡著名的點心而湧入茶館的觀光客（李斗，《揚州畫舫錄》，卷一，頁二四b－二五）；[53]羊肉料理極精，引得食客「雞鳴而起，排隊購之」的一家餐館（出處同上，卷九，頁一〇b－一一）；由前商人的大宅改闢而成，以點心和老闆女兒的漂亮而著稱的一家餐館（出處同上，頁九－一二b）；有豬肉販出身的「周大腳」在店裡當服務生，顧客花上二錢四分銀子就能好好吃上一頓，喝上足以讓人醉倒的酒，還能觀賞鬥蟋蟀、鬥鵪鶉的一家餐館（出處同上，卷九，頁二五）。有存放了全國各地名酒和按季節自釀之酒的酒館（出處同上，卷十三，頁一－二）；有以炒田雞或板鴨或酒醋蹄著稱的餐館（出處同上，卷九，頁一一）；還有純以美食著稱，用餐環境優美，由漂亮姑娘上菜，可供文人消磨一晚、邊吃喝邊寫詩的餐館（出處同上，卷十五，頁三a）。被李斗拿去作為其書書名的畫舫，在揚州也很出名。想要辦一場特別之宴席者，可事先向數家餐館訂餐，菜一做好，店家即送至畫舫；在畫舫，東道主和其賓客、僕人能盡情享用，還可向附近等著客人上門的酒船購酒（出處同上，卷十一，頁三、一六b－一七）。許多這類遊船是特別高級的餐館，但另有畫舫充當閒遊嬉戲的地點，或根本就是妓院，例如十八世紀後期沈復在廣州所逛過的那些專門提供各省姑娘的畫舫（Shen, *Chapters*, 42-45）。後一類畫舫以鏡、床、簾、燈精心裝飾；至少至乾隆晚期時，這類水上餐館已向用餐客人供應鴉片（出處同上，頁四四），十九世紀後期，抽鴉片已盛行於廣州，並已散播到北京的大餐館（Jametel, *Chine*, 231-232; Jametel, *Pékin*, 251）。[54]

在任何小鎮，客棧和餐館都是社交往來、閒聊小道消息的中心，在蒲松齡的短篇小說集《聊齋志異》或吳敬梓的長篇小說《儒林外史》之類小說裡，就可一再看到這類情景。

佛寺也有大廚房，節日時人們去寺裡吃齋飯（李斗，《揚州畫舫錄》，卷四，頁二四b－二五）。據某則記述，有些佛寺的廚房爭搶顧客上門，為提升其素菜的風味，不惜用雞湯煮麵，或把布塗滿雞脂，然後用該布為竹筍、菇湯增添風味（《清稗類鈔》第二十四冊，第五十六卷，頁四七－四八）。就鄉村窮人來說，餐館、客棧自然是社交中心，但誠如山東郯城知縣黃六鴻所指出的，也可能是詐騙取財中心；因為，進城打官司的農民，被迫落腳於特殊客棧裡，而因為要打點衙門信差和其他服務人員，他們在客棧裡的餐費高漲，不小心入此店者，可能因此破產（黃六鴻，《居官福惠全書》，頁一二七）。[55]對其他窮人來說，客棧提供了不致受到官府監看的會面地點，可在該處籌劃造反之事、交換武器和錢（Naquin, Rising）。[56]或許因此之故，清朝對所有下榻於客棧者祭出鉅細靡遺的登記制，客棧老闆每隔一段固定時間就要把來客登記簿繳交給知縣衙門，至少《大清律例》如此規定（黃六鴻，《居官福惠全書》，頁二一四、二四七）。

晚近，方豪找到清代中國旅人所記的一些帳簿並將其出版，我們因此得以深入了解清代食物價格。例如，根據休寧縣一七四七年餐館開出的收據，一席九道標準菜要價九錢銀子（〇．九兩）；一席九道大菜一．〇八兩銀子（方豪，〈乾隆十一年至十八年雜帳及嫁妝帳〉，頁五八）；[57]整桌附湯，加五錢銀子。訂席數量多者，可能有折扣，因為有次預訂了十一席，每席九道標準菜，每席只收七．二錢銀子。這類餐館接受大單預訂，有份上述餐館

（萬安街汪萬成館）開出的收據保存至今，其中顯示有人以每碗一．二分銀子的價錢預訂了一百五十六碗麵，總價一．八七二兩銀子。根據現存的該餐館菜單，我們知道一席十一道菜包括燉肉、蹄包、鹿筋、魚丸、蟶乾、魚翅、鮮魚、鮮雞、皮蛋（出處同上，頁五九）。

但對許多旅人來說，這類價格令人望而卻步，而根據其他帳簿，可看到旅人比較價格時的用心和一路上花錢的小心：一七九〇年十一月，冬筍在杭州每斤三十文錢，在蘇州則最貴達三十二文錢；豬肉每斤八十文錢，牛肉三十八文錢，什錦肉七十二文錢、魚五十文錢、雞每隻一百一五十文錢。就一般購買力來說，可以拿以下東西和這些食物相比：一斤蠟燭兩百一十二文錢；理一次頭三十至四十文錢，視所在地而異；或紹興酒或蘇州酒均一斤二十八文錢（方豪，〈乾隆五十五年自休寧至北京旅行用帳〉）。[58] 一八七五年結伴至南京應試的六名考生的帳簿，則使我們得以比較一個世紀來的某些物價，看出儘管遭太平天國之亂摧殘，許多物價變化不大。一七九〇年旅人要以每石二．一兩銀子的價格買米，到了一八七五年則漲至三．二兩；豬油從每斤七十二文錢漲至一百二十八文錢；但南京豬肉只從八十文錢漲至九十六文錢，在鄉村則仍在八十文錢左右或低至七十五文錢（方豪，〈光緒元年自休城至金陵鄉試帳〉，頁二八九－二九〇）。[59]

就較窮的人來說，餐館係流動攤販、賣貨郎之世界的一部分。餐館往往在附近搭了小棚，在那小棚，顧客可買或外帶簡單的餐食，或用幾文錢就可買到用較有錢顧客吃剩的菜餚雜混烹煮而成的菜（《清稗類鈔》，第四十七冊，第九十二卷，頁一二）；有以苦力為銷售對象的攤子，「江北婦女置飯及鹽菜於籃，攜以至苦力麇集之處以餉之」（出處同上，第四十七冊，第九十二卷，頁一）。即使薪水微薄之人，還是能從這類攤販買到東西：小塊花生糖或棉花糖、蜜糖，每塊一文錢（MacGowan, *Sidelights*, 300）；糕點每份五文錢，一塊豬肉乾七文錢，一碗粥十文錢，一整碗白米飯二十文錢，一碗鹹肉四十文錢（《清稗類鈔》，第四十七冊，第九十二卷，頁一二）。對那些沒有爐灶或燃料的人來說，有賣熱水的攤販，讓一家人得以用最低的價錢給自己煮出熱騰騰的一餐（Yang and Tao, *Standard*, 75）。

比起文字，繪畫和木版畫更能讓我們理解當時的分殊多樣：在清初風俗畫上，我們看到一個母親帶著孩子買軟性飲料，看到學者品茶。刻劃一七一七年北京鬧區的木版畫，呈現形形色色的貨攤，飢餓、口渴者可在此小歇，補足元氣。其中許多攤販有精心設計的器具，用以為顧客提供熱食或飲料，形同流動餐館；這些貨攤也一如客棧，充當消息和小道消息的交換中心，也可充當起事者傳遞訊息或轉交軍火的地方。它們也是大城市節慶活動的重要組成部分。根據顧祿對清代蘇州節慶的研究，我們可了解攤販如何配合循環往復的節慶和季節做生意，如何和其他零售業者一起豐富城市居民的日常飲食：正月，商販以書面告示或叫賣，宣告開賣春餅；三月賣青糰、蓮藕；以燒酒、海獅、芥菜、鹹鴨蛋，慶祝立夏；五月端午節吃粽子；立秋之日吃西瓜；七夕賣用糖和麵粉做成的盤捲狀精緻糕點（顧錄，《清嘉錄》）。[60]年終歲末，有用來謝灶神的豆沙餡糯米糰（這些糯米糰也被認為能讓腳變軟，因此，小女孩照例在這一天開始纏腳），還有初冬的湖蟹（初冬時蟹黃最為美味），以及為新年準備的許多特別食物（出處同上，第八卷，頁四；第十卷，頁三；第十二卷各處）。

但最後我們該談的，或許是廚子。他們不是廣為人知的一群人，但如果依附上官家，可能恣意妄為，因此官府不得不發布特殊告示以控制他們在蘇州地區的行為（江蘇省博物館，《江蘇省明清以來碑刻資料選集》，頁二一〇—二一一）。在揚州，他們因做出名菜，而跟著菜名為後人所記得（李斗，《揚州畫舫錄》，第十一卷，頁三）。在廣州當完學徒的廚子，可在北京立業，自開餐館，雇十二個挑夫負責外送的訂單，再雇四個主廚，就能負責有錢人家的餐飲（Jametel, *Pékin*, 269-272）。原本以無人能比的廚藝主宰明朝御膳的山東廚子，這時已讓位給滿人廚子、浙江廚子，以及在乾隆迷上華中菜後，讓位給某些蘇州廚子，而這些廚子都把自己名字入菜名（Su, *Dishes*, 18-19）。袁枚在《隨園食單》中對廚子頗為嚴苛，寫道，「廚者皆小人下材，一日不加賞罰，則一日必生怠玩」（袁枚，《隨園食單》，頁一三b）。但在其《小倉山房文集》中，袁枚為他重感情且讓他增長見聞的廚子王小余立了傳。據袁枚所述，袁家雖然相較起來較窮，王小余還是決定終老袁家，因為他有個挑剔、嚴厲且真的在意吃的主子（Waley, *Yuan Mei*, 53）。袁枚在此的剖析和他對王小余之信念的總結——「作廚如作醫，吾以一心診百物之宜，而謹審其水火之齊，則萬口之甘如一

1717 年北京某街上的食攤和餐館（取自王原祁編，1717 年《萬壽聖典圖》）。

口」（袁枚，《小倉山房文集》，第七卷，頁七）[61]——或許有些許溢美，但討論王小余的做菜理念時，袁枚給了清代某些做菜喜好和樂趣貼切的詮釋：

（小余）初來請食單，余懼其侈然有穎昌侯之思焉。喈曰：「予故窶人子，每餐緡錢不能以寸也。」笑而應曰：「諾。」頃之，供淨飲一頭，甘而不能已於咽以飽……余治具，必親市物，曰：「物各有天。其天良，我乃治。」……然其簋不過六七，過亦不治。又其倚灶時，雀立不轉目，釜中憆也，呼張噏之，寂如無聞。（小余）曰「羹定」，則侍者急以器受。或稍忤及弛期，必仇怒叫噪……（吾）曰：「八珍七熬，貴品也，子能之宜矣。嗛嗛二卵之餐，子必異於族凡，何耶？」曰：「能大而不能小者，氣粗也；能嗇而不能華者，才弱也。且味固不在大小、華嗇間也。能，則一芹一菹皆珍怪；不能，則雖黃雀鮓三楹，無益也。」

藥

談十九世紀美籍傳教士在中國奮鬥事蹟的著作已是汗牛充棟。季理斐（Donald MacGillivray）的《新教在華傳教百年史，一八〇七－一九〇七年》（*A Century of Protestant Missions in China, 1807-1907*）[1]和《中國傳教手冊》（*The China Mission Handbook*）[2]，凡是史學家希望探討的領域，均未漏掉。賴德烈（Kenneth Scott Latourett）立論明晰的綜合性著作，《基督教在華傳教史》（*A History of Christian Missions in China*）[3]，按照事件發生先後和教派區隔，把這段歷史切割成易於處理的數個區段；王吉民和伍連德在其合著的《中國醫史》[4]中，就西方醫學對華衝擊的時期劃分，擬出更為清楚的年表，並提供百科全書式的十九世紀醫生、主題索引，使研究者得以隨意檢索。除了這些基本著作，還有許多傳

本文首度發表於一九七四年 John Bowers 所編的《中國醫藥和社會》（*Medicine and Society in China*）。

教士出版品、小冊子、傳記、調查報告、期刊、檔案，而且如今又多了耶魯大學神學院中國檔案項目（China Records Project）的新文件。一九七二年夏，此項目已整理出五千一百二十個書信文件夾，收到一百七十六份日記和日誌；未來一定還會有新的資料不斷進來。[5]

如此龐大的資料和其所催生出的開創性著作，價值何在？這些資料和著作當然可用於撰寫傳教士、醫生的傳記——歌功頌德、冷靜超然或揭發醜事的傳記——或用來講述西方傳教團、醫院、醫學院所經歷的磨練、突變的情勢。但那似乎不是當務之急，至少從當今研究中國帝制末期這領域的觀點來看是如此。在我看來，這些資料的主要價值，在於如果我們以新方式利用它們，提出新的疑問，把它們與得自中文史料的資料結合，我們就能更進一步理解中國社會。

據此，我想走的路，係郭適（Ralph Crozier）在其《近代中國的傳統醫學》（*Traditional Medicine in Modern China*）[6]裡所走的路，而該書副標題「科學、民族主義和文化變遷的緊張」（*Science, Nationalism, and the Tensions of Cultural Change*），正清楚點出那是什麼樣的一條路。傳教士的記載，有意或無意間指出緊張、困惑的領域，從而能把我們帶到合乎規範之行為的領域和明晰的領域，就和中文的法律、醫學文獻所能起的作用差不多，儘管它們所處理的往往是「異常」之事。傳教士的記載能增進我們對那個社會的認識，從而使我們能更加理解列文森的三冊大作《儒家中國和其現代命運，一九五八－一九六七年》（*Confucian*

China and Its Modern Fate, 1958-1967）,[7]並且有助於我們如郭適那般進一步闡發此論點；與此同時，還能使我們更敏於體察晚清時洋人和中國人衝突的原因，帶領我們循著柯文（Paul Cohen）在其《中國與基督教》（*China and Christianity*）裡所開啟的那條分析之路走得更遠。[8]

醫學史非我的專業，我也未詳細研究過此領域，因此，我只會提出在我讀過《中國博醫會報》（*China Medical Missionary Journal*）裡的醫學報告和文章、洋人醫生的傳記後，我覺得值得進一步探究的一些主題。《博醫會報》抽樣刊登醫院報告，通常以小冊子的形式問世。插畫期刊《點石齋畫報》和報紙《申報》，則在中文方面補強這些資料，其中《申報》提供了與西方醫學資料處於同一時期的報導。如此有限的閱讀之後，我感受到從中出現之疑問的錯綜複雜，以及藉由努力解開這些疑問，我們所能得到的認識。

中國人對西醫的態度

我們或許應從接受西醫治療那一方，也就是中國病人，談起。中國病人求助於西醫時，內心受到什麼樣的壓力，在他眼中男醫生、女醫生的關係為何？一八八〇年代廣州附近一名船員的孕妻無法分娩，她的產婆束手無策，撒手不管。最後，鄰居建議她丈夫將她帶去廣州博濟醫院給西醫看。他好不容易才作下這決定，但抵達醫院時，他得作出另一個艱難的決定：女醫師不在院裡，可讓妻子給男醫生檢查？此船員再度點頭，卻碰上第三個決定：剖腹取出嬰兒，才能保住母親的命。此船員又同意。此女人被固定在手術台上，麻醉，取出一個活女嬰，母親傷口縫合，休息數日，然後獲准哺乳。[9]

對這對夫妻來說，這想必都是極不尋常的經歷。我們可把此事放在什麼背景下去評斷？一八九三年約翰·湯姆森（John Thomson）之類美國醫生痛斥「幾乎全由無知女人操持」的中國接生術的拙劣；分娩過程中稍有不慎，往往導致陰道、子宮頸撕裂、子宮破裂，乃至扯斷胎兒的手臂。[10]但我們得切記，湯姆森存心要貶低中國人的接生術，從而誇大美國醫院本事的先進或安全。至少，對這名船員來說，他所熟悉的傳統接生術未要求開刀、讓男人把手指頭伸進女人陰道查看開指程度、用他所不懂的方法使人失去意識，或用針線縫合身上切口。

十九世紀中國病人對西方醫術抱持什麼態度，是重要且未得到探究的問題。許多行醫的傳教士，一如一八八一年在山西太原的賜斐德（Harold Schofield），提到他們的中國病人帶來蛋、茶葉、糕餅、馬鈴薯、蘋果、麵粉這些小東西送他。[11]但賜斐德說他既得到當地人如此盛情的感激，但一八八三年在該城他一再遇搶時，他也遭遇當地衙差和小吏冷漠以對之事，還說他被搶走的醫學器具一再從當地當鋪找回，直到另一名傳教士終於逮到搶匪，將其綑綁解交官府，才不再有此現象。賜斐德如實陳述這類負面情事，但和他一樣直言無隱的傳教士或許不多。[12]再舉個例子，有搶匪在嘉約翰（John G. Kerr）的精神病院鑿洞，入室綑綁他的本地籍醫生，搶劫其財物。[13]

另一個疑問，係提供免費醫療服務的洋醫生是否能和中國本土學者兼醫生一樣受敬重。郭適寫道：「最有威望者，係純粹出於濟世救人動機、不求金錢回報而行醫的學者……重點在於他治病係出於個人行善，或出於慈悲，從不為了利。」[14]

十九世紀中國社會裡的洋人醫生，似乎不可能打消當地人對他們「善行」背後動機的猜疑；反倒免費醫療之舉可能會招來新的敵意——敵視者若非是覺得自己的功能受到進一步削弱的文人，就是自覺生計受威脅的中國本土大夫。中醫是門複雜的專業，要說洋人醫生替人免費治病不會打破既有的平衡，恐怕沒多少人會相信。有證據表明他們的確惹惱某些人：有些洋人醫生記載，他們不斷被「惡作劇者」叫去看病，到了才發現有人謊報，地址根本是捏造，然後招來被惡搞的人家回以白眼；[15]另有洋人醫生係在與中醫師處於不穩定休戰狀態下行醫，由一八九三年一位事故受害者的例子就可見一斑。那人找洋人醫生治了他頭部的傷，找中醫師治了他手臂的發炎。[16]還有一個洋人醫生，在一名他所治好的中國病人陪同下，且本身同意「一身本地人打扮」後，才得以出診。[17]顯然的，評斷醫生的角色時，既得考慮到「受敬重的醫生」或「受害的外人」這兩個較為人知的分類，還得同樣程度考慮到這類變數。

要把本地人對醫生的態度和本地人對傳教士的態度分開來談，當然更難。手術所引發的離譜謠言，就和教會孤兒院所引發的離譜傳言一樣多，而且洋人醫生再怎麼否認，都還是有人相信這類謠言。[18]實際的醫療成效可能不如某些報導所讓我們天真相信的那麼大。佛雷德里克·史密斯（Frederick Smith）在其一八七一年《對藥物學的貢獻》（*Contributions towards the Materia Medica*）中，「哥羅丁」（chlorodyne）這個條目底下，以譏刺口吻寫道：「喜歡搞搞醫療的傳教士，最好就只用這個一般來講非常有用且無害的藥來彰顯自己醫術的高明。」[19]針對其他看來受到完整醫學訓練的洋人醫生，或許也發出了類似的告誡。

問題不只在於選擇去中國的洋醫生在母國是否屬於醫術較高明者——查核他們在美國或英國醫師等級體系裡所占的級位就可查明此事——還在於他們的醫學素養在中國是否派得上用場，醫生高夫（E. Gough）一九〇一年就這樣問自己。[20]我們得好好思索某些較引人注目的醫療項目，例如伯駕（Peter Parker）一再為人割除腫瘤一事，就醫療來說，長遠來看是否是好事，在中國洋醫生常使用鴉片製劑一事，相較於它們在西方國家的使用情況，是否符合中國之所需。於是，我們看到舒高第（V. P. Suvoong）醫生在福州給已吸食鴉片成癮的徐姓文人注射嗎啡，以治療吃過量鮮蟹導致的消化不良。舒高第說，此舉使該文人更加「相信西醫」，但此說是否屬實需要評估，以十九世紀後期西方醫界常用的定期大量注射嗎啡來「治」吸食鴉片者的做法，同樣需要評估。[21]

在某些領域，西醫的治療方法顯然既有新意且頗為管用。卡爾・內森（Carl Nathan）探討了引入疾病控制、衛生措施、從而催生出有效率之瘟疫防治計畫一事；在此，我會簡短談談另兩個領域，其中一個是盲人教育。廣州明心書院一九〇六至一九一〇年報告，[22]概述了與此領域相關的某些跨文化實際問題：書院建地要便宜，因此只能挑低窪且貧瘠的地；為抬高地面，女盲生親自搬土來；藉由加蘭小姐（Miss Garland）的布萊葉漢語盲字，她們開始閱讀；她們學編織，以製造可供出售、帶來收入的產品。一九一〇年，此書院已招收男盲生，院內學生已在學以東京盲聾學校的方法為本的按摩術，以便日後出社會謀生。

嘉約翰的精神病院

從與社會互動的角度講，精神病人的治療想必是更加複雜的問題。在這方面，首開先河者是嘉約翰，一八九八年他的精神病院，惠愛醫癲院，在廣州啟用，他二十五年的夢想終於實現。嘉約翰所揭櫫的原則，第一，精神病患有病在身，外界不該因他們的作為而責怪他們；第二，他們是住院治療，而非身在監獄；第三，必須把病人當人看，而非當成禽獸。他保證以勸說而非以強制，以自由而非以約束，以讓患者享有健康戶外生活並盡可能得到休息、熱水澡、親切對待的方式，予以治療。他也設定了盡可能提供患者有酬工作的目標。由於位於「有害健康和生命」的低窪之地，院裡常爆發疾病——光是一九〇七年就爆發白喉、腳氣病、霍亂、瘧疾、痢疾——但此院一年治療了兩百多名男女病患，聲稱「治癒」比例約三成，「改善」比例一成五。[23]

嘉約翰說，大部分病人被綁著帶去他那兒，[24]根據他的描述，當時精神病患受到的嚴酷對待，往往一如痲瘋病患。[25]但嘉約翰是置身特殊環境、治療少數幾類病人的西方人；只有研究過清代的一般做法（可見於律例裡）和隨地區或階級不同而有的種種變化，我們才得以評估他的作為的真正影響。我們知道這家廣州精神病院的院長和當地中國官員密切合作，知道許多病人被不知如何處理他們的當地衙差轉送到該院；因此，此院得到官府補貼。除了衙差所送來的病人，此院還收治當地人家所送來的病人，以及英國人當局從香港、威海衛送來的病人。

根據偶爾一見的證據，投入別的研究領域，也可能收到成果。例如，已有學者嘗試比較隨著中國人掌握西方文化而產生的精神壓力與中國自身嚴苛的科舉制度所加諸中國人的精神壓力。一九〇九年此精神病院收容的病人裡，有個哥倫比亞大學畢業、曾在美國、德國從事外交工作的中國人；[26]或許也可找到類似的案例供研究。

後來，此精神病院根據徵狀將病人分類，而如果能弄清楚這些分類的界定隨時間推移而變動的情況，或許就可根據後期的數據說明清代社會裡某些長期存在的問題。例如，一九一六年，廣州兩百七十六名「精神病」患中，九十名男性、三十一名女性被歸類為早發失智症患者，四十七名男性、三十七名女性被歸類為躁鬱症患者；相對的，其他病例少之又少；七人得了酒精性精神病，三人得了老年痴呆症，一人得了衰退性憂鬱病。[27]

藥品廣告

西藥，一如其他專門領域，可能遭濫用或不實陳述其效用。高似蘭（Philip Cousland）醫生一九〇一寫到兜售藥物或自稱「西藥師」招搖撞騙的「前男僕、前醫院苦力、前學童」[28]。早在同治年間（一八六二－一八七四），《申報》就充斥藥物和療法廣告。這些廣告結合了西方商業、醫療做法和中國推銷術，係可供研究的重要資料。綜觀文案和廣告，我們發現一八七二年至少有四類：

一、此藥甚好，因其與傳統中醫有關——例如在這則藥品廣告裡所見：「此丸專治腸紅、久痢、煙漏、痔瘡，男女大小服皆靈效，百發百中，孕婦不忌，每服足大錢五百文」；或因為此藥方存世已久，要公告周知來造福大眾——記載此藥方的古印版剛被人發現，例如在「眼浴」廣告裡所見。[29]

二、此藥甚好，因為係某戶人家代代相傳下來——「治傷食痞滿泄瀉，孕婦忌服恐動胎氣。何制軍家傳祕方。」[30]

三、此藥甚好，因為來自天上——「純陽祖師呂祖大仙降乩傳授，上天司藥神所製，馬道士誠心設壇祈禱請得。」[31]

四、此藥甚好，因為是西藥——「此粉專治傷熱，西醫研製，美國進口，暢銷海外，每瓶三元。」[32]

一八八三年時，光是在一期《申報》上，我們就能找到十幾則醫藥廣告，其中包括使皮膚常保光滑的藥粉、治消化不良的藥、治咳嗽和喘的藥、嗽口水、潔齒粉。有些廣告極有意思，從中可了解當時社會。有則廣告說有種藥會使女人擁有「三寸金蓮」，因為此藥「不但能使腳易小，並可免纏緊脹痛，每瓶五十六文」；又有種藥，只要七十文，就可治婦人纏爛之腳。又有廣告說，有個「湖南新到」上海的名醫，「專治一切疑難雜症內症，符到病除，永絕外症，不用刀針即能除去，凡來看症，自帶香燭到壇，只取號金一百六十八文」。此醫生住在洋人墓地南邊某客棧裡。另有治癲癇的藥，在巴黎藥房亦有販售，係法國林醫生「在院歷二十年之久處心積慮煉得一方」；在上海大英醫院藥房可買到，每瓶五元。[33]

還有廣告提到日本眼藥、男性壯陽藥、婦女病專家。廣告裡提到日本眼藥一事，提醒西方歷史學家注意光緒年間日本對中國的影響，這是至目前為止西方史家大抵忽視的一點。[34]廣告文案也推銷醫院的好處，提醒人留意那些不願出診，從而導致某些病人死亡的中國大夫。[35]

中西社會間和中西醫之間另一個耐人尋味的互動領域，在對鴉片癮的治療上。已有人研究鴉片癮戒除所的成立，這些機構往往由洋醫生主持，偶爾得到地方官員支持，[36]但尚未有人有系統的使用中文資料來檢視此問題。同樣以《申報》上的廣告為對象做簡短考查後，我們看到一個弔詭現象：中國人對吸食鴉片之事變得更加敵視，而且指責洋人把鴉片帶到中國，但西藥甚受推崇，於是市面上種種戒除鴉片的療法，大多強調其源自西方。因此，我們發現，一八七二年，有則廣告說，「今本藥房祕置外國戒洋煙藥粉最妙，非但戒絕洋煙，而日補爽元氣，戒絕之後切不再戀」，[37]另外，《申報》代售戒鴉片藥，每瓶二十四顆藥丸，要價五錢銀子，「非尋常戒煙之藥可比，今從英國新到若干瓶」。[38]與此同時，老德記藥房說，只有他們賣的是真品，剛剛到店，「只此一家，並無分出」，其他人以次藥充當，「魚目混珠」。[39]

但一八八〇年代時，大型洋商藥行，例如把戒鴉片藥當成主力商品的屈臣氏藥房，[40]已遇到多種中國本土產品與其爭奪市場。此事或許反映了一件事，即除了通商口岸市場，這時，此類藥還多了農村市場。有家在上海設了分店的廣東商行保證自家藥絕對有效，宣稱如摻了鴉片煙膏或煙灰，就請上天不再保佑它。有家店販賣「三香膏」，聲稱四十天可治十年鴉片癮；另一家店聲稱癮者可繼續抽摻了該店藥方的鴉片，然後，不管是退休文人，還是富賈，一抽就戒掉。[41]有則廣告推銷一本得到一名皇子、一個宗室成員、上海道台支持的書：

書中藥方甚為有效，「戒煙之後身積滯之油竟由毛孔出」。[42]

就在中國本地鴉片農從一八七〇年代起開始和西方同業大舉爭奪國內鴉片市場時，中國本地商人也在和洋商爭奪戒鴉片藥市場的支配地位。[43]我們一直疏於研究在這兩個領域裡中國人方面的作為。

西方人的調適

同樣的，在文化調適領域，我們始終研究中國人如何適應西方方法，而對西方人如何適應中國方法關注甚少。就在有些西方人洋洋自得批評中國缺乏衛生設備、堪用的藥物和中國人普遍缺乏常識時，另有西方人開始研究中國龐大的藥物知識全集，把中醫術語的西方譯名標準化。史密斯為其一八七一年藥物學著作所寫的序，生動說明了這些計畫最初其實有限的目標。在該序中，他「希望這部著作對位在中國內地的旅人、軍營或炮艇，對教會醫院，以及對國外的華人苦力營，有些許實用價值，向他們推薦當下能取得的最佳藥物，或出於客觀情況需要或經濟考量而不得不用來取代外國藥的藥物」。[44]

另有醫生開始表現出不凡的巧思。文恒理（H. W. Boone）發明了一種可用來搬運窮病人的特殊「救護車」。它吊掛在兩名扛夫之間，防雨防寒，適用於艱困地形；只要十塊半墨西哥鷹洋就可造出此裝置。[45]孤身來到中國西部的魏米納（William Wilson），改造當地的冷凝裝置，自行釀出烈酒和硝酸乙酯，烘烤當地石膏以代替熟石膏，把當地的棉花放進半盎司的碳酸氫鈉裡煮，在太陽下晒乾，藉此製出吸水棉。眼看當地最常見的病是疥瘡、他的病人都是回民、他使用的硫磺膏含有回民所不能接受的豬油，魏米納用當地硫磺和石灰自製藥膏。[46]

我們若要有系統的研究藥物和醫療人員在中國社會裡的角色，就必須思考上述諸多主題，或這些主題的不同面向。而這樣的研究又離不開傳統中醫術和中醫典籍。我們閱讀西方傳教士資料和西方醫學資料時，必須考慮到中國史學著作，必須把醫學專業化在西方的緩慢過程和往往誇大或不實的說法納入考慮，以正確評斷這些資料的重要性。然後我們就會有個合理的背景，讓我們據以評斷看來極荒謬的事，例如《點石齋畫報》所描述的，在紐約，有人把玻璃和磁鐵、汽油和燭蠟、硫酸和水銀拿給一歐洲紳士吃一事——結果，他吃了之後，從嘴裡冒出煙。[47]即使是這則描述，或許都沒我們所會以為的那麼離譜；此人可能是某種表演者，和雒魏林醫生所診治過的一名病人沒有兩樣。這個病人原是個大受肯定的雜技演員，善於表演吞食鉤針的把戲，但有次失手，六根針分從不同方向刺穿他的食道。儘管雒魏林嘗試以別出心裁的辦法幫他治，這個也有鴉片癮的雜耍演員還是在受了五天的劇痛後丟掉性命。[48]如果看來很離奇的事都能說得通，那麼，《點石齋畫報》上那些完全不離奇的尋常事，就更加不用說。例如，這本期刊曾簡短報導了上海某些支持引進天花疫苗注射的中國高官之事，說負責執行疫苗注射的醫生完成任務離開之後，這群高官找來另一個醫生在英租界開設一家診所，替人免費打疫苗。[49]這類簡短互動的歷史背景極其錯綜複雜。

康愛德（Ida Kahn）、石美玉（Mary Stone）之類中國年輕女醫生的開創性作用，也未得到探究。她們是未纏足的中國女性，畢業自密西根大學醫學院，一八九六年回到九江，在那裡開了一家免費診所。當時的西方資料記載，她們似乎甚受當地人民和當地中醫師歡迎，但由於我們不清楚那些中醫師的專業水平，我們無法率爾評斷她們得到接受的程度。[50]在未有更多研究的情況下，我們也無法判定她們身為中國人一事是否有助於她們的西醫本事在當地得到上述資料所提的那種接受。

這個問題是個大問題：二十世紀初中國人為信基督教的中國人治病一事，或許只是探究一棘手情況的切入點之一，面對此棘手情況，我們必須用心思考洋學問的種類、接受西醫治療者的性別、行業（譯者、買辦、學生、醫生之類）的性質。這一探究路線能把我們帶到一個更加未被探明的領域，即跨種族通婚的領域。有個耐人尋味的例子，來自二十世紀初的重慶，該地一名德籍醫生娶了他的中國籍女僕，結果中國人和洋人都抵制他。[51]

這些問題，一如適應問題，幾乎完全未得到探究。以在中國受洋醫生訓練有成的中國學生為對象做徹底研究，或許是不錯的開始。某些表格可帶我們達到此目的，例如聶會東

（James Boyd Neal）所編，並刊印於一八九八年《博醫會報》的那個表格（見表六）。這些學生也透過此刊物學會某些醫療手法，該刊物一八八七年的發刊詞宣告：「我們終生和一個陌生的民族為伍，他們的作風與我們格格不入。」[52]我們必須從中國教育環境的角度，去審視這樣的醫學教育，而我們發現，在該環境裡，大概因為拘泥於禮教，連朝廷版的解剖書，都拿掉陰莖、睪丸的詳圖，[53]而且由於禁止解剖，想弄清楚人體的醫生不得不去行刑場研究人體內臟，或拿動物來參考。[54]

由於資料豐富，可供研究的例子會層出不窮；我希望在此所提供的例子，足以說明問題、互動的範圍和多樣。

嘉約翰的《廣州及其近郊指南》

最後，我們或許可思考構成中國醫學界的形形色色人物，儘管我不具備要理解他們如何互動所需的知識。在華的洋人通常不從這個視角去看其所置身的社會。嘉約翰在廣州居住、工作了甚長時間，動筆寫廣州指南時，他把關於多種醫療機構的資訊寫入其中，[55]包括群集於槳欄路上的大型中草藥店、西藥房；位在第十七區的潘家大宅裡，有耗資六萬元建成的「本地藥房和會館」，其日常開銷靠不動產收入支應；該機構有三個替人免費看病的醫生、一所免費學校、一家牙科診所，還貯備了棺材；富馬利（Mary Fulton）為婦女開設的醫院位在多寶路，雇用中國籍保育員的羅馬天主教孤兒院也在該路上；在北郊有「死人城」（City of the Dead），在吉日下葬之前，棺材可暫放於此，租金十元，為期一個月；在藥王廟為藥王搧風後，信徒會把扇子帶回家，替自己家裡受苦的病人搧風；孫中山曾就讀的博濟醫院，由伯駕創立，再經嘉約翰進一步發展，一九〇四年時已有三百張病床，在南郊有十一棟建築；老人收容所；一六九八年創建的育嬰堂，可收容三百孩童，每四個嬰兒有一個保姆照顧；永生廟有存放棺材之處和供朝拜的神壇；老婦收容所；大型盲人收容所，有五百間房，每房可住四人，收容人每天有六錢津貼，並藉由乞討和製造手工製品貼補收入；附近的痲瘋病患村；另一個棺材存放所；新教徒墓地；罪犯墓地。在廣州河南地區，有幾家規模不小的棺材製造店；供奉二十個神祇的金花廟，這些神祇保佑孩童的每個成長階段；大型仁濟「地方醫院」（Native Hospital）；海關鴉片倉庫；美國斯堪的納維亞差會（American Scandinavian Mission）和同寅會（United Brethren in Christ）的傳教所；洋人墓地；精神病院。[56]

不管是要弄清楚西方醫生在華的作為，還是要弄清楚中國對該作為的回應，這都是我們所必須探究的晚清世界：那是個多面向、彼此部分重疊且可做不只一種解讀的世界，既多方呼應過去，也呈現當下的多樣性，而且當下的多樣性，就和對未來的夢想一樣繁多。

表六　受西醫教育的中國學生（十九世紀後期）

地點	醫師	受業人數	任職於教會人數	在民間執業人數	此時正受業的男學生	此時正受業的女學生	已受業和正受業的總人數	需修業年數
廣州	Kerr	79	不詳	不詳	18	6	103	3 或 4
天津總督醫院	Houston	—	—	—	26	—	26	—
蘇州	Park	9	5	3	10	6	25	5
杭州	Main	12	7	5	8	3	23	5
香港	Thomson	7	—	7	12	—	19	5
福州	Whitney	14	2	10	3	—	17	5
青州府	Watson	16	8	5[a]	0	0	16	—
福州	Masters	6	2	4	—	9	15	6
奉天	Christie	9	2	7	6	—	15	5
[b] 濟南府	Neal	10	3	7	5	—	15	4
北京	Curtiss	4	2	2	9	—	13	4
保定府	Atterbury	13	—	13	0	0	13	—
福州	Goddard	4[c]	0	0	—	6	10	6
南京	Stuart	4	1	2[d]	5	—	9	5
漳州	Fahmy	3	—	3	6	—	9	5
重慶	McCartney	3	3	—	5	—	8	5
彭浪嶼	Otte	4	—	4	4	—	8	5

地點	醫師	受業人數	任職於教會人數	在民間執業人數	此時正受業的男學生	此時正受業的女學生	已受業和正受業的總人數	需修業年數
金華	Barchot	2	1	1	4	—	6	5
汕頭礐石	Scott	3	3	—	3	—	6	4
潮州府	Cousland	—	—	—	4	—	4	5
恩城	Cross	—	—	—	4	—	4	5
平度	Randle	—	—	—	3	1	4	4
錦州	Brauder	1	—	1	2	1	4	4
成都	Kilborn	—	—	—	3	—	3	4
其他	共 15 地	65	22	41	21	1	87	—
		268	61	115	161	33	462	

[a] 三人死亡。

[b] 沂州府的楊順醫師（Dr. Johnson）協助培訓某班五名學生。

[c] 全部死亡。

[d] 一人死亡。

資料來源：聶會東（James Boyd Neal），《博醫會報》（*China Medical Missionary Journal*）第 12 期（1898）。

稅

中國史的研究存在著諸多歷久未解的大疑問，例如，在幅員如此遼闊的農業國裡，如何耕種土地，土地的持有、租佃模式為何？如何從農田抽取田賦，分撥給帝國行政體系的諸多部門？

中國以什麼意識形態將社會維繫在一塊，創造出那個意識形態的學者與朝廷處於什麼樣的關係？這些疑問所涉範圍之大和中國歷史之悠久，使人難以為這些疑問找到確切的答案；但晚近三本極出色的著作問世，肯定讓我們在找出解答上往前邁了一大步。這三本書分別出自曾小萍（Madeleine Zelin）、黃宗智（Philip Huang）、艾爾曼（Benjamin Elman）之手。[1]

這三本書都著墨於十八世紀中國一事，點出晚近中國歷史書寫領域裡的一個重大轉變——曾小萍的書完全著墨於此時期中國，黃宗智的書在頗大程度上著墨於此，艾爾曼的書則

本文首度發表於一九八六年《紐約書評》。

在很大程度上著墨於此。在研究帝制晚期中國的專書中，過去四十年在著墨的重點上有數大轉變，至少就寫於美國境內的此類書而言是如此。第一個重要的研究領域，係十九世紀中國人對來自西方貿易、戰爭、科技之壓力的回應。至一九六〇年代後期，雖然還是出現研究十九世紀史的重要專著，許多學者已把注意力轉移到一九一一年推翻滿清之辛亥革命的細節和接下來軍閥割據、共產主義組織興起的時期。

一九七〇年代後期，已有許多年輕有為的學者把目光投向更早的時期，開始探究晚明歷史、明朝一六四四年覆滅的原因、十七世紀下半葉知識分子對清朝統治下之生活的回應。一九八〇年代中期，我們突然來到新階段，開始對整個十八世紀中國有所了解。

此處所探討的這三本新專著，都清楚表明一個對理解中國歷史全貌來說頗為重要，而且旨在使我們不再過度看重西方帝國主義在中國晚近歷史裡之分量的觀點。曾小萍在《知縣的銀兩》（*The Magistrate's Tael*）中表示，十八世紀後期未能保住先前財政改革的衝勁一事，證明十九世紀的經濟災難——其他歷史學家眼中二十世紀革命的主要先兆——其實只是更早一百年就固定下來之模式的餘波。

黃宗智研究華北農民經濟的專著，仔細考查了十八世紀的土地保有情況之後推斷，使農村勞力成為半無產階級的那些模式、經營式農場的問世、對棉花之類專門化經濟作物的過度倚賴，出現時間比世界市場對中國的衝擊早了許久。因此，我們不能把這三者視為引發革命性緊張的晚近現象。

後人往往認為有系統拆解儒家傳統信念者，係在西方更高一籌的軍事、科技衝擊下失去信心的十九世紀中國學者，但在對「從理學至樸學」這一轉變的分析中，艾爾曼認為從事「考據」的十八世紀儒家學者已開始這樣的拆解。

還有一點應補充，即這三部專著不只展現了對中國檔案資料和難懂之刊印資料高人一等的掌握，而且還深入借鑑了當今日本學者對帝制晚期中國的研究成果（對那些日語並不流利的人來說，兩部新出版物以英譯形式大量採樣了晚近日本學術著作，因此讀者可自行評估當今日本人的研究成果有多麼好用、多樣、精細入微、往往熱衷於針鋒相對的論戰）。[2]

曾小萍一書的書名《知縣的銀兩》，提到清代時作為繳稅用之官訂貨幣的交換單位「銀兩」。知縣掌管一縣行政，其職責係督導下屬向其轄區內的地主徵收地方稅。一七三〇年代全中國有約一千四百個縣，在把中國農村獲利的一定比例抽取到朝廷府庫的行政鏈裡，知縣是極重要的環節。大部分知縣通過中國最高階科考，因此可被視為有學問之人，至少熟諳複雜難解的儒家典籍，儘管在上任前未必有豐富的財政或行政經驗。

曾小萍著墨於雍正皇帝在位時期（一七二三－一七三五）。一如她之前的學者，她認為雍正是能幹且充滿幹勁的帝國改革者，極看重行政細節和效率；關於此皇帝本人，她著墨甚少，但在財政分析上，她的成就遠超過那些學者，因為她能大量運用分藏於台北故宮和北京第一歷史檔案館的該時期財政檔案。於是寫出一部鉅細靡遺且在專家眼中十足引人入勝的專著，研究皇帝決策和農村稅收體制之間關聯性的專著。

曾小萍不接受那些講述中國如何停滯不前的陳詞濫調，寫道：「審視帝制晚期中國時，必須把它視為充滿活力的國家，竭力於設計出自己一套合理且有效率的官僚統治方案。」她在雍正皇帝和田文鏡之類財政專家間的關係裡，以及他們決定擬出一套會針對基本田賦課徵標準附加稅的體制一事裡，找到這一活力的證據。

對今日的我們來說，這或許不是什麼了不得的事，但曾小萍主張在一七二〇年代此事至為重要，而且提出令人信服的理由支持此論點。最重要的一點，係此舉為中國各省打造出切實可行的稅基，使各省有充裕經費支付知縣薪水，支應灌溉、土地改良、通信、教育的地方重要工程所需經費。讓各省保有這筆錢，農民將得以免去苛捐雜稅和非法強徵，地方官員則會免去中央一把抓之行政體系延宕、欺詐之舉的掣肘，而且能擬出具有新意且獨立自主的計畫，從而在日積月累之後強化整個國家的國力。

在北部、西北部省分，這些改革最有成效，尤以山西、河南、直隸、陝西四省為然；在這些地方，人民持有的土地面積小，收稅和監督相對較簡單。在西南部和東南沿海地區，情況較棘手：諸省本就稅基低，而且要承受一些特殊開支，包括平靖原住民和維持海防。尤其在江南，皇帝和其下屬碰到幾乎無法克服的地方抵抗問題——江南由江蘇、安徽兩省組成，歷來是中國最富庶地區，而且是地主特殊利益集團勢力極牢固的地區。

在《知縣的銀兩》中，曾小萍描述了抵抗的類型和七十多位幹練的朝廷命官貫徹改革的作為。她談這些事的那一章，係體現持續深究精神的絕佳學術著作範例，因為她帶領讀者認識代為登錄和重疊登錄、操縱賑災米價和木材價格、胥吏盜用公款、水災報告造假、稅收紀錄簿加暗碼動手腳、篡改收據存根、抵押借款文件不實之事（此書應列為所有今日欲改革稅制者的必讀書）。

此章所述情況為十八世紀更晚時的稅改失敗做好了鋪墊，而在此章結尾，曾小萍指出，清代改革者「若沒有大幅擴增且能取代非正式地方權力網絡的行政體系」支持，絕不可能如願。而這樣的行政體系，係社會所無法容忍而且建構不起的。十八世紀末的中國，「合理的財務行政已死，非正式的資金提供網再度成為中國行政體系的最典型特色」，但這時人口已超過三億，農民土地持有的零碎化和經濟的商業化正大步向前。

黃宗智剖析農民經濟之作，詳述這段歷史，而且側重之處大為不同。一如曾小萍，黃宗智看出十八世紀中國出現的重大改變，其中最重要的改變，發生在雇用勞力的富農經營式農場和貧農、出賣勞力的農業工人之間日益懸殊的差距上。黃宗智把這些改變放在人口日增、家產繼承可分割、作物選種模式多變、選擇性發展營利性農業（尤其棉花種植）的大環境下來探討，推斷道：「華北的小農經濟，在中國與近代世界經濟接觸之前許久，就肯定有顯著的改變。」

就數個方面來說，黃宗智的剖析比曾小萍更加有內容，因為他著墨於更長許多的一個時期，而且極詳細探究華北的多個農村，尤其河北和山東西部的農村（黃宗智較中意新的漢語拼音制。這些省原被譯為 Hopeh、Shantung）。

他對資料的運用別出心裁，因而能得出如此詳細的資訊。他一開始從一九三五至一九四二年日本南滿株式會社所做的徹底調查（「滿鐵調查」）入手，編出三十三個村子的資料，這些村子，根據各自商業化的程度，可分為七大類。然後他於一九八〇年代初獲准前去其中數個村子，以研究中華人民共和國治下的土地使用模式，就過去土地持有模式、作物選種模式的詳情找農民談。在北京的清朝檔案裡，他檢視呈給刑部處理的一些案子（尤其一七三六、一七三七、一七九六年間的案子）和寶坻縣刑房檔案，前者涉及十八世紀期間與該地區土地使用、租佃有關的凶殺案，後者則和一八〇〇至一九一一年農村稅收問題有關。

黃宗智此書內容格外豐富，我認為是至目前為此在研究華北農村方面始終保持一貫高水平的專著。他對許多關於農民生產和創業的理論感興趣，帶我們清楚且公允的認識關於這些主題的技術性著作。他描述此地區從乾燥高地至多沼澤低地的生態環境，指出水井、灌溉設施、定居模式、宗族力量（或欠缺宗族力量）。他分析一九三〇年代經營式農場上勞力使用的成效，然後回過頭去研究清初這類農場的發展、大莊園上「受雇工人暨農奴」與終身保有土地者的關係、地主階級的構成。他檢視了租佃的穩定成長、土地的劃分並分配、小地主和有地工農業工人間的社會關係、收益分成契約的問世、經營式農場和小家庭農場的效率差異。此分析的最重要部分，係他仔細考察了在一名勞動者日工資與一天驢秣的開支完全相等的農業環境裡，人、畜的生產力（黃宗智在書中詳細說明了此相等現象）。

數百萬不符經濟效益，甚至不足以讓人活命的小農場至一九三〇年代仍存在一事，促使黃宗智針對以下主題提出他最追根究柢的疑問：農業和地方手工業、局部商業化兩者的關聯性，在自身農場當然需要勞動力的最繁忙季節受雇為他人幹活一事，以及在農場主也與某些經濟作物的價格會劇烈波動而且易陷入蕭條的世界經濟有了不幸牽連之時，這類做法所導致的每況愈下現象。黃宗智簡明扼要的概述了這個過程：

於是，人口壓力和社會分層化共同向停滯的農民經濟發力，導致一個對人來說毒害特別重且非常難以動搖的體制。農民陷入對家庭農業和受雇為人幹活的雙重依賴而難以擺脫，不從事其中一項，就做不成另一項，被迫接受從這兩者所掙來無法讓人活命的收入。他們的廉價勞動力則支撐住不具生產力的地主佃農制和停滯不前的經營式農業。比起農村裡的其他任何人，貧農最不得不在人口過剩、不平等社會關係這兩個會相互強化的因素施壓下勞動。

黃宗智的探討，大半也和村、政府間的關係有關；在這方面，他看到比最晚近剖析中國農村之作所往往看到的，還要多出許多的孤立和閉鎖，他也指出清滅後政府如何竭力要把公權力伸入到縣這個層級以下，但直到一九四九年革命後，才大有所成。

這個「成就」帶來重大改變？在就大我的福祉來說，確是如此，但誠如黃宗智所指出的，他的最重要研究成果，與「貧農經濟和社會在內捲、社會分層化的雙重壓力下，而且得不到強勁經濟成長來消除此壓力的情況下，歷經數百年而形成」有關。於是，中華人民共和國的集體化樣貌，可能比我們所可能理解的還要早就被確立下來。中國共產黨的生產隊、生產組，一如古老、絕望的農場，係「既生產且消費」的單位，而且「在嚴峻的生存壓力下」，這些單位「會容忍農業內捲（亦即生產力倒退）」，到了資本主義企業所想像不到的程度。集體農場，一如家庭農場，未解雇其多餘的勞動力」。

或許有人會附帶補充說，隨著中華人民共和國頒行會大半廢掉集體農場制的新改革，黃宗智的書已和當前情況脫節。其實正相反，他的著作會是欲弄清楚如今中國人真的擁有的選擇和他們所正面臨的最大危險所不可不讀的背景資料。誠如他在《農民經濟》（*The Peasant Economy*）一書第十章所說明的，中華人民共和國的許多成就，源於社會主義投資規模的巨大，使新發展得以成真，尤以在以下諸方面為然：官方出資建造灌溉設施，使農民得以增加蔬菜種植和間作；把原本只能種高粱的水澇地排乾，並將其重新分級；引進拖拉機，使農民得以更快完成犁田、播種，從而提高了耕種、收割效率；官方養豬政策增加了肥料的供給。未來的挑戰，係剛展現創業精神的農民，能否在這些基礎上打造出不把新一代工作者趕回到每況愈下的勉強維生農田且迫使他們出賣自己勞力的繁榮模式。

在探討清代中國經營式農場的「發展不足」時，黃宗智說較富有的中國人一般來講已認識到，即使是經營最成功的農場，獲利也可能不大，要賺大錢，只能經商和放貸，不然就是通過科考，入朝為官。擁有土地，以之作為財富的根本來源之一，大不同於為了自己利益而經營經營式農場，「在這個上層階級，家庭只需數代裡有個子弟當上官，就能擁有規模之大非一般經營式農場主所能想像的土地」。

我認為黃宗智對清代覓得官職者的人生描述過度樂觀，而曾小萍對在省級行政體系裡難以取得足夠薪水一事的剖析、在鄉村為官者的難以長保官職、時時可能因為辦事不力或被控辦事不力而遭撤職或罰款一事，就是明證。黃宗智的看法也讓人覺得官員的思想世界和科考的儒家成分一成不變。

事實上，誠如艾爾曼在《從理學到樸學》（*From Philosophy to Philology*）裡所闡明的，十八世紀清代中國的思想界，係正發生重大轉變的動盪之地。尤其，儒家學者正開始使用語言學、訓詁學、數學這些「講求精確的學科」來分析自己過去的文化，尤其分析他們所據以得出德治之前提的儒家傳統典籍。

以曾小萍、黃宗智的專著為本，閱讀艾爾曼對十八世紀中國思潮的透澈剖析，令人受益良多，因為這三本書精闢考察了土地－保有權關係和朝廷欲削弱根深蒂固的地方仕紳勢力的作為，如何與對學問的核實同時發生。不久前的改朝換代，明朝在內部叛亂和滿人來犯的雙重夾擊下覆滅，令清代學者覺得遭到歷史背叛；他們想要找出明朝覆滅的原因，不只在軍事、經濟、政治領域裡找，而且在風俗人心和哲學領域裡找。他們推斷儒家學問已墮入在玄虛議題上的空談；他們想要透過對早期典籍、書法、考古遺物的仔細考察，更加清楚掌握孔子的原意。

從事這一探究時，他們把目光越過主宰清初思想的宋代（九六〇－一二七九）注疏，投向更早的東漢時期（二五－二二〇），最終更投向西漢時期（西元前二〇二－西元九），以更加逼近他們所認為的儒家真正的本源。他們這麼做時，窮盡自己的一切本事來評價儒家典籍：早在一六九〇年代，就已證明某些重要的「儒家」典籍係偽作；十八世紀中期時，整個儒家思想已被視為歷史，而歷史本身的定義已被收緊。誠如一七八七年王鳴盛所說的：「作史者之所記錄，讀史者之所考核，總期能得其實焉而已矣，外此又何多求耶？」

艾爾曼思索中國人所掌握的西方科學、數學（主要來自耶穌會士的著作），對當時這個深信有可能考證出真確學問的信念所可能會有的影響，而且引述了清代史家錢大昕發人深省的一段話：「自古未有不知數而儒者」，但後人卻說「中土之善於數者，儒家輒訾為小技。」錢大昕寫道，這自然而然把這個領域拱手讓給西方人，因為西方人計算時不容有一丁點的偏差。黃宗智的書讓我們思索鄧小平廢除中國晚近的集體化之舉，同樣的，艾爾曼逼我們去反思據稱是中國的新務實作風和修正版馬克思主義之核心理念的新「實事求是」精神。

艾爾曼把他的十八世紀思想家擺在繽紛多彩的大環境裡去探討。透過該書一連串精妙且富新意的章節，我們不只知道他們的想法，還知道他們如何想、在哪裡想：知道他們的書院和受到的教育、他們的經濟背景（其中許多人出身商人家庭）、他們的藏書和日記、他們的行為準則。我們也從中得知書如何印成、由誰印成，得知為何捨木刻版而採用活字的理由。艾爾曼糾正了眾人對印刷術的看法，指出在中國活字是較高成本的選擇——木刻版存放容易，可每批次小量印出所需的量，而用活字印刷時，必須精確算出所需要的印量，而且要面對拆除和重排活字的高成本。但許多套木刻版毀於十九世紀中期的對外戰爭和內戰，係江南文人研究中心衰落、轉移至長沙、廣州之類南方新中心的原因之一。

科學史家老早就向我們解釋了知識領域裡的轉變如何出現，新的「典範」（paradigm）如何從數個看來不相干的調查慢慢形成，最終看似「異常的東西」變成應然。我推測如今我們正目睹類似的情事在西方對十八世紀中國的研究中出現，[3]因為中國最後一個自主茁壯且強大的偉大時期受到重新評價，擺脫了若非把本土發展和外國帝國主義掛鉤，就是把本土發展和毛澤東的農村革命必要論掛鉤的後見之明的束縛。

鴉片

清代中國人民吸鴉片成癮一事是個很大的課題。[1]在某個層面上，它與國際貿易、戰爭、外交有關。在另一個層面上，它和心靈需求或個別中國人的信心喪失有關，和為了種植罌粟和經銷熟鴉片所作出的地方經濟安排有關。在又一個層面上，它與西方列強、個別中國人的最複雜互動有關：貿易利益凌駕道德、較古老農業理想崩解；把「惡」與「外國人」聯繫在一塊；廣州商人、三合會、山西票號、帕西人商行之類特殊利益團體的壯大；中國課稅模式的變化；皇帝作為父親般保護者的形象終於灰飛煙滅。

至目前為止，對中國境內鴉片的研究，大多著墨於國際商貿、外交領域。[2]在此，我想擴大論辯的範圍，為此我擬出一些主題，欲藉由它們證明吸食鴉片是徹底影響中國社會各階

本文首度發表於一九七五年，Ferderic Wakeman 和 Carolyn Grant 所編的《帝制晚期中國的衝突和控制》（*Conflict and Control in Late Imperial China*）一書中。

層的現象。此外，我欲運用某些範疇裡的資料，以促進以下兩個比較研究領域：第一，把鴉片癮視為清代中國境內的行為偏差問題、控制問題，第二，把鴉片癮視為可與其他文化裡的毒癮相比較的經濟、社會問題。我想要抽離出來個別探討的範疇是吸食、禁止、經銷、經濟功能。

另一個範疇，動機範疇，應單獨闢為一節；但資料特別難找。鴉片在中國甚受看重，既被當成藥（可止腹瀉、退燒）[3]，也充當春藥。[4]因此，人之所以會上癮，若非因為患病期間密集服用鴉片——例如一八二一年霍亂大流行期間[5]——就是因為有錢有閒又有精力，想要好好享受性愛。[6]

撇開這些一般性的考量因素不談，不同職業群體、經濟群體，顯然各有其動機，但動機究竟為何，我們往往就只能訴諸揣測。對太監和宗室成員來說，深處宮中生活乏味，不可能有其他時期政治權力所給予他們這類人——例如晚明的太監或清初的滿人貴族——那種排解無聊的事物。[7]士兵，不管是八旗還是綠營，都面臨類似的無聊，而一成不變的生活，加上不得透過貿易或其他能得到收益的工作來排解無聊，使他們生活更加乏味；此外，在攸關戰局的戰場上，軍官不可能用有鴉片癮的士兵。[8]對中國文人、幕友（私人祕書）、官員來說，鴉片讓其得以暫時解脫仕途的不順和家族壓力；[9]對身受夷人統治而感到恥辱的漢人來說，鴉片或許也讓他們得以暫時逃離現實，遁入自家的安樂窩。如果這個說法成立，一八四二年滿人皇帝本身都受羞辱後，情況想必令人更為沮喪。這或許可以說明像嚴復這麼一個著名的西方政治理論翻譯家為何會吸鴉片成癮。[10]商人有時抽鴉片，係因為相信鴉片會使他們更機敏，有助於他們和競爭對手談成更高明的商業交易。[11]他們和其他有錢中國人也在宴席後抽鴉片，拿鴉片款待賓客，以增進情誼。[12]學生在重要的科考期間吸鴉片，認為那會使他們考得更好。[13]

有時，上癮的原因頗為曲折離奇；例如，《廈門志》記載，許多有錢中國人鼓勵兒子待在家裡抽鴉片，以免他們在外嫖賭。[14]這個動機得到不少人認可，因而得以成為一九一六年幻仙影片公司製作的第一部故事片《黑籍冤魂》的主題。此電影的劇本大綱開頭寫道：「富翁曾和度（諧音『真糊塗』）吝嗇成性，其子曾伯稼（諧音『真敗家』）熱心地方公益，施濟貧寒。曾和度憂慮伯稼因此敗壞家業，誘逼他吸食鴉片，以達到閉門守業的目的。」[15]

對富人或那些有閒錢的人來說，鴉片所帶來的好處想必是更敏銳的知覺、更自在的社交往來、擺脫當下的煩惱、令人愉悅的時間錯亂之感；令人遺憾的，歌頌鴉片的著作，無一能與十八世紀中國人以欣喜若狂之情談菸草的著作相媲美。[16]

定期食用且食用分量得當的人，未顯現出上癮所致的身體變差現象；[17]但對窮人來說，上癮有嚴重危害健康之虞（諷刺的是最初往往是為了身體好而食用鴉片），因為本就不足的錢被拿去買鴉片而非食物。對窮人來說，好處是讓人忘卻漫長勞動的痛苦，在短期間裡增加工作績效。[18]因此，苦力和轎夫、[19]得駕船逆流而上的船夫、頂著嚴寒在戶外幹活的鑿石工，普遍癮頭很重。[20]最不可能上癮的中國人似乎是農民，但隨著他們種了更多罌粟，大抽鴉片之事變多，一九〇二年時已出現因為幾乎全村的人都上癮而整個農村陷入絕境的情況。[21]

到了晚清，似乎已沒有哪個行業沒有上癮者。藉由從他們與他人的關係角度來描述他們，我們可賦予其中某些被遺忘的鴉片吸食者個體性：他們是陳獨秀的祖父、郭沫若的兄弟、馮玉祥的父母、胡適的繼兄弟、瞿秋白的父親、魯迅的父親。＊[22]另有些人只倖存於小說裡——巴金《家》中那些瘦僕人。他們向覺慧這個小男孩講述自己的故事，覺慧則出神看著在他們臉上舞動的煙燈火光。[23]

這些人為何抽鴉片，不得而知；但我們至少能開始概述他們為何能弄到鴉片。

吸食

在中國，抽鴉片的習慣是抽菸的衍生物和發展結果。菸草於萬曆（一五七三－一六一九）後期傳到福建沿海，[24]最初移植於漳州的石碼。[25]菸草種植在中國非常火紅，很快就成為重要的國內經濟作物，戳破了葡萄牙人欲在東方為其巴西菸草找到市場的希望。[26]康熙年間，抽菸已是中國的全民習慣；石碼等品牌印在北京鬧區數百家菸草零售店的店招上，[27]就在北京城牆外，有人種起大片菸草。[28]

我所找到最早提及鴉片也可拿來抽一事的中文紀錄，係《澳門記略》裡明代學者張汝霖（一六二六年卒）的一段話。在談到鼻煙時，他附帶提到：「又有鴉片煙，初如泥，礟製之為煙，有禁勿市。」[29]張汝霖和其家人喜愛多種感官享受一事廣為人知，[30]他們甚有資格拿下中國最早抽鴉片者這個不盡光彩的殊榮。證據顯示雅加達的華人早在一六一七年時就抽鴉片，巴達維亞的華人一六七一年就在經銷鴉片、菸草的混合物。[31]更詳細的鴉片吸食記載出現於一六九〇年代，那時荷蘭醫生恩格伯特·坎費爾（Engelbert Kaempfer）人在爪哇，注意到店家把裝在煙筒裡摻了菸草的鴉片賣給路過的行人。[32]抽鴉片之風可能在十七世紀初荷蘭人控制台灣時傳入此島，但對此事最早的仔細描述，同樣在更晚許久以後才出現，出現在清廷官員藍鼎元平定台灣朱一貴之亂，返回內地之後，一七二四年所寫的一段話裡。[33]

藍鼎元把抽鴉片說成台灣番為使漢人上鉤所設的陷阱：「飲時以蜜糖諸品及鮮果十數碟

＊這份名單說明在二十世紀中國的大人物家裡鴉片成癮特別普遍：陳獨秀是北京大學文科學長暨中國共產黨的創建者之一；郭沫若是重要的浪漫派詩人；馮玉祥是最有實力的軍閥之一；胡適是中國哲學界龍頭；瞿秋白是蘇聯境內第一位中國籍記者，後來出任中國共產黨總書記；魯迅是中國最偉大的現代短篇小說和散文家。巴金的《家》是一九三〇年代中國最紅的長篇小說。

佐之，誘後來者。初赴飲不用錢，久之不能自己，傾家赴之矣。」在台灣，吸食成癮甚為普遍，在廈門抽鴉片已盛行十餘年。藍鼎元未詳細說明吸食法，只說將鴉片「煮以銅鍋，煙筒如短棍。」但一七二三年以巡台御史身分待在台灣的黃叔璥，返回內地後寫下他在台見聞，在其中寫道：「鴉片煙用麻、葛同鴉土切絲於銅鐺內煮成，鴉片拌煙（草），另用竹筒實以棕絲，群聚吸之。」[34]

這些資料都未多談吸食者或確切詳述所吸食之物。藍鼎元和黃叔璥只記載道，吸食者若非作奸犯科者，就是易受騙者，張汝霖則未提到吸食者身分。第一份詳細的禁抽鴉片令，出現於一七二九年，對此幫助不大；只以籠統的措詞提到以鴉片「引誘良家子弟者照邪教惑眾律處置」。[35]

這道一七二九年禁煙令，矛頭指向經銷商，而非吸食者，而且似乎未徹底執行；因此，儘管無法證實，我們或許還是可以推測整個十八世紀期間將鴉片、菸草摻合吸食之風逐漸擴散。法國商人夏爾・德・貢斯當（Charles de Constant）談到一七八〇年代廣州城裡吸食摻了菸草的鴉片之風盛行，[36]英國旅人克拉克・阿裨爾（Clarke Abel）一八一六年描述了將鴉片嵌在菸草裡吸食或把菸草浸過鴉片溶液後吸食之事，說那普見於「此帝國各地」。[37]

這些資料含糊不清，可想而知無法從中確切得知誰在吸食、吸食何物、何時吸食；甚至使某些研究者因此徹底拒斥這些資料。於是，陳其元看過一七二九年福建巡撫的奏文，根據該巡撫所謂鴉片只有在加入菸草後「始淫蕩害人」一說，推斷官員不識鴉片煙為何物（「夫鴉片即鴉片煙，豈又須加入煙草乃成鴉片煙之事？」）。[38]如果理解到前人所談的鴉片製劑其實有兩種，這問題就解決了。直到十八世紀後期為止，大部分中國人抽的是馬達克（madak），而非純鴉片。馬達克是經過以下工序處理的生鴉片：將生鴉片溶於水，煮過，濾過，再煮一次，直至整個如糖漿狀，然後混以碎葉，即可吸食。吸食馬達克，一如吸菸，使用常規煙槍，每單位的馬達克會產生約〇·二%嗎啡。[39]黃叔璥一七二三年時對此過程已有局部了解，因為他在那時寫到把生鴉片混以麻、葛葉子，然後煮之。[40]他的說法還不夠確鑿，但一七二六年在爪哇見過人吸食馬達克的荷蘭人瓦倫汀（Valentyn），為此說提供了佐證。[41]吸食馬達克，或吸食浸過鴉片液的菸草，可視為從吸菸草到吸純正鴉片的過渡。隨著許多吸食者發現吸食純鴉片的強烈快感，吸食馬達克的溫和快感——或許相當於吸幾口大麻菸——就不受青睞。經過正確提煉和陳化，一單位的可吸食提取物（馬來語 chandu）可產生九%至一〇%的嗎啡。[42]

有人把一七六〇年代說成中國境內吸食純鴉片之始，此說看來可信，儘管似乎無從確切證實「鴉片煙」一詞何時開始指純鴉片。[43]夏爾·德·貢斯當係在一七七〇年代觀察到中國人突然「不可思議的迷上這個致幻毒品」，[44]而這種此前未見的著迷——由進口量從一七七三年一千箱左右增至一七九〇年一年四千箱增加了三倍可見一斑[45]——係碰上致癮性更強的鴉片所致。但需求還不大，因為一七八二年時華倫·黑斯廷斯（Warren Hastings）派嫩實茲號（*Nonsuch*）將一千箱巴特那（patna）鴉片運至中國，結果在廣州幾乎找不到買家，不得不以每箱兩百一十元的價格廉價賣給廣州某行商。[46]

趙學敏的《本草綱目拾遺》對吸食鴉片有極詳細的介紹；此書的序寫於一七六五年，因而此書係從中國人觀點看乾隆年間吸食鴉片之風的難得史料。趙學敏贊同前人的說法，說吸食鴉片時摻以菸草，但從其行文中明顯可看出他談的是純鴉片：

> 凡吸必邀集多人，更番作食、鋪席於坑、眾偃坐席上，中燃一燈，以吸百餘口至數百口，煙筒以為管，大約八九分，中實棕絲、頭髮，兩頭用銀鑲首，側開一孔如小指大，以黃泥掐成葫蘆樣，空其中，以火煅之，嵌入首間小孔上，置鴉片煙於葫蘆首，煙止少許，吸之一口立盡，格格有聲。[47]

除了一人不可能吸上百口和此文未談到吸食前如何將鴉片放在燈上方加熱，此處的描述極詳盡，因而可以百分之百確定所吸食之物是純鴉片，而非摻了菸草的鴉片或馬達克。

但吸食鴉片之風再怎麼盛行，直到十九世紀初此風顯見於朝中，清朝皇帝才有所作為；那之後，臣子的奏摺和皇上批閱奏摺後發出的上諭，讓我們得以頗詳細看出鴉片癮在整個行政體系裡盛行的程度。一八一三年時，宮中侍衛已有一些人吸食鴉片，嘉慶皇帝則懷疑太監也在吸食。[48]道光年間的一八三一年十二月，內務府大臣做了轟動一時的調查，證實他生前的懷疑沒錯。這些大臣發現許多高階太監吸鴉片成癮，其中有些人已吸食二十或三十年；此外，他們有時與宗室成員一同吸食。[49]但四個月前大學士兼刑部尚書盧蔭溥與其他六位尚書、侍郎聯名上呈的一份奏摺，已生動描述了吸食者遍及三教九流的程度。盧蔭溥等人認為吸食鴉片之風始於「劣幕奸商」，發現此風已從他們擴散至「貴介子弟、城市富豪」，並且「沿及於平民」。與此同時，「現今直省地方，俱有食鴉片煙之人，而各衙門為尤甚，約計督撫以下，文武衙門上下人等，絕無食鴉片者，甚屬寥寥」。[50]

一八三二年，終於查明軍中某些部隊煙癮嚴重到使士兵已打不了仗。兩廣總督李鴻賓的部隊在連州（位於廣東西北部，湘桂省界附近）遭猺族叛民徹底擊潰，滿人欽差大臣禧恩調查潰敗原因後奏道：「該省調至軍營戰兵六千餘名，不慣走山，沿海各營兵丁，多有吸食鴉片煙者。兵數雖多，難於得力。」[51]

這些奏摺披露事態之嚴重，令道光皇帝和諸多大臣大為驚愕，此後，關於如何處置鴉片的辯論日趨激烈，並在一八三六年弛禁論、嚴禁論的爭辯中達到第一次的高峰。對吸食鴉片盛行現象的最生動描述，出現在那一年朱嶟的奏摺裡。他抨擊許乃濟和其在阮元之廣州學海堂的友人所提出的論點——主張讓民間販賣吸食合法化，但禁止官員、文人、士兵吸食[52]——

認為此做法完全不可行，因為除非完全禁止，無從控制人民私下吸食。朱嶟對吸食人口的分析如下：「今之食鴉片者，大凡起於官員之幕友家丁，延及於市廛遊民，而弁兵、士子亦漸禁（染）其習，所不食者，鄉里之愚民居多耳。」[53]

根據三組性質各異的資料，可算出平民沉迷於鴉片的程度：進口數據、國內產量分析、熟悉情況之觀察者推測。

至一八二〇為止，（孟加拉、麻爾窪、土耳其鴉片）進口數量一直未超過四千箱至五千箱。一八二〇年代則在一萬箱上下徘徊，一八二八年劇增至一萬八千箱。[54]一八三二年時已超過兩萬箱，一八三九年時已達四萬箱。[55]此後繼續有增無減，一八六五年達七萬六千箱，一八八四年達八萬一千箱。[56]此後緩緩下跌，直至二十世紀初穩定在五萬箱上下。[57]這些進口鴉片大多被有錢人吸食掉，他們覺得進口鴉片在風味和勁道上都優於國產貨。[58]

中國國內鴉片生產可溯至唐代，而且罌粟種植，在中國西部，尤其雲南、四川、甘肅，似乎本就興盛。[59]清初，貴州、福建的地方志所列的本地產植物已包含罌粟，儘管未詳述生產方法或用途。[60]一八三六年許乃濟提到雲南，還有廣東、福建、東浙江的國內產量。[61]為了支持其弛禁論，許乃濟指出國產鴉片性質較外國貨溫和，因而一旦上癮，較易戒除；他拿菸草與之作類比，說國內解禁吸菸後，聽任民間吸食，性質溫和的本土產菸草，即把性質酷烈、吸了會讓人暈眩的菲律賓菸草趕出國內市場。令人遺憾的，許乃濟的論點難以說服人，因為有錢的鴉片吸食者想要烈性鴉片，而非溫和鴉片。誠如康熙年間最廣為人知的醫生暨醫學作家張璐一七〇五年所寫的，國產鴉片還是能治某些病，「但力薄少效」不如洋鴉片。[62]一八四〇年代國內罌粟種植擴及廣西、湖南、湖北時，上述國產、進口鴉片的烈性程度差異大概仍未變。[63]英國外交官威妥瑪（Thomas Wade）估計，一八四七年廣東自產鴉片八千擔至一萬擔，指出其在當地銷路甚好，往往摻了其他種鴉片：「氣味類似巴特那鴉片，但勁道比不上孟加拉鴉片……陳化兩年後，比起洋鴉片，更受某些吸食者青睞。」另一方面，威妥瑪說，福建鴉片「性弱，味道粗劣，產量不足以和洋貨匹敵」。[64]但這個較劣等的國產貨，每擔只要價兩百五十元，而據許乃濟的說法，進口貨價格高昂，烏土（孟加拉鴉片）每擔八百元，白皮（孟買鴉片）六百元，紅皮（馬德拉斯鴉片）四百元。[65]

廣東並非大型罌粟田的所在地，因此我們可推測中國西部的產量已是其八千擔產量的數倍，內陸每擔價格則往往不到兩百五十元。據此，中國的產量和消費量幾乎可肯定超過一八四七年英國領事的估算[66]——而且大大高於赫德（Robert Hart）所主持的大清皇家海關總稅務司一八六三年調查報告所估計的數量。[67]這一國內產量，最初係為了從吸食鴉片的富人那兒賺錢，結果卻主要滿足本土工人的需求——尤其是至一八七〇年代時似已大量上癮的苦力、轎夫、船夫。[68]中國國產鴉片，除了價格低廉——在甘肅，印度鴉片要價可能是本地貨十倍之多[69]——還有個優勢，即比起印度鴉片，國產鴉片的殘留煙渣更常可以吸食。[70]中國工人也願意接受摻了其他東西的鴉片——據位在中國東北某人的說法，除了摻罌粟殼或罌粟莢，還摻豬油、芝麻餅、柳葉芽、薊汁。[71]較有錢的中國人老早就吸食國產貨、印度貨的混合品，但似乎出於迫不得已，已改抽純國產鴉片：於是，一八七五至一八七八年煙台地區的漫長饑荒，使有錢的該城城民收到的租金變少，不得不改抽國產鴉片。他們抽慣了國產鴉片，未改回洋鴉片，印度貨在該地區的銷量因此大跌。[72]隨著中國鴉片農更加懂得掌控品質，此一棄洋改土過程加快，他們的有錢買家變得更多。[73]

至於農民的吸食情況，我們可以再度估計，大概在一八七〇年代國內產量猛增時，開始盛行。鴉片產量增加的確助長鴉片農本身吸食一事，已被研究更晚期中國史的學者證實。全面分析一九二〇、三〇年代中國農村生活的美國學者卡凱（J. L. Buck）發現，農民消耗掉自種的鴉片約四分之一。[74]高產量取決於較有利的天候，但種植罌粟這種經濟作物有許多好處。每一單位面積罌粟的現金收入，至少是一般穀類作物的兩倍；[75]可在農曆十月栽種，三月收成，而這段期間本就種不成其他作物；在非常貧瘠的土地也能種活，只要施以適當數量的肥料即可；可在同一塊地上與豆類或馬鈴薯之類糧食作物交錯種植，或與菸草隔行交錯種植。[76]對於分成提取收益（即把夏作收成的固定比例繳給地主）的佃農來說，冬季種植獲利尤其大。[77]此外，採集罌粟汁雖然費工，但很簡單。

越來越多良地開始種植罌粟。比較李希霍芬男爵（Baron von Richthoven）一八七二年調查結果和斯賓士（W. D. Spence）一八八二年調查結果，可看出中國西南地區的罌粟種植已從山上往下移至河谷。[78]赫德（Robert Hart）欲根據人口和已知產量之間的比率估算上癮人口占比，最後提出將近一％這個數據。[79]但大部分觀察家認為這遠低於實際情況——張之洞堅決認為在山西省城市，鴉片煙民占人口八成，在鄉村占六成[80]（但曾國荃認為農村煙民占比高於城市）。[81]在甘肅省，觀察者也提出八成這個數據。[82]確切數據不可能得出，但理雅各搭顛簸的驢車穿過山東罌粟田前往孔廟途中所得出的煙民占人口一成的數據，似乎合理。[83]而經驗老到的醫生雒魏林估算出的數據，則可使理雅各的推測結果更為周全。雒魏林也估計煙民占人口一成，但覺得只有三％至五％的中國人吸食「過量」。[84]據此，一八九〇年中國境內吸食鴉片成癮者約一千五百萬人；如果他們一天抽掉約三分之一盎司的量，也就是一年抽掉七磅的量——地方的觀察家覺得稀鬆平常的量[85]——就意味著每年需要一億五百萬磅左右的鴉片。因此，一八八〇年代四川八十五萬英畝土地每年生產十七萬七千擔（兩百三十五萬磅）鴉片，每畝平均生產五十盎司這個估算結果，就似乎不算離譜。[86]根據二十世紀較精確的研究結果，或許可對上述估計做反覆核實：雲南昆明地區罌粟種植面積兩萬九千七百五十畝；[87]光四川涪州一地就產兩萬三千擔；[88]山西罌粟種植面積為一百萬畝左右；[89]陝西有罌粟田五十萬畝，煙民一百五十萬。[90]有人對十九、二十世紀之交國產鴉片跨地區貿易做了籠統的估計，得出以下數據：米，一億兩銀子；鹽，一億兩銀子；鴉片，一億三千萬兩銀子。[91]在中國，吸食鴉片者的確甚多。

禁煙

與禁止鴉片有關的清代中國法律史，大體上以找尋先例一事為主要重點。或許有人覺得從禁止菸草一事切入順理成章，但就連禁止菸草一事在法律的制定和執行上都含糊不清。

皇太極（清太宗）於一六三五年頗為詳細的討論了菸草問題，指出此問題的一部分模稜兩可之處。他告訴某臣下，「爾等諸臣在衙門禁止人用煙，至家又私用之」，實在不妥；話雖如此，這不表示皇太極要官員以身作則禁菸，作人民表率，也不表示在下位者必然仿效在上位者抽菸。皇太極接著說道，他要禁菸，只出於一個理由：「朕所以禁止用煙者，或有窮乏之家，其僕從皆窮乏無衣，猶買煙自用，故禁之耳。」[92]在此，禁菸很清楚和軍心士氣有關。一六三八年，兩名滿人將領把在奉天西區找到菸草全數收繳銷毀。一六四一年頒布並執行了針對販菸者、抽菸者的嚴厲罰則；但同年就死了禁菸之心。此後，栽種菸草自用為合法，每斤菸草定在三錢這個甚為公道的價格。[93]皇太極說禁菸證實不可行，吸菸相較疏於練箭係小罪，以此為上述政策翻轉自圓其說。他說，滿人該用心之事是練箭。[94]

朝鮮人一六二〇年代就知道菸草，將它稱作「煙茶」或「煙酒」；深信菸草能給人預卜未來的法力，指出其會讓人上癮的特質，因而也把菸草稱作「妖草」。[95]中國人也深信菸草擁有強大力量，有治病之效。明代學者張介賓在其權威性醫學著作《景岳全書》中說道，吸菸使雲南境內士兵免於染上瘧疾，從而使吸菸更加盛行。[96]一六三七、一六四〇年晚明朝廷兩次頒布禁菸令，似乎是因為相信菸草有助於滿人攻城略地：凡是私販菸草，賣予外人者，不論所販品質高低，一律問斬，北界之外的人易因嚴寒致病，而且少了菸草，就無法治癒。[97]明朝後來收回禁令，因為自己軍隊因沒菸可抽而士氣低落。[98]康熙小時抽菸，但一六七六年下令宮中禁止吸菸；他的動機係怕引發火災，而非為了提振風俗人心。[99]這道禁令顯然成效不彰，一六八四年改以另一種措詞重申。康熙說道，他祖母擔心宮中起火，宮內之人抽菸要小心。[100]

這些禁菸先例不足以借鑑，雍正皇帝得知鴉片吸食問題而欲予以消弭時，他的法律顧問不得不在清朝法典裡另尋依據。中國史上最早的鴉片禁令，制定於一七二九至一七三一年，反映了這個不確定性：[101]「興販鴉片煙者，照收買違禁貨物例，枷號一個月，發邊衛充軍；若私開鴉片煙館，引誘良家子弟者，照邪教惑眾律，擬絞監候，為從杖一百，流三千里……如兵役人等借端需索計贓，照枉法律治罪。」一七三〇年再發禁令，矛頭挑明指向那些以台灣為鴉片交易基地的人：「台灣流寓之民，應逐令國稅，交原籍收管。」[102]或許因為各方普遍認為經銷鴉片者才是問題根源，對吸食者、種植者的懲罰並不嚴厲：依照違制律責杖一百。

另有幾次欲強化並整頓吸菸懲治條例，未能如願。大學士方苞一七三六年建請禁止菸草種植，山西布政使張若震一七五一年也試行了同樣辦法。至少根據清朝更後期的法律意見書來說，將抽旱煙和抽水煙都立法禁止，係禁絕鴉片成功的必要條件，而朝廷各部未能支持方苞、張若震，使鴉片氾濫無法避免。[103]

在這整個期間，鴉片在固定關稅稅率下作為藥物小量輸入中國，使情況更加棘手；一五八九年稅率為每十斤兩錢銀子，一六八六年調漲至三錢。[104]康熙年間後期，誠如先前已提過的，也有某些鴉片被拿去吸食，吸食時摻了菸草。這個時期的起訴案，我只能找到一件[105]——一七二九年八月涉及福建漳州府鴉片販子陳元的案子——而對此案的唯一一份詳細記述，讓我們看到執行此法的複雜棘手。要讓鴉片作為藥物自由販售，同時又要禁止販售「鴉片煙」（即已可吸食的鴉片），並不容易，因為鴉片和鴉片煙直接相關，差別只在於後者多了進一步精煉的工序。陳元把鴉片賣給漳州府官方的眼線，被知府依條例判處上枷、發配充軍。但巡撫認為陳元有權利販售作為藥物的鴉片，推翻此判決，雍正皇帝同意巡撫所為。但巡撫和皇帝也都同意一點，即不應懲罰矯枉過正的知府，以免無知的老百姓以為禁吸鴉片令已放寬。

如果說這些條例在中國不易解釋和執行，當時的外商卻很認真看待它們，一七三三年六月英國東印度公司委員會向該公司船隻指揮官下達的一份過度杞人憂天的命令，就是明證：

六月十六日在溫德姆號（Windham）船上

對於從聖喬治堡出發的船隻來說，迄今為止，隨船將鴉片運去中國出售，一直是常有的事，而雖然不知道此時你們船上要運去該市場的貨物裡有沒有該商品，我們認為還是該告知你們中國皇帝最近為禁止鴉片所頒行的嚴厲條例（以免你們不知此事）。你們船上若有鴉片遭查獲，不管多少，懲罰都會甚重，除了膽敢向你們購買該物者會遭處死，你們的船和船貨還會遭沒收交給皇帝；由於這些考慮因素，加上為了防止這類倒楣事上身，你們務必竭盡所能，在你們船上嚴格調查和搜尋，以弄清楚船上是否有這類東西，若有，就該在離開麻六甲之前，費心將其搬下船，因為無論什麼情況，你們既不可將該物運到中國，也不容許船上有人挾帶該物到中國，若不聽公司命令，後果自負。[106]

一七二九年後，直至嘉慶年間（一七九六－一八二〇），立法禁鴉片之事似乎未有進一步的發展，因此，乾隆年間，國內吸食之風蔓延，外商販賣鴉片更加肆無忌憚。就連眾所周知的嘉慶初期禁煙令，雖對國內鴉片種植也祭出規定，矛頭主要還是指向從印度運來鴉片的外商。[107]直到一八一三年（嘉慶十八年），中國人才認真處理如何加強國內律法以因應外商鴉片貿易和鴉片走私日增的問題。

一八一三年刑部指出，雖有用來懲罰鴉片販子、鴉片館主的先例（例如一七二九年禁煙條例）存在，清朝律例從未針對購買者、吸食者明訂懲治條例，只以違制律處以杖一百的刑罰。眼下該是時候加強相關律法，並對官員和平民處以不同罰則。[108]針對懲治吸食鴉片者，刑部議定如下刑律：「侍衛、官員買食鴉片者，革職，杖一百，加枷號兩個月；軍民人等杖一百，枷號一個月。」刑部認為對鴉片販子和鴉片館主的懲罰應維持不變，但對主犯、從犯的懲罰應有輕重之別。嘉慶同意此議，還說他聽聞宮中太監吸食鴉片，於是下令，如果查獲，應枷號兩個月，然後發配黑龍江為奴。

這一試圖根據「違制」律處理鴉片吸食行為並增設罰則的作為，想必成效不彰，一八二一年阮元逮捕十六名澳門鴉片販子一事，看來只是個例外。[109]在御史邵正笏針對國內鴉片種植、販賣之猖獗上奏後，清廷於一八三〇年又密集推出一波條例。[110]此後，凡是在國內種植、提煉鴉片者，一律按針對鴉片販子的舊法懲治。收受賄賂的地方頭人，懲罰與主犯同。新施行的條例，係種植罌粟者，罌粟田鋤毀，田地由官府沒收。但道光皇帝對此條例的施行甚為懷疑，因為他斥責阮元竟大言不慚說能將地方鴉片徹底剷除。[111]此外，省級高階官員要命令下屬在村級行政區仔細反覆核查，要地方每年上呈境內已肅清鴉片的書面陳述。一八三一年又增補含有新施行細則的條例：製造煙槍等吸食器材者，按照製造賭具者懲治條例，發配充軍，出租地方供人吸食的船夫或地主，罪同出租房間供人賭博者，流放或杖責；子弟販賣或吸食鴉片者，其父母按照「不能禁約子弟為竊例」杖責四十。[112]同樣在一八三一年，既有的懲罰條例增添了新細則：未來，被控吸食鴉片者，只要供出賣煙之人而且助官府逮捕該人，即處以標準懲罰，罪同供出賭具供應者的賭徒；未能供出並協助逮捕鴉片販子者，則會視同鴉片販子治罪。[113]

刑部官員竭力欲讓這些條例收到成效，而保存至今的案件紀錄，顯示他們為了鴉片上癮所引發的特殊問題而爭辯。以一八二七年廣東潘氏兄弟的案子為例，其中的弟弟是鴉片販子，並把他哥哥和其他局外人牽連進來，刑部和廣東巡撫，針對按照正常法律做法將其哥哥定罪是否合宜，發函詳細討論。[114]爭論重點在於鴉片販賣是否構成對人的直接傷害這個問題上，一八三一年刑部和安徽巡撫的討論，繼續在這個問題上打轉；結論是鴉片販子未有傷人之意，只想獲利，因而行為類似賭具販子。[115]但另一個案子的裁定清楚表示不該對鴉片販子寬大處置，即使他父母年邁且他是家中唯一兒子（「親老丁單」）亦然。[116]

這些條例日趨複雜和嚴酷——一八三九、一八五〇、一八七〇年增加了新類型的條例並對罪行做了更細的區分[117]——但在控制鴉片氾濫上，成效同樣不彰。增設的條例向吸食者保證，只要自首，即予免罪，但吸食者不為所動。[118]當時的清朝官員完全清楚執法背後的困難。賀長齡指出，懲罰條例根本無法讓吸食者戒掉鴉片：他們在家鄉種罌粟，吸食鴉片，並非因為他們有凶暴害人之心，純粹只是如「酒色過度」之徒「自戕軀命」而已。此外，吸食鴉片可偷偷來：「科條愈重，則勾結愈密，摘發愈難，訛詐愈多，滋擾益甚。」[119]

一八三一年後期瞿溶所奏報的一個案子，清楚說明在鴉片戰爭爆發之前許久這類訛詐、滋擾已到何等程度。瞿溶是巡視（京師）北城監察御史，在糾捕生鴉片加工處理者方面很有一套。[120]有個叫溫灼橋的人，靠捐錢在光祿寺覓得官職，從廣東來京赴任時挾帶了一批鴉片。溫灼橋的廚役知道自己主子吸食鴉片，把此事告知兩個房役，那兩人又把此事告知一名番役（專司緝捕之人）。有天夜裡，這三人，連同另外幾個僕人，翻過溫宅院牆，逮到他正和兩名友人吸鴉片。他們把這三人鎖住，繳獲兩匣半鴉片、三枝煙管，番役王三向溫灼橋勒索一千兩銀子。溫灼橋先付銀子二十五兩（王三立即將其中十五兩交給廚役作謝酬），其他待付款項，則開立一張銀票。後來，有個友人要溫灼橋勿付錢，但那名番役夥同其友人回去找溫灼橋，逼他交出六百兩銀子。王三將起獲的鴉片煙拿出一部分給同夥。沒人報官。

此案間接表明奸詐、恐懼心態的瀰漫，使朱嶟之類人的論點更加有說服力。朱嶟強烈反對只禁官員吸食，卻聽任他人（例如老百姓）取得鴉片的規定。用他的話說（一八三七年一月《中國叢報》刊出英譯文）：

至官弁士子在家安而食之，何從查禁？苟為不核，則書役僕隸將挾其短而擅其廢置。防訛詐而訛詐之端啟，票（禁）栽贓而栽贓之釁除，父不能誡其子，兄不能保其弟，主不能制其僕，豈非滋之擾也哉。幸不至是，則陰相煽誘，互為容隱，又事之長，無足怪者。故聽民間販賣吸食而頷禁員弁士兵，不可得也。[121]

朱嶟所追求者，係法律的一體適用——在這點上他和許乃濟、林則徐所追求者同——因為若不如此，控制體系不可能管用。但一八四二年後所出現且在一八六〇年後成為常態者，係把諸多蕪雜不協調的法條拼湊在一塊：在外商可合法輸入鴉片且國內鴉片產量有增無減的情況下，偶有違反鴉片條例之人受懲。[122]來自一八七〇、八〇年代期間《京報》（*Peking Gazette*）的例子，說明因鴉片受罰之罪行的種類，而罪行的性質往往點出司空見慣的幾種弊病。

有個宗室成員因住在且經營北京北城一家鴉片煙館而受罰；[123]福州兵工廠一名火槍射擊教官，因其僕人弄斷他的煙槍而將其殺掉；[124]江蘇某知縣因販賣鴉片而遭流徙；[125]有個太監因在宮中吸食鴉片煙且在內務府某機構裡開設煙館而遭砍頭；[126]有個鄉試閱卷官有鴉片癮；[127]有個男孩因提供鴉片給其母親遭處凌遲之刑——他似乎原以為母親想吸食，未料到母親拿鴉片自殺，他因此犯了蓄意致死其母之罪；[128]有個轎夫自營煙館而且和某軍官關係很好；[129]另有兩個軍官被控用自己的巡邏船走私鴉片；[130]有個舉人竟因一些流氓拆掉他自營的煙館，將那些流氓起訴；[131]而最令人痛心的，係在官員因有鴉片癮而遭革職的諸多案例中，[132]我們找到某蕪湖道台的名字，而該人的父親是曾經威望崇隆的條約談判大臣琦善。[133]

這類案例中法律的含糊不清和不一致，使鴉片成癮的氾濫和鴉片經銷模式的擴散非官府所能控制。

經銷

吸食鴉片者分布越廣，經銷網想必更複雜，但要找出經銷網的諸多組成部分並不容易。因此，以下分析，著墨於中國籍經銷商，既片段又零碎。

早在一六七四年，就有個叫 Bonsiqua 的中國商人從巴達維亞的荷蘭人那兒買了大量鴉片；由於脫手不易，他最後把鴉片拿到公開拍賣場賣掉。[134] 三年後，荷蘭人就和爪哇馬打蘭（Mataram）蘇丹國國王簽訂新約，該約的目的之一係抑制中國商人在布、鴉片領域所已打造的龐大貿易。[135] 我不知道 Bonsiqua 或這些華商是否與台灣客戶有往來，但巴達維亞－台灣－廈門路線肯定有其存在可能。此外，早期鴉片銷售領域往往與菸草領域重疊，行之有年的菸草運輸、行銷模式可能被拿去用來銷售馬達克鴉片。一七二九年案中遭判定有罪而後獲赦免的陳元，從廣東某個他無法（或不願）說出姓名的商人那兒弄到鴉片；他拿從福建運來的桔餅換取鴉片，親自將鴉片帶回漳州府，當藥在店裡販售。[136]

張馨保描述了十九世紀初期廣州地區華籍商業夥伴的仲介行（窯口）如何付錢，以從停泊在海岸外的洋人躉船（鴉片囤放船）那兒買進鴉片。[137]然後窯口把鴉片賣給仲介，仲介循著既定路線把貨鋪出去——往西至肇慶，再轉廣西、貴州；往北至樂昌、南雄，再走船運至湖南、江西；往東經潮州至福建。[138]陳元所走的就是其中第三條路線。

藉由廣西籍湖廣道監察御史馮贊勛的說法，上述分析可得到進一步的引申。[139]他對廣州地區鴉片的經銷方法極感興趣，一八三一年以此為題做了詳細奏報。[140]馮贊勛說大窯口與本地惡棍勾結，惡棍則利用兩股彼此交結的害怕心態，壯大其非法勾當：洋商不敢上岸，華商不敢出洋。這些惡棍開設錢店，用以壟斷鴉片買賣；華商就在這些錢店裡和洋人會面，簽訂交易契約。這些店若非設在十三行，就是設在聊興街，惡棍就從這些基地派出名叫「快蟹」的船。快蟹「之大可容數百石，帆張三桅，兩旁盡設鐵網，以禦炮火，左右快槳凡五六十，來往如飛」。由於船行甚速，當地人俗稱之為「插翼」；但許多巡邏船即使能捕獲「快蟹」，也不會動手，因為他們都是一夥，鴉片買賣光天化日進行。在廈門、天津、海南、粵西之類地方，不需「快蟹」，但即使在這些地方，商人都得透過窯口仲介人進貨，這些仲介在廣東其他城市設有小窯口，藉此控制省外的銷售事宜。鴉片一運進內地，即由其他奸民和衙役透過當地小窯口處理，在當地市場上小量出售。

一八三一年其他大臣的奏摺，讓我們更加清楚鴉片經銷的情況。在山東，鴉片由吃水淺的駁船從海上運到荒無人煙、遠離港口或駐軍的岸上，然後當場，就在水邊，賣給經銷商。[141]在貴州，鴉片從廣東走既有商路過來，由當地私賣之人賣掉，因為該地區尚無煙館。[142]廣西巡撫同樣聲稱不知當地有生產鴉片，說只在西江沿岸幾個府有鴉片蹤影，有商人從廣東將鴉片帶去那裡。[143]四川總督坦承其轄內有許多煙民，也出產鴉片，指出「食煙之人廣，販煙之人必多」。他的建議係在「各關隘口嚴密稽查」：從廣東、浙江入川必經的夔州府；從雲南入川必經的寧遠府；從湖北入川必經的廣陽府等。[144]

在北京，鴉片經銷已變得頗複雜，由一八三一年夏末三椿官府查抄例子可見一斑。[145]王二在宣武門附近自宅經營鴉片生意，也在那裡存放了骰子和一批帳冊，並在官府查抄之前將骰子、帳冊都銷毀；焦四經營供四川富順來京商人下榻的富順客店，利用該店經營鴉片生意，店內也有骰子、骨頭等賭具。蕭升在粵東會館賣鴉片。這三個經銷商都存放了許多煙袋、銅鍋和其他用來熬製煙膏、吸食鴉片的器具。這三人的經營方式似乎都是買入生鴉片，熬製成可吸食的成品販售（「賣土賣煙」）；對於其生鴉片的來源，他們「或稱販自天津海船，或稱買於廣貨擔上」，但「皆不肯供出姓名」。

先前已提到，至一八三一年為止，清廷欲逼吸食鴉片者供出供貨之人，始終未能如願；而在這件案例裡，我們看出小型經銷商同樣口風甚緊，不願供出其批發商。從太監張進富接受內務府官員調查時的證詞，可看出吸食鴉片者會如何想方設法誤導官員和衙役的調查：

從前所用鴉片煙係零星買自回民褚大之手，後聞有海船入天津，煙價下跌，我找科科蘇普庫借錢一百吊，也變賣我的驢車。我帶（僕人）秦寶泉至天津，托秦寶泉素識之楊魁元，向張二等用價錢二百四十吊，買得煙土一百六十兩。楊魁元得錢三吊八百文。[146]

在這個案子裡，御史的仔細調查和頗完整的口供，揪出一串相干之人：鴉片吸食者經甲、再經乙至售貨人。但這個售貨人只是個小鴉片販子，而誠如在北京三煙販的案子裡所見到的，官府往往只能追查到這些次要的中間人。要逮捕經銷商，要大大倚賴地方機關——典史（縣警局長）、其助手、捕快。捕快本身涉入勒索煙民和販售鴉片之事時（例如一八三一年勒索案），再怎麼周全的律法都不濟事。

要對鴉片經銷做決定性的分析，必然得闢出整整一節談維護治安的活動和程序。在這方面，不妨援引《京報》上的一些案子來說明此問題在北京和各省的嚴重程度。地方鴉片經銷可能由結夥的軍中逃兵把持，他們會使用洋手槍來打退捕快。[147]鴉片販賣店的老闆可能是宗室成員。[148]就連編制裡的捕快都未領到全額的餉銀，[149]地方老百姓變得提心吊膽，因而會整夜亂開槍。[150]把貨物偷偷帶進城內之事，涉及太多人，因而捕快不敢阻攔；[151]有次，有個巡邏隊的捕快，冬天執勤時，遭搶走羊皮襖。[152]捕快真的拿到證據或敢於動手查抄時，打擊對象似乎很可能只是小鴉片販子。

十九世紀後半，鴉片經銷採三級制，而那看來就像是馮贊勛口中那個兩級窯口制順理成章的進一步發展。三級分別是第一級，大盤商；第二級，大零售商；第三級，地方販子。

大盤商從英國、本國鴉片農大量進貨。一八八七年裴式楷（R. E. Bredon）認為大盤商的龍頭是來自汕頭、寧波的商人。[153]他們財力甚巨，手握龐大資源，相對的，「自強」企業或其他企業所能弄到的資金一般來講不敷所需。因此，一八八一年李鴻章上奏道，粵商何獻墀會在香港成立一家公司，他所領導的財團想要透過該公司吃下所有印度鴉片；他們向清廷表示願每年多繳至少三百萬兩稅銀，換取在中國諸口岸的獨家經銷權。何獻墀打算先為該公司注資兩千萬墨西哥銀圓。誠如李鴻章所論道：

> 聞何獻墀等多係殷富，久在粵省香港一帶貿易，熟悉華洋商情，其他富民聞有此舉，亦願出資附股，蓋買賣洋藥統歸公司，咸知有利無害，是以集本不難。[154]

李鴻章派馬姓道台去加爾各答與里彭勛爵（Lord Ripon）直接協商。[155]他的計畫係由中國人壟斷鴉片生意，同時花二十或三十年逐步減少鴉片進口至鴉片貿易完全停止為止。[156]儘管這類交易的規模特別大，在各大城市還是有定期的鴉片集市，集市的交易金額會達五十萬銀兩或更高。[157]這些大盤商影響省級的鴉片買賣；一八八七年浙江巡撫指出，其省內鴉片產量甚大，但省產鴉片只在省內販售，因為沒有大商人將其輸出至省外。[158]光是沙遜洋行（Sasson）在鎮江的買辦宋彩，一八七五年就賣掉一百五十萬銀兩的鴉片。[159]這不由得讓人認為，這些人不受衙役騷擾，就連官員處理他們都小心翼翼。

大零售商，或許可視為更早時那些小窯口的派生物，本身經營零售店（「土店」），屬當地鴉片販子行會（「土幫」）一員。[160]大零售商也提煉熟鴉片，藉由熬煮除去雜質，使土鴉片成為可吸食之鴉片。這一過程所需設備很簡單，但需要掌握不同產地土鴉片的熬成量和成品價格——從為赫德所擬的天津熬成品表格可知——因為每百斤麻爾窪鴉片會熬出七十斤熟鴉片，價格則從五百零六兩變為五百六十七兩，而百斤土鴉片會熬出五十至六十斤熟鴉片，價格則從兩百八十五兩變成三百零四兩至三百六十四兩不等。[161]這一提煉過程無法偷偷進行（鴉片戰爭發生之前許久，清廷官員已指出這一點），因為氣味嗆人，而且熬製後的成品（「煙」）狀如糖蜜，比生鴉片（「土」）遠更不易運送；[162]因此這些零售商經營其生意明顯得到官府縱容。

這些大零售商可能把手中部分鴉片賣給有錢人供其在家裡吸食，但其主要客戶大概是兩大類當地販子：鴉片煙館老闆和四處遊走的商人。這些人大量販售要價只要幾文錢的鴉片，供顧客當場吸食。晚清時，不管哪個城市，都有許多鴉片煙館：有個觀察家算出天津有一百七十家；[163]有人猜測杭州超過千家；[164]在甘肅蘭州，「一條街上有五個攤子，離店鋪不到五十碼」；[165]在重慶，有一千兩百三十家各式鴉片鋪子。[166]根據人口數對鴉片煙館的比例，若非一家煙館滿足極少許人之所需，就是大鎮裡的數家煙館滿足大量外地人之所需。於是，煙台有人口三萬兩千五百，煙館據估計為一百三十二家，溫州人口八萬，煙館一千一百三十家。[167]有時，城市迎來改革熱情；於是，據林樂知（Young J. Allen）的說法，一八六九年丁日昌的反煙毒聲明，導致蘇州境內三千七百家鴉片鋪子和煙館停業；但誠如郭嵩燾所指出的，在城市推出的這類禁令，鄉間完全不管用，在鄉間煙館、鋪子生意一如以往。[168]

在各大運輸路線沿線，有販售鴉片的攤子或棚子；根據對茶葉輸出路線的詳細研究，鴉片一如菸草，始終不愁買不到。[169]苦力往往每幹活三個小時就到這類攤棚待約一小時，抽個鴉片兼休息。[170]如果知道在下一段路程途中沒機會抽鴉片，在這類地方，他們也能買些鴉片帶走：若非可敲下一小塊供嚼食的小鴉片球；[171]就是可放在腰帶上小杯子裡，可用手指蘸著舔食的鴉片汁；[172]乃至說不定是洋人所好心提供，用來協助戒除煙癮的一片濃縮錠。在汕頭，威廉·高德（William Gould）醫生驚訝於他的五萬片嗎啡那麼快就賣完。[173]晚清時免稅的嗎啡成為中國的進口大宗之一，因販售嗎啡者往往是華籍基督徒，而有「耶穌鴉片」之稱。[174]

四處遊走的販子在每年一次的集市和節日時生意也很火熱，節日之前就在廟附近擺起售煙棚，然後賣鴉片給從鄉間過來的過節民眾。[175]這會是拓展市場的良機，因為那些喜氣洋洋且肯花錢的人很有可能染上就此跟上一輩子的習慣（一年裡大概就這麼一回有閒錢且肯花錢）。

經濟作用

鴉片於中國經濟的三大領域裡起了重要作用，至少就十九世紀後五十年來說是如此：充當金錢的替代品、助地方官員完成上級規定的收繳稅額、幫忙籌措自強計畫所需資金。

鴉片戰爭後，英美商人都看出鴉片在中國內地會是多有用的交易媒介；他們仍不得離開通商口岸，但派自己的買辦帶著可用來換得內地茶葉或蘇州絲的大量鴉片去內地。[176]例如，一八五五年怡和洋行派阿熙帶著值四十四萬六十五元的香料、鴉片去內地。[177]同樣的，一八五〇年代初，太平天國之亂在上海引發金融危機時，最能趁機利用茶葉市場牟利者，係那些手上有大量鴉片的洋行。[178]

非買辦的中國人同樣很快就看出鴉片在替代金錢上的優勢。其中之一是輕。在清代後期的一些殺人案中，我們發現旅人遭謀害，常是因為他們的船夫或挑夫看他們行李很沉，推測他們攜帶了銀塊所致。[179]鴉片的價值當然低於同重量的白銀，但比起等值的一文銅錢，輕了許多，而且鴉片體積大卻相對來講較輕，會讓挑夫以為是不值錢之物。基於這個或其他原因，香港的小店鋪老闆老早就用鴉片作為匯回大陸老家的錢款，在中國西部，拿鴉片充當貨幣稀鬆平常；[180]就連赴京趕考的考生都會帶著鴉片用來支應沿途的開銷。[181]另有人拿鴉片作為暫時的投資以增加收入。於是，就位在最低下經濟階層的人來說，拉駁船逆長江而上的縴夫，會在四川買進鴉片，然後徒步翻山越嶺，到湖北轉賣給販子（或有時替人帶鴉片，從中抽取佣金）。[182]就較有財力的人來說，一八八一年人在四川、即將出任知府的吳樹衡，受布政使之請帶三萬兩銀子去湖北，他把這筆錢拿去買鴉片，冀望抵達目的地時脫手牟利。結果，到了當地，他一百六十八擔鴉片只能賣掉三十七擔，於是請湖北巡撫幫忙替他在漢口賣掉剩下的鴉片。[183]

對於煩惱如何完成稅收額度的知縣來說，鴉片收入是一大利多。知縣的處境岌岌可危，尤以十九世紀中期幾場大叛亂之後為然。農業產量下跌，要上繳朝廷的稅額卻沒變，知縣若想要從傳統農業部門榨取更多稅收，可能引發嚴重民亂，從而可能丟掉烏紗帽。左宗棠奏報，一八七四年三名知縣和一位縣丞收受當地罌粟農的錢，並以不鋤毀他們的罌粟田作為回報，[184]有位御史發現山西情況更為糟糕，該省境內只有兩名知府在遏止罌粟種植上有所作為。在其他任何地方，想要靠鴉片賺錢的念頭，使官民沆瀣一氣。[185]有些「擅自課徵鴉片稅」的官員，成為地方人士拉關係疏通的對象。[186]例如，有個知縣一上任，就有當地罌粟農和仕紳登門拜見，送上大筆（數額不詳）的錢；幾個月後，又有人送他一千一百六十三兩現款和價值三千兩的鴉片。雙方所敲定的協議似乎是一定比例的鴉片收入歸他。[187]又有次，換成當地軍事長官收受賄賂，以不舉報兩千五百畝罌粟田作為回報。[188]

誠如山西巡撫鮑源深所剖析的，大麻煩在於鴉片如今已成日常之物；地方官員需要財政收入，而且不願打擊當時主要的釐稅收入之一，以免激怒其轄下老百姓[189]（據郭嵩燾的說法，各州縣得悉鮑源深的檢查員要來，即「先期拔去驛路兩旁罌粟一二畝，改種禾麥」，而且無視禁令存在。郭嵩燾此說反倒在無意間嘲笑了鮑源深禁煙之舉的效率不彰，使鮑源深成為北京朝官的笑柄）。[190]在江南，總督沈葆楨呼應鮑源深的想法：鴉片曾被視為要命的毒物，如今卻被當成如茶、米一般，[191]但沈葆楨一發現轄下官員吸食鴉片，還是將其革職。[192]某些地方公開徵收鴉片種植稅一事，可以寧夏為例說明。一八七八年，當地居民把最好的良田拿去種罌粟，說若不如此，繳不出稅；知府不願把穀物送去陝西賑災，因為他轄下一半土地如今種罌粟，他沒有餘糧。[193]

對本地罌粟種植課稅、默許本地種植罌粟、官府收賄允許農民種植罌粟，都發生在傳統稅賦體制、傳統行政體系的大環境裡。釐金的情況則大相逕庭。＊釐金以新方式徵收，使官員有了新稅收可用於新用途。鴉片戰爭之前，就有人建議對鴉片課稅。一八五三年有人重

＊「釐金」是針對中國境內貨物運輸課徵的新稅。

提此議，那一年有位御史提議對進口鴉片每箱課徵白銀四十兩。[194]一八五六年，上海道台開始對每箱課徵十二兩稅，一八五七年寧波施行同樣稅率。一八五八年中英談定每擔三十兩的進口稅率；鴉片在口岸只能由進口商販賣，若要在內地販售，只能由中國人將其當成中國人的貨物運往內地。[195]在內地課徵鴉片過境稅，對中國人和英國人來說都是難題，而且仍是進口稅爭辯裡單獨處理的問題——英方提議七．五%，中方提議一二．五%，最終折衷談定一○%，但此方案始終未施行。[196]在中英《煙台條約》中，鴉片被賦予「與他項洋貨有別」的待遇，因為各省政府可自行評定鴉片的釐金稅率，從本國籍經銷商那兒收取釐稅。整個一八七○、八○年代，關於此問題的爭辯未歇。左宗棠希望每擔課徵一百二十兩，全國一體施行；李鴻章則在六十至九十兩之間擺盪；威妥瑪提議將進口稅率調漲為四十五兩，據此認為將釐稅定在四十兩已夠寬厚。最後批准的一八八五年協議，係保留三十兩的進口稅率，釐稅則定為八十兩，從而此後在中國各地行銷均不用再繳納其他稅捐。[197]以一年進口五萬箱來算，中國政府會有五百五十萬銀兩的收入。

一八八一年，李鴻章在寫給英國禁煙協會（Anti-Opium Society）幹事的信中說：「鴉片是英國和中國始終無法獲致共識的議題；中國從道德立場看待這整個問題，英國則從財政角度看。」[198]但禁絕鴉片如此困難，原因其實出在鴉片稅收於晚清中國經濟裡所扮演之財政角色的錯綜複雜本身。在數名大臣的經歷裡，可看到他們出於務實考量的心態演變：一八八四年，張之洞力請禁絕所有來自山西的鴉片，講得頭頭是道，令人信服；一八九〇年，他整頓對湖北鴉片的課稅，一八九九年調漲鴉片稅，一九〇四年他仍在討論利用來自湖北熟鴉片的稅收購買外國軍火。[199]光緒初年，左宗棠打擊甘肅、陝西境內煙民，手段嚴酷，成效甚佳；一八八一年時他已在談要調漲對本地鴉片的課稅以抑制鴉片吸食。[200]曾國荃在山西掃蕩鴉片甚力；但一八八七年在江南時，他已在討論用鴉片稅收處理上海事務。[201]

李鴻章的奏摺提供了最豐富的證據。在一八六二至一八八九年他所呈的奏摺中，我們發現鴉片稅被用去彌補商人稅方面的徵收不足——將天津鴉片稅收用於直隸防務，用天津鴉片稅收支應北京治安人員薪水，用青島鴉片稅收購買新巡邏船，用鴉片稅收購買鎮海號巡洋艦所需的煤，用鴉片稅收償還為建設新軍向外借款的利息，諸如此類。[202]

此一稅收無疑大半來自在入境口岸徵收的進口稅，但在某些情況下，載明收到的釐金數額，有位御史堅稱地方釐稅幾乎全來自土鴉片。[203]《京報》的一份調查報告提供了土鴉片、洋鴉片過境釐金的數個例子，從中可看到某些追求自強、現代化的事業如何倚重鴉片稅收。一八七七年，兩廣總督奏報廣東機器局正在建造十六艘炮艇；至當時為止花費九萬六千八百六十兩，加上每月工資、雜支開銷四千一百四十八兩，全來自鴉片釐金收入。[204]一八八〇年此工程還在進行，經費主要靠每年十一萬兩的鴉片釐金支應（鴉片釐金共收得二十三萬兩，其中十二萬兩上繳，作為給朝廷的補助款）。[205]一八八七年台灣巡撫劉銘傳收到打狗、淡水的鴉片釐金稅收，以支應其陸海軍開銷。[206]同年，四川機器局得到來自釐金的六萬七千七百七十一兩，將其用於製造機器、槍枝、彈藥、雷管。[207]

鴉片成為整個釐金收入的主要來源之一，因而鴉片經銷模式的變動或執法程序的改變都可能對財政帶來廣泛影響。一八七〇年河南的情況就說明了這一點。該年，河南巡撫奏報，如今幾乎所有批發商都以禹州為大本營，而自太平天國之亂起，該地一直未設釐金局；位在陝州、河內縣、清化鎮的較小販子，已經妥協，同意繳稅，但因生意清淡，即將破產，禹州則有數十家新商行。鴉片稅是釐金的重要組成部分之一，而鴉片原本大多來自陝西、甘肅。左宗棠在中國西北部禁煙，打亂了行之有年的鴉片貿易模式；此時流入河南者是四川鴉片，為掌握此新稅收，需要設立新的釐金分局。鄧州是向湖廣、河南船貨收取釐金的重要城鎮。[208]河南巡撫於請求獲准後設立新釐金局和較小的分局，以檢查鴉片稅繳納證明，防止逃稅商人繞路避開。[209]

這類奏報想必得到戶部細加研究，因為一八八七年他們欲根據定額稅金計畫將土鴉片釐稅標準化——一如洋鴉片釐稅已於一八八五年中英協議中標準化為八十兩——決定每擔課徵四十五兩。荒年橫徵暴斂引發農民暴亂，同理，調高鴉片稅引來怨聲載道。調漲釐稅的消息一傳出，即有一名軍校畢業生帶領暴民洗劫山西垣曲的縣衙。[210]兩年後，在寧波附近的象山，兩名當地罌粟農和一名鴉片販子聯手於市集日煽動群眾洗劫縣衙，摧毀三處已造成當地鴉片價格上漲的新設釐金關卡[211]（這些亂民造反可能有其道理，因為這些鴉片釐金局似乎易引發特別嚴重的貪污情事——此外，至少有一個腐敗的釐金局由即將出任知縣者經營，此事意味著這可能成為為失業官員提供出路的新肥缺）。[212]

土鴉片的稅收潛力令清廷越來越難抗拒。一八九一年，透過取代釐金的官訂稅制，中央政府開始自行收取鴉片稅。[213]一八九六年，大清皇家海關總稅務司一年兩千萬銀兩的稅收，有八成被當成抵押款，拿去償還對外借款時，清廷找上赫德。五月十六日戶部問赫德是否願意接掌對內地土鴉片的所有徵稅業務。[214]六月中旬，清廷再提此議。自一八九四年就希望清廷提出此議的赫德，[215]寫信告訴金登幹（Campbell）：

> 我再度被詢問接掌土鴉片收稅之事而且已同意；但這事不好辦，因為我們的業務會擴及中國全境，會招來官民反感，要花上幾年才能把這事辦得有效率可言。誠如我先前所提過的——如果我還能再幹個二十年，或如果年輕二十歲的話更好，我現在或許會想做件真正有益的大事：目前為止我所做的，就只是確保海關順利運行，一有機會就擴展其根基，從而確保其穩固——如今我或許有所成，但「唉呀！」那大事該交給別人去做。[216]

赫德開始撰寫鴉片稅稽徵奏文，但據赫德的說法，六月二十四日，戶部尚書「反悔」。[217]戶部自擬了計畫之後，赫德在日期注明為一八九七年七月四日的信中表達了失望之情：

> 戶部搶了我的「風頭」，未把土鴉片交給我管，反倒親自指導各省處理此事：要他們立即以一年時間對三十三萬箱鴉片徵收兩千萬兩稅銀——我已答應要以三十年時間取得的成果！我的計畫當然泡湯，而他們的試驗會失敗。[218]

一九〇六年中英談定英國對華輸出印度鴉片每年遞減一成，十年後完全停止對華輸入鴉片時，清廷還未設計出令人滿意的體制。

從前述探討可看出清廷欲掃除鴉片毒害時，不得不和難以對付的一批既得利益團體周旋。罌粟種植對中國農業、對城鄉社會風氣的傷害，我們老早就知道；我們也應心存一個假設，即這些既得利益團體——作奸犯科者、貧農、苦力、商人、官員——如此極力抵拒禁煙，純粹因為鴉片在日益停滯的國內經濟裡提供了流動資本和新稅收來源。只有在義憤凌駕這些特殊利益時，禁煙運動才有可能開始收到成效。錫良之類不怕動用軍隊對付本國種植農的強硬派大臣，善加利用了這股義憤；[219]英國人則助長這股義憤。這時，英國人在中國鴉片市場已明顯喪失其龍頭地位，而且隨著在中國展開新式投資項目和為印度找到新稅收來源，英國人願意在互蒙其利下做順水人情。[220]

一九〇六至一九一五年禁煙運動的成就不凡，點出新興中國民族主義的力量和社會目標意識的重振，[221]一如一九一五至一九四五年吸食鴉片之風再度大興，點出民族主義和目標意識早早就受挫。[222]中國共產黨禁煙運動的成功，再度點出這一周期的存在。[223]於是，這些事件似乎表明，在掃除鴉片煙害上，心理因素比生理因素還重要。

脱離帝制後

After the Empire

Chinese Roundabout

Essays in History and Culture

雞血和白朗寧手槍

一九二〇年代初期，華東地區大學校際足球聯賽延長賽時，觀眾情緒激昂。上海名校交通大學的校長，熱愛足球不輸任何人，但他也是個受過嚴格訓練、愛說教的儒家學者，要他的學生在行為舉止上符合最高標準，每個上學日花一小時向他們講述該恪守的倫理道德。他不可能和球迷一起在看台上看球，尤其不可能一襲他堅持在參與大學各活動時都要穿上的傳統文人長袍出現在看台上，於是叫人從校長辦公室拉一條電話線到足球場，以時時掌握自家或對手球隊的進球數，從而能在不失體面但與外界隔離的情況下隨著賽局變化盡情歡呼或哭泣。賽後，他會再度出現於公開場合，以讚許或訓斥他的球隊。

將近十年後的一九三〇年春，中國北部某村民從洛克斐勒基金會所出資成立的北平協和大學畢業。當時有些農民除了農活，還從事起小地毯編製，手指因此有擦傷且變粗糙，而

本文首度發表於一九九一年《紐約書評》。

此人就有著這樣的手指頭。他被派去華北某農村工作，那裡的村民正飽受天花肆虐之苦，他因此決定倡導注射疫苗。他在學校已駕輕就熟的那些器具，村裡根本弄不到。於是，為了注射，他把縫紉機的針拿給他的衛生工作人員。他們則把針放進浸過中國白酒的棉花團裡殺菌。藉由這些工具，為當地兩萬一千六百零五人注射了疫苗，許多人肯定因此保住了性命。

我們所常掛在嘴上的「現代化」，其日常層面不可避免充斥著這類弔詭、調適之事。在中國，這類事似乎尤其多。一九一六至一九四九年使中國民生凋敝的軍閥割據、內戰、外敵入侵，遏止了經濟成長、知識變革的過程，或使該過程偏離正軌。這類事也是中華人民共和國的重要經歷，從完全拒斥西方轉變為不加批判的全盤接受西方的幾乎所有事物，政策之分殊多樣超乎尋常。毛澤東、四人幫、鄧小平之類的領導人，對於該如何現代化，該如何引導這些不確定的力量，沒什麼頭緒。中國軍隊現代化時，中國也正展開大躍進這場不切實際且最終混亂收場的實驗。美國總統尼克森獲邀訪華時，仇外的文化大革命仍熱火朝天。鄧小平向西方打開中國大門，但也容忍或下令展開反「精神污染」運動、一九八九年在北京屠殺追求民主改革的平民。

中華人民共和國領導人如今面臨的危機，具有數個彼此部分重疊且看來棘手的問題。其中的犖犖大者係要如何在讓國家和地方農民都能受益的情況下，改變傳統農村生活模式的問題；如何把城市工人組織起來，使他們能在貧困城市裡安居樂業；必須在中央一把抓的經濟裡鼓勵現代管理型、創業型菁英大展身手；讓中國最聰明的學生和知識分子認識西方的技術和觀念，同時又不致使他們與自己的政府、社會唱反調；需要遏制有可能破壞地方社會團結、嚴重打亂全國經濟、社會生活的暴力反社會衝動。五本各以廣泛研究為本的傑出新書，從一九二〇年代、一九三〇年代初的視角說明這些事，正點出當前西方華人學者的研究活力和熱情。如此長遠的歷史視角，讓我們理解他人如何處理如今中共領導人所正面臨的那些問題。

一九二〇、三〇年代非出自共產主義者之手的土地改革作為，其改革的範圍和複雜，一直是中華人民共和國較不為人知的佳話之一。出於顯而易見的理由，一九五〇年代初期土地重分配的創新和成就（官方所宣告的創新和成就），被標舉為共產黨本身的重大成就。其實，誠如查爾斯・海福德（Charles Hayford）在其研究自由主義改革者晏陽初那本引人入勝的專著裡所表明的，[1]最早的土地改革始於共黨統治中國之前的民國時期，而且在許多方面以平民教育和城市生活提升的理論為本，一如幾十年來在西方已實踐的那些理論，尤其是基督教青年會之類團體所實踐的理論。

晏陽初生於一八九三年（與毛澤東同年），出身四川北部的書香世家，在當地學校讀了中國儒家典籍，然後入讀附近某城市裡實行新式教育的教會學校，接著至香港某家小型大學就讀，然後赴耶魯大學，一九一八年畢業。在中國大陸和香港，晏陽初所置身的世界都已深受基督教、深受基督教青年會所散發出的苦幹實幹宗教形象影響。當時某中國人論道，「孔子若在世，會是基督教青年會一員」，而在耶魯大學時與晏陽初交情最深的那些具有理想主義性格的新教學生，讓他更加相信此話意涵，晏陽初在紐約結識的許氏家人亦然。這個家族的大家長許芹是紐約第一中華長老教會的牧師，娶了來自布魯克林的紅髮愛爾蘭裔女子為妻。

海福德在書中以幾個段落簡明扼要說明了這對夫婦之九個子女的生平事蹟。許家六個女兒全都嫁給在美國求學、追求以實際行動改變社會的華人學生。晏陽初（一九二一年）與其中的許雅麗結為連理，共度了漫長且幸福的人生，直至一九八〇年她去世為止。許雅麗拿過游泳冠軍，畢業自哥倫比亞大學師範學院體育系。誠如海福德所言，這個不凡的家庭成為「擴及太平洋彼岸的基督徒網絡裡一個重要的交會點」，把年輕華人基督徒和許多美國有錢青年連在一塊之鏈條的一環，那些美國青年則是他們所就讀之菁英名校裡的同學或友人的友人。

晏陽初回中國之前在法國待過一段時間，在法國時他與基督教青年會一同為一次大戰時被英國人招募去歐洲的十餘萬華工提供服務。英國人找來這些華工幫忙挖戰壕、卸下運輸船的船貨、在戰線後方建設基地。華工以非戰鬥人員的身分受雇，有時身陷交叉火網裡，偶爾遭德軍飛機或火炮蓄意攻擊。但他們的主要作用係使英國得以騰出更多壯丁投入戰場。晏陽初為這些目不識丁且思鄉的中國人提供代寫家書的服務，向他們分發簡單的識字課本，提供基督教青年會所能提供的少許社會服務，從而在其中找到願意傾聽其想法的人；他本身也從中受益，使他對幾乎未得到他先前所受教育關注的中國窮人有所認識。晏陽初從法國回美國，拿到普林斯頓大學歷史學、政治學碩士學位，同時強化其在美國的許多人脈和友誼。他回到四川後，積極領導當地正在進行的平民識字運動，然後轉至北京，為那裡的平民教育運動有類似的貢獻。一九二六年時，他已用心投入華北定縣的農村改革。

用海福德貼切的話語說，晏陽初和與他一起在定縣工作的本國籍改革者是「太平洋彼岸的自由主義者」，但這不表示他們是「外來影響的被動接受者」。反倒他們是「世界主義理念的積極改造者和具創意的發展者」。在這方面，他們與年輕毛澤東無異，而且他們一如毛澤東「處理如何把政治權力和中國文化用於打造現代國家這個問題。他們各都既尊敬中國傳統，又鄙視以自私的文學詞語界定中國文化的受過教育的菁英」。他們致力於處理「現代的民族主義愛國主義觀念、新的動員平民方法、細菌致病論、推廣沖水馬桶之類分殊多樣的因素」，其具有獻身精神的勤奮和務實作風，兼具有「教牧世人」的政治觀。

這些埋頭苦幹的改革者為達成全面改變所付出的努力的確包羅廣泛，而且往往得到西方顧問、慈善家、同事協助和正在發展之社會學領域所提供的新社會分析法、社會規劃法加持。在海福德筆下，他們的努力為後人提供了有用的資訊，不只因為這些努力本就令人感興趣，還因為它們讓人理解此任務何等艱鉅，尤以在後人想到這些心力全用在中國的一個部分，而非像一九五〇年代初期中國共產黨以全國為範圍的作為時為然。但許多任務和問題一成不變，而且持續至今或重現於今日：培育較佳的牲畜品種、發展出有效率的農村打水系統、透過合作社集中使用經濟資源、打造有效的農村學校體系、種出較優質棉花、發展營利性水果種植事業、改良農具、使農民更易取得肥料、抑制植物病蟲害、引進地方保健設施。

晏陽初和其想法不拘一格的友人姚尋源，帶著縫紉機針和浸過中國白酒的棉花四處遊走，以抑制天花蔓延時，晏陽初就是在從事其於定縣所施行之計畫的一部分。姚尋源和其衛生工作同事也領導滅蠅運動和衛生班，教接生婆勿用泥土抹切離母體的嬰兒臍帶，藉此減少產後破傷風的死亡率。在另一位傑出人物——北京協和醫學院、哈佛大學畢業的陳志潛——指導下，定縣改革者投入旨在將中國境內西醫「去專業化」的大計畫，為此阻止預防性、治療性藥物成為自成一格的專業。事實上，他們發展出三級保健體系，以善加利用可取得的保健資源。

就最低層級來說，他們從地方農民裡挑人，將他們培訓為鄉村衛生工作者。這些人「經簡短訓練以強化其技能，配備簡單急救箱」。急救箱成本為三元，配發給每個村子，內含眼藥膏和甘汞、蓖麻油和阿斯匹靈、剪刀、繃帶、注射器材、消毒劑。在這些地方衛生工作人員上面，係由市集鎮的衛生站構成的第二級。衛生站由醫生、護士各一名操持，另有幾個非醫護背景的幫手。病床集中在第三級，位在區域衛生中心裡。在這些衛生中心裡，有醫師和作為醫師後盾的牙醫師、藥、實驗室助手、衛生員。但不管在哪個層級，生育控制還是棘手，他們無奈的斷定，要在經濟成長和教育方面有了根本改變後，才能進行此事，此時不宜強推。

上述這些環環相扣的試驗和重要作為若都能順利且有效推廣開來，中國的現代史肯定會是大不相同的局面。但它們未能推廣開來，海福德鞭辟入裡的說明了其中緣由：問題出在意識形態、中央與地方政治立場不同調、民族主義抱負和基督教所追求的目標相對抗。有志於改革的政府官員，想從上而下強推改革。受過訓練而能在村子裡領導改革的人太少。外國提供的資金往往落入無能的政府機關之手，而非落入地方改革者之手；經費不足，意志不堅。盜匪、世界經濟蕭條、地方貪腐、日本入侵，全都重重打擊這些大有可為的事業，二次大戰期間這些事業則徹底瓦解。戰後，儘管有良善美意、大力的募款、還出現農村復興聯合委員會之類大受看好的新團體，國民政府的土崩瓦解卻是無力可回天。

一九四九年共產黨拿下中國大陸後，晏陽初和其妻子、兩個女兒赴美，定居於紐約西區大街上他保有的公寓。在美國待了一段時間後，晏陽初赴菲律賓工作，以此度過餘生。但他的三個兒子全都堅持留在中國大陸協助打造新社會。這三個年輕人與其姊妹談定：在中國大陸一年後，他們會寄張照片至紐約。如果三兄弟在照片中都坐著，表示一切安好。如果有一人站著，表示有麻煩，三姊妹就不該回來。照片果然寄到紐約，照片中三兄弟全站著。其中最小的兒子後來自殺。

儘管晏陽初和其在定縣的同事所嘗試的這類改革，促進地方繁榮，改善衛生水平，卻始終無法解決農村貧窮的大問題；整個一九二〇、三〇年代，一直有人民移出華北農村，若非移至中國東北，就是移至需要季節性農工的其他地區，或者移入或許能讓他們在運輸業、工廠或營造業裡找到工作的較大城市。對那些真的走投無路的人來說，有種工作幾乎總是不愁覓得，那就是拉人力車。乘客舒適坐在有襯墊的座位上，由人力車夫拉著前行，座位位在兩根往前伸出的長桿之間，橫跨在兩個橡膠輪胎上。拉人力車是最卑下的體力活之一：路上拚命避開汽車和驢車，雙腿吃力踩過塵土或爛泥，喘著大氣，心臟砰砰跳。

人力車夫常被視為在大城市裡漂泊之窮途潦倒鄉下人的典型，但一如史謙德（David Strand）在《北京的人力車夫》（*Rickshaw Beijing*）一書裡所闡明的，[2]他們也成為懂得如何在大城市的艱險環境裡討生活者的代表。人力車夫往往窮無立錐之地，卻有自己的文化和生活方式。他們能利用中國現代化城市裡新鋪設的平整道路，不然就是走汽車或獸拉車走不了的小巷弄，很快就懂得如何找到客人，如何討價還價，如何利用由街道、餐館、戲院、娼館構成的環環相扣世界謀生。用史謙德的話說，他們成為「社會戲」的演出者和「街頭政治」裡的夥伴，有他們自己的情義精神、傲慢文化。

他們懂得探索跟著二十世紀一起進入中國人城市生活的「公共空間」新現象，而且在這方面或許比城市裡其他任何居民更在行。這個「公共空間」位在先前只准特定人士進入的私人生活區和官府之間。在需要遵行種種新規則的世界裡——有軌電車得在固定軌道上行駛、乘客搭車得繳費、汽車得靠馬路一側行駛、火車得照班表行止、買東西得照價目表——人力車夫有自己可自由遊走的領域，可在其中照自己意思議價、自行決定工作時間、只要沒有警察盯著就可不守規定（有些警察薪水也低得可憐，往往在新軍閥入主北洋政府後，遭積欠薪水，下海兼差拉人力車）。

在《北京的人力車夫》中，史謙德帶我們進入我們所未見過的一九二〇年代城市中國的一部分，在晚近已問世的對上海、天津之類城市勞動人口的專著之外，提供了令人激賞的新研究成果。但史謙德筆下的工人從事的是非常不穩定的工作，因工作受傷乃至喪命司空見慣，要躋身更高社會階層幾乎不可能，而且時時和警察處於敵對關係，於是，他筆下的那個城市，簡直有陷入無政府狀態之虞。他向我們描述了處於不上不下狀態、前途難料的世界或最底層社會，而一九二〇年代時，中國城市政府，一如今日，始終惴惴不安盯著那個世界——大抵未受規制、外人所無法找到、有自己的規則、暗語和與政府的網絡幾無瓜葛之網絡的世界。

據史謙德的描述，一九二〇年代，人力車夫是北京一百一十萬人口裡始終很搶眼的一部分。人力車夫共約六萬人，占北京市十六至五十歲工作男性將近六分之一（偶爾有女人為了取得拉人力車的工作扮成男人，有時有兩個乃至三個小孩擠在人力車車桿之間，以合力從事一個大人的拉車活）。人力車夫與車行老闆有著密切的經濟、社會關係，車行老闆白天將人力車租給他們，有時讓他們在車行裡過夜或在非常時期提供飲食。更重要的，人力車夫與工人階級的其他成員有關係，因而不易按照傳統的經濟分類將他們歸為哪一類。他們腦海裡肯定沒有「工人團結」的想法，不管和是其他勞動者團結，乃至和往往與他們搶生意的其他車夫團結，皆然。他們的敵人包括驢車車夫、汽車司機，以及一九二〇年代期間搶走越來越多客人的城市新電車、巴士服務事業的司機和車掌。許多工人死於人力車夫和其競爭者的衝突中。

共產黨早早就致力於將人力車夫組織起來，但即使能說動他們勿為了上街拉車賺錢而突然離開為組成工會而舉行的會談，也難以讓他們相信組成工會的好處。人力車夫往往獨來獨往，罷工不會改善他們的生活，反倒比較有可能迫使潛在的客人轉投入其他公共交通工具的懷抱。而且，與其他窮困至極的北京城民所發動的罷工不同的，人力車夫罷工不會有立竿見影的效果。例如，掏糞工人若不再挨家挨戶掏糞，影響立即顯現，挑水人亦然；棺材製造業者若罷工，也很快會產生衝擊，尤以天氣炎熱時為然，製鞋工、帳篷縫製工亦然，至少在正在打仗時是如此。

但國家受辱時，人力車夫可能拒拉日本人或英國人。接受好奇學生訪談時，他們能清楚講述他們眼中「革命」的意義，一九二〇年代後期已有成千上萬人力車夫開始尋求工會保護。一旦被逼到忍無可忍，他們會突然變得很凶狠，讓人心驚。

一九二九年十月二十二日就發生這樣的事。當時，人力車夫幾乎控制北京市長達一夜。他們為何這麼做，原因很複雜，涉及其與好鬥電車工會的緊張關係、新成立之人力車夫工會領導人間的爭執、大學生坐霸王車所激起的憤怒。這些學生請人力車夫把他們拉回距離甚遠的學校，然後未付錢跑進校園，人力車夫欲進校園要錢，遭校門看守人毆打。電話、郵政之類「貴族」工會的成員，以及電力公司的員工，往往不關心人力車夫死活，使人力車夫更覺孤立。十月二十二日下午人力車夫開始逼電車乘客下車；不久就砸毀電車候車棚，打破電車車窗，切斷電線，然後開始使電車脫軌，堵住街道，最終使電車服務完全停擺。警方置身事外，看著人力車夫破壞或砸毀當時在運行之九十輛電車中的六十輛。

深夜，軍隊進場，發射空包彈，用槍托打他們；人力車夫這才慢慢退出衝突。許多人力車夫回到暴亂始發點，發現他們的人力車已遭偷走。沒有人喪命，但兩百名車夫被捕；帶頭者裡有四人後來遭槍決，另有三十五人入獄。史謙德說這是從一九〇〇年義和團之亂至一九七六、一九八九年天安門事件這段期間，最大一場未經核准的城市暴亂，所言甚是。在法紀蕩然的一九二〇年代，可看到軍閥的軍警表現出日後中華人民共和國統治者所無法領會的那種紀律和克制。

若要理解中華人民共和國並切實評斷其功過，這類比較就值得一為且值得細加思索。白吉爾（Marie-Claire Bergère）尤其坦然表示，若要弄清楚中國現代史領域裡先前為公眾所接受的馬克思主義階級分類，就有必要重新思考那些分類。誠如她在《中國資產階級的黃金時代》（*The Golden Age of the Chinese Bourgeoisie*）前言裡所指出的，[3]她這本書原係法國國家博士（doctorat d'état）論文，在馬克思主義學界顧問協助下，按照馬克思主義原則構思而成，要作為對中國基本階級分類的三分式研究的一部分：資產階級、無產階級、農民。按照眾所公認的馬克思主義思想，中國資產階級又分為三個群體：

> 受外人影響的「買辦資產階級」，與反動政治機器有聯繫的「官僚資產階級」、「民族資產階級」，最後一個階級是唯一為國家的進步和現代化努力的團體。

她為其論文做完研究工作的幾年後，世界和中國都已不同於以往之後，白吉爾才又回頭探討這個主題。她自問，鄧小平向西方打開中國大門時，為何倚賴那麼多舊資產階級的子女，即榮氏家族（曾被稱作「中國的洛克斐勒」）之類富翁的後代？她想知道這些人的出身和生平。一九八六年她這部著作的全面修訂版在法國出版，如今已經由珍妮特·勞埃德（Janet Lloyd）的出色翻譯翻成英文。此書列入探討資本主義這個世界性體制的一套叢書中，該叢書則得到賓漢頓（Binghamton）紐約州立大學布勞岱爾中心（Fernand Braudel Center）和巴黎人文科學之家（Maison des Sciences de l'homme）的一群人指導。

白吉爾重新思考其原作，推斷買辦資產階級、官僚資產階級、民族資產階級這三個馬克思主義分類沒有歷史根據。中國資產階級源自變動不居的帝制中國社會，在該社會裡，政府雖然無法控制經濟組織和經濟成長，最初「的確控制住與經濟成長有連帶關係的社會轉型」。雖然存在這些限制，卻有一個「具世界主義和創業精神的中國」，在西方列強將新設計的「通商口岸」體制——由固定關稅稅率、洋人在華居住和投資、傳教士活動構成的體制——強加於中國沿海地區和內陸主要河道沿線時誕生。

清廷勸華僑企業家投資祖國；這些企業家的確這麼做，從而為新的都市性、商業性知識分子階層的出現助了一臂之力。但這類投資和隨之而來的成長，在頗大程度上有賴於洋行和洋人職員。白吉爾越是深入探究這個主題，越發覺得「民族」資產階級這個概念說不通。她發現「嚴格來講二十世紀初年通商口岸裡沒有不受外人影響的中國企業」。更能透露真相的差異，則位在「現代化城市菁英團體於經濟、文化上相對來講較疏離（於其他中國商人、投資者）一事和他們所懷抱大體上一致的民族主義追求之間」。

此外，一九一一至一九一二年推翻滿清一事，再怎麼看，都不是根據馬克思主義予以解讀者所堅稱的「資產階級革命」。的確有「一群和現代商業有關聯的城市菁英」參與推翻滿清，但終結帝制的主力係「高官、地主、軍官、祕密會社首領與武裝團夥的老大」。這對於理解二十世紀更後期的中國來說至為重要，因為這些有權勢的群體看來接受民主、立憲、民族主義，卻未因此改變他們隱而不顯的社會保守觀念。在中國，「界定自由」時，依舊「主要從反對中央政府威權統治的角度，而非從個人角度出發。因此，如果地方菁英群體把自己勢力的確立視為民主的勝利，並不足為奇」。

《中國資產階級的黃金時代》是本重要的書，但其書名副標題裡的年分——一九一一至一九三七——則會誤導人。這個副標題讓人覺得中國資產階級原本發展順遂，日本於一九三七年後全面侵華，才打破這個局面。然後這又間接意味著蔣介石以南京為首都統治中國那十年（一九二七－一九三七）是中國資產階級順風順水的時期，進而間接意味著蔣介石的下台對欣欣向榮的資產階級來說是個悲劇。其實，白吉爾此書表明，這個「黃金時代」止於一九二七年，而非一九三七年。本書正文兩百七十頁，只在末尾二十五頁的結語部分，談一九二七至一九三七年這個時期，而且據結語所述，蔣介石重新申明政府對資產階級的控制權，從而協助終止了資產階級的壯大。白吉爾寫道，對資產階級的命運來說，這一重振公權力之舉，甚至比一九四九年共產黨拿下中國大陸，影響更大。既是如此，為何在西方，還有在中國國內，有個頗一貫的觀點認為蔣介石極為偏袒資產階級，鼓勵他們壯大？誠如白吉爾所指出的，的確有一些難以確切界定之事，而且欲斷定在南京國民政府治下最強大的社會力量為何，的確有一些困難：

但這些誤解也似乎是中國人自己——急欲使中國的諸多發展階段符合馬克思主義理論的共產主義理論家——所刻意促成。這些人想要表明中國存在一個資產階級階段，不在意那個資產階級是買辦資產階級、還是官僚或封建資產階級，尤其不在意那是否是蔣介石政府所打造的資產階級。蔣介石政府善於給自己打造最照顧資產階級利益的形象，而這很可能是為贏得來自西方的同情和金援而打造。一如毛澤東的中國能在處於危機狀態時拿社會仍然純潔、儉省、充滿兄弟情誼的形象炫惑西方世界的左派、激進人士，蔣介石的中國誇大其資產階級特性，欲藉此說服歐美的民主主義者，贏取他們的支持。在這兩個情況裡，這些操弄所取得的成果些許透露了我們自己對中國無知的程度。（頁二七四）。

照白吉爾的看法，中國資產階級真正的黃金時代是一九一〇至一九二〇年，在那期間，清廷垮台，繼之而起的共和國領導階層勢弱，西方帝國主義勢力於一次大戰後被迫撤離中國，從而產生一段「自發性資本主義」和「進口替代」時期。洋商人被召回國打仗；鎢之類東西的價格漲了兩倍多；從上海至倫敦的船運成本漲為原來的二十五倍，公權力不振的地方政府、中央政府無力收稅。於是，一九一二至一九二〇年中國工業成長率達年均一三・八％。白吉爾翔實說明了這時期幾類中國企業家，把重點擺在機械工程業和棉紡織廠老闆上。她推斷，這個資產階級所看似具有的「現代性」，與她先前對辛亥「革命」的剖析相一致的：

並非建立在和傳統的決裂上，而是建立在其能使傳統服務於新目標一事上。起身迎接現代化之挑戰者係中國的城市社會本身，而且城市社會根據自己的想法去迎接此挑戰……

在這個最初的「黃金」時期之後，迎來白吉爾所謂的一九二〇至一九二三年資產階級商界領袖「爭取自由主義」的時期，而他們有此追求，係新興的軍閥政權導致局勢不穩所致。軍閥可能導致局勢不穩一事，促使資產階級致力於打造會保衛他們在本地所剛贏得之自由的新組織——但這不表示他們會致力於捍衛個人自由。他們謀求「聯省自治」，只是為了打破長年以來的惡性循環，即自由經商和內亂相伴隨、政治上軌道和經濟剝削相伴隨的惡性循環。

商人民兵組織、商會和其他實業家、生產商協會的壯大，係這過程的一部分，而隨著一九二三年六月上海商會成立七十人的「民治委員會」並宣布上海「獨立」，這一過程發展到一個小高點。八月時這個委員會不敵軍隊、外人壓力和公眾大肆嘲笑而垮掉。接下來四年間（一九二三－一九二七），廣州、上海的資產階級努力適應孫中山、蔣介石追求中央一把抓的新政治主張。這些政治主張包括北伐以統一國家、消滅激進的農工運動團體，以及消滅蔣此前的盟友——中國共產黨（但未能如願）。白吉爾推斷，資產階級向蔣介石交出其經濟權力基地時，並未「出賣無產階級」，而只是出賣自己。「資產階級放棄其政治自主地位，從而讓自己任由其所協助恢復的公權力擺布」。

白吉爾附帶提到剛大展鴻圖的資本家和中國「現代主義先鋒派」之間密切的關聯，說這個關聯性：

> 在家庭、友人的層次上發展出來，顯見於一家族諸多成員分殊多樣的奮鬥人生裡，有時則顯見於單單一輩子裡，係中國社會結構不可或缺的一部分。

白吉爾舉華中的張家為例說明這點。張家子女的老二張君勱成為大哲學家，老四張君璈成為中國最有權勢的銀行家，他們的妹妹張幼儀則是中國最著名浪漫派詩人徐志摩的妻子。但誠如葉文心在其新作《疏離的大學》（*The Alienated Academy*）裡所說明的，[4]這個「現代主義先鋒派」本身並非一體化，而且不得意。她這本以翔實文獻佐證的專著，其最重要且最富新意的貢獻之一，係揭示了作為中國新興大學圈子最重要組成部分的知識性、社會性深層分裂。尤其難能可貴者，係葉文心對公立大學許多領導人極保守思維的分析，他們的保守思想和往往由進步派「五四運動」人士主導的較小型私立大學的領導人大異其趣。這些五四人士追求一九一九年五四運動領導人所宣告的「賽先生和德先生」。

在唐蔚芝的思想裡，可找到說明大學保守心態的絕佳例子。他是交通大學（前身為南洋公學）校長，如前文所述，熱衷參與他學校的足球比賽，但係關在自己辦公室裡私下關心。唐校長生於一八六五年，係前清翰林，《易經》英譯本的主要譯者之一。他認為他的大學（一九〇七至一九二一年由他治校）不應只教最高深現代工科知識，還要支持中國傳統文化價值觀。學生得通過一連串嚴格考試，考試內容則以他每日針對道德教育發表的長篇講話為本；只有在這些考試成績優異者，才有資格豁免學費。其他學校或許在畢業典禮時演一齣莎士比亞劇以證明該校夠洋化，但唐校長慶祝孔子誕辰，要全體教職員生參加全套正式的祭孔大典。他也堅持在過去殿試那一天舉行全校國文會考（儘管科舉已於一九〇五年廢除），唐蔚芝親自監考。一九二〇年時連他的大學都遭激進思潮入侵，他大為失望，辭去校長之職，以創建國學專修館；整個南京國民政府時期，他在這裡繼續向新一代學生灌輸純正的儒家原則。

唐校長所發抒的價值觀，並未隨著他辭職而消失。事實上，誠如葉文心所詳述的，有種往往和古音韻學扯上關係的復古新儒學，在一九二〇年代更後期和一九三〇年代更加盛行。大學裡的這類研究，「為一種高度歷史主義的文化主義提供了基礎，這種文化主義以體制扞格不入和世系不純為理由拒斥外來元素」。比唐校長更加嚴格遵守傳統規範的校務人員，擬出只能用雙關語才能周全回答的語言學試題，而且這些雙關語暗含貶低胡適之類五四運動龍頭之意。跟上潮流或曲高和寡不是這裡的重點；純粹性才是。葉文心寫道：「作為自認高人一等的典籍批注者，這些國學家無意擴增其大學入讀人數。」

葉文心在其書名裡用以形容中國大學生活的「疏離」一詞，既源於這類令人挫折且墨守成規的體驗，也源於許多較「摩登」學校的不切實際。在這些學校，英語比國文更受看重，激進政治主張司空見慣，卻未針對如何使學生在社會的上層經濟領域找到工作建立明確辦法。每年畢業的大學生多達一成五找不到工作，文科畢業生找不到工作的比例又更高許多。不管是軍閥部隊，還是一九二九年後的國民黨，都常粗暴干預大學生活。在某些較看重招收一流學生的私立大學裡，則瀰漫享樂風氣，追求浪漫愛情和在社交上向據認時髦的西方行為準則看齊。葉文心一書附了許多有趣的圖畫，其中一幅一九三一年的漫畫，呈現一名留著短髮、一絲不掛的中國女大生，身上只穿著黑高跟鞋，臀部靠著一只超大雞尾酒杯，吹著薩克斯風。就連在私校，學費持續上漲和針對各種名目（使用圖書館、上學遲到、補考、蓋大樓、「押金」、實驗室設備、樂器、體育、醫療）收費，也使大學瀰漫唯利是圖風氣，敗壞學生道德觀。

在公立大學，大部分學生貧窮，吃住非常糟糕。不時的抱怨和抗議，只招來更多官方的侵擾。學生得穿制服，遵守國民黨訂定的校園規定，上必修的三民主義課（國民黨眼中顛撲不破的孫中山學說），唱國歌，上必修的軍訓或護理課。比起中華人民共和國時期官方對大學的支配程度，這還是小巫見大巫，但葉文心提醒我們，在南京國民政府十年期間，「大學校園出現一致化和服從儀式，反映的是官方力量深深滲入大學治理和學生生活」。公私立學校都受到這些改變影響，只有成功擺脫官方威逼的洋人所經營的一些教會學校例外。

葉文心告訴我們，至一九三〇年代後期，大學已經費拮据，抬不起頭，沒什麼機會影響國家事務。但有些知識分子和老師不死心。在該書末尾，葉文心引述了朱光潛的長長一段話。朱光潛是一九二〇年代、一九三〇年代初期中國美學理論界龍頭，想要找到重振中國人心之路。他想要在社會裡推廣自我修養觀——透過每個人在「心境」上下工夫——為此，必須使中國人能夠培養出足夠的感受力，能夠發揮足夠的自我約束力，以投身於具有審美眼光的共同體。朱光潛寫道，孔子的過人之處，在於明知其不可為，仍堅決要實踐其道德願景。胡適暗地裡較為悲觀，但仍覺得有希望找到某種有意義的作為。他參與過五四運動初期針對「新文化」和「科學與民主」之地位所展開的論戰。葉文心引述了胡適一段最令人動容的文字，這段文字放在胡適一九三〇年《人權論集》的序言裡甚為適切：

> 昔有鸚鵡飛集陀山，山中大火，鸚鵡遙見，入水濡羽，飛而灑之，天神言：「爾雖有志意，何足云也？」對曰：「嘗僑居是山，不忍見耳。」（頁二七六）

「不忍見」此山淪為灰燼這個隱喻，也非常貼切的暗示中國當時的處境：社會性、政治性的種種控制全都已遭削弱，只有恣意逞凶的暴力大行其道。一九八九年中國共產黨領導人譴責民主運動，把那些抗議定性為暴徒所領導的尚未成氣候的叛亂活動時，就喚醒人民這種害怕動亂的心理（但學生最初的訴求，其實是面見政府領導人，其最激進的要求，就只是放寬出版限制）。一九三〇年代國民黨欲號召全民同心支持其剿滅共產黨時，一再利用人民類似的害怕心理，一如此前清朝告誡其人民提防孫中山所領導的革命、共和運動時，搬出類似的論點。

安定表象底下對社會陷入動亂的憂心，不管是在十九世紀後期，還是一九二〇年代初期，都不是杞人憂天，貝思飛那本令人閱後極度揪心的專題論著《民國土匪》（*Bandits in Republican China*），就充分闡明這點。[5] 貝思飛以精心挑選的文獻為佐證，帶讀者認識那個讓人無法活得安穩的世界，並附上一篇展現淵博學識又令人思之駭然的附錄「土匪黑話選錄」。「採花」代指綁架婦孺，「包砟」意指滅掉敵對的幫派，子彈叫做「白米」，「抱火」意指帶頭夜間襲擊的人，「吃二饃的」意指撿拾大匪幫所正好留下之東西的撿破爛土匪。「帶彩」或「掛彩」意指受傷；「吊羊」意指擄到中富之人；富人叫「肥鴨」。拿到一張「地牌票」，意指擄到一個女人（「二五」指擄來的處女）。「放」人指的是殺掉那人，「燒票」意指用火殺掉擄來之人或殘害其肢體，「剪票」意指割下一耳或一指。「玩玩兒」意指盜匪活動；「拍豆腐」意指打屁股。

一如查爾斯·海福德和白吉爾，貝思飛為了更加精進對其筆下主題的了解，為此書出版做好周密研究，花了將近二十年。從許多方面來看，他的主題是最棘手的主題，卻也是我們如要理解現代中國日益加劇的苦痛，就得弄清楚的主題。貝思飛以冷靜超然的心態看待他所剖析的土匪勢力，也未高估他們首腦的目標和見識。但他的確讓人信服的說明了他們如何趁著時局的大亂崛起，如何在官方監管極薄弱的地區茁壯。他也很清楚共產黨如何應對這些勢力，若非拉攏他們成為側翼，就是把他們收編為社會革命大業的同志，很清楚——不管是就共產黨還是就國民黨來說——「政府不張揚的接受土匪幫轉型為武裝保護團體，一如阿爾·卡彭（Al Capone）當家時黑手黨在芝加哥成為常態性的存在，係說明中國境內『最上層世界』和『最底層世界』互動結果的最淺顯易懂的例子。」

此外，在剖析他所謂的「凶狠的民主」時，貝思飛引人入勝的描述了民國時期幫派如何被創造並組織起來。天生的領袖特質、贏得尊敬和扮演「義兄義父」的本事、勇氣和聰明、地方關係、體力、狡猾，有時甚至年輕，再加上超乎常人的機敏——上述任何一個因素或所有因素能把人（和偶爾把女人）推上幫派的龍頭之位，下轄幫眾可能從數十人至數千人不等。一旦成為幫派，土匪幫裡等級關係頗為嚴明，與家庭、國家的服從、效忠結構沒有兩樣。但貝思飛寫道：「新領導人的出線，基本上很民主，以成就和眾所公認的本事為依據。」至少曾有這麼一次，有個幫派問被擄來的美籍醫生霍華德（H. J. Howard）要不要出來當他們的頭，霍華德身高六英尺多，共濟會一員，有專業醫師素養，懂漢語，被擄時毫無懼色，擄他的土匪因此找他當幫主。但他未同意。

一九二三年五月山東境內一幫特別大膽的土匪劫持津浦鐵路線一整列載客火車，綁架三百多名乘客勒索贖金，包括三十多名洋人，其中數人是美國人，令西方世界對中國境內土匪之猖狂大吃一驚——貝思飛所掌握的一些最好的資料，也令他本人生起同樣的感受（後來有人從此事取得靈感，推出由瑪琳．黛德麗主演的電影《上海特快車》〔*Shanghai Express*〕）。劫匪拿到八萬五千元贖金，放了大部分人質——諷刺的是出錢贖人者是蔣介石的一個心腹，該人正好也是在上海經營賭場、娼館、海洛因生意的黑幫頭子之一。然後，大部分劫匪如其所願被收編為正規軍，他們的諸多領導人獲任為旅、團長等。

貝思飛以極其生動的筆法記述了許多和匪幫有關的事，其中一則發生於一九一一年十一月，主角是三名年輕的反清革命志士。他們三人進入河南西部山區，欲吸收一支特別惡名昭彰的匪幫成員共赴革命大業。細究過該幫的「黑話」並被迎入該幫的基地營後，這三個年輕人向這些土匪曉以革命大義。他們獲款待有雞鴨豬羊肉的大餐，被灌了許多白酒。其中一個革命志士姓吳，依照禮數跪倒在一名關姓老婦面前（她那個當土匪的兒子在前一個夏天時遇害），表明想約她一起搞革命，「打倒貪官污吏、土豪劣紳、替天行道」。隔天，所有人來到這個老婦面前，立誓結為義兄弟，並把剛宰殺之雞的血倒入一碗酒裡，眾人同飲，以表明不違此誓約之心。誠如貝思飛所說，在這場聚會末尾，「儀式結束時，關姓老婦把她兒子生前所珍愛的那把白朗寧手槍給吳」。

雞血和白朗寧手槍把我們拉回本文開頭所提到的足球場和文人長衫、白酒消毒和天花疫苗注射。上述五本書，每本都提醒我們，新事物新現象的最重要組成部分仍是傳統元素，在中國追求現代化的漫長奮鬥過程中始終存在著諸多弔詭現象。

電影和政治：白樺的《苦戀》

要清楚認識中國的漫長革命並不易，而且難度與年俱增。如果把革命界定為社會的基本文化脈動、經濟生活、治理結構程度各異的轉變，那麼，中國陷入革命就已超過八十年。如此長的時間，使「革命」一詞顯得幾乎沒有意義；據此，我們不如把這個詞徹底丟棄，反過來嘗試把中國現代史視為一連串革命，而一九四九年和之後的局勢只是其中一部分，而非世人所普遍認為的整個轉捩點。

要把這個革命過程劃分成幾大時期，方法幾乎無窮無盡。有一種看法可見於老舍一九五八年首度發表的話劇《茶館》。[1]老舍此人很不簡單——滿人、飽讀詩書、曾任教倫敦大學亞非學院，很喜歡狄更斯的作品——經歷過抗日戰爭，一九四〇年後期在美國度過，一九五〇年返回剛成立的中華人民共和國，然後名利雙收，最終在尚有大好歲月的年紀投湖自盡。

這篇此前未發表的文章，以一九八二年的一場演說稿為本寫成。

在《茶館》中，他選擇以其一貫的做法呈現中國的革命歷程——把每個可能產生重大改變的時刻與同時並存的嚴重政治壓迫時刻掛鉤。

此話劇的三幕，分別設在一八九八、一九一七、一九四七年。在一八九八這一年，清廷選擇打倒正試圖引導光緒皇帝走上制度、經濟、教育變革之路的儒家文人改革者。康有為的弟弟和譚嗣同遭處決，康本人和其首席弟子梁啟超被迫流亡國外。袁世凱死後，軍閥於一九一七年試圖二次復辟，打碎了在中國打造立憲共和政體的最後希望（此前，宋教仁遇刺身亡和國民黨遭查禁已重重削弱這個政體），並為後來漫長的軍閥割據時期創造了有利條件。第三個年分，一九四七年，則用來較籠統的代表聞一多遭暗殺和馬歇爾調停失敗後，蔣介石選擇將全副心力用於對抗東北的共黨勢力，同時消滅國內所有異議，未能作出本可以把知識分子和商界人士爭取到他那一邊的那種政治讓步或經濟改革的時期。老舍話劇的布局和其基本上未給出確切解答的安排，留下第四幕會作何鋪陳的懸念。在觀眾心中，第四幕會設定在一九五七年，中國共產黨領導人和國內公安勢力選擇將「百花」運動轉變為「反右」運動之時。

老舍話劇的結構，在我看來，含有對中國革命幾大階段的一個深刻歷史見解：亦即，一九四九年前的五十年裡，有三個革命階段，而且可以把它們分別視為追求切實可行的立憲君主制的階段、追求切實可行的共和制的階段、追求同聲一氣的民族主義的階段。除了中國現代史上這三個階段，還可以加上中華人民共和國成立以來三個有著同樣重大改變或欲有這樣的改變但未能如願的時期，從而使我們在剖析一八九八至一九八二年這段歷史時，有了一個分成六部分的分析結構。

在第一階段，從一八九八至一九一〇年，存在欲把世上最久的帝國統治傳統改頭換面的革命企圖。此企圖肇因於以下三個因素：來自外國帝國主義且彼此部分重疊的諸多壓力，國內知識、經濟領域的緊張，滿清王朝在漢人社會裡含糊不明的身分地位。改革提議包含派欽差大臣赴歐洲考察立憲君主制、改變教育體制和官員招募方式、全面調整透過地方議會和省議會讓人民參與治理的觀念。由於國內軍方、仕紳抵拒、海外華人反對、滿清本身無能，這一改革以失敗收場，儘管如此，其戲劇性或涉及範圍之廣未因此稍減。

往立憲君主制未能如願之後，第二個階段，一九一〇至一九二〇年，重心擺在建立共和政體。在這點上，革命者完全拒斥（而非修改）已存世兩千多年的帝制，變革之深入、之猛烈，與當時被普遍奉為榜樣的法國大革命不相上下。加上考察美國民主制度和經由日本轉介進來的社會主義理論所帶來的刺激，在這十年裡發生了清朝覆滅、中國最早的大選、中國參與一次大戰、五四運動這些大事。但這期間所出現的對基本治理結構的種種實務上、理論上的質疑，未能壓過政治暗殺、軍方不讓步、中國此前未有民主制度經驗、袁世凱本人欲恢復帝制不成、北京政治人物貪腐這些負面因素。

第三個階段，主要在追求一個脈絡一致的民族主義意識形態，可以說落在一九二一至一九四七年之間，但此時期情勢的特別複雜和國共兩黨的展開鬥爭，使人難以精確劃定此階段的起訖點。但還是有一點可以確定，即國共兩黨在這期間都決定接受共和制失敗，決定培養一支受民主集中制政黨控制且被灌輸特定意識形態的軍隊，用其對付各擁地盤的軍閥和外國帝國主義。這又一次構成中國政治上一場頗激烈的轉變，發生在以國民黨容共、五四運動、江西蘇維埃對日本人宣戰、一九三六至一九三七年西安協議之類事件為主軸的時期裡。

第四階段以一九四七至一九五七年為起訖點，在這期間，共黨先是在中國東北和華北，接著在全中國和西藏，致力於徹底改組中國的經濟基礎。他們所欲達成的大改變，包括將國內產業收歸國有、驅逐外國人、沒收外國人資產、消滅地主階級、把土地分給窮人和無地工人、韓戰後徹底改革軍隊、整頓行政體系、改走親蘇反美路線。但我們或許可以拿第四階段和第五階段比較，後一階段或許可以說是欲徹底改造人性的時期，始於一九五七年，止於一九七四年（中間有不止一次遭打斷）。在這個時期，共黨欲深化、強化前一時期已難以撼動的改變，為此，將農業完全集體化，大躍進時攻擊個人心理和家庭行為，把人民解放軍發展為毛澤東思想的主要詮釋者之一，欲制定革命標準規範高等教育入學資格，從黨內重振共黨活力，以及在中國追求既不受封建遺毒影響也不受外來影響的新純粹文化時，除了拒美，還拒蘇。

第五個階段止於何時，無法確切劃定——一九七一至一九七六年間的任一年都可能雀屏中選——但若說從一九七七年起迎來第六階段，似乎站得住腳。這個階段止於一九八一年，在那期間，革命目標轉為中國社會在科技上的快速轉型。此期間實現快速改變的主要方法，包括大規模引入日美歐管理、科技方面的技能、由中央一把抓全力解決人口成長問題、大幅改變用以提升中國人工作幹勁和吸引外資的獎勵模式、中國科技菁英出國留學、升級通信網。似乎在一九八一年間，甚至更早時，已有人對如此快速改變能否實現心存懷疑，一九八二年時這種心態則似已盛行。

白樺的電影劇本《苦戀》，完成於一九七九年春，為這個往是非對錯變得模稜兩可的一九八〇代過渡的時期，提供了一個標示其存在的理想標記。[2]一九七九年時白樺是五十歲作家和天津宣傳部長，先前，大躍進期間，因撰文批評時政過度坦率而招來批判，這時似已得到平反，而且否極泰來，一九七〇年代後期得意於官場，一九七七年獲任命為天津革命委員會副主席。[3]一九七九年十一月上旬召開了第四次中國文學藝術工作者大會，他是會中的主講人之一。與會者聽過刻板的鄧小平祝詞和晚近得到平反的長短篇小說家丁玲的精彩致詞後，白樺上台講話。在台上，白樺說道：「但有些同志和戰友卻永遠離開了我們，我們記得他們曾經和我們一樣希望過，鬥爭過，他們的希望和鬥爭留給了我們。」他提到「半個世紀以來」：

我們這個偉大的民族在中國共產黨的領導下，用我們像江河那樣洶湧的鮮血沖開了一條民族生存的道路，使我們從封建愚昧的狀態中醒悟過來。正由於越來越多的人在醒悟，我們的戰鬥者才越來越多，我們的戰果才越來越大，才建立起了一個偉大的人民共和國。我們的祖國有過一個多麼明媚的早晨！在早晨，我們是清醒的，為了奔赴我們的目標而付出了很大的犧牲。那時，我們的黨滿懷信心，力大無窮，一呼萬應！因為黨扎根於人民。[4]

然後，他轉而以更具體的口吻談到四人幫時期，談到「把科學的馬列主義加以扭曲之後硬性規定為宗教主義」的人，說他們：

用專政和群眾運動的手段把革命領袖製造成為神，眾多的人不敢反對也不敢懷疑。直到今天，當我們反對現代迷信、提倡科學的時候，仍然遭到像辛亥革命前打偶像被眾人圍攻致死的情形。張志新之死就是這樣。張志新烈士的鮮血使越來越多的人醒悟，但還有一些人執迷不悟，也有一些人由於自私的目的假裝一副虔誠的信徒的樣子。執迷不悟的人可憐，裝作信徒的人可恨！我們不得不像蠶蛹那樣非常吃力的去咬破我們自己做成的繭子，才能夠得到空氣和陽光，才能夠有生存、發展的空間。[5]

白樺指出，「我們的民族很善良，善良的人很容易輕信」。為助這個民族自覺，作家應「恢復文藝反映社會生活這個起碼的職能功能」；不「應該去歌頌使我們付出了重大民族犧牲的愚昧狀態」，拒斥剛隱約呈現的那個讓「虛偽者安全，誠懇者危險」的世界。在致詞末尾，他呼籲追求民主、團結，讓「作家、藝術家」擁有他所謂的「起碼的工作條件」，並「呼籲關心青年作家的培養」。在這篇全文刊載於一九七九年十一月十三日《人民日報》上的演說文最後，他呼籲「突破」。[6]

白樺為《苦戀》寫的劇本，很幸運保存至今，裡面充斥著錯綜複雜的倒敘、插敘手法，旨在說明他劇中主人公的生平和政治下場。如此複雜的布局肯定令此片難以看懂，但白樺在整部劇作裡用心提供了表明事情發生先後的線索，以免讀者或觀眾時空錯亂。他也針對此劇該如何演出，寫下長篇幅且往往帶有深意的說明；因此，要重新建構此劇本，以便按照事件發生的先後順序，探究主人公凌晨光的一生，並不難。為了理解白樺所欲讓更多世人知道的中國革命經驗的模式，我覺得此事值得一為。

劇中，凌晨光一九二五年左右生於中國山區某小鎮；該地區居民主要是苗人，而凌晨光置身這些「少數民族」之間，日子過得很愉快。他父親彈「風琴」，母親教兒童藝術，由此可判定他父母的教育、教養水平不低。凌晨光本人很喜歡看當地製陶匠幹活，製陶匠貧困但富有創意，替人製作小還願像，供用於當地佛寺裡。為了看他們製陶，他常逃學。

一九三七或一九三八年，年輕的凌晨光於父親死後離家出去闖蕩，白樺認為凌晨光就在那一年步上從孩提的天真轉為政治覺悟的第一階段。這個十二歲男孩背著包袱大步上路，途中遇到因日軍進逼而逃難的學生。有一群年輕女大生面色驚慌，爭相要擠上為她們停下的一輛「半新的道奇卡車」，儘管「肥頭大耳」的卡車司機（有人認為他屬國民黨軍，但劇中未清楚交代），對她們發出帶著淫意的取笑和威脅。司機載著這些女孩離去時，凌晨光所能做的，就只是「驚駭地凝視著塵土飛揚的公路」。[7]

但四年後，儘管大抵還是個旁觀者而非參與者，他已能扮演稍稍較主動的角色。這時他已長大成人，發現自己有作畫的本事，雖然貧窮但知足，埋首於精進畫藝。他也找到自己第一個愛人，名叫娟娟的年輕女子；女孩的母親會彈蕭邦鋼琴曲，她父親是科學家，原在西方，這時已返鄉，以協助他百廢待舉的祖國，卻未得到重用。凌晨光在這個善體人意的人家裡找到朋友，一如他在當地佛寺裡找到精神慰藉和學者的鼓勵。佛寺裡的老禪師帶領他往開悟之路前進了一步，因為他問為何寺裡的佛像這麼黑時，禪師回道：「善男信女的香火把他燻黑了……孩子，塵世間有很多事情的結果和善良的願望往往相反。」[8]儘管過得快樂，凌晨光還是作出一個重大決定，即離開這個美麗小天地，去外頭找尋繼續活下去的意義。

在其人生的第三個階段，他於苦難和愛中找到那個意義。他被強行拉夫成了國軍士兵，然後受到腳鐐、手銬和毆打，最後逃出，在一群船民那兒找到棲身之所。船員細心但勇敢照顧凌晨光，與他剛逃離的那個凶狠世界殊若天壤，但他再度決定繼續上路，離開了他已愛上的船女綠娘。舞台外的獨白聲說道：「在人生的航程裡誰都有很多非常留戀而又不能留戀的港灣。」[9]

一九四七至一九四八年間，凌晨光才對政治有了徹底的認識。這時二十出頭歲的他，投身於當時的社會主義鬥爭。場景位在上海灘，凌晨光與周遭群眾一起喊著「反飢餓！反內戰！反迫害！」他的藝術創作才華這時用在激進運動上，製作出一張張木版畫，畫中「飢餓的人不是捧著碗，而是拿著武器、棍棒，眼睛噴射著怒火」；[10]凌晨光向上海民眾、向擠在港口裡欲逃到西方的人，分發做成傳單的木版畫。勇氣更加可佩的，他在建築上畫革命宣傳畫供所有人觀看。警察開槍，他再度得到船民庇護（其中包括抗日期間他所愛的綠娘），最後避難於一艘繫泊在碼頭邊的遠洋客輪上。警察巡邏水岸，他驚恐萬分之際，輪船起錨航向大海。凌晨光無路可去，無意間成了「華僑」。

在接下來短暫但撼人的插曲中，白樺帶我們一睹凌晨光的成就。他劇本裡的演出說明寫道：「四十年代末美洲一個海濱城市。陽光燦爛，雪白的樓房林立，海濱浴場，成千成百進行日光浴的男人和女人，彩色的遮陽傘像一片彩色的蘑菇。」凌晨光成了名人。「一座現代畫廊」，「凌晨光畫展」的展場，迎來「衣著華麗的人流」。接著凌晨光坐著黑色豪華禮車現身：「穿着筆挺西服戴着太陽鏡的晨光走下汽車，第一眼幾乎認不出他來，剪得很整齊的小鬍子，嘴裡銜着大菸斗。」[11]船家女綠娘出現，把他救離這個讓他聲名大噪、這個輕鬆歡樂的世界。她如何來到美國，白樺未交代，但她要傳達的意思簡單明瞭：中國，新人民共和國，需要他們倆。在凌晨光帶她進入他的花園別墅，欣賞他極盡感官之娛的美國住所之後，他們一起搭著聖女貞德號返國。他們的第一個且是唯一一個小孩是女孩，在船上出生，而且令他們大為興奮的，出生於中國領海上。

接下來，看看白樺如何呈現他對人民共和國歷史的看法。中國歡迎凌晨光夫妻和其小孩返國。在白樺筆下，一九五〇年代是歡樂、和平、圓滿的時期。凌晨光畫藝出眾，而且熱衷作畫，因為他此時不只滿足自己的作畫渴望，而且在為國家服務。他和綠娘教少年先鋒隊，即未來的黨員。最生動點出此時期氛圍的畫面，係小鳥盤旋於青草地上方和煙火沖到天安門上方。幕外獨白喊道：「新中國，您有過一個多麼好的開端啊！」[12]

但已實現的夢想被文化大革命打破——如同因為「善男信女的香火」而被燻黑的佛像。凌晨光童年記憶裡佛寺中的快樂時光一時再現，但接著場景一轉，來到北京某街上，「滿街都是揮動著語錄本的人，一張張虔誠、天真而狂熱的臉」。[13]凌晨光和其家人自此注定沒有好日子過。在他人生的最後十年，政治覺悟已成為政治夢魘，因為他被趕出家，身體被強迫勞動搞壞，看著朋友死去和他心愛的女兒出國前往西方，不准從藝術創作得到慰藉，最終在他幹了他人生的最後一樁「革命」舉動——在北京某牆上貼出西元前三世紀的自由英雄、詩人暨政治家屈原的畫像——而被警察認出係其所為之後，被迫逃到沼澤地。在已然眾所皆知的此片結尾，凌晨光於雪原上終結其一生，他在雪地上爬出一個巨大的半圓，加上他倒下的身軀化為雪地上的一個黑點，整個構成一個碩大無比的問號。

不足為奇的，根據此劇本攝製的電影，先是獲准放映，然後一九八〇年被收回放映權，[14]電影本身引來「權責人士」的批評。原因不只出在此片一逕以晦暗語調描述文革——畢竟，另有數百作家也這麼做，因為官方已對四人幫公開宣戰。也非因為在白樺眼中，一九七六年秋之後的那段時期，竟只配得上一個問號。更非因為就在政府正努力爭取華僑以觀光客、支持者、潛在投資者身分回祖國之際，此片具有告誡華僑勿回中國的意味。此片特別不妥之處，在於白樺呈現一九四九年之前革命事業的進展時，未交代中國共產黨的貢獻，以及一九四九年後，吝於肯定黨的貢獻：未提到長征；未提到延安；未提到一位掌握大權且能利用該權力造福人民的共黨領導人；未提到黨在帶領農民和工人上所扮演的先驅角色。

更加令人意外的，對此片的批評聲浪，經過許久時間後才形成並找到宣洩管道。結果，帶頭批評者是軍方。白樺的職業生涯主要在天津宣傳部度過（早在一九五八年他就擔任該部副部長，而且前面已提過，一九七九年時擔任部長），[15]但擔任某職時，他似乎也和人民解放軍「武漢部隊」有關係。[16]一九八一年四月二十日《解放軍報》首度刊文批評此片後，一九八一年五月十五日該報刊出一篇重要批判文〈苦戀的問題和教訓〉，作者是張承寰（音譯）。五月十七日上海廣播電台播出此文的數段節錄。[17]

此文作者批評白樺代表整個資產階級自由化內部的一個錯誤傾向，說他受到那些想要看到全國陷入混亂且公開詆毀社會主義違反人性、不注重人權的人影響。[18]他指控道：白樺把一九四九年後的「新」中國說成「現代封建主義」，斬釘截鐵說新中國比辛亥革命前的封建主義還糟糕；白樺未能把他對那夥混蛋（林彪和四人幫）的批評和他對祖國的批評區分開來；未能看出社會主義、資本主義兩者不同的固有特性；未能認識到毛澤東功大於過。[19]此文作者提到白樺一九七九年的一場演說時論道：這位作者說「沒有突破沒有文學」，作出突破的勇者，一般來講不該受到批評。但問題在於哪種突破、要突破什麼、朝哪裡突破。不是有些人說想要突破四個基本原則？這樣的突破必會導致偏離四個基本原則，乃至和四原則背道而馳。此情況已出現於某些地方或某些工廠，已可見於《苦戀》裡。這是我們應再三思考的事。[20]

一九八一年中期，針對如何對付白樺，顯然存有疑慮。上海廣播電台引述某文學性質刊物的報導，說白樺的電影劇本遭批評後，種種關於他下落的謠傳十足離譜；[21]《河北日報》批評白樺，並說其他人下鄉定居，從而造福社會；[22]六月上旬，《人民日報》高級職員似乎拒絕了《解放軍報》要他們在《人民日報》上刊出軍方批判意見的請求。[23]五月二十三日三十五位作家獲頒寫作獎，白樺是其中之一；七月十七日，鄧小平說搞運動沒必要。[24]同年七月，《大公報》刊出對白樺的訪談錄，報導語調歡快正面，說白樺在北戴河「避暑」，同時在寫話劇劇本《吳王金戈越王劍》和一部新電影劇本；白樺說報紙上的種種批評，他都不擔心，因為他所屬的部隊領導向他表達了極大的關心。重新拍攝工作於長春電影製片廠進行時，他和導演彭寧共同改寫了《苦戀》劇本，但白樺說還是需要進一步的編校。[25]

但一九八一年八月底胡耀邦的長篇講話，修改了鄧小平七月的立場。胡耀邦說「要把對電影劇本《苦戀》的批評做好」，藉此維持了溫和的立場，但也強調《苦戀》「就是對人民不利，對社會主義不利，應該批評，而且它不是一個孤立的問題，它代表了一個錯誤傾向」。[26]九、十月，《北京週報》頗詳細的評論了此事，力促讀者勿認為這一切表示文革的日子會再來。[27]

十二月上旬，白樺寫了長篇道歉兼感謝信給文學刊物《文藝報》和軍方刊物《解放軍報》編輯部，同月二十四日該信轉載於《人民日報》，公諸全國。白樺在該信中寫道，他初讀到《解放軍報》的批評時，「曾經有過抵觸情緒」，「缺乏聞過則改的虛心態度」；但黨對他表達的關愛之大，如同一股「巨大的熱浪」；白樺承認他錯把自屈原的封建社會以來知識分子的命運和因為黨在政策上犯下左傾錯誤而受到的不公對待聯繫在一塊，甚至畫上等號。這時他內心深深感受到「毛澤東同志的偉大貢獻」，本人重新認識到延安文藝座談會的教訓如今仍具有放諸四海而皆準的意義。[28]一九八一年十二月二十七日，胡耀邦在北京接見電影界代表，告訴他們，白樺已認錯並自我檢討，還說這很好，問題就此圓滿了結。[29]

這樣的事絕不能視為孤立事件，應根據詩人孫靜軒所受到的批評和自我檢討，來看待對白樺的批評和他的檢討。事實上，就是孫靜軒在自我檢討裡對白樺作出最複雜、最有獨創性的批評。孫靜軒的長詩〈一個幽靈在中國大地上遊蕩〉，一九八一年一月發表在文學雜誌《長安》上，寫於一九八〇年十二月成都。[30]一如白樺的作品，此詩也招來激烈批評，因為詩中強烈表達了對封建主義在人民共和國陰魂不散一事的看法。為改正其思想，黨派孫靜軒去考察四川省水災災區和長江葛洲壩建設工地。回來後，他寫了兩篇長文。第一篇投給《四川日報》（一九八一年十一月十一日刊出），盛讚共產黨和中國的工人。他拿葛洲和農民、建設工人的實際情況與他已不知不覺走入的軟弱知識分子圈相比較，寫道：

在這裡，既找不到在茶館裡揮著棕櫚葉扇滔滔不絕講話的閒人，也找不到留著長髮、奇裝異服、大搖大擺走在街上的遊客。在這裡，完全不知道什麼是無聊、生活空虛、傷感和嘆息。所有建築工人都深愛葛洲壩這個大工程，自稱「葛洲壩人」。他們自豪於這個稱號。[31]

孫靜軒的第二篇文章，一九八一年十一月下旬發表在《文藝報》上，係他對四川省黨委會演說〈意識形態戰線的問題〉的文字紀錄。在此文中，孫靜軒指名道姓將白樺拉進其自我檢討裡，寫道：

這部錯誤作品並非偶然寫成，也非個例。它是在特定歷史、社會背景下創作出來。經過十年動亂，中國共產黨中央委員會撥亂反正，解放人心的束縛，啟動對「實踐是檢驗真理的唯一標準」的討論。意識形態戰線空前活躍，所有戰線都取得可觀成果。但歷史辯證法告訴我們，在歷史的轉折點和社會種種改變下，隨著人心得到解放，必然龍魚混雜，好壞皆有。各種想法和說法，包括偏離社會主義和黨之領導的資產階級自由化會隨之出現。這是很普見的歷史、社會現象。有人說白樺同志的《苦戀》是這個錯誤傾向的代表性作品。在我看來，除了《苦戀》，還有別的作品是負面的、不健康的、有毒的。我的詩〈一個幽靈在中國大地上遊蕩〉和《苦戀》並非完全一模一樣，卻有一些共同特點。兩者都是資產階級自由化的產物，代表了當時的錯誤社會傾向。過去幾年，經過動亂十年，我一如其他許多中年、青年作家，欲總結從歷史得到的經驗和教訓。我想要探究、分析此錯誤的歷史、社會、意識形態根源；換句話說，我未把馬列主義觀點當成我的指導思想，而是沉溺於幻想裡。於是，我被資產階級意識形態困住，走資本主義道路。這的確是個深刻的教訓。過去幾年，出現了思想解放無底線、百無禁忌之類說法。

我就是在這些領域裡犯下錯誤。我未劃清界線，而是把思想解放看成不必遵守四個基本原則。[32]

孫靜軒說了令人難忘的一句話：我啟程前往葛洲壩時，留著長髮，滿懷憂思。此話暗暗帶有白樺等當時犯錯作家與其同是天涯淪落人的意思。孫靜軒引用了他〈幽靈〉詩中數行詩句，以抒發其他知識分子與其同樣際遇的感嘆：

我們原以為我們是生活的主人，
可以快樂而自由地生活在自己的土地上。
可是，我們都發現自己不過是一顆「螺絲釘」，被緊緊地擰在一架鋼鐵的機器上。
我們每一個人都是統計表上的一個數字，
徒自有一個血肉之軀，
一個會思考的腦袋，
卻不能表達自己的情感、意志和思想……[33]

在自我檢討中，孫靜軒接著寫道：

誰都看得出我在此詩裡所提倡的，完全立基於人性論、人權論。有人提倡所謂的人權和人的價值。如今，有股思想傾向大受一些中年、青年作家歡迎，包括我本人。我們盲目崇拜西方「存在主義」理論，津津樂道所謂的人的價值和人權。我們提倡解放個人，認為那正風行。事實上，這些只是過時的東西，係西方數百年前所提倡之人道主義的翻版，毫無新穎之處。[34]

詩人孫靜軒的上述話語，在我看來特別值得重視，因為凸顯了白樺所呈現的他對中國革命史的看法裡和中國共產黨領導階層欲有效批評他的作為裡都固有的問題。要承認一九七九至一九八一年這期間白樺等人作品的確代表了過時的東西，係西方數百年前所提倡之人道主義的翻版，其中毫無新穎之處，其實不費吹灰之力。

從知識史的觀點出發，有兩個辦法能做到此事。首先，我們可以說：「沒錯，在白樺的《苦戀》裡有著根深蒂固的西方人道主義觀念。」但這麼說不代表我們斷言白樺直接從西方汲取到這些觀念。我們必須把《苦戀》看成一個深受白樺筆下那些局部西化的前輩中國人影響的文本，這些前輩則出身自一九一八至一九四八年間在中國文化轉型上扮演極重要角色的五四運動那一代作家。在白樺的劇本裡，到處可見前後呼應之事，在此，我們只能指出它們，無法確知這些呼應是有心，還是巧合。凌晨光在劇中所扮演的角色——行動主義派畫家、慈愛的父親、蔣介石軍隊之拉夫手法的批評者、屈原精神的鼓吹者——讓人想起一九四六年在昆明遭右派暗殺的傑出詩人暨畫家暨學者聞一多。凌晨光一九四九年決定離開其在美國的落腳地（肯定是舊金山）一事、其一九五〇年代創造力的勃發、其後來文革時的遭遇，都和老舍後來的人生際遇近似。除了白樺後來把被燻黑的佛像和對毛澤東的崇拜相類比之舉所具有的批評成分，凌晨光更早時從審美角度欣賞佛教一事，讓人想起一九二〇年代知識運動的兩個面向：浪漫派詩人徐志摩詠常州天寧寺之出世、圓覺之境的美詩、體現在瞿秋白思想裡把佛教慈悲心和馬克思主義社會批評兩者連結之舉。而白樺筆下凌晨光與苗人、與中國南部船民為伍，感受到鄉村和諧氣氛的那些經歷，可能直接汲取自沈從文較感性的早期著作。[35]

但強調受益自更早那一代局部西化中國人或呼應這些人觀念的這個面向，無助於我們掌握作為此劇本之顯著特點的更深層中國文化。就是第二個面向，使《苦戀》意涵之豐贍，超乎任何批評該作的共產黨員所敢於認定的該作意涵。在指出其中某些前後呼應之處時，我們再度不去解答間接影響或直接影響或無意間影響的問題。不妨乾脆這麼說吧，凌晨光逃亡鄉野並與一逃亡歷史學家、一逃亡詩人交談這段情節，深受中國「無道則隱」的士人傳統影響。在此傳統下，知識分子遁居鄉野，當起漁夫或樵夫，等待天下無道的時代過去。白樺筆下的數個場景，讓人尤其想起孔尚任一六九〇年代的偉大戲曲《桃花扇》的最後一幕。在該幕中，忠於明朝的志士隱居山中，躲避入主中原的滿人。更顯而易見的，凌晨光藏身荒涼沼澤一事，與《水滸傳》裡梁山好漢的故事相呼應。這幫宋朝好漢據守梁山泊，與朝廷為敵；這個前例凸顯了凌晨光孤家寡人處境的加倍悲慘，因為孤零零的逃亡，無風光可言。貫穿白樺劇本的屈原意象，也不是如某些批評者所暗示的，扭曲了屈原的形象，反倒反映了屈原在漢朝所發展成的形象；這個意象象徵著勇於批評的精神和具有獨創性的藝術成就，雖然意涵隨著時間而有所改變，但從未失去其魔力和感染力。就連電影中呈人字形頻頻飛過天上的大雁，都具有《解放軍報》的軍方批評者所看不出的歷史深意。因為，在中國最早的古典詩裡，飛雁就象徵邊疆，大雁一年一次的遷徙把歷來詩人的思緒帶到孤單或遙遠的地方。在某次談海外華人的場合，白樺筆下的大雁，其感發的力量，就和唐朝名詩人王維邊塞詩裡的類似意象一樣強。

最後，我們或許可以拿白樺筆下呼應意涵最豐富的情節作結。那是既戲謔且直接的呼應，安排在《苦戀》故事的最關鍵時刻。凌晨光和其家人一九六六年被貶居到一間陰暗的小房間，有天，他們坐在那房間裡時，謝秋山和其妻子來訪，令他們欣喜若狂。謝秋山是詩人，在美國時為華僑報紙寫過文章，一如凌晨光，一九四九年搭聖女貞德號回到祖國；此時，一如凌晨光，他的犧牲遭到踐踏，而他開口講話時，兩人的喜悅轉為難過。謝秋山說：「我們都高升了，恭喜我們吧！」見凌晨光一語不發，心存狐疑，他回道：「從牛鬼蛇神晉升為『五七』戰士，我去楚國，她去魯國。」[36]楚國位在南方，係西元前三世紀詩人屈原生活、寫作的所在；魯國位在北方，係西元前五世紀時孔子教學所在。這裡沒有「西方數百年前所提倡」的思想，而且有趣之處在於，這些用典「毫無新穎之處」。這些地方和它們的二元象徵性，就和在中國歷史文化裡所能找到的任何東西一樣古老。白樺說，藉由詮釋自己歷史的方式，我們最清楚表達了對未來的承諾。

天安門

天安門廣場，一九八九年春許多撼動人心之事的發生地，係中國境內最讓人情感澎湃且發思古幽情的地方。[1]天安門本身甚為古老且美麗。它既是外人進入紫禁城遼闊內部空間所要經過的大門，也是皇朝內外廷人員出皇城，進入公共空間領域和革命記憶領域，所要行經的大門。天安門前廣達九十英畝的廣場上，矗立著人民英雄紀念碑和擺放著毛澤東之不腐遺體的毛澤東紀念堂。廣場兩側座落著身形龐然的人民大會堂和呈現中國革命史的博物館。從天安門往東往西，延伸出北京一部分最繁忙的大街，大街旁座落著政府機關和大飯店，岔離這些大街，即進入迷宮般的小街巷，迎來喧鬧的店鋪和小餐館。若拿今日美國來做個粗略的類比，不妨在腦海裡把紐約時代廣場擴大為十個街區長、四個街區寬，白宮位在該廣場北

本文一九九〇年首度發表於「中國人權組織」（Human Rights in China）所贊助出版的《龍的傳人》（*Children of the Dragon*）。

端，林肯紀念堂位在南端。

我們如今所看到的天安門，始建於一四二〇年代，當時的明朝皇帝（明朝國祚一三六八至一六四四年），把都城從長江邊的南京遷到北京。明朝皇帝所下令建造的北京城，由兩個部分組成。在內的部分，由皇帝和其諸多后妃、小孩的寢宮和接見大殿構成——即今日所謂的紫禁城——位於一圈高約六．六公尺、厚約九公尺、長約八百公尺的城牆裡。這個位在內部的宮殿建築群又被另一個宮殿、廟宇建築群——「皇城」——完全圍住，與皇帝親緣關係較遠的皇親住在這裡，許多政府衙門也設在這裡。「皇城」占地將近五平方公里，被一道高約五．四公尺、長約十公里的城牆圍住。「皇城」外是官員和其家眷、北京店鋪老闆和城民的居住所在。這整個區域，占地將近三十一平方公里，又受一組城牆保護，牆的基部厚約十八．六公尺，高約十二．三公尺，周長約十八公里，體量巨大，而且建造精美。

天安門是進入「皇城」的主要入口，位在南北中軸線上，此中軸線往北穿過太廟和社稷壇之間的空間，抵達守衛紫禁城的午門，往南延伸到外圍的防禦線。根據參與北京城規劃的一名學者，從宇宙論和風水學角度向明朝皇帝提出的說明，皇城和紫禁城結構是人體的小宇宙。紫禁城代表臟腑，外圍防禦牆上的點代表頭、肩、手、腳。在這個布局裡，天安門代表包住心臟的保護性組織，通往該門的大街則構成肺。

明清皇帝——既受這個象徵性構想指導，也受實際治理準則影響，讓天安門在皇朝儀式中扮演重要角色。皇帝在其紫禁城接見廳發布的諭旨，擺在精緻的雲盤上，在黃傘蓋保護下，由官員捧著出午門，經位於廟、壇之間的長長大道，送到天安門城樓上的宣詔台。在那裡，相關的朝臣跪在流過天安門南側五道漢白玉橋的小溪邊，聽宣詔官宣讀諭旨。然後，諭旨吊在彩繩上，往下放到接旨官員手裡，供他們拿去謄錄多份，分送全國。

明清時期，沒有今日所見那個空曠的天安門廣場。反倒，位在天安門和南邊住宅、防禦牆之間的空間，係一個被城牆圍住的T字形院落。T字的三端各有三重拱門，供來到天安門附近者穿過城牆進入該空間。T字院本身占地甚廣，T字頂端那一橫，從東至西，長約三百七十五公尺，寬約一百七十二公尺。T字那一豎，則將近八百公尺長，九十九公尺寬。此院落兩側的空間，整齊排列著六部衙門、軍事機關和其他政府機關。因此，那時沒有今日這條位於天安門前東西向的長安街，即一九八九年六月鎮壓天安門示威人民時坦克所駛過的大街。反倒，通往此開闊院子的兩個城門，當時被稱作左安門、右安門。

天安門所具有的象徵意義和其在皇朝統治上所扮演的角色，可在其他許多元素上看到：從裝飾皇宮屋頂、用以鎮火的神獸，到矗立在天安門前後，最頂端飾有一隻祥雲神獸的裝飾性巨大石華表，皆然。這些神獸監看皇帝的一舉一動，位於北邊的神獸盯著皇帝在宮中的行為舉止，位於南邊的神獸則盯著皇帝如何對待其子民。據史書記載，最初這些石華表以木頭製成，凡是想把對皇帝的批評刻在木華表的臣民，都可以這麼做，而皇帝則必須好好閱覽。

因此，天安門和其前方的院子，最初是象徵性、禮儀性且供官僚使用的空間。只在國家陷入嚴峻危機時，才成為眾人皆可進出的公共空間。一六四四年陝西農民叛軍領袖李自成拿下北京城時，就迎來這麼一個時候。當時，明廷裡的內奸打開城門迎李自成部隊進紫禁城，明朝末代皇帝見大勢已去，自縊於皇宮北邊的御花園裡。據說——儘管此說聽來不大可能——李自成騎馬到天安門時，朝此門上方的「天」字射出一箭，喊道如果命中，他的王朝就會是堅不可破。他失手（晚至一九三〇年代觀光導遊仍會向好奇者指出該箭孔），李自成所欲建立的王朝，同年就遭從東北入關的滿人推翻，滿人隨之建立清朝。不管李自成射箭之事是真是假，可確定的是一六四四年北京城內的激戰使天安門嚴重受損，或許接近全毀。我們今日所看到有五個門洞和精美門樓的天安門，係一六五一年重建成。

下一批強行闖入紫禁城者——除了一八一三年穿過某個城門進入的少許叛民——係洋人。為了逼清朝皇帝允許其在京常駐使節，一八六〇年英法部隊打到北京，露宿於天安門附近，一度考慮將紫禁城整個燒光，以報復清廷殺害他們的一些談判人員。但不久就決定保住此城，隨後轉到北京東北郊，燒掉皇帝的富麗堂皇夏宮圓明園。

清朝皇帝一屈服於洋人要求，外國強權即在天安門東南邊，為其外交人員設立「使館區」，該區東西長約一．六公里，南北寬約八百公尺。一九〇〇年興起排外反基督教的叛民（「拳民」）時，他們就在此區域圍攻外國人，雙方交火激烈長達七星期；這場圍攻，得到清朝慈禧太后積極鼓勵，直到八國聯軍從天津沿海打到北京，才解圍。天安門南邊的衙門建築群受重創，數個部付之一炬。聯軍進入北京城時，慈禧太后、光緒皇帝和親貴大臣倉皇逃往西北。這一次，西方部隊強行通過天安門進入紫禁城，一度以紫禁城為聯軍司令部。天安門前空間成為外國兵馬的集結區。今日天安門廣場東南區，可能就是當時聯軍所首度清除出來，而為了防止再遭圍攻，列強不只蓋了一道牆、挖了一道乾城壕圍住整個使館區，還在其牆外清出一塊可被火力覆蓋的區域，以防遭突襲或滲入。此外，從十二．三公尺高的北京城牆部分區段頂上，清廷可輕易朝下方使館區開火，為此，西方列強要求讓其派人巡邏那些區段，並且如願。

清朝經一連串內亂打擊而一蹶不振，一九一二年終於覆滅，中國成為共和國，卻是個虛弱且動盪的共和國。自一八九〇年代後期就反清，冀望建立立憲共和國的孫中山，一九一二年一月當上臨時大總統。他想一如明初定都南京，但立場強硬且政治手腕高明的前清將領袁世凱堅持仍以北京為首都——忠於袁世凱的部隊大多駐紮於北京——結果，袁世凱技高一籌，壓過孫中山的主張。袁世凱手握兵力遠勝孫中山，孫中山不得不同意辭職，改由袁世凱出任臨時大總統。袁世凱看出天安門作為中央權力中心的象徵意義，命令其部隊群集於天安門前，在他就職時在該處大閱兵。

一九一二年初被迫退位的幼皇帝溥儀，獲准和其家人、侍從、太監繼續住在紫禁城北區，清宮大部分珍寶亦留在該處。但從天安門至午門以北頭幾個大院之間的區域收歸國有，成為某些政府機關和博物館所在。天安門前廣場還出現在當時另兩件重大事件裡。其中一件是袁世凱葬禮。袁世凱欲廢總統制稱帝，遭多省都督和政治人物反對，顏面大失，取消帝制，不久後去世於一九一六年。雖然生前身受稱帝未成之辱，死後喪禮卻風光盛大，十足萬眾矚目。另一件大事較為古怪，係忠於滿清的將領張勳欲讓退位的十一歲幼皇帝溥儀重登皇位之事。有數日時間，張勳的部隊占領了天安門廣場和紫禁城，大清龍旗再度飄揚。但張勳遭忠於共和的軍隊擊敗後，溥儀受到更多限制，一九二四年終於被逐出宮。此時，整個紫禁城收歸國有，變成觀光勝地、辦公機關、博物館。天安門廣場則成為真正的公共廣場。

在此時期，北京城出現重大改變，天安門廣場隨之具有不同於以往的象徵意涵。廣場象徵意涵的改變為漸進改變，但此廣場慢慢成為舉辦造勢集會和國家政策辯論的當然地點。原因之一出在此廣場周邊區域漸漸成為政治、教育中心。新設立的司法部位在廣場西側，新國會則在司法部更西邊一點。這個區域大學、學院雲集，帝制結束後，有抱負的中國年輕男女冀望躋身此區域，取得美好將來。北京大學的三大校區——文、理、法三科校區——都位在紫禁城東邊不遠處，走路至天安門廣場甚近。另有十幾所大學群集在此廣場附近，主要位在廣場西邊，包括數所女子學校、學院和名校清華大學。許多學生在清華學好英語，然後赴美留學。

一九一七年，就有學生和城民為了慶祝溥儀復辟失敗聚集於天安門廣場，天安門本身披上中華民國國旗。但對此時期中國歷史衝擊最大的集會和示威，發生於一九一九年五月四日。那天，十三所大學、學院的三千名學生代表聚集於此廣場，抗議喪權辱國的《凡爾賽條約》。根據該條約，戰勝的協約國把戰敗國德國在中國山東的權益，轉讓給已和協約國簽訂密約、然後加入協約國陣營的日本。中國人大為憤慨。戰時中國也加入協約國陣營，派了十餘萬華工赴歐，在英法軍的壕溝、碼頭、補給線出力助戰。如今協約國卻斷然拒絕中國人的要求。

始於五月四日的抗議活動，標誌著中國民族主義意識從此步入新階段，把天安門廣場視為政治焦點的看法從此牢牢根植於中國人心。因為示威者雖然深信他們的主張出於愛國情操，他們卻遭中國警察和外國使館警衛騷擾，數人遭逮捕；其中一位被捕者傷重不治。一九一九年五月四日的抗議活動，相較於一九八九年的示威，規模差了很遠，但喚起全國人民的良心，在中國學者、科學家、作家、藝術家竭力探索如何另闢蹊徑強化國力，把科學和民主融入其社會、國家治理時，這一天被拿去指稱整個「五四運動」。五四運動與對中國工農之困境的研究，與馬列主義的理論性、組織性論點，離不開關係，從而直接影響了一九二一年召開第一次黨代表大會的中國共產黨的壯大。

如果說一九一九年代表天安門廣場自此成為完全公共且反政府的場域，一九二五、一九二六年時，它則真正成為不折不扣的群眾示威地，並且真的接受了火的洗禮。這兩年是民國史上的慘澹年分。北洋政府腐敗無能，受一連串窮兵黷武者或軍閥擺布。其他軍閥則割據中國其他區域，有時割據整個省，有時控制分散數地的城市或一大片鄉村。外國對中國的經濟、政治剝削未歇，日本對中國領土——尤其東北——的攻擊越來越肆無忌憚。在南方廣州，孫中山和蔣介石正竭力打造與共黨結盟的新革命政府，希望藉此使他們得以用武力統一中國。英國警察殺害至少四十名參與一大型示威集會的中國人民後，一九二五年五月三十日，在上海，排外怒火漲到新高峰；北京城民隨之舉行一場大型集會予以聲援，集會地點自然而然選上天安門廣場。這次，聚集群眾涵蓋了多種行業的人，在組織和宣傳上使用了會成為一九八九年北京抗議活動之重要一部分的許多器具。一九二五年六月十日，至少十萬中國人聚集於天安門前，其中不只有許多學生和知識分子，還有木匠、鞋匠、當鋪老闆、鐵匠、理髮師。商會派出代表，教協和農協亦然。天安門前的演講台，布滿當時流行的口號：「廢除不平等條約」、「抵制英貨日貨」、「打倒列強」。在此廣場的其他幾個地方，另有五個講台，供不同行業的群體使用。上書政治標語的紙質橫幅飄揚於樹上——因為此時的天安門廣場仍有公園的氣氛，而非如今日寸草不生的大廣場——另有標語用黑墨水或炭筆塗寫在附近建築牆上。當地的慈善團體供茶，軟性飲料販子提供免費汽水給示威者止渴。由學生擔任的糾察員維持秩序，軍警不干涉。

但隨著那年秋冬示威一場接著一場，當地政府失去耐心。警察著手阻止有組織的示威者來到此廣場。市政府當局在此增植樹木、移除鋪砌路面，欲藉此減少公共空間。警察、學生、地區軍閥部隊之間更常起衝突。最後，一九二六年三月十八日，如外界所料，當局動用武力鎮壓。至少六千名新加入民眾，其中大多來自學生、工人團體，聚集於天安門廣場，抗議北洋政府軟弱無能，接受日本的新要求。聽過慷慨激昂的演說後，群眾離開廣場，往執政府走去。正規軍士兵未嘗試驅散群眾，就朝群眾開槍，至少五十名示威者喪命，至少兩百人受傷。如此規模屠殺示威者，在中國歷史上是頭一遭，但不會是最後一遭。中國最著名作家魯迅吶喊道，「墨寫的謊說，決掩不住血寫的事實」，死者中有數名他的學生。「血債必須用同物償還。拖欠得愈久，就要付更大的利息。」

一九二八年後，天安門廣場作為公共空間的重要性，有一段時間不如以往，因為蔣介石的部隊和其盟友從廣州北伐成功，在該年使中國名義上歸於一統，宣布定都南京，完成了十五年前孫中山就立下的心願。北京這時改名北平，失去其中心角色，隨著政府機關遷到南京，天安門前的學生抗議不如以往驚動視聽，儘管孫中山的肖像仍掛在天安門中央門洞上方。但一九三五年十二月九日的示威例外，當時，學生和市民聚集於天安門廣場抗議蔣介石繼續姑息日本。北京警察想藉由封住進入廣場的門阻止此次示威未能如願，轉而對學生動粗，在接近攝氏零度的天氣裡朝他們噴水柱，欲藉此澆熄他們的抗議熱情。「一二・九運動」的影響，雖然比不上一九一九年五四運動或一九二六年三月十八日的示威，卻成為全國人民心目中有力的抗日象徵。

一九三八年日本全面侵華，導致蔣介石軍隊後撤到內陸深處的四川省，一所新的流亡大學也在該地創立，北京隨之失去許多學生。這時已由毛澤東領導的共產黨，在陝西建立根據地，吸引許多激進學生前去投奔。日本人以彩燈裝飾天安門廣場和天安門，在那裡舉辦多種親日集會，校閱日本傀儡政權的部隊。一九四三年，日本人關閉使館區，改作他用。一九四五年，隨著日本戰敗、學生從西南部回京，天安門廣場再度成為集會的主要地點。這些集會往往反蔣，並由激進人士領導，因為國共兩黨為了爭奪江山，內戰打得難捨難分。

毛澤東和共產黨把天安門廣場重新打造為既是公共空間，也是官方空間。隨著一九四九年九月下旬共黨確定打贏內戰，毛澤東在北平召開一連串會議，商討國家的未來走向，但所有人都很清楚他打算讓全國聽命於共黨。為凸顯這一點，天安門的正面掛上兩幅巨大照片，隔著廣場相望，一個是毛澤東的照片，一個是他的頭號大將朱德的照片。朱德打造出紅軍，在多年游擊戰期間，他是最出色的領導人。九月三十日，毛澤東帶領參加政治籌畫會議的代表離開會場，來到這座被牆圍住的廣場。在天安門南邊八百公尺處，他們為「人民英雄紀念碑」破土，該碑將會聳立於貫穿諸宮門的中軸線上。一九四九年十月一日，毛澤東選擇在已改名北京的這座城市裡，天安門上方的平台，向下方歡呼的群眾宣布中華人民共和國成立。

天安門廣場自此成為中共政府首屈一指的公共空間。但隨著接受檢閱的隊伍變得更加浩大，每日交通壅塞程度加劇，通往此T形廣場頂端空間的左安門、右安門，妨礙了官方所想要的大場面的呈現。據投入此工程的某個中國建築師的說法，經過兩年的激烈爭論，北京市民同意這兩個城門嚴重妨礙首都的發展，一九五二年八月兩門遭拆除。兩門拆掉後，能讓更龐大的群眾在此廣場上移動，使更龐然的軍事裝備得以通過天安門前接受檢閱，但廣場空間仍被原T字形布局的其他尚存的牆圍住。最後，一九五八年，這些牆，連同藏身於它們身後的建築，全數拆除。天安門廣場面積大增，占地超過四十公頃，可容一百萬人在該處同時聚集。兩座宏偉建築立起，隔著廣場相望，分別是人民大會堂和國家歷史博物館。同樣一九五八年，為紀念百年來為革命捐軀的烈士所建的人民英雄紀念碑建成，矗立在這個新廣場的正中央。每逢五一勞動節集會和十一國慶，毛澤東和中共所有中央領導人都會站在天安門城樓上，俯視廣場上的中國人民，另有約萬名官員和受邀貴賓擠滿他們下方的檢閱台，檢閱台就設在前皇城城牆邊。一九六六年，毛澤東發動帶來浩劫的文化大革命，最初數十萬、後來多達百萬所謂的紅衛兵，以密集的行列齊步走過他前方，一路歡呼、揮舞小紅書（毛澤東語錄）。紅衛兵被這類集會點燃激情後，在北京市各地遊走，然後奔赴全國各地，以剷除與舊秩序有瓜葛或可被控以「官僚主義」罪名或缺乏革命熱情的任何掌權者。許多人被抓、被革職、被虐待、被公開羞辱，鄧小平是其中之一。一九八九年，天安門廣場上響著要求民主的呼聲和從學生擴音器發出的口號聲、流行音樂時，當年那些集會的喧鬧聲想必迴盪於鄧小平耳際。

中國共產黨政府改造此廣場和決意把此地用於有利於鞏固其領導地位的政治集會一事，似乎使此空間更加偏離一九一九至一九四九年間它所提供的公開政治論壇的角色。此外，中華人民共和國建國頭幾年，政府把諸多學院、大學幾乎全數遷到北京郊區。針對這些搬遷之舉，官方所提出的理由是基於城內需要空間、設施的現實考量。但如果政府想要此廣場專供己用，把北大、清華等名校擺在北京的西北城郊，這事肯定會比較好辦。從該區域走路至天安門廣場中央，需要四小時，騎腳踏車過來則要一小時多；兩地間沒有地鐵連結，唯一的公車班次不穩定，而且中間要換車數次。

但有股力量開始慢慢的，幾乎難以說清的，削弱政府對天安門公共空間的掌控。這一削弱過程始於總理周恩來死後的一九七六年，當時成千上萬示威者和哀悼者，未經官方批准，自發聚集到廣場上，表達其對領導人的失望。政府拿回此廣場，為一九七六年九月去世的毛澤東辦了肅穆的集會和喪禮，但人民已重新申明其對此廣場的所有權。這個廣場得到進一步擴大，以在人民英雄紀念碑南邊騰出空間，安置新蓋的毛澤東紀念堂——此舉似乎在宣告這是外力所難以控制的政府權力中心。但這個廣場也成為反對派眼中的燈塔。一九七八、一九七九年，人們聚集於此，以聆聽對民主、藝術之新觀念的討論，這些討論則是貼在紫禁城邊緣之「民主牆」上的大字報所引發。一九八六、一九八七年，數個學生團體聚集於此，以聲援向共產黨抗議的其他學生和其他人，抗議緣由則是黨不容許具法律效力的選舉或不容許人民對有問題的國家方向做其他有意義的討論。一九八九年四月，他們再度走上天安門廣場，以哀悼他們所深信支持改變、改革理念的胡耀邦的去世。天安門廣場成為前所未有的人民空間。

直至六月四日為止。

詩與物理學：反對精神

我曾正步走過廣場
剃光腦袋
為了更好地尋找太陽
卻在瘋狂的季節裡
轉了向，隔著柵欄。

當時還是個年輕紅衛兵的北島——生於一九四九年，中華人民共和國創立那年——就是在注視著他一度崇敬的領袖時，這麼突然的覺醒，猛然改變方向。一九七四年，北島已完成他撼動人心的小說《波動》的初稿，開始寫使他在那個胎死腹中的一九七六至一九七九年

這些文章首度發表於一九九〇年（北島）、一九九一年（方勵之）《紐約書評》。

「民主運動」裡成為中國青年之心靈指引的那一系列詩。那些呼籲鄧小平改變國家方向、讓初嘗自由滋味的他們得以繼續享有自由的人，大多把北島的詩〈答案〉熟記於心：

卑鄙是卑鄙者的通行證，
高尚是高尚者的墓誌銘。
看吧，在那鍍金的天空中，
飄滿了死者彎曲的倒影。

北島和其詩人友人芒克主編了《今天》雜誌，該雜誌所刊出的詩、小說、散文，曾為那個夭折的運動短暫發出一部分其最真實的心聲。

杜博妮（Bonnie S. McDougall），中國現代文學、歷史專家，係最早看出北島之過人才華的西方學者之一，過去幾年孜孜不倦於讓更多讀者認識他的著作，翻譯他的作品，刊登於多種刊物上，以多種形式呈現。如今，兩卷本的北島詩和短篇小說，由杜博妮和蘇塞特·庫克（Susette Ternent Cooke）以流暢且通俗的筆法譯成英文，使不懂中文的人得以欣賞北島的各種作品，得以體會他令人難忘的傷感意象。[1]

北島遣詞用字好似在為了保住自己性命而和文字搏鬥。在〈白日夢〉中，他告訴我們，

「我們是／迷失在航空港裡的兒童／總想大哭一場」。在另一首詩中，他告訴我們，「別問我們的年齡／我們沉睡得像冷藏庫裡的魚」，在〈空間〉中，沉默和冷無奈的交織在一塊：

我們圍坐在
熄滅的火爐旁
不知道上面是什麼。

「上面是什麼」可做諸多層次的解讀，但我們知道其中一個指的是不斷想著要扼殺這類聲音的政府。北島作品有時得到官方容忍，但一九八〇年代遭公開譴責，目前他流亡海外。杜博妮也知道就意識形態層次來說，「上面是什麼」對北島和其同志意指為何，因為她先前的研究，把重點擺在一九四二年著名的「延安文藝座談會」。當時毛澤東為知識分子闡明了他眼中「正確」的文學表達方式，說知識分子自此要「為人民服務」。她對這個歷史背景的了解，加上她懂得延安座談會後四十年裡那麼多中國作家內心的挫折，使她簡直如同局內人般理解北島竭力欲找到未被政治拉低格調且仍能傳達內心純粹情感的詞語時所無法擺脫的困難。

誠如她在為北島詩〈八月的夢遊者〉所寫導論中的精闢之言：「北島的早期詩作揭露了

棲身於兩個不現實世界的自我：一個是充滿愛、寧靜、常態且應該存在但未存在的夢想世界，一個是殘酷、恐怖、帶有仇恨且不該存在卻存在的夢魘世界。為呈現這兩個世界，這位詩人不得不創造出既是保護性偽裝、又是表達『不真實』之適切工具的新詩語。」

杜博妮翻譯北島詩歌時似乎精準捕捉到其情思，不管那些詩是否帶著可欲而不可得的喜悅，例如〈紅帆船〉：

If the earth is sealed in ice
let up face the warm current
and head for the sea ...
we seek only a calm voyage
you with your long floating hair
I with my arms raised high.

原文：

如果大地早已冰封
就讓我們面對著暖流
走向海

……

而我們只求靜靜地航行
你有飄散的長髮
我有手臂，筆直地舉起。

還是帶著令人難以承受的悲傷：

We are not guiltless
Long ago we became accomplices
of the history in the mirror, waiting for the day
to be deposited in lava
and turn into a cold spring
to meet the darkness once again.

原文：

我們不是無辜的
早已和鏡中的歷史成為

同謀，等待那一天
在火山岩漿裡沉積下來
化作一股冷泉
重見黑暗。

在收錄於《波動》的北島短篇小說裡，這些意象往往同樣有力，但這時，這個形式使北島得以更從容探索自己和其所處社會。〈在廢墟中〉這部小說，以清朝夏宮圓明園傾倒的半露柱和雕刻為背景，圓明園係在十八世紀中期乾隆皇帝權勢正盛之時為他所建，一八六〇年代遭入侵的英軍奉額爾金勛爵之命摧毀。但北島未費心去提醒讀者這些具體的史實，若要提醒讀者舊封建體制如何浪費民脂民膏大興土木，或西方帝國主義的不良居心和惡毒行徑，它們本是絕佳的素材。但他反倒著墨於兩個人的交手，一人是失意於政壇且想要在此廢墟裡了結一生的知識分子，另一人是出外為兔子採草，一臉嚴肅看著他準備上吊的八歲農村女孩。就是這個女孩讓他斷了尋死念頭——藉由簡短且淡然談到她父親剛被自己村子的人打死一事辦到。這一突然、殘暴、沒道理的慘死，讓這個萬念俱灰、想要尋死的人有所感悟。

北島眼中的世界並非全然令人絕望，但他見過、聽過許多可使這種心態變得合理或必然的事。但那肯定是個陰暗抑鬱的世界，穿過迷濛之痛苦回憶的閃光，有時似乎薄弱到無法彌補所有失去的東西。他最出色的短篇小說，予人幾乎無法承受的痛苦。在〈歸來的陌生人〉中，一父親在政治勞改營待了二十年後回家與家人團聚。這個男人孤單受苦多年後，已幾乎完全無法用言語表達所思所感，在小說末尾把他所能做出的唯一一件漂亮東西送給他女兒。那是他多年來為她辛苦編出的一條項鍊，完全用廢棄牙刷的彩色斷柄製成。

一百三十頁的中篇小說《波動》，作為這部作品集的書名，是北島最具野心的作品，一九七四年寫成初稿，一九七六年修訂，一九七九年再修訂，以刊載於他的刊物《今天》。一如北島的許多短篇小說，此作品在表現那些即使社會和周遭的人使他們對愛的信念顯得很蠢，他們仍對此信念堅定不移的人。但此作品也介紹了一九七〇年代中國社會的陰暗面，介紹那些使已被國家侵擾或逼到快發瘋的中國人更感絕望的壞蛋惡徒。北島是意象主義詩人，《波動》裡的諸多人物以令人料想不到的節奏彼此繞圈打轉；他們的生命在無意間交錯。故事係由諸多片段拼湊而成；人作出、推翻、推遲決定。

對《波動》的主人公楊訊來說，他所愛的女孩蕭凌是「黑色的海洋中」「一個光閃閃的浪頭」，天上的星星則是「那無數的飛沫」。但作為這部作品集之書名的波動，以及貫穿目前為止北島所有作品的水意象，不只是要傳達這種浪漫的想像；它們也是無休止的力量，粗率但出奇迷人，把我們帶離平凡的人生。誠如北島在我所認為最令人吃驚且優美之一的詩裡所說的：

他沒有船票
又怎能登上甲板
鐵錨的鏈條嘩嘩作響
也驚動這裡的夜晚……
當浪峰聳起
死者的眼睛閃爍不定
從海洋深處浮現

他沒有船票

這是已找到向我們所有人訴說之方法的北島，開始領會他在〈彗星〉裡所告訴我們之可怕真相的北島。這個真相是「其實難以想像的／並不是黑暗，而是早晨」。

✦ ✦ ✦

中國異議人士方勵之，有時喜歡自稱為心不在焉知識分子的典型，一逕沉浸在自己的想法裡，對周遭世界幾乎渾然不察。《推倒長城》（*Bring Down the Great Wall*）[2]是他的文章、訪談錄、演說文的合集，在該書中，他告訴我們，讀中學時，「我老是沉浸於老師所在我腦海裡激起的白日夢裡，有時因此直直撞上路邊的電線桿」。但他立即為他這個頗老套的隱喻添加了注解，讓我們看到他性格中調皮且務實一面：「那一撞撞得很用力，如今我仍記得電線桿上的數字。」他想讓我們知道他記得的東西，不是那個痛，而是那些數字。

身為中國頂尖科學家之一——先是天體物理學方面，然後宇宙論方面——方勵之的確在夢想和在記住數字兩方面都很擅長。但身為堅定不移的獨立思考者，眼見中國社會漸漸墮入無望的狀態裡，心中痛苦日增，方勵之在刻意頂撞不可移動的東西方面，也已成為一流高手——在這，這些東西指的是共產黨政治、教育行政體系高層的強硬派。

方勵之是目前中國最知名異議人士之一，遭中國政府指控是一九八九年春天安門大示威的首腦之一；六月四日解放軍在北京屠殺平民後，他和妻子避難於美國大使館。一九九〇年夏獲准出國後，在劍橋大學、普林斯頓大學找到繼續做研究的棲身之所。

方勵之的大受肯定和知名，有一部分源於其引人注目的身分：身為國際知名科學家和安徽合肥科技大學這所重要大學的副校長，他是致力於培育中國青年、使他們躋身國際科學界前列的重要人物之一。方勵之受到矚目，也因為他命運多舛：一九五七年反右運動期間，他直言批判共產黨光說不練，遭到整肅，開除黨籍；文革後，他於一九七八年獲平反；一九八七年初，強硬派反擊一九八六年後期學生示威時，他再度被開除黨籍；一九八九年一月他籲請黨釋放魏京生，再度招來政府打壓。魏京生是一九七八年中國民主運動最重要的抗議者，至一九八九年一月已在獄中十年。但最重要的，方勵之的看法能打動人心，係因為他風趣、熱情、頑強、口才好。學生喜歡聽他演講；不管是用心準備的演說，還是即席表達想法，他都能讓人全神貫注聽他講。

方勵之高調抗議其政府的愚蠢、貪婪、殘酷，致人生屢起屢落，因而勢所必然的被比擬為蘇聯的安德烈·沙卡洛夫（Andrei Sakharov）、捷克斯洛伐克的瓦茨拉夫·哈維爾（Václav Havel）。但多次受訪時，方勵之總是避談其與沙卡洛夫相似之處，表明不同意將他和哈維爾先生相提並論。他堅決否認他是政治領導人，堅稱不想成為這樣的人。他解釋道，中國的缺點之一，在於中國人拒斥一領導人，卻服從於另一個領導人。他說，若中國人「懂得民主有賴於想法的對抗，而非有賴於一個說了話即被每個人奉行的領導人」，那會更理想許多。「如果中國人認為會有英雄出現，那個人最好不要是我。這一期望本身很不健康。」

在《推倒長城》中，詹姆斯·威廉斯（James H. Williams）這位研究中國科學與技術的學者和他的一些同僚，選錄、翻譯了方勵之的文章和演說文，收羅非常廣泛，但以一九七九年起的著作為主，並以一九九〇年獲准離開中國後他所寫的一些文章收尾。此書根據方勵之稟性的四個面向——宇宙論者、世界主義者、民主主義者、異議人士——將他的諸多作品分為四個部分。譯文流暢，每一部分的導論，連同夏偉（Orville Schell）為該書寫的長篇導論，饒有見地且切題。於是，該書所呈現的方勵之是形象飽滿鮮明的仁慈可親之人：正派、勇敢、有時顧左右而言他、有時挖苦、彬彬有禮但又不掩其喜怒哀樂、既是社會主義者又是菁英主義者、固執己見、受不了官方言詞的虛偽。

今日的讀者可能難以記得方勵之所道出的許多想法，在他當時的時空環境下多麼「觸犯禁忌」。因此，外人無法立即就領會他有多勇敢。學生饗以熱情的回應，係因為他們此前從未聽過這番言論，肯定從未聽過權勢集團裡的高位者發出如此言論。誠如方勵之在〈為何要忘掉歷史？〉（The End of Forgetting History）這篇精彩文章裡所說的，這不表示這類言論此前在中國從未有人發表過——一九五七、一九五八年就有人高談過——但中國政府把它們從紀錄裡抹除，而這些被消失的話語變成一片空白，只能以竊竊私語予以填補。

一九八〇年代中期，方勵之開始自信滿滿針砭社會時，另有一群中國人也努力發表他們眼中的社會實相，不只在文章和演說裡，也在電影和繪畫裡、小說和詩裡。但他們大多選擇走有點拐彎抹角的路子，方勵之則幾乎一逕直言無隱。他向其讀者和聽眾說，放眼全球，最類似中國的情況，可在伊朗的狂熱行為、波蘭的經濟停滯、查德的極度貧窮裡找到；他告訴他們，「馬克思主義已僵化」，政府不斷改弦更張的習性，係「幼稚的操持經濟的方式」，中國社會科學院方言研究室發出的哲學聲明，只是使「蓄長辮、穿西裝的中國佬形象」維持不輟。

一九八〇年代期間，鄧小平和中國共產黨欲使人民服膺「四個堅持」：堅持社會主義道路、堅持無產階級專政、堅持共產黨領導、堅持馬列主義及毛澤東思想。方勵之與之唱反調，說他認為大學應有自己的四個堅持：「科學、民主、創造、獨立的精神」。有個記者告訴他，他的四個堅持可能會被認為「有點危險」，方勵之回道，把他的四個堅持和政府四個真正提到的東西——迷信、獨裁、保守、依賴——聯繫在一塊來看，或許就可澄清他的用意。這篇演說文係一九八六年十一月在上海對約三千名同濟大學師生發表，由此可一窺方勵之的無懼於當道。

針對一九七八、一九八六或一九八九年中國的民主運動，已有評論家指出，中國人的民主探討似乎總是欠缺實質內容，因而使整個民主運動顯得含糊不清。但方勵之已對他所謂的民主頻頻提出簡明扼要的剖析——他對民主的定義，恐怕連那些在這類民主國家裡安然長大的人都會覺得完美到難以再置一詞。方勵之告訴其中國聽眾，民主意味著貨真價實的多元主義，而非對反對勢力施以對人而非對事的攻擊；意味著透過公開檢查和可問責制控制貪腐；意味著務必讓所有人有權利抗議各種不公不義之事；意味著支持凡是人皆享有人權的基本觀念；意味著政府要向人民負責；意味著不倚賴告密者，不依據隨便的懷疑就採取懲罰性作為；意味著不把一無所知的政治領導人的看法當成至理名言來引述。

中外記者和聽方勵之講話的學生，常問起要如何把這類價值觀引介到中國。方勵之未給出簡單易行的答案。他說，或許，改變可能來自內部，即使政府的外在結構依舊不變亦然。他用中國的傳統隱喻，「掛羊頭賣狗肉」，來闡明他的論點。但他說，在那發生之前，人民必須向黨表明他們想要改變。而那不容易，因為中國人不確定該怎麼做，猶如一群「無頭蒼蠅」，到處亂飛。

但方勵之突破傳統思維，提出兩個走向。首先，政府面對國內外民主運動的聲勢浩大和堅定決心，說不定會被迫作出令人樂見的改變，一如土匪遇強則屈服。其次，當今的全球改變本身說不定會迫使政府改弦更張：溫室效應、人口爆增，係只有靠全球性解決方案才可能解決的問題，中國如果無法跟上世界其他人，世人會要中國跟上。

方勵之或許不接受外界將他和沙卡洛夫或哈維爾相提並論，但他人會繼續拿他這麼類比。詹姆斯・威廉斯為這本令人動容且編排極具巧思的文集的某個部分寫了導論，而誠如他在該導論裡所扼要點出的，方勵之的過人本事，在於「他一如蘇聯的沙卡洛夫，利用科學的威信，避開政治許可制的限制，把觀念輸入改革的大論述裡」。針對此見解，我們或許可補上哈維爾在其《打亂和平》（*Disturbing the Peace*）、《給奧爾嘉的信》（*Letters to Olga*）兩書中所表達的以下看法：「在嚴酷的共黨獨裁世界裡，樂觀似乎是太輕率淺薄的想法，但始終存在一股更深厚的力量，那是我們可稱之為『希望』的東西。」對哈維爾來說，希望使人得以始終堅信總有一天情況會回歸合理。經驗的合理，係我們在追求哈維爾所謂的我們在地球上的「十足棘手的任務」時，賦予我們勇氣的諸多東西之一。該書表明，方勵之具有一股精神力量，使人始終懷著那個希望，使人繼續相信他、與他同時代的人、他的國人在過去半世紀裡所經歷過的一切，總有一天會變得合理。那一天到來時，長城會真的垮下。

老師

Teachers

Chinese Roundabout

Essays in History and Culture

芮沃壽

日本人轟炸珍珠港時，芮沃壽（Arthur Wright, 1913-1976）在北京求學；接下來幾個星期，他把全副心力用於完成對晚近一本日語佛教研究著作的仔細評論。這本書是《龍門石窟研究》（龍門石窟の研究），集結多位日本研究學者的文章而成，其中一人是塚本善隆教授；芮沃壽一九四〇年九月至一九四一年五月間住在京都，師從塚本教授——塚本也是京都妙泉寺住持。這段學習經歷，為其專題論著〈傳記與聖傳：慧皎的《高僧傳》〉打下基礎。

芮沃壽認為，《龍門石窟研究》這部新著雖然未超越沙畹之《華北考古考察圖譜》談龍門石窟的部分，還是「在所有對中國藝術、佛教、文化史的科學研究感興趣的學者的書齋裡，掙得和沙畹著作永久並列的地位」。芮沃壽也寫道，塚本教授「在佛教僧伽、佛教研究方面的長期浸淫，加上十足的科學訓練和清晰的思路，帶給我們一部將長久作為此類基礎研

此文寫於一九七六、一九七七年，此前未發表。

究著作的作品。至目前為止，西方學者尚未能寫出這樣的文章」。[1]這幾個句子點出芮沃壽學術生涯裡一貫呈現的許多歷史價值觀和對此領域的態度：再怎麼廣義的文化史，都仍需要我們予以「科學性的研究」；藝術和佛教是那個文化史的一部分；清楚的表達攸關歷史寫作的好壞；法國漢學已在世界上占得主導地位，但日本人的學術研究正打開至為重要的新探究領域。

芮沃壽的研究生涯呈現以下的遞變過程：關注歐洲史裡一般規律的問題而迷上美學；因迷上美學而開始研究佛教；因研究佛教而開始投入漢學。一開始就關注歐洲史一般規律的問題，相較於一般人，這似乎早了許多，而這一關注大抵係受了阿爾貝爾·萊昂·蓋拉爾（Albert Léon Guérard）影響所致。蓋拉爾著有《一理想的生與死：古典時代的法國》（*The Life and Death of an Ideal: France in the Classical Age*, 1928），芮沃壽在史丹佛大學讀大三、大四時曾受教於他。與蓋拉爾共事之前，芮沃壽拚命想要弄清楚喬達諾·布魯諾（Giordano Bruno）對先是不斷騷擾他，而後奪走他性命的那個社會所抱持的態度——在為後來某篇文章所寫的參考書目注釋裡，芮沃壽語帶挖苦的提到自己這個時期的著作：「芮沃壽，《喬達諾·布魯諾生平等的考察》（*Giordano Bruno, a Synopsis of his life, etc.*），未發表的代表作，加州史丹佛大學，一九三三年。」[2]在蓋拉爾教授鼓勵下，芮沃壽開始更加用力攻關歷史上個人意志、社會環境的問題。首先，他在〈巴爾札克和歷史精神〉（Balzac and the

Historical Spirit）一文中探討文學傳統，著墨於巴爾札克不相信進步之存在的心態，而且試圖探明他為何「對過去、對過去的體制抱持信心」，他覺得巴爾札克描述過去和過去的體制時「帶著與眾不同的客觀，未帶有今日稱之為客觀的那種乏味無趣，而是帶著個人天賦的熊熊熱情」。一九三四年秋冬，芮沃壽再度為了蓋拉爾，在〈梅列日科夫斯基和拿破崙，或神祕、歷史、理論和胡扯〉（Merezhkovsky and Napoleon, or Mystery, History, Theory and Nonsense）這篇野心更大的文章中，探究這些主題。凡是後來受教於芮沃壽者，或是文章得到芮沃壽編校之人，都會在此文裡看出那種工作精神——審閱仔細、受不了做作、追求表達的精確、一旦自覺言之有理持之有故就大膽作出論斷。

同樣在蓋拉爾鼓勵下，芮沃壽考慮修改此文以便出版。在其為修訂後的梅列日科夫斯基一文所寫的注釋中，芮沃壽提出四個主要部分：第一，「最極端」的傳奇人物觀，就此文來說，指的是「超人」觀，把人視為「神」的觀念，附帶談到作為概念的「太陽神」；第二、傳奇人物之最新階段的打造者（在此階段傳奇人物身兼人、藝術家、哲學家三角色）；第三，寫作背後的美學理想；第四，研究使這一探討方式「兼具美學理想之新舊元素」的「改動之處」。[3]

但隨著更加深入探究其所感興趣的這些主題，芮沃壽日益著迷於中國佛教研究。他對中國佛教感興趣，大概緣於他十六歲時跟著父母去了遠東一趟（他的父母對中國佛教的興趣似乎未像他那麼直接，因為這一時期他們拍了大量家庭照，裡面有許多家宅、汽車、家族事業的照片，在美國各地旅行時拍的景點照和飯店照，但亞洲照寥寥可數——圓明園大門、鎌倉大佛）。在這趟旅途中，芮沃壽入手一枚中國大印章，後來他用此印作為藏書印，蓋在一些他選出的藏書上。我所見過最早蓋在書裡的此印，位在佩初茲（Raphael Petrucci）的《中國畫家》（*Chinese Painters*）裡，該書一九二〇年出版於紐約，附有勞倫斯·畢紐恩（Lawrence Binyon）所寫的導論。芮沃壽寫上的用印日期是一九三三年五月。如果他那時已在讀中國歷史，必會注意到歷史學家和藝術史家對佛教的看重程度有別。研究中國歷史的書往往幾乎不提佛教，但在佩初茲此書中，他檢視東漢曲高和寡的傳統手法，說道：「這一高妙風格，起於世界的枯竭——該世界因此保有某種原始的粗放——而此高妙風格之後，繼之以一場驚人的運動，該運動出現於佛教的傳播之後。在這些新神祇身上，我們看到明確且持續甚久的外來影響首度出現。文明改頭換面，煥發新生機。」蘇理耶（George Soulié de Morant）的《中國藝術史》（*A History of Chinese Art*, 1931），只會使人更加這麼認為，而芮沃壽想必在他來到牛津之後不久買了此書，因為該書藏書印的日期為一九三五年十一月。《史丹佛寫作年鑑》（*A Year Book of Stanford Writing*, 1935）充分說明了此時芮沃壽同時感興趣於研究東方和西方，因為該書收了芮沃壽的文章〈卡萊爾和現代傾向〉（Carlyle and the Modern Temper），[4] 但在該書末尾的作者生平小記中，我們讀到：「芮沃壽，一九三五年時是英語社（English Club）社員，去過東方許多地方，目前攻讀東方宗教。他打高爾夫。明年會就讀牛津大學的大學學院。」

在牛津大學時，他最初孤單且心神煩亂——從數本書裡標注了日期的題字，可作出如此的猜測。這些題字傳達了「最好的朋友送給芮沃壽……」或「芮沃壽生日時贈」之類訊息，乍看之下似乎稀鬆平常，但理解到它們是芮沃壽自己寫下且這些書——詩書或文學書——係自己贈給自己之後，那就別具深意。但與此同時，在修中誠（E. R. Hughes）指導下，他開始加深其對中國宗教、歷史的認識。那時修中誠想必已寫成他一九四二年出版的專題論著《古典時代的中國哲學》（*Chinese Philosophy in Classical Times*）。一九五六年芮沃壽為修中誠寫了簡短的訃告，在其中說他是「首屈一指的人文學者，文學、哲學著作閱讀甚廣，隨時願意探索可能帶來新的深刻洞見和使人更深入了解的新方法」。[5]芮沃壽的漢學研究性質越來越嚴肅，但繼續追求他在史丹佛大學就培養出的審美喜好。愛德華．洛伯里（Edward Lowbury）博士，當年的牛津友人，寫到在大學學院芮沃壽的房間裡初次聽到西貝流士的第五交響曲，寫到芮沃壽把音樂形容為「用聲音畫出的黎明」。芮沃壽與布蘭福德（F. V. Branford）、其妻子結為朋友——兩夫妻寫詩，也寫劇本——把布蘭福德的《白牡馬》（*The White Stallion*）題贈給洛伯里。他也是「燕子社」（The Martlets）的社員，當時有數個大學部小型文學社團，係牛津、劍橋大學極重要的組成部分，而「燕子」就屬其一。

這個社團成員限制在十二人（或許意在嘲弄劍橋著名社團「十二使徒」〔Apostles〕，布魯姆斯伯里文化圈〔Bloomsbury〕的許多成員曾是「十二使徒」社員）。如果這個社團的名字，典出莎士比亞《馬克白》裡提到的「燕子」，由於芮沃壽日益專注於學術研究，這個典故的前後文就等於是開了一個戲而不謔的玩笑：

夏天的客人
常來廟宇走動的燕子，
在這裡築下其心愛的巢，
正證明這裡有著聞來迷人的天上氣息：
突角、壁緣、飛扶壁、制高點，都有這鳥兒構築吊床和傳宗接代的搖籃：
凡是牠們最常生息、逗留之處，我注意到
空氣總是清新怡人。
（《馬克白》，第一幕第六場）

即使當年在牛津求學時，芮沃壽也展現了驚人的治學精神：輪到他在「燕子社」演講時，他不足為奇的選擇了日本茶道作為主題；較令人吃驚的，為了為演講做好準備，他寫信給福喜多安之介，請求寄來呈現茶道每個階段的照片。此前芮沃壽讀過福喜多談茶道的書《茶湯：日本茶道》（*Cha-no-yu: Tea Cult of Japan*, 1932），很喜歡該書。福喜多果然寄來大批精彩圖片，並為每張圖片附上長長說明。

或許有人會認為，芮沃壽所始終熱愛的，就是學術研究的這一面——諸多志同道合且願意討論、分享資訊的學者，結為朋友、彼此合作。就是為了維持這一夢想於不墜，他在一九五〇年代中期成為眾所公認的學者之後，仍把許多時間花在舉辦和資助學術會議上，盡可能挑最迷人的地方舉辦，而且盡可能給交談和輕鬆交誼騰出時間，但又不失最高的學術要求（這一夢想，或許只有在一研究領域仍然不大且參與其中的某些人有私人收入或能定期得到資助時，才可能實現）。

完成大量學術工作後，芮沃壽於一九三七年回到美國，這一次入哈佛大學攻讀博士學位。在這裡，他受教於葉理綏（Serge Elisséef）、魏魯南（James Ware）兩位教授，上整套正規的漢語、日語課程，也上美學課、印度宗教課、諾克（A. D. Nock）教授的宗教社會學課。他的漢語、日語日益精進，但仍潛心投入歐洲漢學研究傳統，始終不失他在那些年對沙畹、伯希和、馬伯樂所培養出的敬意。後來凡是受教於他者，都被要求仔細研讀這三人的著作。也是在哈佛求學時，他結識芮瑪麗（Mary Clabaugh）。那時她剛從瓦薩學院（Vassar）畢業不久，正在雷德克里夫學院（Radcliffe）師從費正清教授治中國近代史。一九三九年底她和芮沃壽宣布訂婚。誠如芮瑪麗在寫給父親的信中所說的：「錢的問題仍未搞定，但只要不灰心喪志，所有難關都會度過。要去懷德納大學。」她在同一封信中得意指出：「費正清認為我的論文寫得很好，說了『寫得很棒』、『一大學術成就』之類的話。我的論文絕對是第一流的，與哈佛大學那些最優秀男人的論文同一水平。」[6]芮沃壽和芮瑪麗一九四〇年七月六日在華府的國家大教堂結婚，同年九月從西雅圖搭船前往日本。

國際局勢波濤詭譎，但京都生活顯然令芮沃壽和芮瑪麗都大為驚奇。這時，學者對話成真，就在極適合從事此對話的舒適環境裡——一間小房子，位在從河原町道岔出的白梅圖子道上，樓下房間有面對庭園的拉門，庭園裡有「四棵年輕橡樹、四棵山茶樹、五棵竹，還有杜鵑和梔子，生長在三座美麗的岩石之間」。[7]十月剛搬進來，他們的家人都開始催他們返美，因為美日有爆發戰爭之虞。夫婦倆都拒絕。這時他們已請了七個私人教師，[8]教他們講漢語和日語、讀中文和日文、認識佛教史和《妙法蓮華經》。他們走訪寺廟，冬日裡在山中行走，[9]在拿糧票領食物且食物不足的情況下艱難度日，認命接受官方的跳舞、喝酒禁令，為弄到爐子到處尋找。在寫給父親和姊妹的某封信末尾，芮瑪麗描述了芮沃壽終於弄到爐子時的情景：「芮沃壽過來，騎著腳踏車，渾身溼得像個傻瓜，車後座綁著一個黑色大爐子。你們真該看看。」[10]

一九四一年初期，他們的私人教師達九人或更多：芮沃壽有六個教師，每人每週給他上兩小時課——一個書法老師、一個來自附近某寺的佛經老師、一個會話老師、兩個助他讀懂最近文章和書籍的老師、一個應他寫論文之需要而聘請的佛教史家（大概是塚本善隆）；[11]芮瑪麗多請了一個更有本事的私人教師，教她中國近代史，還有個學生助她讀懂談中國的日文文章。[12]

這樣的安排看來非常理想，但美國與日本的關係更加緊張，三月，芮沃壽去北京考察在該地治學的可能性——夫婦倆瞞著此事，未告知各自家人，因為他們兩人已夠驚恐，不想讓家人也擔心受怕。北京受戰爭影響的程度似乎低於京都，儘管自從爆發盧溝橋事件，中日戰爭更加激烈以來，已過了將近四年。芮沃壽這時期所寫的信，保存至今的不多，在其中一封信中，他概述了這趟遠行：

這趟大陸之行，除了芮瑪麗未能同行的遺憾，非常圓滿。我搭火車經朝鮮和滿洲國過去，覺得要通過的邊境和要打交道的官員多得令人受不了。大地仍處於隆冬，經歷過日本的溫暖綠意，這裡顯得非常荒涼。在奉天（今瀋陽），剛下過雪，火車提供暖氣，但通風很差，讓人很不舒服，在每張座椅要擠至少三人的情況下，尤其更加難受。但我們在第三天傍晚抵達北京，提供我住宿的好友前來接我。他們在北京語言學校有間漂亮的寓所，大方提供我一切所需。

抵達北京的那個晚上，我參加了豪華宴席，在宴席上遇見一些我在哈佛的老同事。我的東道主，自其祖輩就住在北京，他在一家餐館訂了一席菜，菜色之豪奢豐盛，絲毫不輸慈禧太后常光顧該餐館的清朝時。菜單長達至少一碼，最後一道菜是北京烤鴨和核桃湯。有中國美酒佐餐，大家祝酒乾杯一輪又一輪。

不久我就開始照既定行程積極走訪書商、絲織品商、學者。訪華期間，我拜訪了有著奇怪英文名字的中國學者方志彤（Achilles Fang），一起把我的論文從頭至尾看過一遍。他的英語講得無懈可擊，還教德語，目前正在將普魯塔克和某些拉丁詩人的作品翻成中文。此外，他熟諳本國語言的細微奧妙之處，多次給了我寶貴的建議。我為瑪麗和自己買了一大堆書，還買了些中國小地毯（遲交的結婚禮物）。那些地毯會在本月更晚時由某個友人帶去美國；我們目前擁有的書已塞爆我們的小房子。在北京時，我遇見在北京已住了很久的一些名人，包括曾擔任清朝顧問和那之後大部分中國政府之顧問的福開森（John C. Ferguson）博士。他是熱衷於研究中國事物的學者，收藏了一批無價之寶，有骨董、珍本、瓷器等。他的房子是座有七個院落的古廟，有數十個僕人負責照顧該廟。他是個舉止遲緩但又如慈父且非常親切的老紳士，帥氣、氣色紅潤、留著已灰白的鬍。誠如與他討論過一些文章後我所發現的，他對任何事物的看法都不容小覷。我在他家吃過幾頓豐盛的飯，也和我的一些老友聚過餐。除開我的東道主夫婦，他們全都住在古廟裡，房間非常寬敞、迷人。有個在大使館的友人，我已七年沒見，在一間氣派的寓所裡盛情招待了我，那個寓所也是廟。從天花板垂到地板的紅錦緞和紅皮革家具，與暗沉的老橫梁和精美的門道相得益彰。[13]

六月時，芮沃壽和芮瑪麗人已在北京，請了一個家教一天教他們三小時漢語，住在某滿人府第的廂房裡。在這裡，他們最後一次以著名的老派作風做學問，有各自的書房，有一間寬敞、高橫梁的客廳，各有一間臥室，還有一間縫紉間，全都在附有花園的宅院裡。三個僕人服侍他們，兩人負責粗活和清掃，一人掌廚。[14]芮瑪麗估計，他們付給這三人和三位新聘家教的工資雖然不多，卻足以養活至少另外二十人。[15]

一如在京都時，壓力和緊張局勢開始籠罩他們，就在他們為了完成博士論文而增聘三位家教時。芮瑪麗寫到她透過觀察和報紙所清楚感受到的周遭民心：

這裡生活的殘酷，一開始讓我不知如何是好，後來，由於其他因素的存在，我漸漸無奈的接受，但還是讓人心情非常低落。馬兒拉著超乎其所能負荷的重物，活活倒於鞭下。孩子小小年紀就在拉人力車，每個人都知道他們幾年後就會因此喪命。小孩掉入湖裡溺死，沒人注意到。然後，他們的母親悲痛難抑，拿鐮刀割喉自盡。有個年輕警察在崗位上睡著，醒來後當場上吊自殺，因為心知飯碗保不住，他會餓死，他年邁的雙親則因為失去依靠，服鴉片自殺。人為了活命，活得非常辛苦，活著有時毫無意義。但他們不放棄時，活得愉快、滿足、親切。我想我們永遠無法真的理解這樣的人生。[16]

家人越來越急切催夫婦倆返美，但八月時他們發信說明他們為何不願返國——費用高昂、有損他們的治學生涯、需要和其他外籍學生一起留下、北京生活非常愉快。[17]十月，他們於北戴河海灘度過秋季長假後回到北京，在寫給她母親的信中，芮瑪麗想要簡明扼要的說明她對兩個令她著迷的城市的感受：

我真希望我能一直寫信給妳而且在信裡充分表達我的想法，但妳務必在十月時親自來這裡。秋季京都那令人憶起過往的秀美令人懷念。那裡，到處有和緩起伏的山丘、溪流、瀑布——這裡，則有遠更湛藍的遼闊天空、高聳的金色屋頂、高大厚實的城牆。京都把整個天地納入一個消逝於山坡的精美小庭園裡，那種格局是人所能理解的。而在這裡，天空則是遼闊得無邊無際。人再怎麼馳騁其想像力，相較之下，還是渺小。這一遼闊，一如我初來時在信中向妳說的，最初讓人覺得壓抑。後來則令人陶醉——雖然是大上許多的天地，人仍想要將它掌握。第三個階段，儘管我們尚未達到，則是承認眼高手低的失敗、認命、接受現實、呆呆凝思欲了解無法了解之事的愚蠢。在日本，京都、奈良地區獲保存的古建築，整體來講比北京尚存的古建築古老許多。但十九世紀的中國府第或寺廟，其歲月滄桑之感甚於九世紀的日本同類建築。日本始終具有鄉氣、溫馨、熟悉、令人安心。北京則是「中央王國」的首都，那是普天之下盡皆王土的世界性帝國；壯麗、迷人、有點讓人害怕。[18]

同月更晚時的一趟山西大同之行，似乎證實——從某個意義上說確立——這份興味。在這裡，芮沃壽有機會同時一睹著名的佛教石窟和古老且幾乎完全未變的城廓城市，後者使他理解到北京的西化已到何等程度。[19]

於是，戰爭的降臨，代表著既有的人生道路遭無情打斷；但這一打斷發生於芮沃壽的治學重點已然固定並成形之後。把談日本佛教研究的文章寄給《哈佛亞洲研究雜誌》（*Harvard Journal of Asiatic Studies*）後，芮沃壽繼續埋首於他的博士論文，一九四二年後期已完成論文初稿。但日子很苦，撙節度日——所有家當和大部分書籍打包好，以便萬一遭遣返回國時可立即上船，朋友一個接一個離開，錢快用完，再也沒有來信，家教離去，[20]芮沃壽戴起表明其敵國人民身分的紅臂章。[21]

一九四三年三月二十四日證實日本人下達了拘禁令，芮沃壽和芮瑪麗，連同另外數百名外籍囚犯，住進山東濰縣拘留營。芮沃壽最初被叫去當營中屠夫，那年那個炎熱的夏天，鮮血和腥臭味撲面而來；然後他被叫去為廚房打水、運水，必須拉著一車重物——食物、煤、木頭——到營裡各處。[22]在營中，他展現了厲害的修繕本事，為他們三公尺乘三．六公尺的家造了家具和桌，與三對鄰居夫婦一起打造了一個爐灶。他找到人把他的論文草稿偷偷帶進營裡以便進一步修潤，芮瑪麗則跟同營的人學滿語、俄語。[23]

美日戰爭初起時，芮沃壽潛心於研究日本佛教，該戰爭結束時，他則試圖評論他在這中間幾年裡錯過的漢學作品，因此而有〈一九四一至一九四五年北京漢學〉（Sinology in Peiping 1941-1945）一文。這是五十七頁篇幅的專題文章，最後發表於《哈佛亞洲研究雜誌》第九冊（一九四五－一九四七）；此文透澈而且依舊引人入勝的考察戰時的漢學界——由能在整個戰爭期間繼續做研究的德國漢學家主導——但也說明了其他數十位中西學者的堅持不懈。芮沃壽寫出此篇評論，藉此確信自己在戰時虛擲數年後已「跟上」。而在那年耶誕節寫給岳母的某封長信中，他想要說明他為何要繼續留在北京，而非返鄉修復戰時創傷：

終於可以收到信，我們很高興。我們今早收到信，那是我們眼中最好的生日禮。在濰縣時收不到信，我們自覺像棄兒，想起明明幾乎每天有飛機進出，那個蠢美軍上校竟然一連兩個星期不讓我們對外發信，我仍滿肚子火。這些情況使許多人在離營後要去哪

> 裡的問題上作出錯誤決定。我們的研究工作還未完成，我們的書和手稿還下落不明，我們的漢語還學得不夠好而且因未使用而生疏，在這樣的情況下我們不能離開。八月下旬一獲准對外通信，我就以最平和、慎重的語調寫了信給我家人，但那些信未送達，我因此更加難過……希望妳勿因為我留在這裡而認為我未替人著想，妳在信中說妳非常失望時，瑪麗和我幾乎哭了出來。我們必須把學問精進到我們會自認滿意的程度，因為若未能得到那樣的學問，我們會一生走不出缺憾。這裡的情勢大為看好。中國知識分子的返回、各種國籍、種族、宗教信仰的人共聚一堂，都有助於打造生機勃勃且健全的求知治學氣氛，而那樣的氣氛是我們荒廢的心智的最好解藥。[24]

他和芮瑪麗留在中國，一九四七年春才離開，即使到了那時，他仍是勉為其難才決定離開。但那時，誠如他在寫給岳父克萊博上校的信裡所說，芮沃壽覺得「這個國家的情勢正大規模猛然惡化，排外心態變濃，而且隨著徹底失望的情緒瀰漫人心，排外會嚴重」。這是我所見過出自他筆下最接近政治陳述的一段話；[25]他不像芮瑪麗對延安抱持那樣強烈的熱情，夫婦倆一九四六年十月一起去了延安，見到朱德和毛澤東，看了監獄、學校、醫院。芮瑪麗的一封家書，側寫了她當時的感受：

誠如妳所能想像的，這所大學是我們眼中最有意思的地方之一。窯洞、貧窮、幾乎沒書，但第一流的老師和無比的熱情使他們能有所作為。校長是民主同盟一員，而非共產黨員。他曾在西安街上遭特務開槍擊中，但誰都看得出，沒要了他的命，然後他逃到延安。他是個優秀學者，和芮沃壽兩人轉而聊起古史。他對大學的地位和功能、對學術自由的看法，與歐美大學的傳統看法無異。我們相當仔細的問了他一些事情，我們對中國的大學情況頗有了解，因而能相當公允的評斷他的回答。[26]

接下來幾年，在史丹佛定下來後，芮沃壽迎來他學術生涯的多產期，在這期間寫好數篇供發表的文章。在這些文章上，他利用而且整合他十多年前就開始研究的成果——他的佛教學者形象變得非常鮮明，因而在這期間耶魯大學請他前來執教的提議，係由哲學系發出。[27]但他對其他多個領域的關注，同樣培養於他在史丹佛求學和僑居京都那些年，並且在這時開始開花結果。透過書評和短文，我們能看出他多早就透過出版品表達這些關注。

一九四九年，他評論諾思羅普（F. S. C. Northrop）的著作《東西方的交會：對世界觀的探究》（*The Meeting of East and West: An Inquiry concerning World Understanding*, 1946），覺得該作有明顯的缺失。芮沃壽在此書評的倒數第二個段落，拿諾思羅普的一個詞來闡明自己的觀點，從中可清楚看出芮沃壽關注範圍的擴增和見地的高明：

諾思羅普教授說：「……佛教和印度教存在（occur）於印度、錫蘭、馬來半島、西南太平洋群島。」此處的動詞「存在」，採取旨在表達持續不變之狀態的現在式，反映了諾思羅普認為遠東不隨時間推移而變易的看法。佛教在印度誕生、發展、式微，前後歷經千百年；佛教取代錫蘭的本土傳統，如今仍以相對來講較原初的形式，主宰該島的信仰，諸如此類。每個地方，在每個時期，都有受到本身歷史和環境制約的自成一格的佛教或印度教，而且會繼續如此。因此，說佛教和印度教存在於某些區域，就和說基督教、伊斯蘭教存在於歐洲和近東、中東一樣沒有意義。[28]

後來，芮沃壽評論了阿諾德・湯恩比（Arnold Toynbee）《歷史研究》（*A Study of History*）的第七至第十冊，從中可看出芮沃壽對這類一般規律說並未存有偏見。一九五五年芮沃壽寫道：

> 身為二十多年前就對湯恩比感興趣的人，我不由得想反思我對他的作品所抱持的一種還在發展中的態度，從而發現最初我著迷於湯恩比所用以整理人類過去經驗的那個「系統」、整套分類、「法則」。如今，經歷過多事的二十年，我發現那個系統已遠不如先前那麼吸引人，但也發現湯恩比這位詩人、探索者、好思辨的知識人，其著作引人入勝

的程度一如以往。[29]

在同一篇評論的更後頭，芮沃壽表達了其對湯恩比身上藝術家氣質的感受，讓我們再度想起在史丹佛、牛津的歲月：

讀湯恩比的書予人審美享受。他具有詩人的感受力，能掌握文字予人賞心悅目、感情共鳴的特性。「創造力的勁敵」、「模擬的失敗」、「虛幻的不朽」之類短語，以及「後撤和返回」、「擬古主義和未來主義」、「吉拉德派和希律派」之類成對搭配的詞語，令人難忘。它們以不凡的簡潔和效用，再現它們所象徵的複雜觀念，藉此，它們有助於把這部恢宏之作的多個部分牢牢合為一體。隱喻和明喻予人豐富的抑揚頓挫、象徵主義感受。最出色的隱喻和明喻，將力量的作弄、選擇的悲劇或某因果關係不可變更的悲劇結局，具體呈現於意象中……湯恩比對人生悲劇的體察，係審美享受的另一個來源。他把重大情景和偉大人物活靈活現呈現，而湯恩比式「法則」，一如希臘諸神，主宰無可避免的結局。狂妄野心的後果、命運的突變或角色的反轉之類戲劇主題，在他筆下得到細膩的體察和漂亮的演繹。湯恩比的文學創作本事帶給人樂趣，那些每日忙於在結構凌亂、堆砌事實、單調貧乏、不具美感的專題著作裡打滾的人，該讀讀他的作品，以享受閱讀之樂。[30]

芮沃壽就在這時期完成大部分的佛教研究，出版其篇幅不長但特別簡練的書《中國歷史裡的佛教》（*Buddhism in Chinese History*），[31]潛心研究中國近代以前歷史裡的人物特性和刻板觀念。

我先前提到芮沃壽對法國漢學家的敬仰，引用了他對準備不足的危險所表達的看法。我要斗膽的說，這份敬仰和自我懷疑的精神貫穿他的一生——而他一九五七年評論的兩部傑出的專題論著，再度證實這一點。這兩部作品是白樂日（Etienne Balazs）的《中世紀中國社會、經濟研究》（*Etudes sur la société et l'économie de la Chine médiévale*, 1953-1954）、謝和耐（Jacques Gernet）的《五至十世紀中國社會裡的佛教經濟》（*Les aspects économiques du Bouddhisme dans la Société chinoise du Ve au Xe siècle*, 1956），芮沃壽稱許它們時，口吻之熱烈，甚於他對其他任何著作的稱許。他認為，白樂日這部上下兩冊的專著，係「不朽的貢獻」、「新標竿」，「為理解整個中華文明一事，（提出）最重要的闡釋」。[32]謝和耐著作的問世，代表「一個重大的新主題和一段重要的中國歷史時期突然變得更清楚易懂的難得時刻之一……這是為整個研究領域繪出可供依循之全貌的那種探究、分析性質的書」。芮沃壽推斷道，「總有一天，會有人寫出一部符合現代西方學術標準的中國歷史書，而我確信謝和耐教授的傑作已帶我們往那一天向前邁出一大步」，語中反映了他對整個漢學研究水平之關注的另一個重點。[33]在此，不需多少想像力，就能看出芮沃壽在回望蓋拉爾；但與此同時，有個重點必須指出，即在這兩篇書評中，芮沃壽更加清楚的梳理了與社會關係和法律關係、與平民的角色、與官方上層人士的強制作為、與貨幣經濟在農場工人這個新興孤立群體裡的地位、與戰爭、種族緊張有關的種種資料和假設。簡而言之，我推測，這時芮沃壽已能把早期在京都、北京的城市經驗和他一直在培養的那種歷史技能結合起來，其結果可見於他後來談中國城市的數篇文章。芮沃壽去世時正開始籌劃一套專題論著，這些文章正是這些專著的原型。

在為白樂日文集《中國文明與官僚政治》（*Chinese Civilization and Bureaucracy*）所寫的前言中，芮沃壽指出白樂日親自為這部論文集選定了書名，卻無緣在生前看到它出版。出於令人悲痛的巧合，芮沃壽也在他正開始思考出版自己的文集時，突然在一九七六年夏去世。[34]他未能出版自己的文集即辭世一事，點出我們這一行的一個大不幸：芮沃壽若對自己所正在做的事少些疑慮，少用心於為了在國際和耶魯大學拓展其研究領域而不斷募款，少花些時間在學術會議和編輯他人著作上，他會有機會更詳細闡述更多這類理念，把它們形諸更為恢宏的著作。但若如此，他就不會是我們所認識的那個芮沃壽，而認識並喜愛他的我們，只有少許人會希望他是這樣的人。

亞瑟・韋利

亞瑟・韋利（Arthur Waley）挑選了中日文學瑰寶，將它們悄然別在自己胸前。此前從未有人這麼做，此後也不會再有。

如今，有許多西方人比他更懂漢語或日語，或許有一些西方人兼通這兩種語言，但他們不是詩人，而詩藝高於韋利者，不懂漢語或日語。此外，韋利所予人的震撼會是空前且絕後，因為他所選譯的詩，大多是西方人所不知曉者，因此，它們的衝擊更加非比尋常。

韋利屬於「布魯姆斯伯里文化圈」的邊緣人物，低調不張揚。他活了頗大歲數——一八八九至一九六六年——因此，我總是暗暗把他和佛斯特（E. M. Forster）、雷納德・伍爾夫（Leonard Woolf）歸為同一類，因為他們都在一次大戰前劍橋大學的某個專門領域裡受教育，都活到一九六〇年代，都對一場災難性的巨變有敏銳的審視。三人都很有才華，都

本文首度發表於一九七〇年《紐約時報書評》（*New York Times Book Review*）。

喜歡獨來獨往。他們或許偶爾相約至利頓・史崔奇（Lytton Strachey）家喝茶，或在戈頓廣場（Gordon Square）彼此偶遇，但都堅決不讓他人左右自己的人生。或許有人會覺得很奇怪，這三人竟都對亞洲感興趣。就佛斯特來說，感興趣的地方是印度，就伍爾夫來說是錫蘭，就韋利來說則是中國、日本。但佛斯特在印度工作過，伍爾夫在錫蘭工作過，韋利卻從未去過給了如此不尋常之靈感的中日兩國。

關於韋利為何未踏足亞洲，外界可以有種種猜測：不想讓真實情況打亂他想像的理想世界，或感興趣於古書面語，但對現今口頭語不感興趣，或根本負擔不起旅費。可以肯定的是，他若真的去了中國、日本，真實情況會讓他困惑不安，而為何可能出現這種情況，值得我們細思。

韋利研究古希臘羅馬文明；在戈茲沃希・洛茲・狄金森——數代學生口中的高迪（Goldie）——仍主宰年輕人心智時，他也在劍橋大學國王學院。狄金森反覆灌輸美學人文主義的優越性，而那正是後來人們所謂之「布魯姆斯伯里文化圈」的核心價值，而且時時體現於佛斯特的文章和小說裡。

狄金森痛心於隱伏在劍橋大學外頭之世界的醜陋、殘酷和麻木不仁；在如此駭人的環境裡，雅典理想怎有可能保住？那些看重得體、誠實、慈悲心的人，務必要清楚表明他們的價值觀，以免「背離自然但未受藝術改造；受過指導但沒有素養；吸收知識卻不會思考」的新英國人承繼這片土地。

對英國人特性的這番描述，狄金森寫於一九〇一年，就在中國發生義和團之亂之後不久，並且出現在一本名叫《中國佬約翰的來信》（*Letters from John Chinaman*）的小書中。這本書收錄了數篇未交代作者姓名的文章，後來在美國以《一位中國官員的來信》的書名出版。

隨著狄金森對這個主題的興趣更加濃厚，他的文思更加泉湧，最後，他對自己社會的批判、他對年輕友人的深情、他所讀過的中文詩片段英譯，全整合為對中國人文主義的一首精彩讚歌，由「中國佬約翰」以第一人稱寫的讚歌：

在中國……去感受，而且為了表達而去感受，大自然裡所有賞心悅目之事物，人內心所有辛酸、敏感的性情，或至少去理解那些事物和性情的體現，對我們來說，本身就是值得追求的目的。月光照耀下庭園裡的玫瑰、草地上的樹影、杏花、松香味、酒杯和吉他；這些和生死的哀愁、久久的擁抱、徒勞伸出的手、帶著音樂和亮光永遠逝入魂縈夢牽之過去的陰影和寂靜裡的那一刻、我們所擁有的一切、我們所掌握不到的一切、飛翔的鳥、微風中消逝的香味——教育要我們對上述所有事物都要有所回應，那回應就是我們所謂的文學。這是我們所擁有的；這是你所無法給我們的；但這是你或許非常輕易就能拿走的。[1]

值得注意的，威廉．詹寧斯．布萊恩竟從字面意思去理解這首讚歌，寫下激動人心的反駁文（一九〇六年發表），在其中為故鄉和基督教，還為省力的機器，辯護。或許更加值得注意的，係狄金森——比較政府領域的政治學家和專家——能在一九一三年走訪北京，然後在確認其憑空的想像果然為真的心情下離開。他寫信告訴佛斯特：「中國！如此歡樂、友好、美麗、理智、古希臘風、優秀、人性……中國的確就和我所想像的相差無幾。我本以為我太理想化，但現在我覺得恐怕並非如此。」

對現今受過學院洗禮的人來說，中國具有古希臘風一說實在難以理解。但亞瑟．韋利一九一三年接下其在大英博物館東方部版畫與素描組的工作時，這樣的美學觀正大行其道，而他就深深浸淫在這樣的美學氛圍裡。他的第一本書，《中國詩一百七十首》（*A Hundred and Seventy Chinese Poems*），問世於一九一七年，在前言中，韋利寫到中國人的明理和寬容、他們的自我分析本事、他們的友好，他筆下的中國人能符合古雅典人和當時布魯姆斯伯理人的理想：「對歐洲詩人來說，男女關係是最重要、最神祕的東西。對中國人來說，那是稀鬆平常、其理至明的東西——肉體的需要，而非情感的滿足。中國人只在友誼裡找到情感的滿足。」而且，「就精神契合和求知夥伴來說，他們只在友人身上尋覓」。

此外，在白居易（七七二－八四六）這位唐朝大詩人身上，韋利找到了極契合的人，覺得白居易在一千一百多年前就以其睿智的話語直接道出韋利所處時代的憂患。那是風趣、溫暖、有點憂傷的話語，厭惡做作的話語，能同情窮人又痛斥粗俗的話語。幼女去世時，白居易寫道：「唯思未有前，以理遣傷苦。」行經險惡的長江三峽時，他寫道：「自古漂沉人，豈盡非君子？」還寫下深深觸動人心的一首詩：

安南遠近紅鸚鵡，
色似桃花語似人。
文章辨慧皆如此，
籠檻何年出得身。

第二冊，《中國詩歌增譯》（*More Translations from the Chinese*），一九一九年出版。在簡短的前言中，韋利指出沒有哪個書評家把第一本詩集視為「不押韻英語的試驗，但這是該書最令作者感興趣的地方」。我不確定韋利「最感興趣」的地方為何，但韋利的筆法的確更加篤定，他的譯文十足簡潔，完全掌握語調的抑揚，在他翻譯與白居易同時代的詩人王建的作品中就可看出：

Poisonous mists rise from the damp sands,

Strange fires gleam through the night-rain.
And none passes but the lonely fisher of pearls
Year by year on his way to the South Sea.

原文：

瘴煙沙上起，
陰火雨中生。
獨有求珠客，
年年入海行。

令人吃驚的，同樣在一九一九年，韋利出版其第一部日語詩翻譯集。在這之前，他自學日語，一如其自學漢語。兩年後，他出版《日本能劇》（*The No Plays of Japan*）。從白居易跳到日本能劇，這改變甚大，但在此，韋利再度找到與其深深契合的東西。他在前言中寫道，在能劇中，「不可能找到赤裸裸的現實；其實是想像的人生，但繪以記憶、渴望或遺憾的色彩」。

在同篇前言的另一段中，韋利展現了他將意譯、翻譯、分析熔於一爐的本事，寫到能劇作家世阿彌對禪語「幽玄」的運用：

> 它意指「表象之下的東西」：幽微難察而非顯而易見之物；暗示，而非直白的陳述。它被用於形容男孩動作的自然優美、貴族言談和舉止的溫和克制。「當音符迅速下落，輕輕飄到耳際」，那是音樂的幽玄。幽玄的象徵是「嘴啣一朵花的白鳥」。「看太陽落在開滿花的山丘之後，在廣大森林裡信步而行，毫無歸心，站在岸上看著一艘船隱沒於遙遠島嶼之後，思索現於眼前而後消失於雲間的大雁的行蹤」，都是通往幽玄之門。

這段描述臻於藝術之境，原文和詩一般的英譯肯定亦然。如果有人覺得韋利已找到他所必須找到的東西——似乎充塞於源氏和袁枚、清少納言、孫悟空，乃至欽差大臣林則徐一生的自嘲、細緻、消沉——那此人就不能在枝微末節上挑毛病，而且能立即找到其他不容許任何簡單概括的作品。他也翻譯了《詩經》和孔子的《論語》，以及阿伊努人的詩。

韋利在過去五十年的創作生涯裡給廣大藝術家、知識分子、老師、學生帶來的衝擊，如今被充分記錄在伊凡．莫里斯（Ivan Morris）所編的一本書。這本編得大膽但優美的書，名叫《山中狂歌：對亞瑟．韋利的欣賞和其作品集》（*Madly Singing in the Mountains: A Appreciation and Anthology of Arthur Waley*）。[2]我說大膽，係因為把某人的回憶錄、讚詞、作品段落收集在一塊，就能編成這樣的書，不必在乎編出的書是否有趣易讀。但這部作品集例外。

伊凡．莫里斯是日本文學作品翻譯高手，編出這本既直透內心但又超然客觀、既尊重韋利的個人隱私但又直言無隱的書。該書能打動人心，主要得歸功於該書開頭的〈禮貌的用意〉（Intent of Courtesy）一文。該文出自卡門．布雷克（Carmen Blacker）之手，係狂放、溫情、優美之「悼詞」的範例，以極盡浪漫的描述作結，使其他大部分這類作品相形見絀。誠如卡門．布雷克所說，她在亞瑟．韋利死後不久來到他家，由他的遺孀艾莉森．韋利帶到他的老房間。一進門，布雷克就驚訝得停住腳步，因為她當下認為韋利所習慣坐的那張椅子突然變綠的：

她說：「我什麼都沒改。」我問：「但窗邊那張椅子以前不是綠的，對吧？」她回道：「噢，那張椅子，沒錯，以前不是綠的，真是怪，匍匐植物竟然爬了進來。」我又看了一眼。他死後，那窗子就一直開著，匍匐植物像獅子猛然衝了進來，厚厚一層綠葉完全蓋住那張扶手椅，捲鬚垂覆整面牆。匍匐植物抓住長長窗簾，從天花板到地板呈螺旋狀將它緊緊纏住。好似自然界已闖入此房間，我想起有時停落在聖徒墓上的成群蜜蜂，或偉人喪禮時飛下的鳥兒。亞瑟得到這樣的供奉，似乎實至名歸。[3]

隨著該書正文的推展，韋利才華的多樣越來越清楚呈現於眼前。當今專家越是讚揚韋利在其領域的成就，就越是體認到韋利的卓爾不群；他曾說他「寧死」也不願當個劍橋教授，在閱讀有時有點嚴肅的書中內容時，這番話就躍然紙上。

韋利的名聲與日俱增。一九二九年，他得以從大英博物館退休，全職寫作——但他竟能在這段時間寫出比他先前所已寫出的還要多的東西，著實讓人吃驚。名聲帶來回報，有些回報不脫俗套，有些則出乎人意料。在英格蘭境內每個重要人士或名人都認為伊迪絲．席特韋爾（Edith Sitwell）既聰穎又頗顛狂之時，被伊迪絲．席特韋爾認為你是聰穎且顛狂之人，想必是人生一大幸事。她在弟弟薩歇佛勒爾（Sacheverell）的書房找到一本用古怪語言寫成的書，把它擺在韋利的床邊（他在她家作客一夜），心想他翻譯不了。誠如她對接下來所發生之事的記述：

> 隔天早上，韋利先生臉色看來有點蒼白；行為舉止有氣無力，但他把那本書擺在餐桌上，以微弱的聲音說道：「土耳其語，十八世紀。」書很薄；為免失禮，我們停頓了一會兒，然後問道：「主題是什麼？」韋利先生突然精神起來：「貓和蝙蝠。貓坐在墊子上。貓吃老鼠。」「噢，是童書。」「照理會這麼認為，這麼希望！」[4]

這是洋溢著溫情的一件趣事；席特韋爾家的人似乎都懾服於亞瑟．韋利。他翻譯中文、日文的本事令他們讚嘆不已，於是他們談起他所翻譯的作品時，都把它們都說成是他自己的著作。因此．伊迪絲．席特韋爾在某封談他翻譯的十五世紀中國小說《西遊記》時寫道：「我當然還不清楚《西遊記》在寫什麼，但那讓我感受到你的著作所始終讓我感受到的必然性，既興奮又平和之感。」她所謂的「你的作品」，不管是中國詩，還是《源氏物語》，還是《日本能劇》，還是《中國繪畫入門》（*An Introduction to Chinese Painting*），還是《論語》，皆屬之。但這有個負面影響：如果認定這些作品是韋利自己的作品，人們就不會想要去弄清楚給予他素材的那些文化。

誠如奧斯伯特．席特韋爾（Osbert Sitwell）爵士（約一九五〇年）在某段頌揚韋利的文字裡所說的：「西歐更勝一籌之處，就在個體性。在詩壇、畫壇，不同流派，風格上幾乎看不出差異，而且數千年如此，這在我們西方看不到：我們的藝術作品分殊劇烈而且個性鮮明。」但如果說韋利覺得他受到他人以恩賜的態度對待，他並未把這份感受表達出來。他把他論十八世紀中國詩人袁枚的精闢之作題獻給奧斯伯特爵士。

韋利筆下的中國和日本充滿人情味且走中道路線。透過看報，西方人從一八九五年起得知中國是個分裂且悲慘的國家，人民苦於饑荒和內戰，日本則以西方為師，驚人快速實現工業化，然後步上一個張揚且危險的階段。後來，西方人能透過報紙得知辛亥革命和九一八事變，得知東條英機、毛澤東、廣島原爆。但透過清少納言和白居易的作品，西方人回到講究謙遜有禮，不只在食物上講究品味的那個世界。

韋利的譯作令深感黑暗、不理性勢力正漸占上風的讀者著迷——不管讀者是席特韋爾家那樣的社會階級背景，還是生活優渥舒適的中產階級上層人士皆然。他以東方人的方式，祈求上天保佑儼然就要不保的一種生活方式，絕非陳腐老套之舉。這些祈願其實源於驚人活力和淵博知識，源於以下信念：有些價值觀係亙古永存，有些態度永遠不會與時代脫節，因為它們一直以來（而且未來一直會是）真實不妄。

我覺得要向亞瑟·韋利告別很難。這至少有一部分係因為在讀過《山中狂歌》後，我得知當年我和韋利度過一個愉快漫長的下午時，他的終身伴侶貝麗兒·德·祖特（Beryl de Zoete）正在樓上痛苦垂死。那時，我是研究生，正要開始研究中國史和中國文學。最後，顯然該用他的話，而非我的話，為本文結尾。因此，在此節錄他的張衡〈髑髏賦〉譯文。[5] 他曾告訴卡門·布雷克，這是他最愛的中國詩。

> 顧見髑髏，委於路旁。下居淤壤，上負玄霜。平子悵然而問之曰：「子將並糧推命以夭逝乎？本喪此土，流遷來乎？為是上智，為是下愚？為是女人，為是丈夫？」於是肅然有靈，但聞神響，不見其形。答曰：「吾，宋人也，姓莊名周。游心方外，不能自修。壽命終極，來此玄幽。公子何以問之？」

費正清

從一九四〇年代後期至一九七〇年代後期，三十年左右時間，費正清（John King Fairbank）是美國境內漢學研究的最有力推手。他如今已從哈佛教授職位退休，但影響力仍甚大。*可以很篤定的說，他所編輯、著作或與他人合著的許多書——涵蓋中國外交、制度史、傳教史、共黨組織、軍事史、美國對外政策——在二十一世紀會繼續得到捧讀和看重。

對大部分人來說，這樣的成就已很不凡，但費正清一如其一貫作風，選擇以個人回憶錄的方式——《費正清中國回憶錄》（*Chinabound*）——總括這段個人經歷。[1]回憶錄是受到推崇且源遠流長的一種寫作體裁，但它始終是含糊不清且內容混雜的寫作形式。它可能涵蓋

本文第一個部分最初發表於一九八二年《週六評論》（*Saturday Review*）；第二部分則發表於一九八八年《紐約書評》。

* 費正清死於一九九一年九月十四日。

文學、歷史、自傳三個領域，但欠缺文學領域的創作自由、歷史領域可核實的文獻佐證，或自傳領域揭露內心世界的自審。

但費正清有資格寫出令人刮目相看的回憶錄：他有超強的記憶力；不丟掉任何備忘錄或信件；有幸活到七十多歲時聰穎一如以往；一生閱歷甚廣，從南達科塔州的休倫，到威斯康辛州、哈佛、牛津、戰前北京、戰時重慶；始終堅信自己在做的事很有趣，我們所有人都該了解那事。於是，回憶錄領域有了一部令人讚嘆的典範之作——讀來愉快、內容龐雜、翔實又出人意表。

一如許多好書，費正清的回憶錄在記述一段旅程，一段出外闖蕩的旅程，在此旅程中，這個天真單純且抱負遠大的年輕人，憑著不可思議的頑強性格、勤奮精神、福星高照、用心培養的人脈，搖身一變為天真單純且抱負遠大的中年男人。七十四歲時，費正清心滿意足的讓我們相信那份抱負已實現。但他還是保有愛四處闖蕩的年輕時那個冷看世間且積極追求的表情，同時不願成為意識形態的囚徒，支持法律力量甚於道德主義的力量，說「不理性的信念嚇壞」他。他寫道：「我所信的宗教是哈佛和哈佛在世俗界所代表的東西。也就是說，我信的是我們那些積極促進心智之自由運行且如今仍在運作的機構和制度。」

費正清的回憶錄分成七個部分：一九〇七至一九三一年的童年和求學經歷；一九三二至一九三五年在中國學習；早期執教生涯；二次大戰時在中國；發展哈佛大學的區域研究和與

麥卡錫主義周旋；一九五三至一九七一年哈佛東亞研究中心的歲月和越戰問題；晚年的人生反思和一九七〇年代再訪中華人民共和國。

或許因為該回憶錄頭四個部分觸及較早的幾個時期——從而既較易理解且較易隨著歲月緩緩推移而顯出滄桑之感——我覺得這幾個部分最為觸動人心。它們從頭至尾引人入勝，甚至有時抒情（一般來講不是費正清所標榜的個人風格）。他談早期在哈佛受教的恩師，談他早年拿羅茲（Rhodes）獎學金在牛津大學做漢學研究那段紛亂但興奮的歲月，談初出茅蘆的他和年輕妻子費慰梅（Wilima）在戰前北京的時光，談得非常精彩。其中簡短描述的一些小插曲，讀來津津有味：例如與大人物馬士（Hosea Ballou Morse）的會晤，或與魏爾特（Stanley Wright）、拉鐵摩爾（Owen Lattimore）、艾格尼絲·史沫特萊（Agnes Smedley）的會晤。但最動人的段落，談他與中國友人的交往——因為費正清打從心底認為這些友誼是他人生最重要的組成部分之一，欲在一九三〇、四〇年代助中國知識分子捱過絕境的念頭，係推動他一生事業的動力之一。在諸多精彩的描述中，我要特別談他對蔣廷黻的仔細描述、他對才華洋溢的年輕學者夫妻林徽因和梁思成的婚姻生活令人低迴不已的描繪（林徽因曾令浪漫詩人徐志摩一往情深，梁思成則是偉大學者暨哲學家暨改革者梁啟超的兒子），以及費正清對他壞透的戰時「包解決問題先生」陳松樵令人難忘的描繪。

事實上，我認為，對未來鑽研中國史的學者來說，這本書裡最有價值的部分，係談重慶的部分，而對從北京逃到昆明的中國大學教授的簡短描寫，價值又更大。這些教授住在昆明，生活窮到極點，而那是殘酷無情且短視的國民黨蔣介石政策所刻意促成。

費正清帶我們清楚的認識，而且我相信是切合事實的認識，他戰時的意識形態演變歷程，讓我們看到他如何在思想上臻於成熟，成為開始討厭他們所認識之國民黨，並日益偏愛他們所幾乎不了解的共產黨的中間稍偏左的自由主義者之一。費正清對美國國務院的史丹利・霍恩貝克（Stanley Hornbeck）心存提防，對霍恩貝克的副手阿爾傑・希斯（Alger Hiss）那種貴族氣息的冷漠超然心存懷疑，在回憶錄中說明他如何尊敬起謝偉思（John Stuart Service）和范宣德（John Carter Vincent）既顧及現實又心存慈善的作風，從而在他們的忠誠於麥卡錫時期遭到攻擊，斷送他們的官場生涯時，對他們更加肅然起敬。

但他談麥卡錫時期那段痛苦歲月的段落，讓我覺得出奇沉悶——或許傷痛還太深（而且有些他所不喜歡的人還健在），因而不願全盤抖露。但費正清的確間接表示他行事並非總是能想怎樣就怎樣，而且他精於揭露麥卡錫主義為害最大的行徑之一，係其不斷逼自由派作出超乎必要的道歉，逼他們表現意識形態的「純正」——若非是空洞的陳述，就是虛偽的表現——從而使他們到頭來竟和他們的民主體制所欲攻擊的那些共產主義知識分子一樣，採取同樣的自保作為。

對於越戰給學生帶來的痛苦、他們的苦楚對自身思想和生涯的影響、東亞研究領域裡個人與個人間不和的性質，費正清的反應也似乎有點太輕率和冷漠。對這一代的許多人來說，一九六〇年代後期的令人憤懣，就和一九五〇年代初期令許多費正清的友人憤懣一樣。他寫到《關心亞洲學者委員會學報》（*Bulletin of Concerned Asian Scholars*）裡的筆戰，說「我回覆，其他人加入，我們有過一些熱烈的交流」。實際情況遠比這複雜得多。有人說沒人有先見之明在哈佛開展越南研究，係導致美國貿然投入越戰，進而使越戰在美國產生後續影響的重要因素之一，這點我很難認同。費正清在這點上的道歉太過了。

隨著一頁頁翻讀這本特別出色且吸引人的回憶錄，有個小小回音不斷響於我的腦後。每當費正清發出特別令人會心一笑的自貶話語，精準打中一目標，避免與充滿火爆情緒的議題正面衝突，談到長遠目標和人類命運的變幻無常，並強調他所努力之事業的重要，那股回音就響得更厲害。幾乎讀到最後一頁，我才認出那是赫德爵士的講話聲。赫德是一八六〇年代至一九〇〇年代大清皇家海關的總稅務司，當時也滿腦子想著這些微妙之處。赫德曾寫道：「我希望這是了不起的事，因為，若非如此，我為它投下的所有工夫和心思，就得不到多少回報——除非心思使人投下工夫，而工夫收到成果！」[2]赫德毋須為其工作或其名聲煩惱，費正清也毋須為其四十年的心血付出煩惱。這付出本身就值得一為，其成就會永世常存。在我們有生之年，在中國研究領域，不會再有像他這樣的人物。

費正清的第一本書，《美國和中國》（*The United States and China*），出版於一九四八年。該書兼談中國制度史和外交史，一問世，立即受到想以中國歷史為背景來參照理解本國現在情況的美國人喜愛。接下來六年，隨著共產黨鞏固其對中國的控制，韓戰破壞美中關係，費正清確立其美國首席中國通的地位，在那短短幾年裡另外出版了多達五本的書。其中一本係針對晚近中國史的書寫推出的重要文獻目錄指南；一本係與中國共產黨拿下江山一事有關之文獻的合集，文獻已譯成英文，並附上注解。有一本對研究所學生特別有用，係針對如何看懂、翻譯中國歷史文獻而寫的分析性教學手冊。還有一本是以費正清先前的牛津博士論文為本出版的重要專題論著，分成上下兩冊，談一八四二至一八五四年外國列強在中國沿海地區所中意之「通商口岸」的形成。

如此驚人的多產，既源於費正清本人始終旺盛的活力，也源於他有識才之明，能覓得特別有學養的人與其合作或合著。這一多產期開啟了貫穿一九六〇、七〇、八〇年代未曾間斷的學術創作模式，費正清在這幾十年期間以編訂、與人合著或獨力編纂的方式，推出一本談遠東的教科書，數冊談中國軍事史、中國境內基督教傳教士、中華世界秩序、儒家信仰和實踐、清朝傳統官僚體系之運作的文集；以及另外數本附有注解的文獻目錄、一本收錄大量赫德書信的書、《劍橋中國史》五卷。若有人請書評家檢視一九八三至一九八六年費正清所出版的著作，該書評家或許會困惑但又不覺意外的發現，其中至少有六本係自己所未能掌握到的，而且肯定還有另外數本係其未能注意到的。八十歲高齡時，費正清還是一如以往讓人難以企及。

在其最晚問世的六本書中，費正清繼續駕馭多種學術題材，就和他初踏上治學生涯時一樣。由他與蘇珊·巴內特（Suzanne Barnett）合編的《基督教在中國》（*Christianity in China*），[3]主要由當今學者評介中國境內新教傳教士早期著作的文章構成。費正清總是敦促研究中國的學者勿忽略保存在教會檔案裡的許多談晚期傳統中國的資料，而且始終勤於為這些文獻的保存和考察爭取金援。該書收錄的文章證實，傳教士資料的確如他所主張的有助於揭示中國社會的真實樣貌，尤其是外人所不易看清的那些社會角落。在那些社會角落裡，中國教派、祕密會社的行事，小心翼翼避開儒家傳統規範，讀過些許書的中國人，則在這些教派和祕密會社裡看到進一步受教育的機會和擺脫卑賤地位、辛苦工作的宿命式循環的翻身機會。因此造成的結果有時讓人大吃一驚，梁發把基督教宣傳小冊遞給科考不第的讀書人洪秀全，就是一例。洪秀全後來領導太平軍，標舉基督教的千禧年主義，在一八五〇、六〇年代掀起令生靈塗炭、民生凋敝的太平天國之亂。但更常見的情況沒這麼張揚，傳教士所促成的觀念交流侷限於一地，只掙得小小勝利，欺騙行為也微不足道。或許，正如費正清在其前言裡所說的，傳教先驅「對西方知識界的衝擊，甚於其對中國的宗教性衝擊」。

費正清自在牛津求學時就對西方與中國的貿易感興趣，而且這份興趣始終不減。他與厄尼斯特・梅（Ernest May）合編的《從歷史視角看美國對華貿易》（*America's China Trade in Historical Perspective*），精心收錄了談海洋貿易、紡織品、菸草、石油之類主題的代表性現代學術文章。在為該書寫的前言中，費正清指出美中兩國從此關係中得到的具體經濟利益甚小，但雙方接觸時往往激情滿滿。他覺得，弔詭的是，只有藉由看出在此貿易中金錢獲益何等微薄，才能估量中國「在美國人的想像裡」有多大分量。[4]

在《閱讀文獻》（*Reading Documents*）和《步入中國仕途》（*Entering China's Service*）中，費正清繼續與傑出學者合作，從事他所一直鼓勵的另兩種學術工作：編寫供教授中國史之用的高技術性手冊、將相關文獻打印出來並予以分析。[5]但《閱讀文獻》一書說明自費正清一九五二年出版其第一本文獻書以來，中國歷史研究已有多大改變。那時，他主要著墨於外交政策、滿漢大臣如何理解並對付令其困惑的西方入侵者和隨之而來的諸多問題。一九八六年時，編纂者已把重心轉移到中國地方史，研究起農村困苦和田賦模式、婚姻和親屬關係、抗議不公之舉、小規模的非法招兵建軍模式。中美關係的變遷，係長年以來費正清研究的重點之一，而他在此書中，首度納入相關文獻的影印版，藉此生動呈現這一變遷。這些相關文獻，除了來自台北故宮，還有來自館藏甚豐的北京明清第一檔案館者。

《閱讀文獻》係技術性的實用書，從中幾乎不可能領會到費正清真正的想法，但在《步入中國仕途》中，則肯定可以看出。此書由大清皇家海關的著名締造者赫德的早期日記構成，由費正清和凱瑟琳・布魯納（Katherine Bruner）、理查・史密斯（Richard Smith）共同編撰。[6]今日看來，該書的惡作劇、嘲諷意味更為濃厚。費正清喜歡藉由遣詞用字開玩笑，喜歡玩雙關語，並且寬容人的小缺點——把我們在他的自傳《費正清中國回憶錄》裡所遇見的那位學者較輕鬆愉快的一面，呈現在我們眼前。他以兩個符合其一貫特色的句子，概括了他與年長的中國海關最後一位外籍總稅務司李度（L. K. Little）的關係。當時李度早已退休，住在美國新罕布夏州，關心赫德書信的出版。誠如費正清所說的：「李度先生性情開朗，屬行動派，認為這些書信一年後就會印行，結果七年後才問世。」

赫德日記如今保存在北愛爾蘭貝爾法斯特的女王大學（Queen's University）圖書館，將他的日記用打字機打出，本身就是頗大的成就。當時，先是由人讀出日記，當場錄成錄音帶——背景裡往往傳出槍炮聲和戰爭的其他回音——然後送到哈佛供費正清等人一同細細研究。費正清所編的赫德日記，涵蓋一八五四至一八六三年，即赫德先後擔任英國領事館官員、中國粵海關副稅務司這段歲月，一八六三年底赫德成為大清皇家海關總稅務司，主持這個由西方諸國所組建、負責向進口的西方貨物收稅的中國海關。就是在這幾年期間，赫德贏得中國人信任；後來他成為清廷裡甚具權勢的人物。由於赫德手跡特別不易識讀，加上在不理想的工作環境裡口述錄音不清，打字稿上出現一些錯誤，但第一份打字稿用飛機送回貝爾法斯特時，有人找出這些錯誤，並根據原稿更正。費正清一輩子對原始資料和其用途感興趣，因此始終關注這類小地方。

赫德日記也呈現另一種歷史撰寫問題，因為來自赫德在華生活的一個早期重要階段的資料，遭局部抹除或完全佚失。《步入中國仕途》上下兩冊的三位作者思索此問題時指出，消失的部分和赫德與中國年輕女子阿姚的漫長相戀時期部分重疊，兩人相戀期間生下三個孩子。一八六〇年代中期，赫德把三個小孩帶離他們的母親，送到英格蘭，以免他的新婚妻子海斯特·簡·布雷登（Hester Jane Bredon）知道他們的存在。赫德於一八六六年在家鄉貝爾法斯特娶了同樣在該地出生的布雷登，然後將她帶到中國。後來，公開的日記裡拿掉他與阿姚這段令人傷感的過往。三位作者論道——而且在此可看出十足費正清式的抑揚頓挫語調——如今歷史學家覺得有義務考察並記錄下這段已消失的熱戀過往：

> 維多利亞時代英格蘭的雙重標準行徑，在赫德在世時，會被稱作放蕩不羈，會得到隱瞞，而二十世紀後期的立傳者，則被認為該把這類行徑當成有意義的經歷予以細究。赫德初成年時住在中國那段期間——一八五九年初任職於廣州領事館、一八五九年中期至一八六三年中期任職於中國海關的較早那幾年——的紀錄，由於過去的道德標準和現實

需要而使我們無緣一見，我們只能感到十分遺憾。[7]

此段文字中「令人遺憾」之處，不在於三個小孩的遭遇和使他們不得不落得此遭遇的社會氛圍，而在於失去了解十九世紀外交史的寶貴資料。

同冊裡另一個耐人尋味的段落，與赫德和海斯特的婚姻瓦解一事有關。一八七〇年代後期，兩人已明顯無法再一起走下去。三位作者以一連串尖銳的提問鋪陳此事，然後質疑這些問題本身的正確性，毫不客氣的糾正了讀者。這同樣是帶有鮮明費正清風格的手法：

赫德於一八七八年夏和她、小孩在巴黎會合，參觀完博覽會後，一家人去了奧地利的巴特伊施爾（Bad Ischl）一段時間，然後去了巴登巴登（Baden-Baden）。赫德苦於令他做起事力不從心的頭痛——輕微的精神崩潰，但原因始終不明——他工作太辛勞，太少休息空檔？中國事務裡有著他所未料到且令他不知如何是好的危機？中國海關規模擴張如此迅速，因而漸漸非一人所能操持得了？他漸漸明瞭他的婚姻絕無可能成為親密的伴侶關係——走到這個地步，他只能怪自己在追求妻子時流於浪漫天真，怪自己不假思索就相信婚姻狀態純粹由婚姻的種種外在瑣事構成？原因為何，不得而知；我們甚至不知道這些提問問得對不對。[8]

問對問題係費正清漫長職業史家生涯所追求的最重要目標之一，而且是他力求透過書評來表達的目標。他一生所撰寫的書評，具體說明他在這方面的用功，而且那份用功，就和他在撰寫專題論著上的用功一樣令人肅然起敬。《觀察中國》（*China Watch*）收錄二十六篇短文，其中大多是書評，其中又有許多書評係為《紐約書評》而寫。但費正清並非只是將這些書評塞進這本書裡，而是將它們重新編輯、刪減、重寫、重新組織，把它們分別歸入數大主題，使這本書不只是這些書評的合集。五大標題的確涵蓋了中國晚近歷史的諸多主要方面：外國帝國主義的角色、中國革命領袖對其人民的嚴酷、經過二十年敵對後中美關係的「正常化」、文化大革命、晚近訪華的美國人欲斷定中國人一路走來主要在追求什麼一事。[9]

對於該如何提出重要問題，該在哪裡找這些問題——在歷史裡——費正清當然有其明確的看法。他大半生主張，只有透過中國的過去，才能理解中國，而且他此時還不想放棄他的使命。那些受到他最一針見血之嘲諷的人，都是對其所宣稱要剖析之事情的根源完全不懂的人。他不相信晚近大部分社會科學著作大有助於了解中國，尤其不認同那些新投入中國社會史領域的研究者，儘管他晚近與人合著《閱讀文獻》一事，可能使他意識到如今新一代學者所能取用到之資料的豐富。費正清指出：「對歷史學家來說，這些史料太龐大，對政治學家來說，則太難弄懂。」

那麼，照費正清的看法，歷史學家探究歷史時所應全心著墨的重要主題為何？例如，就今日盛行於西方的人權觀來說，他就堅定認為該抱持相對的人權觀，而非絕對的人權觀。他深信中國人有別的方式去處理個人與集體的關係。相較於美國人，中國人往往對和諧觀有不一樣的看重，而且看重和諧觀甚於鬥爭觀。中國人對時間和領導之位在歷史裡扮演的角色都有不同於西方的看法。費正清想要讓世人認識到，這些差異源於過去的一組因素，其中包括中國的農業運作模式、官僚政治的本質、統治理論和王權理論、史書本身的形成方式。我認為費正清所要表達的，係過去兩百年間美國在中國從事的傳教、商業、外交、軍事活動之所以未能如願，源於未認識到這些差異和這些根源（這部引人入勝的文集裡，最有趣且最出色的文章，大概是那些談麥克阿瑟和史迪威這兩位將軍的文章，費正清在這些文章裡能從容思索傲慢、不了解、狂熱心態在他們的在華經歷裡如何相互作用）。

但費正清想要用他的看法解讀特定事件的過去、現在之間的關係時，往往遇上麻煩。舉例來說，以下是他對大躍進之根源的剖析。大家都知道，一九五八、一九五九年，大躍進重創中國的農業、工業和民心士氣：

怎會發生這樣的事？如此異想天開且愚蠢的不切實際主張，在美國的法爾戈（Fargo）或佛雷斯諾（Fresno），乃至在普羅沃（Provo），都不可能鼓動農民追隨。大躍進是革命狂熱對明智判斷力的勝利，而且這一勝利太古怪，因而有人會希望在中國歷史著作裡找到先例，將此事和那些先例聯繫在一塊。令人遺憾的，中國的制度史研究依舊不夠完善，「經世」這個偉大傳統——著墨於官員如何組織、操縱人民——受到學界忽視，如今，研究者「一窩蜂」湧入社會史領域，視之為較切合當前要求。

要從制度、歷史角度探究大躍進，肯定要從中國王朝史裡談經濟的部分入手。這些部分詳述了新政權於再度一統中國後如何利用徭役來興築大型公共設施（而且往往把人累垮），如何在農村實行「均田」制，把農民組成負有相互監督之責的群體。史書裡記載了數十種別出心裁的方法，但未得到學者研究，例如在各地設「常平倉」、在邊疆實行集戍衛與農墾於一身的屯田制。學者型行政官員想出的這些巧妙辦法，實際成效如何，仍大抵未被探明。統治者享有不受質疑的特權，可藉由以身作則、節約規定、道德勸誡、與罪行輕重相應的懲罰來使人民的生活井井有條，而這些巧妙辦法正是這一特權的體現。[10]

這番話當然言之有理，而且其背後有深厚的學問作依據。但我們肯定還是可以主張，如今「一窩蜂」湧入社會史領域的那些歷史學家，給了我們弄清楚過去與現在之關聯性的最佳機會。他們這麼做，正是因為他們要擺脫被儒家官員淨化處理過的紀錄，真正開始去探明以下人事物的遭遇：土地所有模式、宗族、旅居中國諸城市的異鄉客、想要在稀少的社會救濟金裡爭取到自己應得之份額的女人、其他許多或許有助於我們理解為何有那麼多人易受這種操縱模式擺布的地方現象、地方價值觀。

費正清在此書中數次岔離主題，以輕鬆語調寫下讓人讀來愉快的段落，而誠如他在其中一段文字裡所指出的，「漢學當然是愛挑剔找碴者最可能出沒的領域」。人們注意到我剛提出的那類問題，純粹因為費正清要其讀者去思考更大的歷史因素和那些因素所可能帶來的影響。在《偉大的中國革命，一八〇〇－一九八五年》（*The Great Chinese Revolution, 1800-1985*）的開頭幾行，他甚至更直接刺激讀者這麼做。[11]費正清寫下那幾行文字，肯定存心要讓對中國近現代史領域感興趣的人，大部分因此憤慨不已，因為那些文字直白的暗示只有費正清試圖把中華人民共和國和過去中國歷史聯繫在一塊。但他的確是個高明的學者，同時又說，身為「未能躋身終身職教授資格審核之列且不在意名聲」的前教授，他要接下一個必須有人承擔的角色，即充當「讓下一代踩踏的門口地墊」。對這部形同「私釀」的書，他未附上任何注釋，因為他認為注釋會「誤導人、招來反感、無法曲盡其意」。該書也未附上參考書目，因為費正清已花了大半輩子編纂這類書單，覺得「凡事應適可而止」。此外，書中的拉丁字母拼音採用他本人偏好的體系，因為現存的拼音體系全都無法讓人完全滿意。簡而言之，這本書以興高采烈的語調、興味盎然的筆法、淵博的學識、偶爾令人氣惱的陳述，帶讀者走過中國革命史。費正清撰寫此書時顯然樂在其中，而且此書讀來有趣。

費正清在《偉大的中國革命》中以打趣的口吻拒斥學者的身外之物，但此書其實內容非常新穎，主要因為他若非以主編身分，就是以共同主編的身分，參與了《劍橋中國史》所有晚近出版的那幾卷（涵蓋十九世紀和至一九七九年為止的二十世紀）的編輯工作。他讀過世上許多最出色中國歷史學家為概括介紹這一長段複雜歷史而寫的文章或書。費正清把此書題獻給為《劍橋中國史》撰稿的所有學者，把相關數卷的內容作為附錄，放進他自己寫的書中，藉此表達對他們之協助的感謝之意。於是，在他按照時間先後順序鋪陳的宏大敘述中，我們看到他討論了受西方衝擊之前中國本土的商業、地方造反的本質、「漢族自由主義」菁英的組成、文革中個人受辱所代表的意義之類主題。費正清一再生動重現這些受辱的經歷。例如，針對文革裡的嚴重羞辱事件，他寫道：

對這麼在乎同儕群體之看重的中國人來說，在包含同事和老友在內的嘲笑群眾面前公開遭毆打和羞辱，就像遭剝皮。[12]

如此簡潔的陳述，既能打動人心，又能表達其所要傳達的意思。以寥寥幾個句子描述複雜的社會現象，讓讀者的心情跟著波動變化的手法亦然。於是：

> 太監主要來自華北，當太監前要割去陰囊和陰莖，包紮傷口，並用塞子堵住尿道、三天不給水喝。拔掉塞子時，如果有尿噴出，就當上太監；如果沒有，很快就會死去。[13]

讀者的注意力其實常被這類生動有趣且有點駭人的題外話吸引過去——費正清擔心我們容易分心失神？——即使沒有多少證據可支持那些說法亦然。費正清告訴我們，「民間傳說」是講述嬪妃如何上到龍床之迷人細節的主要來源。他講到一個好色惡名遠播的軍閥的陰莖大小，「儘管這一資料始終未獲證實」。

因此，《偉大的中國革命》一書是把五十年來他不斷閱讀、思考中國期間所有令他心有所感、想笑、惱怒、感興趣的東西去蕪存菁的濃醇佳釀。他讓我們意識到，「革命」，不管「偉大」與否，都可能既是一去不返的改變，也是周而復始的王朝更迭。「社會主義」和「資本主義」是我們西方的詞彙，而非中國的詞彙，我們把它們用在中國身上，大概會自受其害。中國其實一直致力於打破「歷史的掌控」。但即使革命都未必能百分之百辦到此事。因為誠如費正清在此書開頭所說的，中國歷史之最重要組成部分的節奏和濃縮，以及它們在地理分布上的集中，使我們若要正確估量它們的分量，會對我們的想像力構成很大的考驗：

> 中國四千年歷史上所有具重大歷史意義的地點全緊靠在一塊。對我們來說，那就像摩

西在華盛頓山上領受石版，希臘帕德嫩神廟矗立在美國邦克山上，漢尼拔翻過美國的亞利加尼山脈（Alleghenies），凱撒征服了俄亥俄州，查理曼大帝西元八〇〇年在芝加哥加冕，梵蒂岡俯臨紐約的中央公園。[14]

過去五十年，費正清以中國為題寫出這麼多一流作品，這一成就為其他學者所望塵莫及。得知他仍能從其心愛的主題得到很大樂趣，令人欣慰。

房兆楹

一九六二年二月，我在耶魯大學研究生院三年級，學完基礎漢語，思索接下來該走的路時，芮瑪麗教授問我是否仍決意治清初歷史。我回道仍決意走這條路，她要我思考該追隨誰投入文本研究工作，因為她自認無法完全勝任教授該時期所有文獻的重任。受了閱讀《清代名人傳略》一書的啟發，我回道，在這些領域，似乎只有兩位大家係我所感興趣的：一位是房兆楹（一九〇八－一九八五），另一位是杜聯喆。芮瑪麗哈哈大笑，說我運氣好，因為杜聯喆其實是房兆楹的妻子，說他們倆人，她都認識。他們當時住在澳洲坎培拉，芮瑪麗要我寫信問能否跟著他們學習。我照做，房先生很快就給了很客氣且正面的回覆。頗為奇妙的，他在信的開頭，說了許多不可思議的事，其中之一是說我能幫上他，我因此寬心不少。

這篇此前未發表的文章，係一九八五年在房先生追思儀式上的講話。

兩天前收到你一月二十四日寫的航空信，信中提到要來坎培拉和我一起研究曹寅一年。我必須說我受寵若驚。我多年來一直想著要把關於十七世紀中國社會的中文、韓文、日文資料翻成英文，我們的共事或許會令我倆都受益。因此，我答應你的提議。[1]

接著，他提出一連串與文獻目錄有關的問題和建議。我回函表示感謝，該信雖未留副本，但我想必就我身在異鄉的知識分子處境表達了一些看法，因為房先生在針對文獻目錄另外提供許多意見的一封航空信中，回應了我的這段話：

你說你對美國人來說太英國人，對英國人來說太美國人，這話我很欣賞；如果你把英國人換成「中國人」，那正是我心裡的感受，那感受不只出現在我和人的交往上，也出現在我生活的許多方面裡。我必須說我自豪於自己身為具有美國人觀念的中國人，希望在生活方式中汲取兩種文明之長，而非只是各取一半的吸收。[2]

於是，我去了澳洲，度過我這輩子最令人難忘的學習、反思的一年。房氏夫婦任我汲取運用他們淵博的學問，始終親切待我和我妻子海倫。我清楚記得我們請他們吃的飯，因為每次請吃飯，大部分食物都是他們帶來的。我記得他們請我們吃的飯，我們完全空手去。我記得他們那隻活潑、愛跑來跑去的狗，名叫馬馬虎虎，取得真是好；記得坐了好久的車穿過賞心悅目的澳洲鄉間去雪梨，或記得貝特曼灣的海灘。

我永遠不會忘記房先生所期望我做的工作。他帶我領略到一種學者風範，那是我只能猜測——而且我立即要補充的，我始終無法企及——的風範。我們考察了《會典實例》的數個部分、中文版的滿人宗族、分析性的八旗史書（《八旗通志》）。我們讀了曹寅的密摺、周汝昌談十八世紀中國小說《紅樓夢》的鉅作。房先生的教導，有時採說教式，有時採蘇格拉底式，視其心情，或者——或許——視其所認為我當時所需要學的東西而定。我記得，他以斬釘截鐵的嚴正語氣，結束我一連串越來越多的發問：「因為本來就如此。」有次，我與沖拿著《會典實例》的一個段落去找房先生，說我們必須研究它，因為我相信它解決了與包衣（清初的無工資奴僕）有關的各種疑問。房先生看過那個段落，點點頭，要我用心將其翻成英文，兩個星期後帶著譯文再來找他。我努力鑽研了兩個星期，在那期間越來越驚愕且沮喪，如期會面時，心裡有點火。我說：「我做完了，而那似乎和我所感興趣的那種包衣毫無關係。」房先生滿臉堆笑，說「很棒」。

「老先生」是個基本上無法翻譯的漢語詞，意思介於「尊敬的老師」和「敬重的友人」之間，如果說這個詞要有什麼意涵，那意涵就存在於我在他的協助和提供意見下完成曹寅論文，開始自己的教學生涯且試圖再以中國為題寫書時，我心中對房先生的感覺裡。那個感覺兼具敬畏、欣賞、喜歡、驚恐——而且儘管他和我母親、我姊妹、我妻子，甚至我的孩子成為朋友，在我心中，他仍是房先生，因為他於一九六〇年代後期定居紐約後，在哈爾濱飯店等地數次以大餐招待我們所有人，而且始終會問起他們。

我極看重他的許多見解，但最能點出他為人的，或許是他在一封談我某項研究的信中所做的一個小小修正。他用打字機打出「從中可看出進步很多」這行字，然後他想必覺得這評語太過（我認為的確太過！），於是工整劃掉「很多」一詞，換成「不少」。[3]

我極看重他在同一封信裡就學術性著作寫給誰看的問題所給的意見。在我看來，沒人比他說得更精闢。

> 我發現研究者往往只為初入行者和專家（自己的教授之類的）而寫。把十足的外行人放進讀者群裡，或許寫起來會單調乏味，但考慮到一般讀者（包括其他學科的教授）的需要似乎有其必要……另一方面，如果你打算只寫給專家看，那你似乎寫得太累贅了。

學生最終還是得脫離「老先生」的指導，照自己的興趣和判斷走自己的路；否則，學生沒有成長空間，「先生」沒有歇口氣的空間。但房先生始終會是我所要效法的一種偉大導師的典範，我會繼續看重我們偶爾的會晤和交流。我在我的檔案夾裡找到我針對一九七六年兩人的一次電話交談所做的注解，那時我告訴他，我會繼續研究，嘗試寫利瑪竇。那時，我在黃色拍紙簿上潦草寫下：「房先生談利瑪竇語：治學非出自真誠之心，會立即被人識破。」我相信房先生這番話意指明朝中國人真的欣賞利瑪竇，因為利瑪竇表露了其對中國文化發自肺腑的興趣。如果我對利瑪竇的興趣同樣出自肺腑，那我就該去研究利瑪竇。

但房先生的諸多來信裡，我最看重的一封，寫於一九七五年耶誕節前夕那天，就在他收到一幅呈現雪地裡搖曳之蘆葦的素描之後不久。他在那封信裡向我展現了他新的一面，那幅素描則是我妻子當成耶誕賀卡所送給他。最後不妨就以這些話語和他告別，那是他以其始終流暢且表達清晰的英語所寫下的話語：[4]

> 那讓我想起我在離（華北沿海）白河口約十英里的塘沽度過的童年。我的兩個哥哥，分別大我九歲和六歲，一年裡大半時間待在北京的學校，只在暑假、過年時回來。因此，大部分時候，就我孤零零一人和父母在一塊，父母不准我和其他小孩玩。反正也沒有別的小孩，因為我們住在官方的大宅院裡，而院中只有我們一家是漢人。房子後面有溼地和潮汐溝，其中一條溝止於我們後院，漲潮時滿是水。我常在溝邊點起燈吸引螃蟹，往更遠處看，能看到綿延數英里的蘆葦和香蒲。那是個孤單的童年，但那時我不曉得何謂孤單。

我有書為伴。我父親白天很忙，但有時他用紙卡教我漢字，紙卡背後有圖解——就那時來說很摩登的做法。六歲時我能看懂一部中譯本世界史（邁爾斯〔Myers〕的《世界通史》？）和一本世界地理。應該說我能局部看懂。我想那是為了好玩、為了看插圖而讀，但如今我還記得留尼達（Leonidas）這個詞和拿破崙像。我也學會英語字母和拼寫，我學會使用的第一本字典是富路德（Luther Carrington Goodrich）的父親富善牧師（Chauncey Goodrich）所編的《富善字典》（*Pocket Dictionary*）。我初上學讀《論語》時，透過拉丁字母拼音查找漢字。

新年快樂

兆楹謹啟

of California Press), 143-73. Copyright © 1990 by the Regents of the University of California.

"China on the Verge," *New York Review of Books*, July 18, 1991, 40-44. Reprinted by permission of the *New York Review of Books*. Copyright © by Nyrev, Inc.

"The Gate and the Square," in Human Rights in China, *Children of the Dragon: The Story of Tiananmen* (New York: Collier Macmillan, 1990), 16-37. Permissions granted by Writers Representatives, Inc.

"On the Outs in Beijing," *New York Times Book Review*, August 12, 1990, 6. Copyright © 1990 by the New York Times Company. Reprinted by permission.

"A Man of Unspeakable Thoughts," *New York Times Book Review*, April 21, 1991, 1, 26-27. Copyright © 1991 by the New York Times Company. Reprinted by permission.

"Speaking of Book: The Explorer who Never Left Home," *New York Times Book Review*, Oct. 18, 1970, 2, 36-38. Copyright © 1970 by the New York Times Company. Reprinted by permission.

"Memoirs of a China Hand," *Saturday Review*, March 1982, 60-62. Reprinted by permission of Omni International. Copyright © 1982.

"China on My Mind," *New York Review of Books*, February 18, 1988, 30-32. Reprinted by permission of the *New York Review of Books*. Copyright © 1988 by Nyrev, Inc.

"The Seven Ages of K'ang-hsi (1654-1722)," *Journal of Asian Studies* 26 (February 1967): 205-12. Reprinted by permission of the Association for Asian Studies, Inc.

"Take Back Your Ming," *New York Review of Books*, April 30, 1981, 53-55. Reprinted by permission of the *New York Review of Book*. Copyright © 1981 by Nyrev, Inc.

"Tao-chi, An Historical Introduction," from *The Painting of Tao-chi, 1641-ca. 1720*, 11-20. Catalogue of an exhibition, August 13-September 17, 1967. Copyright © 1967, Museum of Art, University of Michigan.

"Chang Po-hsing and the K'ang-hsi Emperor," *Bulletin of the Society for Ch'ing Studies* 1, no. 8 (May 1968): 3-9.

"Why Confucius Counts," *New York Review of Books*, March 22, 1979, 43-45. Reprinted by permission of the *New York Review of Books*. Copyright © 1979 by Nyrev, Inc.

"Spence on Needham," review in *Isis* 75 (1984): pp. 180-89. Reprinted by permission of University of Chicago Press. Copyright © 1984.

"News from the Old Country," *London Review of Books*, September 14, 1989. Reprinted by permission of the *London Review of Books*.

"Ch'ing," in *Food in Chinese Culture*, ed. K. C. Chang (New Haven: Yale University Press, 1977), 261-93. Reprinted by permission of Yale University Press. Copyright © 1977.

"Aspects of the Western Medical Experience in China, 1850-1910," in *Medicine and Society in China*, ed. John Z. Bowers and Elizabeth F. Purcell (New York: Josiah Macy, Jr., Foundation, 1974), 40-54. Reprinted by permission of Josiah Macy, Jr., Foundation. Copyright © 1974.

"Turbulent Empire," *New York Review of Books*, January 16, 1986, 41-43. Reprinted by permission of the *New York Review of Books*. Copyright © 1986 by Nyrev, Inc.

"Opium Smoking in Ch'ing China," in *Conflict and Control in Late Imperial China*, ed. Frederic Wakeman and Carolyn Grant (Berkeley: University

誌謝

先前所發表的文章，獲允重印刊行，在此要向以下機構表達感謝：

"The Paris Years of Arcadio Huang," Granata 32 (Spring 1990): 125-132, reprinted by permission.

"Matteo Ricci and the Ascent to Peking," in *East Meets West: The Jesuits in China, 1582-1771*, ed. Charles Ronan and Bonnie Oh (Chicago: Loyola University Press, 1988), 1-18. Reprinted by permission of Loyola University Press. Copyright © 1988.

"A Picaresque Hero: The Travels of Mendes Pinto," *New York Review of Books*, April 12, 1990, 38-40. Reprinted by permission of the *New York Review of Books*. Copyright © 1990 by Nyrev, Inc.

"China between Revolutions," in *Sidney D. Gamble's China, 1917-1932: Photographs of the Land and Its People*. Reprinted by permission of Sidney D. Gamble Foundation for China Studies. Copyright © 1989.

Preface to *The Temptation of the West*, by Andre Malraux. (Chicago: University of Chicago Press, 1991). Reprinted by permission of University of Chicago Press. Copyright © 1991. All rights reserved.

"Western Perceptions of China, from the Late Sixteen Century to the Present," in *Heritage of China: Contemporary Perspectives on Chinese Civilization*, ed. Paul Ropp (Berkeley: University of California Press, 1990), 1-14. Copyright © 1990 by the Regents of the University of California.

Early Protestant Missionary Writings (Cambridge: Council on East Asian Studies, Harvard University Press, 1985).

4. Ernest R. May and John K. Fairbank, *America's China Trade in Historical Perspective: The Chinese and American Performance* (Cambridge: Council on East Asian Studies, Harvard University Press, 1986).
5. Philip A. Kuhn and John K. Fairbank, with the assistance of Beatrice S. Bartlett and Chiang Yung-chen, *Reading Documents: The Rebellion of Chung Jen-chieh*, 2 vol. (Cambridge: Council on East Asian Studies, Harvard University Press, 1986).
6. Katherine F. Bruner, John K. Fairbank, and Richard J. Smith, eds., *Entering China's Service: Robert Hart's Journals, 1854-1863* (Cambridge: Council on East Asian Studies, Harvard University Press, 1986).
7. Ibid., 231.
8. Ibid., 322.
9. John K. Fairbank, *China Watch* (Cambridge: Harvard University Press, 1987).
10. Ibid., 147.
11. John K. Fairbank, *The Great Chinese Revolution, 1800-1985* (New York: Harper and Row, 1986).
12. Ibid., 336.
13. Ibid., 26.
14. Ibid., 2.

房兆楹

1. Fang Chao-ying, letter to J. Spence, the Library, the Australian National University, Feb. 2, 1962.
2. Fang Chao-ying, letter to J. Spence, the Library, the Australian National University, Feb. 2, 1962.
3. Fang to Spence, Columbia University, March 4, 1965.
4. Fang to Spence, n.p., Dec. 24, 1975.

的看法。

24. AFW, Letter to 22 to Mary Bacon, Peking, Dec. 25, 1945.
25. AFW to Sam, Peking, Feb. 14, 1947.
26. MCW to Family, Yen-an, Oct. 31, 1946.
27. MCW to Daddy, Portland, April 22 [1947], and Blanshard communication.
28. *Journal of History of the Ideas* 10 (1949): 148-149.
29. *Far Eastern Quarterly* 11 (1955): 105.
30. Ibid., 106-107.
31. AFW, *Buddhism in Chinese History* (Stanford: Stanford University Press, 1959).
32. *Far Eastern Quarterly* 11 (1955): 295, 298.
33. AFW, "The Economic Role of Buddhism in China," *Journal of Asian Studies* 16 (1957): 408, 414.
34. 這些文章最終集結出版，書名*Studies in Chinese Buddhism*，Robert M. Somers 編（New Haven: Yale University Press, 1990）。

亞瑟・韋利

1. Goldsworthy Lowes Dickinson, *Letters from a Chinese Official* (New York: McClure, Phillips, 1903), 38.
2. Ivan Morris, comp., *Madly Singing in the Mountians: An Appreciation and Anthology of Arthur Waley* (New York: Walker, 1970).
3. Ibid., 28.
4. Ibid., 96.
5. Ibid., 176.

費正清

1. Chinabound: *A Fifty-Year Memoir* (New York: Harper and Row, 1982).
2. Stanley F. Wright, *Hart and the Chinese Customs* (Belfast: William Mullan, 1950), 864.
3. Suzanne W. Barnett and John K. Fairbank, eds., *Chirstianity in China:*

2. AFW MSS, “Balzac and the Historical Spirit,” bibliography, 2.
3. 文章日期注明為一九三四年秋，信中附件“Revision for Possible Publication”。Guérard 的兩頁評論也在此文中。
4. AFW, “Carlyle and the Modern Temper,” *A Year Book of Stanford Writing* 6 (1935): 11-13.
5. *Journal of Asian Studies* 2 (1957): 333.
6. MCW to Sam Calbaugh, Cambridge, Mass. Jan. 18, 1940.
7. MCW to Family, Tokyo（原文如此？）, Oct. 5, 1940.
8. MCW to Family, Kyoto, Oct. 12, 1940.
9. MCW to Family, Kyoto, Jan. 16, 1941, 3.
10. MCW to Daddy and Betty, Kyoto, Nov. 13, 1940.
11. MCW to Family, Kyoto, Feb. 4, 1941.
12. MCW to Family, Kyoto, March 1, 1941.
13. AFW to Col. Sam Clabaugh, Kyoto, April 5, 1941.
14. MCW to Mother, [Peking], June 15, [1941].
15. MCW to Mother and Daddy, Peking, Aug. 5, 1941.
16. MCW, Peking letter no. 5, Aug. 2, 1941.
17. MCW to Sammy and Family, Peking, Aug. 12, 1941; AFW to Mr. Clabaugh, Peking, Aug. 15, 1941.
18. MCW to Mother and Family, Peking, Oct. 7, 1941。即使在這裡，芮瑪麗還是止不住要自我審查。此信下一句寫道：「這一切蠢話當然算不上是對這兩個國家的精確評估。」
19. MCW to Family, [Peking], Oct. 23, 1941.
20. 尤其參見 MCW to Family, Peking, June 4, 1942。
21. 這些和其他對拘留營生活的詳述，位於 MCW to Family, Wei-hsien Camp, Aug. 31, 1943。
22. Ibid., 9。也參見一封很短的信，AFW to Mother and Dad, [Wei-hsien], Sept. 10, 1943。
23. Ruth Kunkel to Mr. and Mrs. Wright, Motorship Gripsholm, Nov. 9, 1943, and Betty to Family, Albany, N. Y. Jan. 4, 1944，轉達 William Christian

Jan. 27, 1982, K13-K17。

31. *SWB* (FE/6898/B11), Dec. 5, 1981,1-5.
32. *Daily Report–China*, FBIS, Jan. 26, 1982, K9-K14，引文位於 K11。
33. Ibid., K10 and K13.
34. Ibid., K10.
35. 拙著 *The Gate of Heavenly Peace: The Chinese and Their revolution, 1895-1980* (New York: Viking, 1980)，有對這些人物的概述。
36. 《苦戀》英譯本，頁 34-35。

天安門

1. 要感謝Joan Judge、Ellen Johnston Laing、Peter Wang、Andrea Worden，以及亞洲觀察（Asia Watch）的職員，助我找到天安門的史料、插圖、地圖。

詩與物理學：反對精神

1. Bei Dao, *Waves*, edited by Bonnie S. McDougall and translated by Bonnie S. McDougall and Susette Ternent Cooke (New York: New Direction, 1990). Also Bei Dao, *The August Sleepwalker*, translated by Bonnie S. McDougall (New York: New Direction, 1990).
2. Fang Lizhi, *Bring Down the Great Wall: Writing on Science, Culture, and Democracy in China*, edited by James H. Williams and translated by James H. Williams and others; introduced by Orville Schell (New York: Alfred A. Knopf, 1991).

芮沃壽

衷心感謝 Sam Clabaugh 上校和 Henry Hiles 夫人讓我使用本文所引用的所有信件手稿。要同樣感謝 Arthur F. Wright 夫人讓我使用芮沃壽的個人藏書、照片、學生論文。

1. *Harvard Journal of Asiatic Studies* 7 (1943): 261-266，日期注明為一九四二年三月十八日北京；引文位於頁 263、266。

9. Ibid., 19.
10. Ibid., 20.
11. Ibid., 25-26.
12. Ibid., 30.
13. Ibid., 33.
14. 關於其首度放映，參見 Isabel Hilton, "A Hundred Flowers or Poisnous Weeds," *Index on Censorship*, no. 4 (1981): 19。
15. Bartke, *Who's Who in the People's Republic of China*, s.v. "Bai Hua."
16. 關於和武漢的關聯，參見 *SWB* monitoring report (FE/6718/i), May 8, 1981。
17. *SWB* (FE/6729/B11), May 21, 1981, 1-6.
18. Ibid., 1.
19. 按照出現順序，ibid., 1, 3, 4, 5。
20. Ibid., 6.
21. *SWB* monitoring report (FE/6718), May 8, 1981.
22. *SWB* (FE/6734/B11), May 28, 1981, 12.
23. 一九八一年六月八日北京路透社報導。《人民日報》說他們想要在未受恐嚇下自由辯論，希望讓批評者有權利批評，被批評者有權利陳述自己的意見。
24. *China Quarterly* 87 (1981): 554.
25. 訪談內容來自一九八一年七月十日的《大公報》，概述於 *SWB* (FE/6776/B11), July 16, 1981, 9-10。
26. *SWB* (FE/6817/B11), Sept. 2, 1981, 1-2.
27. *Beijing Review*, Sept. 21, 1981, 3; and Oct. 19, 1981, 28.
28. *SWB* (FE/6916/B11), Dec. 31, 1981, 5-8.
29. *New China News Agency*, English ed. (122925/1311), Dec. 29, 1981, 40-41.
30. 全詩刊於《長安》，no. 1 (1981): 7-9。詩人葉文福可歸入這群人裡，他的詩〈將軍，你不能這樣做〉，一九八一年十二月受到批評。參見 Foreign Broadcast Information Service (FBIS), *Daily Report–China*,

電影和政治：白樺的《苦戀》

本文係一九八二年三月十一日在倫敦大學東方和非洲研究院向英國漢學協會（British Association for Chinese Studies）演講的講稿，但稍有修改。

1. 《茶館》全文英譯，刊於 *Chinese Literature*, no. 12 (1979): 16-96。
2. 《苦戀》的劇本首度發表於一九七九年十月的北京文藝刊物《十月》頁 140 至 171 和頁 248，並說明係由白樺和電影導演彭寧合寫，附有林湧（Lin Yong 音譯）的插圖。撰寫的日期和地點，係「一九七九年四月廣州和一九七九年五月北京」。我採用的《苦戀》文本，係刊於一九八一年十二月六日 *China Report*（政治、社會學、軍事事務，第 248 期）的英譯本，JPRS79676。該英譯本其實譯自刊於一九八一年六月一日香港刊物《爭鳴》的中文版。在追索白樺資料上，我要特別感謝以下諸人的協助：雅禮協會（Yale-China Association）討論組的 Mark Sidel 等成員、Basil Clarke 夫婦、BBC 遠東部門的分析員。
3. 參見白樺的演說文，刊於一九七九年十一月十三日《人民日報》，取自 BBC 的 *Summary of World Broadcasts*（此後簡稱 *SWB*）（F3/6282/B11），一九七九年十一月二十七日，1-7，有詳細的生平介紹。也參見 Wolfgang Bartke, *Who's Who in the People's Republic of China* (Brighton: Harvester Press, 1981), s.v. "Bai Hua"；《七十年代》，一九八一年六月刊，頁 38-43，以及一九八一年十月刊，頁 93-94。
4. 白樺演說文（見本章注 3），1。
5. Ibid.
6. Ibid., 2-7.
7. 《苦戀》英譯本，*China Report*, JPRS（見本章注 2），8。已有數位劇評家（例如一九八一年十月《七十年代》頁 93 的 Xiao Jin）指出，凌晨光的原型似乎是一九五一年從香港回北京、後來遭迫害的畫家黃永玉。刊出白樺劇本的那期《十月》的封面內頁，印了黃永玉的著名貓頭鷹畫，畫中貓頭鷹睜隻眼閉隻眼望著觀者。
8. 《苦戀》英譯本，13。

219. Roger V. Des Forges, "Hsi-liang, A Portrait of aLate Ch'ing Patriot,"（1971年耶魯大學博士論文）, 252-281，精彩描述了錫良在雲南的禁煙運動。

220. 誠如在 Mary C. Wright 所編的以下書籍裡所指出的，英國人的心態還是有所保留：*China in Revolution: The First Phase: 1900-1913* (New Have: Yale University Press, 1968), 14-15。

221. Edward Friedman, "Revolution or Just Another Bloody Cycle? Swatow and the 1911 Revolution" 一文裡，有耐人尋味的資料。該文刊於 *Journal of Asian Studies* 29 (1970): 289-307，尤其 301-302。

222. Leonard P. Adams III 晚近登錄的耶魯大學博士論文，"The Tarnished Crusade: Opium Oppression in China, 1880-1930"，探討了多個主題，上述主題就包含其中。

223. 共產黨也已對地方所選擇的做法和少數族群的感受有深入認識，由一九五〇年二月共產黨的禁鴉片規定可見一斑：《中央人民政府法令匯編》（北京：法律出版社，1952），1:173-174。

雞血和白朗寧手槍

1. Charles W. Hayford, *To the People: James Yen and Cillage China* (New York: Columbia University Press, 1990).
2. David Strand, *Richshaw Bejing: City People and Politics in the 1920s* (Berkeley: University Of California Press, 1989).
3. Marie-Claire Bergère, *The Golden Age of Chinese Bourgeoisie, 1919-1937*, trans Janet Lloyd,(Cambridge: Cambridge University Press, 1989).
4. Wen-hsin, Yeh, *The Alienated Academy: Culture and Politics in Republican China, 1919-1937* (Cambridge: Council on East Asian Studies, Harvard University Press, 1990).
5. Phil Billingsley, *Bandits in Republican China* (Stanford: Stanford University Press, 1988).

191. *PGT* (1877), 184-186.
192. *PGT* (1878), 13.
193. *PGT* (1878), 176.
194. Morse, *International Relations*, 1:549.
195. Ibid., 551-555.
196. Ibid., 2:375.
197. Ibid., 2:379.
198. Ibid., 2:376.
199. Chang Chung-li and Stanley Spector, eds., *Guide to the Memorials of Seven Leading Officials of Nineteenth-Century China* (Seattle: University of Washington Press, 1955), 364, 379, 391, 396.
200. Ibid., 173-174.
201. Ibid., 231.
202. Ibid., 245, 277, 311, 328, 329, 335.
203. *PGT* (1874), 87.
204. *PGT* (1877), 116-117.
205. *PGT* (1880), 58.
206. *PGT* (1887), 197.
207. *PGT* (1887), 142.
208. *PGT* (1879), 200-201.
209. *PGT* (1881), 52-53.
210. *PGT* (1888), 88.
211. *PGT* (1889), 117, and (1890), 232.
212. *PGT* (1877), 88.
213. Beattie, "Protestant Mission," 121.
214. Hart, "Letters," 1957-1958.
215. Ibid., 1830.
216. Ibid., 1968.
217. Ibid., 1971.
218. Ibid., 2089.

為滿足定期前往鎮上趕集的農民之需求而設；若是如此，這就會是施堅雅（G. William Skinner）的市場結構分析也該考慮到的一點，"Marketing and Social Structure," in 3 pts, *Journal of Asian Studies* 24 (1964): 3-43, 195-228, 363-399。

168. 《教會新報》，2:65（1869 年 12 月 11 日）；郭嵩燾，《養知書屋文集》（台北：文海出版社，1964），12:21b。
169. Fairbank, *Trade and Diplomacy*, 297.
170. *RoyCom*, 1:47, no. 611.
171. *RoyCom*, 1:45, no. 567.
172. *RoyCom*, 1:114, no. 1670; 115, no. 1693.
173. *RoyCom*, 1:59, no. 836.
174. Hilary Beattie, "Protestant Missions and Opium in China," *Harvard University Papers on China*, vol. 22A (1969): 104-113.
175. *PGT* (1888), 88.
176. Yen-p'ing Hao, *The Comprador*, 77, 79, 82.
177. Ibid., 81.
178. Fairbank, *Trade and Diplomacy*, 405-406.
179. *PGT* (1888), 160, 有個生動案例；另一個案子，在 Fairbank, *Trade and Diplomacy*, 405-406。
180. Fairbank, *Trade and Diplomacy*, 238.
181. IMC, *Native Opium*, 16.
182. *RoyCom*, 2:385.
183. *PGT* (1881), 52.
184. *PGT* (1874), 46.
185. *PGT* (1874), 87.
186. *PGT* (1875), 36.
187. *PGT* (1875), 147.
188. *PGT* (1878), 225.
189. *PGT* (1876), 105.
190. 郭嵩燾，《養知書屋文集》，12:18b。

145.《鴉片戰爭》，453。
146.《鴉片戰爭》，455。
147. *PGT* (1872), 79 and 89.
148. *PGT* (1874), 141.
149. *PGT* (1875), 49.
150. *PGT* (1890), 189.
151. *PGT* (1882), 46。在此例中，酒是走私品。
152. *PGT* (1887), 12.
153. IMC, *Opium: Crude and Prepared*, 18。關於汕頭男子，也參見Edward Le Fevour, *Western Enterprise in Late Ch'ing China: A Selective Survey of Jardine, Matheson and Company's Operations, 1842-1895* (Cambridge: Harvard East Asian Research Center, 1968), 23-24。
154. 李鴻章，《李文忠公全集》（上海，1905），41:32。關於 Samuel 在此交易中的角色，參見 Morse, *International Relations*, 2:385。
155. Robert Hart, "Letters to James Duncan Campbell,"（藏於哈佛大學的手稿）, 413 and 696.
156. Hart, "Letters," 701 and 706.
157. *RoyCom*, 2:384.
158. *PGT* (1887), 182-183.
159. Yen-p'ing Hao, *The Comprador in Nineteenth-Century China* (Cambridge: Harvard University Press, 1970), 103.
160. IMC, *Opium: Crude and Prepared*, 18.
161. Ibid., 7.
162.《鴉片戰爭》，467。
163. IMC, *Native Opium*, 6.
164. *RoyCom*, 1:47, no. 618.
165. *RoyCom*, 1:45, no. 562.
166. *RoyCom*, 2:386.
167. Emile Bard, *Chinese Life in Town and Country* (New York, 1907), 159-160，英文版由 H. Twitchell 根據法文版改寫成。這些煙館有可能係

120.《鴉片戰爭》，458。

121. *Chinese Repository*, 5:396.

122. 參見 Fairbank, *Trade and Diplomacy*, 240-241 中針對一八四〇年代的考察。

123. *PGT* (1874), 41.

124. *PGT* (1882), 132.

125. *PGT*（1878 年 9 月 12 日）。

126.《刑案匯覽續編》，4971。

127. *PGT* (1881), 32.

128. *PGT* (1872), 115.

129.《刑案匯覽續編》，4971。

130. *PGT* (1879), 98.

131. *PGT* (1872), 130.

132. *PGT* (1877), 175.

133. *PGT* (1881), 135.

134. Algemeen Rijksarchief, K. A. 589, fol. 55, council resolution of May 8, 1674。此參考資料也承蒙 Jack Wills 提供。

135. *RoyCom*, vol. 7, app. B, p. 35；F. C. Danvers 針對十七世紀期間荷蘭鴉片貿易所寫的備忘錄。

136. Fo Lo-shu, *Documentary Chronicle*, 1:163.

137. Chang Hsin-pao, *Commissioner Lin*, 32.

138. Ibid., 33 以及頁 25 的地圖。

139. 房兆楹、杜聯喆編，《增校清朝進士題名碑錄》，哈佛燕京學社引得系列，補編第 19 冊，重印本（台北：成文出版社），頁 151，一八二〇年科二甲第七十六名。

140.《鴉片戰爭》，433-434。

141.《鴉片戰爭》，444。

142.《鴉片戰爭》，447。

143.《鴉片戰爭》，449。

144.《鴉片戰爭》，451-452。

102. Ibid.

103.《讀例存疑》，薛允升編（北京，1905），23:63b-64；方苞，《方望溪先生全集》，1746 年版（上海，1935），457。

104. 于恩德，《中國禁煙法令變遷史》，頁 15；F. Hirth, "The Hoppo Book of 1753," *Journal of the North China Branch of the Royal Asiatic Society*, new ser. 17:221-35。

105. 此案見《雍正硃批諭旨》（上海，1887），14:22b；已被傅樂淑（Fu Lo-shu）翻成英文，*A Documentary Chronicle of Sino-Western Relations, 1644-1880*, A. A. S. Monographs and Papers no. 22 (Tucson: University of Arizona Press, 1966), 1:162-164。我要感謝佐伯富教授利用其所編的《朱批諭旨》索引來檢查雍正是否還有在他處提及鴉片案。

106. H. B. Morse, *The Chronicles of the East India Company Trading to China, 1635-1834* (Oxford: Oxford University Press, 1926), 1: 215.

107. 于恩德，《中國禁煙法令變遷史》，22。Fu Lo-shu, *Documentary Chronicle*, 1:381-383，把一八一一年的禁煙諭旨和兩廣總督的回應譯成英文。

108.《大清會典》，15，442（828:4b）。

109. Chang Hsin-pao, *Commissioner Lin*, 20.

110.《大清會典》，15，443（828:5）。

111.《鴉片戰爭》，439，行間硃批。

112.《大清會典》，15，443（828:6）；《刑案匯覽》，905-906。

113.《大清會典》，15，443（ 828:6b）；《刑案匯覽》，904、906-908。

114.《刑案匯覽》，482-83。

115.《刑案匯覽》，484。

116.《刑案匯覽》，906。

117.《大清會典》，15，443（828:6b）；《讀例存疑》，22:60b-61b; Morse, *International Relations*, 1:548.

118.《讀例存疑》，4:42b。

119.《讀例存疑》，22:62b-63。

82. *RoyCom*, 1:44-45, nos. 559-560, and 129, nos. 1977-1979.
83. *RoyCom*, 1:15-17, nos. 193 and 212.
84. *RoyCom*, 1:113, no. 1643.
85. *RoyCom*, 1:18, nos. 221-222。針對每年的消耗量，各家估計差異極大；一八六五年有個觀察家認為中等煙民一年消耗兩磅是較合理的估計值，重度煙民則是一年四磅。參見 "Opium-Raucher and Esser in China und Japan," *Wiener Medizinische Wochenschrift* 15: 1568-1569。
86. *RoyCom*, 2:387. Alexander Hosie, *On the Trial of the Opium Poppy* (London, 1914), 265，估計一九〇四年四川生產了二十萬擔，其中十八萬擔被當地人吸食掉。
87. *Agrarian China, Selected Source Materials from Chinese Authors* (Chicago: University of Chicago Press, 1938), 118。在此資料中，「catties」（斤）似乎印錯，應是「ounces」（盎司）。
88. *Agrarian China*, 124.
89. Hosie, *On the Trial*, 237.
90. Ibid., 242-243.
91. S. A. M. Adshead, *The Modernization of the Chinese Salt Administration, 1900-1920* (Cambridge: Harvard University Press, 1970), 13.
92. Wlater Fuchs, "Koreanische Quellen zur Frühgeschichte des Tabaks in der Mandjurei zwischen 1630 and 1640." *Monumenta Serica*, 5:89.
93. Fuchs, " Frühgeschichte." 9, and edict of 1639 in Goodrich, "Early Prohibitions," 652.
94. Fuchs, " Frühgeschichte." 99.
95. Ibid., 93.
96. 張介賓，《景岳全書》（日期不詳，十七世紀版），48-25。
97. Goodrich, "Early Prohibitions," 650-651.
98. Ibid., 651.
99. 《庭訓格言》，英譯於 Goodrich, "Early Prohibitions," 654。
100. 于敏中，《國朝公史》（台北：學生書局，1965），26。
101. 于恩德，《中國禁煙法令變遷史》，頁 16；《大清會典》，828:1。

61. 《鴉片戰爭》，474；關於廣東，參見《鴉片戰爭》，440；關於浙江，參見《鴉片戰爭》，465。
62. 張璐，《本經逢原》，3:11。
63. *RoyCom*, vol. Aap. 6, pp. 168-169.
64. Ibid., 169.
65. 《鴉片戰爭》，471。關於更早時高上許多的價格，請和 Chang Hsin-pao, *Commissioner Lin*, 21-22 相比較。一八二一年孟加拉鴉片每擔兩千元，一八一七年巴特納鴉片每擔一千三百元。
66. Fairbank, *Trade and Diplomacy*, 242.
67. IMC, *Native Opium*, app. on 1863.
68. *RoyCom*, 1:39, no. 503; 47, no. 611; 112, no. 1637。也參見 IMC, *Native Opium*, 40.
69. *RoyCom*, 1:44, nos. 553-554.
70. IMC, *Opium: Crude and Prepared*, 5.
71. Ibid., 16.
72. IMC, *Native Opium*, 8.
73. Ibid., 6.
74. John Lossing Buck, *Land Utilization in China* (Shanghai: Commercial Press, 1937), 234.
75. IMC, *Native Opium*, 41; *RoyCom*, 2:384.
76. *RoyCom*, 2:383. Buck, *Land Utilization*，頁 206 的對頁，有張照片呈現罌粟和菸草隔行交錯種植的樣貌。
77. 宜昌代理領事斯賓士（W. D. Spence），聲稱一八八二年時調查過租賃關係；參見 *RoyCom*, 2:383-384。他的報告引人入勝，但他的調查有多徹底並不清楚。
78. *RoyCom*, 2:384.
79. *RoyCom*, 1:17, no. 212; 2:386.
80. *Peking Gazette, Translations*（此後簡稱 *PGT*），*North China Herald*（上海）出版，（1892），125。
81. *PGT* (1878), 45.

42. *RoyCom*, Vol. 6, pt. 1, p. 117.
43. Chen Ching-jen, "Opium and Anglo-Chinese Relations," *Chinese Social and Political Science Review* 19:388.
44. Dermigny, *Charles de Constant*, 205, no. 1.
45. Morse, *International Relations*, 1:173-174.
46. Chang Hsin-pao, *Commissioner Lin*, 237, n. 6.
47. 趙學敏，《本草綱目拾遺》（香港：商務印書館，1969），34-35。此外，頁 25-34 有許多關於菸草的資訊。
48. 《大清會典事例》（台北 1963 年重印本），15，442（828:4）。
49. 《鴉片戰爭》，454-456；《清實錄》道光朝卷，3562、3579、3587；《刑案匯覽》（台北 1968 年重印本）。
50. 《鴉片戰爭》，436。根據 Chang Hsin-pao, *Commissioner Lin*, 34，包世臣估計一八二〇年蘇州一地十萬名煙民一天花掉約一萬兩銀子。
51. 《清實錄》道光朝卷，3893、3895、3897、3899；《清史列傳》李鴻賓傳（台北：中華書局，1962），36:46b；《刑案匯覽》，863。
52. Chang Hsin-pao, *Commissioner Lin*, 87-88; and *Chinese Repository*, 5:139-144.
53. *Chinese Repository*, 5:396.
54. Chang Hsin-pao, *Commissioner Lin*, 223, appendix B.
55. Morse, *International Relations*, 1:209-210.
56. Stanley F. Wright, *Hart and the Chinese Customs* (Belfast: Wm. Mullan, 1950), 544.
57. Morse, *International Relations*, 3:437.
58. Imperial Maritime Customs（此後簡稱 IMC）, *Native Opium, 1887; with an Appendix: Native Opium 1863*, vol. 2 special ser. no. 9 (Shanghai: Inspector General of Customs, 1888), 6, and app. on 1863; IMC, *Opium: Crude and Prepared* vol. 2 special ser. no. 10 (Shanghai: Inspector General of Customs, 1888), 38.
59. 《古今圖書集成》（上海：中華書局，1934）。
60. 《福州府志》、《貴州府志》，1741 年版。

632。

26. André Joao Antonil, *Cultura e opulencia do Brasil por suas drogas e minas*, ed. And trans. Andrée Mansuy (Paris: Institut des Hautes Etudes de l'Amérique Latine, 1968), 333.
27. 參見《萬壽聖典》（1717）的插圖，圖中可見到北京街上林立的菸草店。
28. John Bell, *A Journey from St. Petersburg to Pekin, 1719-1722* (Edinburgh: Edinburgh University Press, 1965), 167.
29. 汪師韓，《金絲錄》，2。
30. Arthur W. Hummel, ed., *Eminent Chinses of the Ch'ing Period* (Washington, D. C.: Governmental Printing Office, 1943-44), 1:53.
31. 關於一六一七年，參見 L. C. D. van Dijk, "Bijvoegsels tot de geaschiedenis van het handleen het gebruik van opium in Nederlandsch Indië," in *Bijdragen tot de Taal-, land, en Volkenkunde van Nederlandsch Indië*, 211；關於一六七一年進一步禁止華人經銷鴉片的決議，參見 Algemeen Rijks-archief, K. A. 586, fol. 256. 這兩個參考資料都是 Jack Wills 所提供。
32. Engelbert Kaempfer, *Amoenitatum Exoticarum politico-physico-medicarum* (Langoviae, 1712), cited in Edkins, Opium, 155.
33. 藍鼎元，《鹿洲初集》，2:16。
34. 黃叔璥，《臺海使槎錄》，43。
35. 被引用於于恩德，《中國禁煙法令變遷史》，16。
36. Dermigny, *Charles de Constant*, 207.
37. Clarke Abel, *Narrative of a Journey in the Interior of China* (London, 1818), 214-215.
38. 陳其元，《庸閒齋筆記》，收於《筆記小說大觀》（台北：廣文書局，1960），8:22。
39. *RoyCom*, Vol. 6, pt. 1, p. 117.
40. 黃叔璥，《臺海使槎錄》。
41. *RoyCom*, Vol. 7, pt. 2,Appendix B, p. 33.

（1833），卷 46；蔡家琬，《煙譜》，收於《拜梅山房几上書》（1836）。這些著作認為吸菸有益健康和放鬆心情，且有助於排憂解愁。若有人寫成《鴉片譜》，這三部著作大概都會得到鴉片吸食者的看重。Emily Haha 的 “The Big Smoke” 一文，精彩重現一九三〇年代中國文人吸食鴉片之樂，該文收於 *Times and Places* (New York: Crowell, 1971)。

17. 印度人的說法，見 *RoyCom*, 1:48, no. 627，以及全文各處。
18. 簡短概述位於 *RoyCom*, 6:51。針對鴉片對印度勞動者的影響，同樣有許多詳細的探究。
19. *RoyCom*, 1:47, no. 611.
20. *RoyCom*, 1:95, no. 1320.
21. Francis H. Nichols, *Through Hidden Shensi* (New York, 1902), chap. 5.
22. 例如，依照人名出現順序，參見 D. W. Y. Kwok, *Scientism in Chinese Thought, 1900-1950* (New Haven: Yale University Press, 1965), 50-60; David Roy, *Kuo Mo-jo, The Early Years* (Cambridge: Harvard University Press, 1971), 46（郭沫若的父親也從事鴉片買賣；出處同上，頁 9）; James Sheridan, *Chinese Warlord: The Career of Feng Yü-hsiang* (Stanford: Stanford University Press, 1970), 9; 周作人，《魯迅的故家》（上海：上海出版公司，1953）, sec. 26, p. 73; Donald Klein and Ann Clark, ‘Ch’ü Ch’iu-pai,” *Biographical Dictionary of Chinese Communism, 1921-1965* (Cambridge: Harvard University Press, 1971) 1:239。
23. Pa Chin, *The Family* (Peking: Foreign Languages Press, 1958), 91, 117-118.
24. 《福州府志》（1754），25:24；L. Carrington Goodrich, “Early Prohibitions of Tobacco in China and Manchuria,” *Journal of the American Oriental Society* 58:638-657; Berthold Laufer, *Tobacco and Its Use in Asia*, Anthropology leaflet nol. 18 (Chicago: Field Museum of Natural History, 1924)。
25. 〈物產志〉，1:7b，位於《福建通志》（1870 年版；台北重印本），

大觀》（台北：新興書局，1962）。在春藥功效上，鴉片和海洛因有極相似之處：兩者最初都延長男性硬挺時間、延後射精，但在上癮的較後階段，性慾顯著降低。參見 *RoyCom*, 1:167，雪梨警察部針對和華人鴉片癮者性交的澳大利亞妓女所提出的有趣證詞。

5. K. Chimin Wong and Wu Lien-teh, *History of Chinese Medicine*（天津：天津出版社，1932），探討了這場霍亂疫情。關於此疫情的範圍，參見《清史》，國防研究院編（台北，1961），1: 671。
6. 關於大富大貴情況下吸食鴉片之事，參見 S. A. M. Adshead 所蒐集的四川證據，“The Opium Trade in Szechwan, 1881-1911,” *Journal of Southeast Asian History* 7, no. 2 (1966): 93-99。
7. Chang Te-ch’ang 在 “The Economic Role of the Imperial Household（內務府）in the Ch’ing Dynasty” 一文中，探討了太監勢力的衰落和他們的不滿，該文刊於 *Journal of Asian Studies* 31 (1972): 243-73。雍正即位後，滿人貴族幾無實權。
8. 有些士兵為逃避危險的作戰任務而刻意得上鴉片癮一說，係 Herbert Kleber 博士向我所提出。
9. 對此主題的精闢說明，可見於茅盾《子夜》。貢斯當（Charles de Constant）於十八世紀後期推測，女人吸食鴉片出於類似原因。參見 Louis Dermigny, *Les Memoires de Charles de Constant sur le commerce a la Chine* (Paris: Ecole he1964)。
10. 一如Benjamin I. Schwartz，在*In Search of Wealth and Power* (Cambridge: Harvard University Press, 1964) 一書頁 31 裡所提及。
11. *RoyCom*, 1:110, no. 1631, and 116, no. 1733.
12. *RoyCom*, 1:116, no. 1739, and 141, nos. 2026-2032.
13. *RoyCom*, 1:30, no. 389.
14. 《廈門志》（1839），15:17。
15. Jay Leyda, Dianying, *Electric Shadows: An Account of Films and the Film Audience in China* (Cambridge: MIT Press, 1972), 17-18.
16. 以下著作含有許多資料：汪師韓編的《金絲錄》，收於《叢睦汪氏遺書》（1886）；陸耀，《煙譜》，收於《昭代叢書》丁集新編勞任怨打出我的手稿。也要感謝和我討論過此文或提供參考資料的許多人：Leonard Adams、Charles Boxer、Edward Brecher、Rosser Brockman、Chang Te-ch'ang、Sherman Cochran、Herbert Kleber、Jao Tsung-i、Sue Naquin、Jonathan Ocko、Saeki Tomi、Jack Wills。

2. 最有趣的專著，包括 Hosea Ballou Morse, *The International Relations of the Chinese Empire*, 3 vols. (Shanghai and London, 1910-1918); John King Fairbank, *Trade and Diplomacy on the China Coast: The Opening of the Treaty Ports, 1842-1854* (Cambridge: Harvard University Press, 1953); Chen Ching-jen, "Opium and Anglo-Chinese Relations," *Chinese Social and Political Science Review* 19: 396-437; 于恩德，《中國禁煙法令變遷史》（上海：中華書局，1934）; Chang Hsin-pao, *Commissioner Lin and the Opium War* (Cambridge: Harvard University Press, 1964); Charles C. Stelle, "American Trade in Opium to China, prior to 1820," *Pacific Historical Reviews* 9 (1940): 425-445; idem, "American Trade in Opium to China, 1821-1839," ibid., 10 (1941): 57-74; David Edward Owen, *British Opium Policy in China and India* (New Haven: Yale University Press, 1934); Michael Greenberg, *British Trade and the Opening of China, 1800-1842* (Cambridge: Cambridge University Press, 1951)，以及六卷本文獻集《鴉片戰爭》（上海：1954）。

3. 張璐，《本經逢原》，收於《張氏醫書》（序寫於 1709 年）3: 11-12; Joseph Edkins, *Opium, Historical Note, or the Poppy in China*, Imperial Maritime Customs, China, vol. 2, spercial ser. no. 13 (Shanghai, 1898)。鴉片也充當解熱藥，溼地區的窮人或船民尤然。關於鴉片的此用途，參見 *The Minutes of Evidence*，以及英國政府皇家鴉片委員會（Royal Commission on Opium）的「定案報告」（*Final Report*）(London, 1894-95), 1:112, no. 1637（此後提及時簡稱 *RoyCom*）。

4. 大部分十八世紀初期資料提到鴉片的催慾性質。參見藍鼎元，《鹿洲初集》（1731 年版）；黃叔璥，《臺海使槎錄》（台北：台灣文獻叢刊，1957）。梁恭辰引用了清中期某妓女更生動的描述，參見梁恭辰，《北東園筆錄》三編，第二卷，頁 21b，收於《筆記小說

稅

1. Madeleine Zelin, *The Magistrate's Tael: Rationalizing Fiscal Reform in Eighteenth-Century Ch'ing China* (Berkeley: University of California Press, 1984); Philip C. C. Huang, *The Peasant Economy and Social Change in North China* (Stanford: Stanford University Press, 1985); Benjamin A. Elman, *From Philosophy to Philology: Intellectual and Social Aspects of Change in Late Imperial China* (Cambridge: Harvard University Press, 1984).
2. Linda Grove and Christian Daniels, eds., *State and Society in China: Japanese Perspectives on Ming-Qing Social and Economic History* (Tokyo: University of Tokyo Press, 1984); Joshua Fogel, ed. and trans., *Recent Japanese Studies of Modern Chinese History* (Armonk, N. Y.: M. E. Sharpe, 1984).
3. 在此還該提到另外幾部晚近出版的專著，其中包括 John B. Henderson, *The Development and Decline of Chinese Cosmology* (New York: Columbia University Press, 1984); Robert B. Marks, *Rural Revolutions in South China: Peasant and the Making of History in Haifeng County, 1570-1930* (Madison: University of Wisconsin Press, 1984); Ng Chin-Keong, *Trade and Society: The Amoy Network on the China Coast, 1683-1735* (Singapore: Singapore University Press, 1983); Philip Chadwick Foster Smith, *The Empress of China* (Philadelphia: Philadelphia Maritime Museum, 1984); Peter Roebuck, ed., *Macartney of Lisanoure, 1737-1806: Essays in Biography* (Ulster: Ulster Historical Foundation, 1983) 與 Charles O. Hucker, *A Dictionary of Official Titles in Imperial China* (Stanford: Stanford University Press, 1985)。

鴉片

1. 要特別感謝謝正光在文獻目錄和翻譯方面幫了大忙；陳富美和愛德華（Randle Edward）提供法律方面的重要資訊和修正草稿裡的數處錯誤；參與討論會的費正清提出饒有見地的見解；Janis Cochran 任

42. Ibid., 27, 036.
43. Jonathan Spence, "Opium Smoking in Ch'ing China," in Frederick Wakeman and Carolyn Grant, eds., *Conflict and Control in Late Imperial China* (Berkeley: University of California Press, 1975), 143-173.
44. Smith, *Contributions Toward the Material Medica*, vii.
45. H. W. Boone, "An Ambulance for Carrying Patients, Suited to the Conditions of Chinese Life," *China Medical Journal* 22 (1908): 167-168.
46. William Wilson, "The Use of Native Drugs," *China Medical Journal* 22 (1908): 300-310.
47. 《點石齋畫報》，no. 12, sec.1, p. 26；也參見 John Fairbank, "A Chinese Look at Life in Shanghai of the 80's," *Harvard Bulletin*(1972 年 4 月）：44-49。我因此文首度知曉這份資料。
48. William Lockhart, *The Medical Missionary in China: A Narrative of Twenty Years' Experience* (London: Hurst and Blackett, 1861), p. 159.
49. 《點石齋畫報》，no. 2, sec.1, p. 7。
50. Editorial Comment, "Drs. Ida Kahn and Mary Stone," *China Medical Missionary Journal* 10 (1896): 181-184；關於其他中國女人，參見 Wong and Wu, *History of Chinese Medicine*, 363-364。
51. George C. Basil, "Dr. StrobelL The Successful Failure," in *Test Tubes and Dragon Scales* (Chicago, Philadelphia, and Toronto: John Winston, 1940), 205-220.
52. *China Medical Missionary Journal* 1 (1887): 29.
53. J. W. S. Johnsson, "L'Anatomie mandchoue et les figures de Th. Bartholin, étude d'iconographie comparée," *Kongelige Danske Videnskabernes Selskab* (Copenhagen), Biologiske Meddelelser, VII, 7 (1928, 3-42): 28.
54. John Dudgeon, "A Modern Chinese Anatomist," *China Medical Missionary Journal* 7 (1893): 245-256.
55. John G. Kerr, *A Guide to the City and Suburbs of Canton* (Hong Kong and Shanghai: Kelly and Walsh, 1904).
56. Ibid.

Beattie, "Protestant Missions and Opium in China,"*Papers on China*, vol. 22A (1969):104-133。

22. *Light-Giving School for Blind Girls and Boys, Canton, China: Report for 1906-1910*（出版商、日期不詳）。
23. Kerr, *Refuge for the Insane, 1907 and 1908.*
24. Ibid., 4；也參見 W. W. Cadbury and M. H. Jones, *At the Point of a Lancet: One Hundred Years of the Canton Hospital, 1835-1935* (Shanghai: Kelly and Walsh, 1935), 105-109。
25. 參見 Herbert Day Lamson, *Social Pathology in China*（上海：上海商務印書館，1934）一書，對痲瘋、智力不足、精神病的透徹探討。
26. Kerr, *Refuge for the Insane: Reoport for 1909*（廣州：出版商不詳，1910）。
27. Kerr, *Refuge for the Insane: Reoport for 1916 and 1917*（廣州：出版商不詳，1918）, 14。
28. Philip Cousland, "The Medical School," *China Medical Missionary Journal* 15 (1901): 199.
29. 《申報》（同治十一年），2: 780, 1339。
30. Ibid., 1103.
31. Ibid., 1002.
32. Ibid., 774.
33. Ibid.,（光緒九年）40:27, 022-25.
34. Ibid., 27, 106; 27, 089; 2:685.
35. Ibid., 2:1354, 1485.
36. Beattie, "Protestant Mission"; Wong and Wu, *History of Chinese Medicine*.
37. 《申報》，2:654。
38. Ibid., 717.
39. Ibid., 766.
40. Ibid., 40:27, 042.
41. Ibid., 27, 033; 27, 036; 27, 028.

一般檔案目錄。
6. Ralph C. Croizier, *Traditional Medicine in Modern China* (Cambridge: Harvard University Pres, 1968).
7. Joseph Levenson, *Confucian China and It's Modern Fate (1958-1965)* (London: Routledge and Kegan Paul, n.d.).
8. Paul Cohen, *China and Christianity* (Cambridge: Harvard University Pres, 1963).
9. 《點石齋畫報》，3, no. 2（未注明日期）：71。
10. *The China Medical Missionary Journal 7* (1893): 5；也參見 E. Gough, "Difficulties and Discouragements of Obstetric Work in China," ibid., 15 (1901): 249-54。
11. *Memorials of R. Harold A. Schofield* (London: Hodder and Staughton, 1898), 183.
12. Ibid., 219-226.
13. John G. Kerr, *The John G. Kerr Refuge for the Insane, Report for the Years 1907 and 1908* (Canton: n.p., 1909), 2.
14. Croizier, *Traditional Medicine*, 30.
15. Edgar Woods, "The Two Extremes," *China Medical Missionary Journal* 7 (1893): 11-13.
16. "Hospital Reports," *China Medical Missionary Journal* 7 (1893): 43.
17. A. M. M., "Cases Illustrating What May Be Done for Chinese Patients in Their Own Homes,"*China Medical Missionary Journal* 9 (1895): 62.
18. Editorial, "The Medical Missionary and the Anti-Foreign Riots in China." *China Medical Missionary Journal* 7 (1893): 110-16.
19. Frederick Porter Smith, *Contributions Toward the Material Medica and Natural History of China* (Shanghai and London: American Presbyterian Mission Press, 1871), 61.
20. Gough, "Difficulties and Discouragements."
21. V. P. Suvoong, "Observations on Opium," *China Medical Missionary Journal* 7 (1893): 172-79；關於嗎啡「治」鴉片癮，參見 Hilary

55. 黃六鴻，《居官福惠全書》，Yamane Yukio 編（東京，1973）。
56. Susan Naquin, "The Eight Trigram Rising of 1813"（耶魯大學博士論文，1974）。
57. 方豪，〈乾隆十一年至十八年雜帳及嫁妝帳〉，《食貨》2, no. 1 (1972): 57-60。
58. 方豪，〈乾隆五十五年自休寧至北京旅行用帳〉，《食貨》1, no. 1 (1971): 366-370。
59. 方豪，〈光緒元年自休城至金陵鄉試帳〉，《食貨》2, no. (1972): 288-290。
60. 這段簡短的生平介紹，Waley 未譯出。
61. 袁枚，《小倉山房文集》（上海：中華書局，1933）。

藥

要感謝席文（Nathan Sivin）教授對此文初稿提出中肯且有益的評論。

此文的研討會版，開頭如下：「此研討會的大主題係中國的藥物和社會，因此我不會窄化我所要探討的主題。據此，我不會談宗教主題，而是會從被派至海外執行規定之服務工作的人的廣義角度探討『傳教士』。此外，我有時會不在乎我所談的傳教士是美籍，還是英籍，因為重點在於共同的文化觀、醫學觀，而非可孤立看待的個人特性。」

1. Donlad MacGillivray, *A Century of Protestant Missions in China, 1807-1907* (Shanghai, 1907).
2. *The China Mission Handbook*, vol. 1 (Shanghai: American Presbyterian Mission Press, 1896).
3. Kenneth Scott Latourette, *A History of Christian Missions in China* (New York: MacMillan, 1929).
4. K. Chimin Wong and Wu Lien-teh, *History of Chinese Medicine: Being a Chronicle of Medical Happenings in China from Ancient Times to the Present Period*（天津：天津印字館，1922）。
5. R. D. Rogers, "Progress Report, China Records Project"（1972 年 7 月 24 日），以及耶魯大學神學院 Day Missions Library 圖書館的謄寫版

Documentary Survey, 1839-1923 (Cambridge: Harvard University Press, 1954).

40. William Ayers, *Chang Chih-tung and Educactional Reform in China* (Cambridge: Harvard University Press, 1971).
41. 參見《清稗類鈔》第 24 冊，第 56 卷，頁 49、56；第 47 冊，第 92 卷，頁 2、7、8 裡，談西方食物的段落。
42. John K. Fairbank, *Trade and Diplomacy on the China Coast: The Opening of the Treaty Ports, 1842-54* (Stanford: Stanford University Press, 1969).
43. William C. Hunter, *Bits of Old China* (London: Kegan Paul, 1885).
44. Aisin-Gioro Pu Yi, *From Emperor to Citizen: the Autobiography of Aisin-Gioro Pu Yi*, trans. W. T. F. Jenner, vol. 1 (Peking: Foreign Languages Press, 1964).
45. G. E. Simon, "Note sur les petites societes d'argent en Chine," *Journal of the North China of the Royal Asiatic Society*, n.s., 5 (1868) 1:23.
46. Hosea Ballou Morse, *The Gilds of China* (New York: Longmans, 1932)，以及何炳棣，《中國會館史論》（台北：學生書局，1966）。
47. D. J. MacGowan, "Chinese Guilds or Chambers of Commerce and Trade Unions," *Journal of the North China of the Royal Asiatic Society*, n.s., 21 (1886) 133-192.
48. Maurice Jametel, *La Chine inconnue* (Paris: J Rouam, 1886).
49. 顧錄，《清嘉錄》，清代筆記叢刊編（上海，未注明日期）。
50. 江蘇省博物館，《江蘇省明清以來碑刻資料選集》（北京：文物出版社，1959）。
51. Endymion Wilkinson, "Chinese Merchant Manuals and Route Books," *Ch'ing-shih wen-t'i*, 2 no. 9 (1973): 8:34.
52. China Imperial Maritime Customs, *Returns of Trade at the Treaty Ports for the year 1884* (Shanghai, 1885).
53. 李斗，《揚州畫舫錄》，18 卷（自然庵刻本，1795）。
54. Maurice Jametel, *Pekin: Souvenirs de l'Empire du Milieu* (Paris: Polon, 1887).

Artist, trans, Shirley M. Black (London: Oxford University Press, 1960).

22. Ts'ao Hsüeh-ch'in, *The Story of the Stone*, vol. 1, *The Golden Days* (Harmondsworth, England: Penguin Books, 1973).
23. 中川忠英，《清俗紀聞》（東京：東洋文庫，1965）。
24. Waley, *Yuan Mei*, 197，翻譯了其中一件事故。
25. 梁章鉅，《浪跡叢談》（台北：廣文書局，1969）。
26. Yü Huai, *A Feast of Mists and Flowers: The Gay Quarters of Nanking at the end of the Ming*, trans, Howard Levy (Yokohama, 1966, 謄寫版)。
27. P'u Sung-ling, *Contes extraordinaires du pavillion du loisur*, trans. Yves Hervouet et al. (Paris: Gallimard, 1969).
28. Kenneth Rexroth and Chung Ling, *The Orchid Boat: Qomen Poets of China* (New York: McGraw-Hill, 1972).
29. Hawkes 英譯這個影射語時，把它譯得較為直接。
30. Wang Yeh-chieh, *Land Taxation in Imperial China, 1750-1911* (Cambridge: Harvard University Press, 1973).
31. Chang Te-ch'ang, "The Economic Role of the Imperial Household in the Ch'ing Dynasty" *Journal of Asian Studies* 31 (1972): 243-273.
32. Jonathan Spence, *Emperor of China: Self-Portrait of K'ang-hsi* (New York: Knopf, 1974).
33. Der Ling, *Son of Heaven* (New York: Appleton, 1933).
34. Su Chung [Lucille Davis], *Court Dishes of China: The Cuisine of the Ch'ing Dynasty* (Rutland and Tokyo, 1966).
35. 保和殿宴請蒙古使節的餐位餐具，可見於《唐土名勝図会》，1:27。
36. John Bell, *A Journey from St. Petersburg to Peking, 1719-1722*, ed. J. L. Stevenson (Edinburgh: Edinburgh University Press, 1965).
37. 石聲漢，《齊民要術今釋》（北京：科學出版社，1958）。
38. Adrian Bennett, *John Fryer: The Introduction of Western Science and Technology into Nineteenth Century China* (Cambridge: Harvard University Press, 1967).
39. Teng Ssu-yü and John K. Fairbank, *China's Response to the West: A*

8. 《光祿寺則例》（北京：光祿寺刻本，1839）。
9. Robert Fortune, *A Resident among the Chinese: Inland, on the Coast, and at Sea* (London: John Murray, 1857).
10. J. MacGowan, *Sidelights on Chinese Life* (London: Kegan Paul, 1907).
11. Meng T'ien-p'ei and Sidney Gamble, *Prices, Wages and Standard of Living in Peking, 1900-24*, in *Chinese Social and Political Science Review*, special supplement（1926 年 7 月）。
12. L. K. Tao, *Livelihood in Peking: An Analysis of the Budgets of Sixty Families* (Peking: Social Research Department, 1928).
13. Simon Yang and L. K. Tao, *A Study of the Standard of Living of the Working Families in Shanghai* (Peiping: Institute of Social Research, 1931).
14. 過節食物可見於上述任何地方志中。也參見顧祿，《清嘉錄》，清代筆記叢刊編（上海，未注明日期）。
15. S. Wells Williams, *The Middle Kingdom: A Survey of the Geography, Government, Literature, Social Life, Arts and History of the Chinese Empire and Its Inhabitants*, rev. ed., 2 vol. (New York: Scribner, 1893).
16. C. T. Wu, *The Scholars*. trans. Yang Hsien-yi and Gladys Yang (Peking: Foreign Language Press, 1957).
17. 袁枚，《隨園食單》，小倉山房編（1824）。
18. Arthur Waley, *Yuan Mei: Eighteenth Century Chinese Poet* (London: Allen and Unwin, 1956).
19. 李漁寫道，有善製鵝掌者，「每豢肥鵝將殺，先熬沸油一盂，投以鵝足，鵝痛欲絕，則縱之池中，任其跳躍。已而復擒復縱，炮瀹如初。若是者數四，則其為掌也，豐美甘甜，厚可徑寸，是食中異品也。予曰：慘哉斯言！予不願聽之矣」。參見李漁，《閒情偶寄》（上海：中國文學珍本叢書，1936）。
20. Lin Hsiang Ju and Lin Tsuifeng, *Chinese Gastronomy* (New York: Hastings House, 1957).
21. Shen Fu, *Chapters from a Floating Life: The Autobiography of a Chinese*

因為對那些想要製成這種長生不老藥的人來說，蠻夷的眼睛「沒有用處」；Chang Chen-tao 語，被引用於 Paul Cohen, *China and Christianity* (Cambridge: Harvard University Press, 1963), 31。

身為中國人

1. Jerry Dennerline, *Qian Mu and the World of Seven Mansions* (New Haven: Yale University Press, 1988).
2. Jerry Dennerline, *The Chia-ting Loyalists: Confucian Leadership and Social Change in Seventeenth-Century China* (New Haven: Yale University Press, 1981).
3. Dennerline, *Qian Mu*, 66.
4. Ibid., 149.

食物

我要特別感謝謝正光（Andrew Shieh）為此文的撰寫幫了很大的忙。

1. Hsia Tsi-an, *The Gate of Darkness: Studies on the Leftist Literary Movement in China* (Seattle: University of Washington Press, 1968).
2. Peking United International Famine Relief Committee, *The North China Famine 1920-21*(Peking, 1922).
3. 此縣縣志前後兩版期間，該縣人口增加了約四成。參見 1964 年《郯城縣志》，5:19。
4. Ho Ping-ti, *Studies on the Population of China, 1368-1953* (Cambridge: Harvard University Press, 1959).
5. 後來他的兒子把這些筆記一字不改付梓，共五十一頁。參見李化楠，《醒園錄》，收於李調元編，《函海》（台北：藝文出版社，1968），序。
6. 關於此區域所能找到的作物，參見《秀水縣志》（1956）。
7. George Macartney, *An Embassy to China, Being the Journal Kept by Lord Macartney during His Embassy to the Emperor Ch'ien-lung, 1793-94*, ed. J. L. Cranmer Byng (London: Longmans Green, 1962).

別看待，而且他建議將中國鍊金術視為「演繹性的原始科學」，認為將它和醫學、聲學、磁場風水學之類的其他中國原始科學相提並論會較有用（*SCC*, Vol. 5, pt. 4, pp. Xxxvi, 210, 298）。

2. 請比較以下二書：Matteo Ricci, *Fonti Ricciane*, ed. Pasquale M. D'Elia, S.J., 3 vols. (Rome: Liberria della Stato, 1942-49), sect. 216、*China in the Sixteenth Century: The Journals of Matthew Ricci*, trans. Louis J. Gallagher, S.J. (New York: Random House, 1953), 137。一六四四年時，方以智這位文人暨科學作家，似已認為孫孺理、孫大娘製作的「寸許之自鳴鐘」無甚新奇（*SCC*, Vol. 4, pt. 2, p. 525）。
3. 參見 *Fonti Ricciane*, sects. 255, 259, 263。
4. Ibid., sects. 150-51；參見*SCC*, vol. 4, pt. 1, p. 101，談玻璃，以及pt. 3, p. 26，談稜鏡。
5. 比較 *Fonti Ricciane*, sect, 231 與 *China in the Sixteen Century*, 153。也參看佛羅倫斯商人 Francesco Carletti 在 *My Voyage around the World*（Herbert Weinstock 英譯，London: Methuen, 1964）一書頁 153 的說法。
6. 王陽明語，Julia Ching 譯，*To Acquire Wisdom* (New York: Columbia University Press, 1976), 246；宋應星語，Sun E-tu 與 Sun Shoiu-chuan 譯，見 *Chinese Technology in the Seventeenth Century* (University Park: Pennsylvania State University Press, 1966), 242。但讀者請注意，在 *SCC*, vol. 5, pt. 4, p. 279，Sivin 已在他們和汞、朱砂有關的別處譯文裡找到錯誤。關於下一節裡諸多人物的資料，參見 *Dictionary of Ming Biography (1368-1644)*, ed. L. Carrington Goodrich and Chaoying Fang, 2 vols. (New York: Columbia University Press, 1976) 和 *Eminent Chinese of the Ch'ing Period, 1644-1912*, ed., Arthur W. Hummel, 2 vols. (Washington D. C.: Government Printing Office, 1943)。
7. *Fonti Ricciane*, sect. 169.
8. Ibid., sect. 364.
9. Sun and Sun, *Chinese Technology*, xii, xiv.
10. 這個古怪「做法」，其實在對中國人的能力不凡致上古怪的稱讚，

充滿活力的儒家

1. *Studies in Chinese thought*, ed. Arthur F. Wright (Chicago: University of Chicago Press, 1953); *Confucianism in Action*, ed. Arthur F. Wright and David Nivison (Stanford: Stanford University Press, 1959); *The Confucian Persuasion* ed. Arthur F. Wright (Stanford: Stanford University Press, 1960); *Confucian Personalities*, ed. Arthur F. Wright and Denis Twitchett (Stanford: Stanford University Press, 1962).
2. *Self and Society in Ming Dynasty* (New York: Columbia University Press, 1970) and *The Unfolding of New-Confucianism* (New York: Columbia University Press, 1975).
3. *The Limits of Change: Essays on Conservative Alternatives in Republican China*, ed. Charlotte Furth (Cambridge: Harvard University Press, 1976), 298-299.
4. Ibid., 250。在杜維明晚近出版的佳作 *Neo-Confucianism Thought in Action: Wang Yang-Ming's Youth (1472-1509)* (Berkeley: University of California Press, 1976) 中，他坦承受了唐君毅影響，以類似的措詞寫到王陽明，說他是個「劃時代」的思想家，他對成聖的追求，涉及最根本的奮鬥，要在「種種使人喪失個性的力量」之間「竭力當個人」。
5. Thomas A. Metzger, *Escape from Predicament: Neo-Confucianism China's Evolving Political Culture* (New York: Columbia University Press, 1977).
6. Ibid., 134.
7. Ibid., 158.

中國科學的對話

1. 與李約瑟合著的席文（Nathan Sivin），在表達對這類問題的看法上，似乎很有分量：他思索了「生物學」一詞的不恰當之處，因為中國人「不會問這些問題」，要人勿為了切合現代「化學」定義的一時之便，而把來自中國鍊金術傳統的「先進」、「倒退」因素分

Search of Authenticity"（耶魯大學 1980 年博士論文），探究了這兩人背景、著作之間的關聯性。

7. Tang Xianzu, *The Peony Pavilion*, trans. Cyril Birch (Bloomington: Indiana University Press, 1980).
8. 韓南（Patrick Hanan）, *The Chinese Short Story: Studies in Dating, Authorship and Composition* (Cambridge: Harvard University Press, 1973)；同作者，*The Chinese Vernacular Story* (Cambridge: Harvard University Press, 1981)。
9. 關於視覺藝術方面同樣的發展，參見高居翰（James Cahill）所編，*Shadows of Mt. Huang: Chinese Painting and Printing of the Anhui School* (Berkeley, Calif.: University Art Museum, 1981) 一書裡，數篇談晚明商人之印刷、收藏活動的文章（其中討論了一五八八年所出版的《方氏墨譜》）。
10. 何谷理（Robert Hegel）和茅國權（Nathan Mao）的文章，對明清白話小說在情節和心態上的這類轉變，提供了可供參考的研究，收於 Winston Yang 和 Curtis Adkins 所編 *Critical Essays on Chinese Fiction* (Hong Kong: Chinese University Press, 1981)。何谷理令人激賞的新專題論著 *The Novel in Seventeenth Century China* (New York: Columbia University Press, 1981)，主要著墨於清初的作品，但該書對黃仁宇和韓南的著作都提供了有用的補充。特別相關之處，係何谷理把小說領域的新發展和萬曆皇帝一五八九年幾乎完全不問朝政後那些年的情況聯繫在一塊；他對讀小說之文人和富商之讀書習慣的探討；他對拿皇帝典範來批評萬曆皇帝一事的研究；他對新一類小說評注體裁之重要性的看法。

清官張伯行的垮掉

1. 本文以來自《清實錄》康熙朝卷和曹寅、李煦奏摺集的資料為本寫成。關於這些史料和其他相關史料的完整介紹，參見拙著 *Ts'ao Yin and the K'ang-hsi Emperor: Bondservant and Master* (New Haven: Yale University Press, 1966 and 1988) 裡的參考書目部分。

為此發狂，後來，康熙調他入值南書房，才恢復正常。我目前正詳細研究他的一生事蹟。

15. 《文獻叢編》，1:294，對康熙四十三年十一月二十二日曹寅奏摺的行間批注。
16. 例如在一七一一至一七一二年那場重大的考場弊案裡所見。參照曹寅、李煦的奏摺，收於《文獻叢編》，1:291-293、2:867-872；《康熙實錄》，3306-3358。
17. 康熙透過安插包衣出掌重要職務來壯大個人權力一事，係本人著作 *Ts'ao Yin and the K'ang-hsi Emperor: Bondservant and Master* (New Haven, 19966) 的主題之一。
18. 張鵬翮受羞辱一事，見《康熙實錄》，3051-3057。關於教皇使節鐸羅，參見 Francis A. Rouleau, S.J., "Maillard de Tournon, Papal Legate at the Court of Peking," *Archivum Historicum Societatis Iesu* 31 (1962): 264-323，尤其附錄 (312-321)。
19. 《康熙實錄》，3533；《文獻叢編》，2:896, 898-899；《掌故叢編》（台北，1964 年重印本），210。
20. 《康熙實錄》，3969，3977-3978。
21. 《揚州十日記》，此作英譯收於 *Eminent Chinese*, 652。

明朝生活的活力

1. 黃仁宇（Ray Huang）, *1587, a Year of No Significance: The Ming Dynasty in Decline* (New Haven: Yale University Press, 1981).
2. Ibid., 86.
3. 陳學霖（Hok-Lam Chan）, *Li Chih*, 1527-1602, in *Contemporary Chinese Historiography: New Lights on His Life and Works* (White Planis: M. E. Sharpe, 1980); Jean François Billeter, *Li Zhi, Philosophe maudit (1527-1602)* (Geneva and Paris: Librarie Droz, 1979).
4. Billeter, *Li Zhi*, 243（本人英譯）。
5. Ibid., 260（本人英譯）。
6. Cheng Pei-kai, "Reality and Imagination: Li Chih and T'ang Hsien-tsu in

（玄燁）傳（Washington, D.C., 1943-44），1-327-31，以及來自該書的相關人物傳記。

4. 《清史列傳》，十冊八十卷（台北，1962 年重印本），4:3b-4；《清史》，八冊（台北，1961），5:3494(2)；Eminent Chinese, 2:796。
5. 《八旗滿洲氏族通譜》，八十卷（1745），74.8b，曹璽條；周汝昌，《紅樓夢新證》（上海，1953），頁 42、205、229、319，談對孫氏的獎賞；〈清康熙硃批諭旨〉，收於兩卷本《文獻叢編》（台北，1964 年重印本），1:290-302，談曹寅身為皇帝眼線的部分。
6. 《大清聖祖仁皇帝實錄》，六冊三百卷（台北，1964 年重印本），卷 43-44，頁 1572。
7. 關於刊印的書籍中漏掉偏旁部首或同音異義詞方面的錯誤，參見〈蘇州織造李煦奏摺〉，收於《文獻叢編》，2:855, 862。
8. 《大清世祖章皇帝實錄》，三冊一百四十四卷（台北，1964 年重印本），1695-1697。
9. 《清史》，5:3496(2)。
10. Ibid., 3495(6)。《大清世宗憲皇帝實錄》，三冊一百五十九卷（台北，1964 年重印本），1。
11. 《康熙實錄》，2587，對他的射箭本事有有趣且未流於刻板論調的陳述。
12. 對這些出巡的簡短概述，見《欽定大清會典實例》，一千兩百二十卷，1899（台北，1963 年十九冊重印本），9261、9233-9241。更完整的記述，見《康熙實錄》。
13. Joseph Sebes, J.J., *The Jesuits and the Sino-Russian Treaty of Nerchinsk (1689)* (Rome, 1961)。*Lettres édifiantes et curieuses, écrites des missions étrangères* (nouvelle èdition, Paris, 1781), 17: 306-310，談奎寧。《聖祖五幸江南全錄》，作者匿名，刊印於《振綺堂叢書》初集，證實耶穌會士的記述不假，針對一七〇五年的南巡，另外提供了寶貴細節，補強了《康熙實錄》的記載。
14. 例如，足為表率的學者張伯行，原任較卑微的官職，但獲康熙拔擢，出任江蘇巡撫。擔任江蘇巡撫期間，他捲入一樁重大醜聞案，

18. James Clavell, *Taipan* (New York: Delacorte, 1983), and Robert S. Elegant, *Dynasty* (New York: Fawcett, 1982).
19. Victor Segalen, *René Leys* (Paris: Gallimard, 1971).
20. John Hersey, *The Call* (New York: Knopf, 1985).
21. 參見 Paul Scott, *The Chinese Love Pavilion* (London: Eyre and Spottiswood, 1960)，在美國重印，書名 *The Love Pavilion* (New York: Carroll and Graf, 1985); James G. Farrell, *Singapore Grip* (New York: Carroll and Graf, 1986) 和 Han Suyin（筆名）, *A Many Splendoured Thing* (London: J. Cape, 1952)。
22. Maxine Hong Kingston, *The Woman Warrior* (New York: Knopf, 1976).
23. 參見 Andre Malraux, *Man's Fate, trans. Haakon M. Chevalier* (New York: Modern Library, 1965) 和 *The Conquerors*, trans. Stephen Becker (New York: Grove Press, 1977)。
24. Bertolt Brecht, *Good Woman of Setzuan* (New York: Grove Press, 1966).
25. Franz Kafka, "The Great Wall of China," *Selected Short Stories of Franz Kafka*, trans. Willa and Edward Muir (New York: Modern Library, 1952), 129-147.
26. J. G. Ballard, *Empire of the Sun* (New York: Simon and Schuster, 1984), 211, 228.
27. 卡內蒂的小說，後來為其贏得諾貝爾文學獎，一九三五年在德國首度出版，書名 *Die Blendung. Auto da fé* 係他在英格蘭所用的書名，但早期有個美國版，書名為 *Towel of Babel*。參見 *Auto da fé* (New York: Farrar, Straus, & Giroux, 1984)。
28. Edward W. Said, *Orientalism* (New York: Pantheon Books, 1978).

康熙的七個時期

1. *Journal of Asian Studies* 24 (1965): 220-243, 引文來自頁 229。
2. 第二幕，第七場，台詞 139-166。
3. 以下的概述大多來自 Arthur W. Hummel 所編兩卷本《清代名人傳略》（*Eminent Chinese of the Ch'ing Period*）裡房兆楹所寫的康熙

Fictions, 1850-1940 (Hamden, Conn.: Archon Books, 1982)。

11. Arthur F. Wrigh, "The Study of Chinese Civilization"，為了解此漢學傳統的壯大，提供了充分的背景介紹，刊於 *Journal of the History of Ideas*, 21 (1960)。關於巴恪思，參見 Hugh R. Trevor-Roper, *Hermit of Peking: The Hidden Life of Sir Edmund Backhouse* (New York: Knopf, 1977)。

12. Harold Isaacs, *Scratches on Our Minds: Western Images of China and India* (New York: John Day, 1958)，後來兩次重印，書名為 *Images of Asia* (New York: Harper Torchbooks, 1972)、*Scratches on Our Minds* (White Plains, N. Y.: Sharpe, 1980)；Isaacs 所出版的一九八〇年版附有一篇新序。Isaac 的時期劃分，在頁 71 有扼要介紹（各版本都在此頁）。

13. Pearl Buck, *The Good Earth* (New York: John Day, 1931). Michael Hunt, "Pearl Buck: Popular Expert on China," *Modern China* 3 (1977): 33-63，對賽珍珠有精闢的評價。

14。參見，例如，Ernest Bramah, *The Celestial Omnibus: Collected Tales of Kai Lung* (1940; 重印本 , Chester Spring, Pa.: Dufour, 1987) 和 *Kai Lung beneath the Mulberry Tree* (1940; 重印本 , Salem, N.H.: Ayer, 1978)。也參見高羅佩（van Gulik）的狄仁傑（Judge Dee）故事，Scribner's、Dover、University of Chicago Presse 三出版社都出版了該書平裝本。

15. Hsia Chih-yen（筆名）, *The Coldest Winter of Peking: A Novel from Inside China, trans. Liang-lao Dee* (New York: Doubleday, 1978)。也參見 *The Execution of Mayor Yin* (Bloomington: Indiana University Press, 1978)。

16. Edgar Snow, *Red Star over China* (New York: Random House, 1938); Graham Peck, *Two Kinds of Time* (Boston: Houghton Mifflin, 1950); Simon Leys, *Chinese Shadows* (New York: Viking, 1977); and Vera Schwarcz, *Long Road Home: A China Journal* (New Haven: Yale University Press, 1984).

17. John Hersey, *A Single Pebble* (New York: Knopf, 1956).

of Hawaii Press, 1977)。

4. Voltaire, *Essai sur les moeurs et l'esprit des nations* (Paris, 1771), 1:13, 31, 33, 36（本人英譯）。

5. 除了 Guy 所著 *The French Image of China*，也參見 J. H. Brumfitt, *Voltaire: Historian* (Oxford: Oxford University Press, 1958)；J. L. Cranmer-Byng 所編的馬戛爾尼勛爵日記 *An Embassy to China: Being the Journal Kept by Lord Macartney during his Embassy to the Emperor Ch'ien-lung, 1793-1794* (London: Longmans, 1962) 和 Jonathan Goldstein, *Philadelphia and the China Trade* (University Park: Pennsylvania State University Press, 1978), 35。

6. 笛福的批判出現在 *The Furthur Adventures of Robinson Crusoe* (London: W. Taylor, 1719)。引文來自 Richard Walter and Benjamin Robins, comps., *A Voyage around the World in the Years 1704-44 by George Anson* (Oxford: Oxford University Press, 1974), 351-352, 366, 368。

7. G. W. F. Hegel, *Lectures on the Philosophy of History*, trans. J. Sibree (New York: Dover, 1956), 120-121; Guy, *French Image of China*.

8. 欲了解背景，請參見 Stuart Creighton Miller, *The Unwelcome Immigrant: The American Image of China, 1785-1882* (Berkeley: University of California Press, 1969) 和 Mary G. Mason, *Western Concepts of China and the Chinese, 1840-1876* (New York: Seeman, 1939)。其他具體例子，參見 Charles Dickens, *The Pickwick Papers* (London: Chapman and Hall, 1837), 414; Johann Peter Eckermann, *Conversations of Goethe with Eckermann*, trans. John Oxenford (New York: Dutton, 1930), 164; F. I. Carpenter, ed., *Emerson and Asia* (Cambridge: Harvard University Press, 1930), 37, 239 和 Dona Torr, ed., *Marx on China, 1853-1860* (London: Lawrence and Wishart, 1951)。

9. 探討此一主題的著作甚多，欲對它們有基本了解，參見 Michael Hunt, *The Making of a Special Relationship: The United States and China to 1914* (New York: Columbia University Press, 1984)。

10. 參見 William F. Wu, *The Yellow Peril: Chinese Americans in American*

6. Victor Segalen, *Steles*, trans. Michael Taylor (Santa Monica: Lapis Press, 1987)，未編頁碼。
7. Malraux, *The Temptation*, 13, 39, 65, 110.
8. Goldsworthy Lowes Dickinson, *Letters from a Chinese Official* (New York: McClure, Phillips, 1903), 15.
9. Ibid., 26.
10. Ibid., 57.
11. Ibid., 64.
12. Malraux, *The Temptation*, 101-105.
13. Ibid., 109-110.
14. Ibid., 118, 120.
15. Ibid., 120-122.

往東看：西方人眼中的中國

1. 關於這些談中國的早期著作，參見 Donald Lach, *Asia in the Making of Europe*，目前為止出了五冊（Chicago: University of Chicago Press, 1965-；Pasquale d'Elia, ed., *Fonti Ricciane*, 3 vols. (Rome: Libreria dello Stato, 1942-49)， 和 Jonathan D. Spence, *The Memory Place of Matteo Ricci* (New York: Viking, 1984)。關於中國人對西方人的批評，參見 John D. Young, *Confucianism and Christianity: The First Encounter* (Hong Kong: Hong Kong University Press, 1983) 和 Jacques Gernet, *China and the Christian Impact: A Conflict of Cultures* (Cambridge: Cambridge University Press, 1985)。
2. J. Bouvet, *Histoire de l'empereur de la Chine* (The Hague, 1699；重印本，天津，1940), 6-7（本人英譯）。
3. Margaret Hodgen, *Early Anthropology in the Sixteenth and Seventeenth Centuries* (Philadelphia: University of Pennsylvania Press, 1964), 尤其頁 413-425；Basil Guy, *The French Image of China before and after Voltaire* (Geneva: Institut et Musée Voltaire, 1963); and David Mungello, *Leibniz and Confucianism: The Search for Accord* (Honolulu: University

31. Pasquale M. D'Elia, S.J., "Musica e canti italiani a Pechino (marzo-aprile 1601)," *Rivista degli studi orientali* 30 (1955): 131-145。我要感謝 Thomas M. Greene 在通信中繼續探究他在 *The Light in Troy: Imitation and Discovery in Renaissance Poetry*, New Haven, 1982）一書中談佩脫拉克時首度提出的線索。
32. Ernest Cassirer, Paul Oskar Kristeller, and John Herman Randall, Jr., eds., *The Renaissance Philosophy of Man* (Chicago, 1948), 41-45.
33. Ibid., 43。關於聖奧古斯丁，參見他的《懺悔錄》（*Confessions*），英譯本有 R. S. Pine-Coffin 所寫的前言（Baltimore, 1961）, 216。

甘博在中國

1. 甘博的信件、照片、生平資料的複本，藏於紐約市的甘博漢學基金會（Sidney Gamble Foundation for Chinese Studies）。我要感謝甘博的女兒，Catherine G. Curran 夫人，讓我得以取用它們。Nancy Jervis 所編，*China between Revolutions: Photographs by Sidney D. Gamble* (New York: China Institute in America, 1989)，提供了對甘博之資料的有用概述。James Parry Eyster II, "A Princetonian in Asia: Sidney Gamble's Social Surveys in China, 1918-1934," *Princeton Alumni Weekly* (1986): 253-70，有助於認識甘博生平。

馬爾羅的《誘惑》

1. André Malraux, *The Temptation of the West*, trans. Robert Hollander (Chicago: University of Chicago Press, 1992), 3.
2. Pierre Loti, *Les Derniers Jours de Pekin* (Paris: Calmann-Levy, 1914), 91-92（英譯出自作者之手）。
3. Ibid., 406.
4. Paul Claudel, *Connaissance de l'est*, 4th ed. (Paris: Mercure de France, 1913), 28（英譯出自作者之手）。
5. Paul Claudel, *The East I Know*, trans. Teresa Frances and William Benet (New Haven: Yale University Press, 1914), 45-46.

15. Tacchi Venturi, *Opere storiche*, 2:27.
16. Ibid., 17.
17. Ibid., 27-28.
18. Ibid., 28.
19. Ibid., 29.
20. Ibid., 32-33.
21. 同上，注 1。
22. Tacchi Venturi, *Opere storiche*, 2:49, 60, 65, 117, 122.
23. 關於參考書目，參見傅吾康（Wolfgang Franke），*DMB*, 2:1144；也參見 John D. Young, *East-West Synthesis: Matteo Ricci and Confucianism* (Hong Kong, 1980)。
24. Tacchi Venturi, *Opere storiche*, 2:67-70, 90, 234, 279.
25. Ibid., 75, 94, 106-107, 163。聖經引文的確認，根據汾屠立（Tacchi Venturi）的著作。
26. Vergil, *Aeneid*, trans. William Francis Jackson Knight (New York, 1970), 151.
27. Tacchi Venturi, *Opere storiche*, 2:69, 117-118, 237.
28. Ibid., 45, 57.
29. Pasquale M. D'Elia, S.J., *"Il Trattato sull'Amicizia*. Primo Libro scritto in Cinese da Matteo Ricci, S.J. (1595). Testo Cinese. Traduzione antica (Ricci) e moderna (D'Elia). Fonti, Introduzione e Note," *Studia Missionalia 7* (1952): 425-515.
30. 參見利瑪竇的《西國記法》和普林尼（Pliny）的《自然史》（*Natural History*），頁 7、24、88-91。利瑪竇的《二十五言》也幾乎全取材自愛比克泰德（Epictetus）的《手冊》（*Encheiridion*），耶穌會士 Christopher Spalatin 的文章 "Matteo Ricci's Use of Epictetus' *Encheiridion*" 已生動闡明這一點，該文刊於 *Gregorianum* 56, no. 3 (1975): 551-557。我要感謝 Spalatin 神父在一九八二年十月芝加哥羅耀拉大學（Loyola University of Chicago）研討會上，給了我這篇寶貴文章的複本。

瑪竇《中國札記》（*Historia*）手稿全文，參見耶穌會士德禮賢（Pasquale M. D'Elia）所編的三卷本 *Fonti, Ricciane: Documenti originali concernenti Matteo Ricci e la storia delle prime relazioni tra l'Europe e la Cina 1579-1615* (Rome, 1942-49)；傅吾康（Wolfgang Franke）的精闢文章，收錄於富路德（Carrington Goodrich）和房兆楹所編的兩卷本《明代名人傳》（*Dictionary of Ming Biography, 1368-1644*, New York, 19767），2: 1137-44；以及史景遷（Jonathan D. Spence）所著《利瑪竇的記憶宮殿》（*The Memory Palace of Matteo Ricci*, New York, 1984）。耶穌會士舒特（Josef Franz Schütte）所著 *Valignana's Mission Principles for Japan* 一書第一卷，*From His Appointment as Visitor until His Departure from Japan (1573-1582)* 一書的第一部分，耶穌會士 John J. Coyne 所譯的 *The Problem (1573-1580)*，對范禮安有充分的剖析。這句來自利瑪竇致富利加蒂信的引文，位於耶穌會士汾屠立（Pietro Tacchi Venturi）所編的兩卷本 *Opere storiche del P. Matteo Ricci, S.J.* (Macerata, 1911-13), 2; 214。

2. Schütte, *Valignana's Mission Principles*, vol. 1, pt. 1, pp. 30-35，以及尤其頁 44 的注 106、頁 52 的注 122。
3. Ibid., 60, 67, 71.
4. Ibid., 76-68.
5. Ibid., 104-108.
6. Ibid., 131.
7. Tacchi Venturi, *Opere storiche*, 2:25.
8. Ibid., 26.
9. Ibid., 7-8, 10, 10 n2.
10. Schütte, *Valignana's Mission Principles*, vol. 1, pt. 1, pp. 269, 272-73, 279-80.
11. Ibid., 269-297, 308.
12. Ibid., 282.
13. Ibid., 286-287.
14. Ibid., 186.

français"。我也要特別感謝以下著作：André Masson, ed., *Montesquieu, oeuvres complète*, vol. 2, *Geographica* (Paris, 1953)，以及附注；Robert Shackleton, "Asia As Seen by the French Enlightenment," in Raghavan Iyer, ed., *The Glass Curtain between Asia and Europe* (New York, 1965), 175-87; Danielle Elisseeff, *Nicholas Fréret (1688-1749): Refléxions d'un humaniste du XVIIIe siècle sur la Chine* (Paris, 1978)，含有關於黃嘉略之重要資料的長篇幅意譯，以及該作者的 *Moi Arcade* (Paris, 1985)；以及Knud Lundbaek, *T. S. Bayer (1694-1738): Pioneer Sinologist* (London and Malmö, 1986)。此處刊印的這篇文章，係發表在 *Granta* 雜誌（一九九〇年春）之大幅刪節版的原版。

孟德斯·品托的《遊記》

1. Fernão Mendes Pinto, *The Travels of Mendes Pinto*, ed. and trans. Rebecca D. Catz (Chicago: University of Chicago Press, 1990).
2. Ibid., 1.
3. Ibid., 522-523.
4. 參見 Charles Boxer 在其 *South China in the Sixteen Century* (London: Hakluyt Society, 1953) 一書裡，對其中數人之記述的精彩剖析和翻譯。
5. Pinto, *Travels*, 501.
6. Ibid., 36-37.
7. Ibid., 54.
8. Ibid., 365.
9. Ibid., 287.
10. Ibid., 31.
11. Ibid., 32-33.
12. Ibid., 491.

利瑪竇和進京

1. 欲了解利瑪竇生平、教育方面的完整背景和附有精心注解的利

注釋

引言

1. C. R. Boxer, ed,. *South China in the Sixteenth Century* (London, 1953), 145-146.
2. Ibid., 122（有一個動詞改了時態）。
3. Ibid., 55.
4. Ibid., 56.
5. Knud Lundbaek, *T. S. Bayer (1694-1738): Pioneer Sinologist* (London and Malmö, 1986), 92.
6. Ibid., 152; Bayer 所提到的這個段落，可見於 A. S. F. Gow 所編並翻譯的 *Theocritus*, Vol. 1 (Cambridge, 1973), 113。
7. Lundbaek, *Bayer*, 43.
8. Ibid., 58-60.
9. Ibid., 60-68.
10. Ibid., 93；但也參看他在頁 151 的「誇言」，他在該處說他希望有一天被譽為「漢學之父」。
11. Ibid., 208.

黃嘉略的巴黎歲月

1. 本文主要取自巴黎國家圖書館館藏的手稿，尤其是 MSS Fr. Nouv. Acq. 10-005, "Journal d'Arcade Hoang, 1713-1714," in one volume; Arch. Ar. 69, "Papier de Fourmont," "Memoire de ce que j'ay depence pour le Sr. Arcade Oange, chinois...," 詳細記錄了黃嘉略的個人影響；MSS. Orient Ch. 9234, "Arcade Hoange, Dictionaire chinois-

歷史與現場 345

中國縱橫：漢學巨擘史景遷的歷史與文化探索

Chinese Roundabout: Essays in History and Culture

作者	史景遷（Jonathan D. Spence）
譯者	黃中憲
資深編輯	張擎
封面設計	許晉維
內頁排版	張靜怡
人文線主編	王育涵
總編輯	胡金倫
董事長	趙政岷
出版者	時報文化出版企業股份有限公司 108019 臺北市和平西路三段 240 號 7 樓 發行專線｜02-2306-6842 讀者服務專線｜0800-231-705｜02-2304-7103 讀者服務傳真｜02-2302-7844 郵撥｜1934-4724 時報文化出版公司 信箱｜10899 臺北華江橋郵局第 99 信箱
時報悅讀網	www.readingtimes.com.tw
人文科學線臉書	http://www.facebook.com/humanities.science
法律顧問	理律法律事務所｜陳長文律師、李念祖律師
印刷	勁達印刷有限公司
初版一刷	2023 年 9 月 1 日
初版三刷	2024 年 6 月 17 日
定價	新臺幣 650 元

ISBN 978-626-374-103-4｜Printed in Taiwan

中國縱橫：漢學巨擘史景遷的歷史與文化探索／史景遷（Jonathan D. Spence）著；黃中憲譯 .
-- 初版 . -- 臺北市：時報文化出版企業股份有限公司，2023.09｜528 面；14.8×21 公分 .
譯自：Chinese roundabout: essays in history and culture｜ISBN 978-626-374-103-4（平裝）
1. CST：中國學　2. CST：中國文化　3. CST：文集｜030.7｜112011220

時報文化出版公司成立於一九七五年，並於一九九九年股票上櫃公開發行，於二〇〇八年脫離中時集團非屬旺中，以「尊重智慧與創意的文化事業」為信念。